U0731441

职业教育政策研究年度报告（2019—2021年）

主　编　彭宇文　彭学琴

编　者（按姓氏笔画排序）

王　祥　邓小磊　牛雪梅　白　雪

寻依玲　张　淼　杨海霞　陈梦婷

姜　兰　洪　爽　赵永勤　胡绮轩

贾　超　彭宇文　彭学琴　臧威佳

WUHAN UNIVERSITY PRESS
武汉大学出版社

图书在版编目(CIP)数据

职业教育政策研究年度报告. 2019-2021 年/彭宇文,彭学琴主编.—武汉:武汉大学出版社,2023.2
ISBN 978-7-307-23212-9

Ⅰ.职… Ⅱ.①彭… ②彭… Ⅲ.职业教育—教育政策—研究报告—中国—2019-2021 Ⅳ.G719.20

中国版本图书馆 CIP 数据核字(2022)第 132835 号

责任编辑:杨　欢　　责任校对:李孟潇　　版式设计:马　佳

出版发行:**武汉大学出版社**　　(430072　武昌　珞珈山)
(电子邮箱:cbs22@ whu.edu.cn 网址:www.wdp.com.cn)
印刷:武汉邮科印务有限公司
开本:787×1092　1/16　印张:19　字数:424 千字　插页:1
版次:2023 年 2 月第 1 版　　2023 年 2 月第 1 次印刷
ISBN 978-7-307-23212-9　　　定价:40.00 元

目　录

上篇　总论篇

一、总体说明 …… 3
 （一）研究缘起与背景 …… 3
 （二）研究目的及意义 …… 5
 （三）报告整体框架 …… 5
二、2019—2021 年职业教育政策全景概况 …… 6
 （一）2019—2021 年职业教育政策发布数量 …… 6
 （二）2019—2021 年职业教育政策发文主体 …… 7
 （三）2019—2021 年职业教育政策主要类型 …… 11
 （四）2019—2021 年职业教育政策聚焦主题 …… 13
三、2019—2021 年职业教育政策重点剖析 …… 16
 （一）职业教育的高质量发展 …… 16
 （二）职业教育改革发展的深化 …… 18
 （三）职业教育办学格局的优化 …… 22
 （四）职业教育校企合作的推进 …… 26
 （五）职业教育教师队伍的建设 …… 28
 （六）职业教育人才培养的优化 …… 32
 （七）职教学生核心素质的要求 …… 36
四、2019—2021 年职业教育政策特点与未来展望 …… 39
 （一）2019—2021 年职业教育政策的主要特点 …… 39
 （二）我国职业教育政策的未来展望 …… 44

下篇　分论篇

类型定位下我国职业教育发展动向 …… 51
"双高计划"助推我国高等职业教育改革 …… 67
教育系统学习《国家职业教育改革实施方案》 …… 80

以现代学徒制提升职业教育人才培养质量 ·· 87

五年制高等职业教育发展的促进与规范 ·· 99

职业院校人才培养方案的优化提升 ··· 114

类型定位下职业教育"双师型"教师队伍建设路径 ································· 126

促进职业教育人才就业创业能力提升 ·· 134

推动职业院校学生素质与现代化企业需求接轨 ··· 143

推进职业教育国家学分银行建设 ··· 154

规范开展高职扩招专项工作 ·· 166

省部合力推进职业教育综合改革 ··· 178

新时代职业教育发展的"中国方案" ·· 195

探索职业教育混合所有制办学新路径 ·· 208

"职教 20 条"颁布后的地方探索 ·· 218

以加强绩效管理助推"双高计划"有效落实 ·· 229

地方层面对职业院校人才薪酬待遇的新探索 ·· 239

大力促进完善本科层次职业教育发展 ·· 248

职业教育专业目录的修订与完善 ··· 259

深化改革背景下的地方职业教育年度工作规划 ··· 267

以高站位谋划职业教育发展新篇章 ·· 278

加强我国现代职业教育体系构建 ··· 288

后记·· 299

上 篇

总论篇

一、总体说明

（一）研究缘起与背景

职业教育是指为了使受教育者具备从事某种职业或职业发展所需要的职业道德、专业知识、技术技能和能力素质而实施的教育活动，包括各级各类职业学校教育和各种形式的职业培训。职业教育对国家安全、经济繁荣、民族团结、社会稳定等起着重要作用，肩负着传承技术技能、培养多样化人才的职能，发展职业教育不仅有利于现代化和产业化，也有利于提升国家的整体实力和竞争力。职业教育的改革与发展，离不开国家、地方各个层面、各种类型政策的规制与推进，职业教育政策作为国家，各省、自治区、直辖市等制定的规范职业教育发展的指导性和纲领性文件，对职业教育发展过程中的各方面具有较强的约束力和规范力。

中华人民共和国自成立之初，为满足我国经济社会发展对技术技能人才提出的需求，国家先后出台多项政策以发展职业教育，如《政务院关于整顿和发展中等技术教育的指示》（1952年3月）、《中等技术学校暂行办法》（1952年10月）、《技工学校暂行办法（草案）》（1954年4月）等。职业教育作为促进当时我国社会经济恢复的主要途径，其地位在不断提高；此阶段职业教育相关政策规范性较强，多集中于学校设置与管理，职业教育得以初步发展。改革开放以后，通过《国务院关于大力发展职业技术教育的决定》（1991年10月）、《中华人民共和国职业教育法》（1996年9月）、《国务院关于大力发展职业教育的决定》（2005年10月）、《国务院关于加快发展现代职业教育的决定》（2014年5月）、《现代职业教育体系建设规划（2014—2020年）》（2014年6月）、《职业学校校企合作促进办法》（2018年2月）等一系列法律及政策的颁布与实施，我国现代职业教育体系框架全面建成，职业教育为我国经济社会发展提供了有力的人才支持和智力支撑，服务经济社会发展的能力和社会吸引力不断增强，具备了基本实现现代化的诸多有利条件和良好工作基础。由图1可以看出，进入21世纪以来，2000—2021年间我国国家层面的职业教育政策发文数量整体呈波浪上升态势，其中，2006年、2011年、2015年、2019年和2021年形成了职业教育政策发文量的高峰，剖析其原因，较大可能是由于上述时期颁布了促进职业教育发展的重大政策，如《国务院关于大力发展职业教育的决定》（2005年10月）、《国家中长期教育改革和发展规划纲要（2010—2020年）》（2010年7月）、《国务院关于加快发展现代职业教育的决定》（2014年5月）、《国家职业教育改革实施方案》（2019年1月）等。

随着我国进入以国内大循环为主体、国内国际双循环相互促进的新发展格局，经济社会结构调整不断加快，各行各业对技术技能人才的需求越来越紧迫，对职业教育的高质量

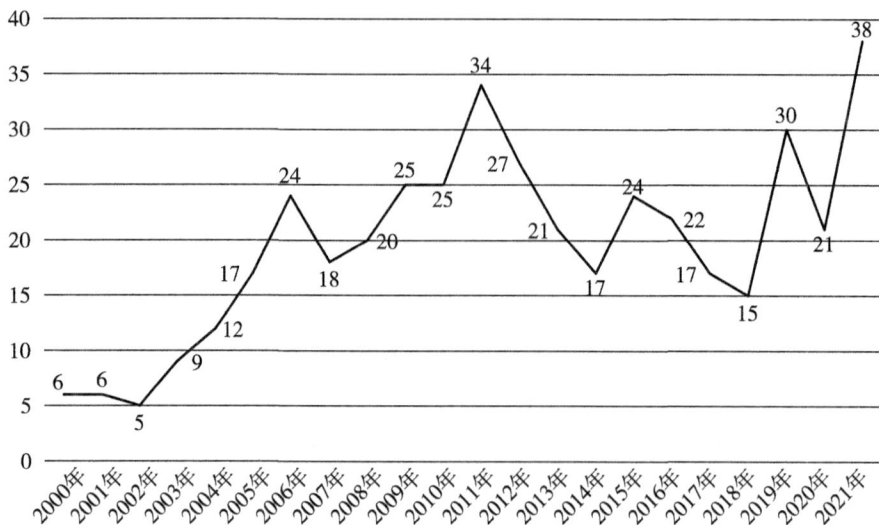

图 1　2000—2021 年国家层面职业教育政策发文量①

发展提出了多方位需求。而现实情况是，我国职业教育还存在着体系建设不够完善、职业技能实训基地建设有待加强、制度标准不够健全、企业参与办学的动力不足、有利于技术技能人才成长的配套政策尚未完善、办学水平和人才培养质量参差不齐等问题。与此同时，新时代背景下，夯实基础、补齐短板，着力深化改革、激发活力，加快构建纵向贯通、横向融通的中国特色现代职业教育体系，大幅提升新时代职业教育现代化水平和服务能力，为促进经济社会持续发展和提高国家竞争力提供多层次高质量的技术技能人才支撑，成为我国职业教育承载着的新的历史使命，我国职业教育也迎来了新的重大发展机遇。在此情形下，职业教育急需更为完善的政策体系，为其深化改革与全面发展提供强有力支撑。

2019 年 1 月，国务院印发《国家职业教育改革实施方案》，规划了新时代职业教育高质量发展的顶层设计和施工蓝图；一系列配套政策和保障文件的出台，初步显现了统筹有力、协调有序的政策合力，拉开了职业教育高质量发展的全新序幕。各项政策的发布均针对职业教育改革的重点领域和重要方面，提出相应的发展要求和保障措施，如《教育部 财政部关于实施中国特色高水平高职学校和专业建设计划的意见》（2019 年 3 月）、《深化新时代职业教育"双师型"教师队伍建设改革实施方案》（2019 年 8 月）、《职业教育提质培优行动计划（2020—2023 年）》（2020 年 9 月）、《教育部 财政部关于实施职业院校教师素质提高计划（2021—2025 年）的通知》（2021 年 7 月）、《"十四五"职业教育规划教材建设实施方案》（2021 年 12 月）等。可以看出，2019—2021 年，国家通过颁

①　2000—2021 年职业教育政策发文量数据来源为北大法宝网站。

布各项政策系统推进现代职业教育体系建设，我国职业教育步入深化改革和大力发展的黄金时期。

（二）研究目的及意义

职业教育政策不仅保障职业教育的发展，也有利于进一步明确和肯定职业教育的地位和作用。对 2019—2021 年我国职业教育政策进行分析与解读，主要目的及意义在于：

第一，把握国家职业教育发展方向。"十四五"时期是我国全面开启社会主义现代化强国建设新征程的重要历史时期，我国已转向高质量发展阶段，但教育发展，尤其是职业教育发展同人民群众对高质量教育体系的需求相比还有很大差距。研究近年来国家及省市各层面的职业教育政策，有利于在明确职业教育的重大作用和重要地位的基础上，全面了解国家对职业教育发展做出的各种要求与规定，及时掌握职业教育政策动向，在科学分析、归纳总结的基础上研判我国职业教育的未来发展方向。

第二，促进职业教育政策不断完善。对新发展阶段下的各项职业教育政策进行研究，一方面，可以通过宏观把握，总结出我国近年来职业教育政策发展的基本状况、整体过程和主要特点，深入理解与领会我国职业教育改革的内在要求；在中观或微观层面上探讨某类职业教育政策或某项职业教育政策的发展，摸索职业教育某个方面的发展规律，强化认识。另一方面，对职业教育政策进行研究，能够在系统梳理职业教育政策的基础上，发现职业教育政策当前未能给予充分关注的领域、有待改进之处或未来发展趋势，以提升职业教育政策的完善程度，使其具有更强的发展性、指导性、预见性。

第三，为职业教育科学发展提供参考。面向新发展格局的职业教育，需要具备较强适应性的人才，有效提升劳动者技能和收入水平，适应提升我国产业链、供应链现代化水平的迫切需要。研究职业教育政策，能够为我国职业教育科学发展提供有效参考。在理论层面，通过深入分析面向职业教育不同层次、不同领域的政策，有利于在对职业教育政策形成全面认识的基础上，针对现有政策存在的不足提出建议，为政策优化提供理论参考；在实践层面，在归纳总结近年来职业教育政策主要特点的基础上，对其未来发展趋势进行预测，为现代职业教育体系建设和深化职业教育改革提供实践指导。

（三）报告整体框架

课题组在系统查找并梳理 2019—2021 年国家与省级层面颁布的职业教育相关政策的基础上，形成《职业教育政策研究年度报告（2019—2021 年）》，分为上篇——总论篇与下篇——分论篇两部分。

其中，上篇对 2019—2021 年我国职业教育政策的整体情况进行说明，主体分为职业教育政策全景概况、职业教育政策重点剖析、职业教育政策特点与未来展望三部分内容。全景概况部分从政策发布的数量、主体、类型、主题等各角度出发，分别对 2019—2021 年职业教育政策的整体情况进行梳理；重点剖析部分以 2019—2021 年有关政策内容为依据，对职业教育深化改革与整体发展的几个关键问题进行分析与总结；特点与未来展望部分从政策目标、政策内容等方面归纳 2019—2021 年职业教育政策的特点，并在此基础上提出我国职业教育政策的未来发展趋势。下篇遴选若干国家层面和省市层面有代表性的职业教育重点政策，主要从出台背景、总体描述、重点阐释、政策效果、改进建议这五个方面对政策的具体内容进行分析，涉及《国家职业教育改革实施方案》《职业教育提质培优行动计划（2020—2023 年）》《教育部 财政部关于实施中国特色高水平高职学校和专业建设计划的意见》《关于推进职业院校混合所有制办学的指导意见（试行）》《职业教育专业目录》等 20 余项政策文本。根据课题研究需要，对部分政策文本中涉及职业院校大学生核心素质培养的相关内容，也进行了梳理研究。

二、2019—2021 年职业教育政策全景概况

（一）2019—2021 年职业教育政策发布数量

2019—2021 年，自国务院颁布《国家职业教育改革实施方案》、职业教育被明确为一种教育类型起，我国职业教育便走上了深化改革和高质量发展的快车道。通过搜索国务院官方网站，教育部官方网站，各省、自治区、直辖市政府官方网站，各省、自治区、直辖市教育厅（教育委员会）官方网站，知网，中国教育政策法规库，北大法宝等相关网站，共收集整理 2019—2021 年职业教育政策 600 余项①。

在国家层面②，共发布 89 项职业教育政策，其中，2019 年 30 项、2020 年 21 项、2021 年 38 项，数量上相较于 2018 年（15 项）总体上呈显著增加趋势，在一定程度上反映出《国家职业教育改革实施方案》对职业教育政策的重要引领性意义，也体现出当前职业教育改革的迫切性。

在省市层面③，共发布 550 余项职业教育政策，由图 2 可以看出，2019—2021 年，上海、江苏、安徽、陕西、北京、山西等省市的发文量均超过 30 项，其中，上海最多，共60 余项，主要涉及职业教育整体发展、中等职业学校学生学业水平评价、教师教学能力、日常报送等工作；内蒙古、重庆、天津、西藏、宁夏等省市的发文量较低，均在 5 项以下。

由图 3 可以看出，2019—2021 年，东部地区（270 余项，约占 49%）和中部地区（190 余项，约占 35%）的发文量较多，共 460 余项；西部地区相对发文量较少，仅 90 余项，约占 16%。研究表明，发文数量在整体增加的同时，体现出较大的区域差异性，反

---

① "600 余项"是基于对国家层面与省市层面公开发布的职业教育相关政策进行统计得出的结果，未涉及不对外发布的内部文件。由于搜索途径有限，可能不尽完整，仅供参考。

② 国家层面的职业教育政策主要统计中共中央、国务院及其组成部门所发布的相关政策文件。由于搜索途径有限，可能不尽完整，仅供参考。

③ 省市层面的职业教育政策主要统计各省、自治区、直辖市人民政府及其组成部门所发布的相关政策文件。由于搜索途径有限，可能不尽完整，仅供参考。

映出不同地区在促进职业教育发展上政策供给力度的不同。

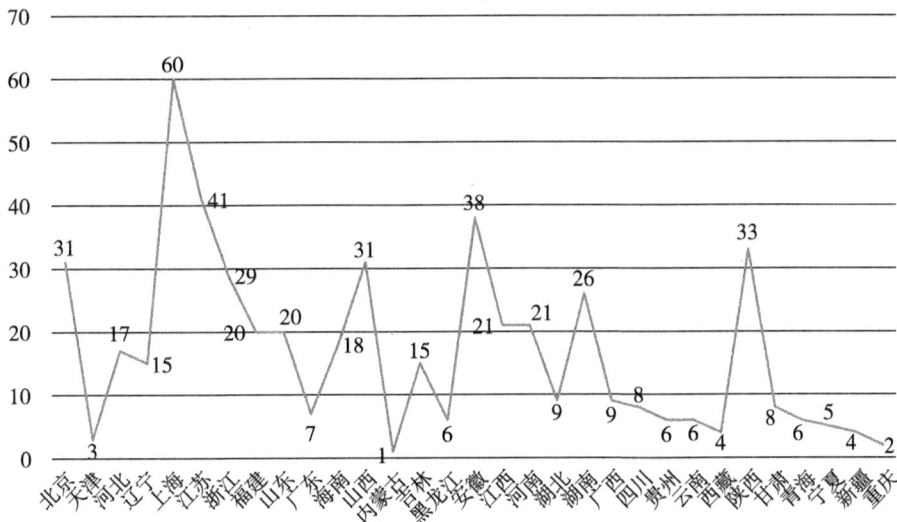

图 2　2019—2021 年各省、自治区、直辖市职业教育政策发文量①

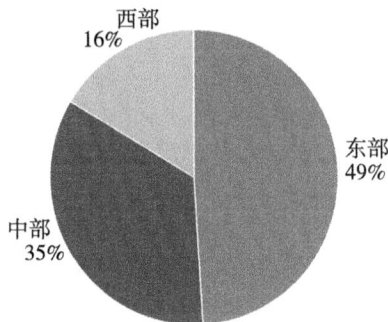

图 3　2019—2021 年东部、中部与西部职业教育政策发文量

（二）2019—2021 年职业教育政策发文主体

职业教育政策发文主体是官方的职业教育政策活动者，即我国政治体制内的、行使公共权力的职业教育政策过程的参与者，一般包括国家机构、执政党、政治家和官员等机构和人员，体现着职业教育政策的合法性和权威性。②

---

① 各省、自治区、直辖市 2019—2021 年职业教育政策发文量数据整理自各省、自治区、直辖市人民政府和教育厅、教育委员会官方网站发布的职业教育政策。由于搜索途径有限，可能不尽完整，仅供参考。

② 祁占勇 . 职业教育政策研究 ［M］. 北京：教育科学出版社，2018：34.

经统计，2019—2021 年国家层面职业教育政策发文主体主要涉及国务院、教育部、财政部、人力资源和社会保障部及其他部门（见图 4）。国务院于 2019 年 1 月颁布《国家职业教育改革实施方案》，中共中央办公厅与国务院办公厅于 2021 年 10 月联合发布《关于推动现代职业教育高质量发展的意见》，国务院及中共中央办公厅、国务院办公厅作为职业教育政策发文主体，极具权威性，反映了职业教育改革与发展提升至国家战略地位，也凸显出新时代职业教育在我国经济社会发展过程中的重要意义。教育部作为主管部门，是职业教育政策的主要发布主体，共发文 80 余项。财政部与人力资源和社会保障部也是 2019—2021 年职业教育政策发文的重要主体，这显示出发展职业教育牵涉较深的领域包括财政支持与人力资源等方面，需要大力的经费支持和人事制度上的配合。

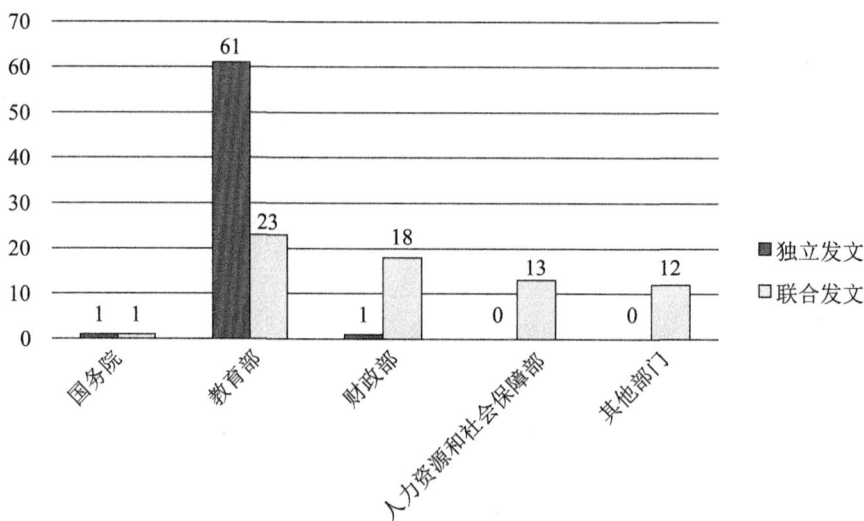

图 4 2019—2021 年国家层面职业教育政策发文机构统计

值得注意的是，2019—2021 年，国家层面有 20 余项职业教育政策由多部门联合发布，如《教育部办公厅等十四部门关于印发〈职业院校全面开展职业培训 促进就业创业行动计划〉的通知》（2019 年 10 月）、《教育部等九部门关于印发〈职业教育提质培优行动计划（2020—2023 年）〉的通知》（2020 年 9 月）、《教育部等三十五部门关于印发〈全国职业院校技能大赛章程〉的通知》（2021 年 10 月）等。以《教育部等三十五部门关于印发〈全国职业院校技能大赛章程〉的通知》为例，该文件的发布主体不仅数量较多，而且分布较广，体现出鲜明的多元化特征，既包括各行政部门，如教育部、科学技术部、工业和信息化部、民政部、财政部、人力资源和社会保障部、自然资源部等，也包括各类学会与行业协会，如中国职业技术教育学会、中国机械工业联合会、中国石油和化学工业联合会、中国物流与采购联合会、中国纺织工业联合会、中国有色金属工业协会、中国煤炭工业协会等。可见，职业教育的深化改革是一项系统工程，即使像技能大赛这样的常规性工作，也需要多部门之间形成有效合作，共同打造发展新局面。

2019—2021 年省市层面职业教育政策发文主体主要涉及人民政府、教育厅（教育委员会）及其他部门（见图 5）。与国家层面职业教育政策发布情况相对应，在省市层面，人民政府作为重要发文主体，其发文量约占 3%，包括上海市、福建省、广东省、山西省、四川省、安徽省、江西省等在内的 15 个省市均以人民政府名义颁布了推进职业教育全局发展的文件，如《上海市人民政府关于印发〈上海职业教育高质量发展行动计划（2019—2022 年）〉的通知》（2019 年 12 月）、《福建省人民政府办公厅关于深化产教融合 推动职业教育高质量发展若干措施的通知》（2020 年 9 月）、《山西省人民政府关于印发〈山西省推进职业教育改革发展行动计划〉的通知》（2020 年 10 月）等。教育厅（教育委员会）作为职业教育工作开展与实施的主要职能部门，是职业教育政策发文的最主要机构，2019—2021 年各省、自治区、直辖市的教育厅（教育委员会）的政策发文量约占总发文量的 79%。各省、自治区、直辖市的财政厅、人力资源和社会保障局在职业教育政策发布中也占据重要地位，其发文量分别占 8% 和 4%，这与国家层面财政部门和人社部门在职业教育政策发布中的参与程度保持着较强的一致性。

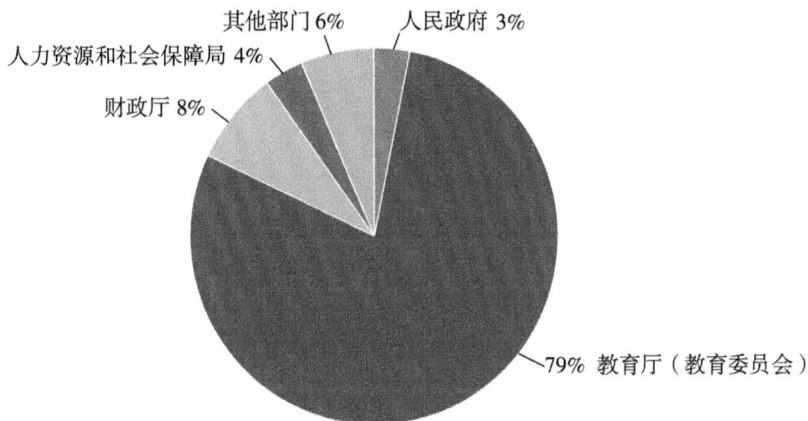

图 5 2019—2021 年省市层面职业教育政策发文机构统计

多部门联动同样也是省市层面职业教育政策发布体现出的特点，各省、自治区、直辖市由多部门联合发布的职业教育政策共 40 余项，如《河北省教育厅等九部门关于实施中等职业学校标准化建设工程的意见》（2020 年 10 月）、《浙江省教育厅等八部门关于印发〈浙江省职业教育提质培优行动计划（2021—2023 年）〉的通知》（2021 年 10 月）等，体现出职业教育政策发布主体的协同性、多元性。以《山东省教育厅等 14 部门关于推进职业院校混合所有制办学的指导意见（试行）》为例，该项政策由山东省教育厅、中共山东省委组织部、中共山东省委机构编制委员会办公室、山东省发展和改革委员会、山东省工业和信息化厅、山东省民政厅、山东省司法厅、山东省财政厅、山东省人力资源和社会保障厅、山东省自然资源厅、山东省人民政府国有资产监督管理委员会、山东省市场监督管理局、山东省地方金融监督管理局、国家税务总局山东省税务局这 14 个部门联合制定并发布。从中可以看出,由于混合所有制具有较强的探索性与风险性,其具体实施涉及教育行政、组织编制、发展规划、财政金融、国有资产管理、市场监督、司法行政、税务管理、人力资源管理等众多类别主体,表明政府对此项工作的高度重视,也从侧面反映出职业教育深化改革的复杂程度。

此外,2020 年 9 月,教育部等九部门共同印发的《职业教育提质培优行动计划(2020—2023 年)》提出,要通过"加大政策供给,整省推进职业教育提质培优"和"国家、省、市三级推动,合理打造职业教育样板城市"等举措,凝聚国家和地方各级实力,实施职业教育创新发展高地建设行动。其中,要求在东、中、西部布局 5 个左右国家职业教育改革省域试点,建设 10 个左右国家职业教育改革市域试点。在此政策要求下,省部联合发文推进省域和市域职业教育发展,成为 2019—2021 年我国职业教育政策发布的显著特点。由表 1 可知,省部合作发布职业教育政策的省份主要涉及山东省、甘肃省、江西省、江苏省、辽宁省、湖南省、重庆市、安徽省、贵州省 9 个省(直辖市),其主要内容是围绕整省推进职业教育发展部署相应工作。省部联合发文推进职业教育发展的政策举措,能够结合各省特点及实情,进行针对性较强的推动与改革。省部合作发布职业教育政策,不针对一事一地,而是重点围绕省域全局范围内职业教育综合改革进行整体谋划,主要通过制定教育部支持政策清单与各省工作任务清单,明确教育部与各省及其相关部门的职责,调动各方力量,立足地方实际,加强各项保障,举整省(整市)之力推进职业教育综合改革,从而为我国其他省市职业教育改革发展提供参考和借鉴。值得注意的是,分析这些文件名称,可以发现其中体现出的不同区域特征,如山东省是在已有的良好基础上提出"建设职业教育创新发展高地"的目标,辽宁省是在振兴大东北的大背景下提出"提升服务辽宁振兴能力"的目标,湖南省则结合本省发展战略提出"服务'三高四新'战略"的目标,这些在统一政策之下的差异化战略目标,既是推进不同区域职业教育特色化发展的需要,显然也更有利于实现国家通过试点带动职业教育整体发展的政策实施目标。教育部与江苏省联合推进苏锡常都市圈职业教育改革创新,探索形成以城市群为载体,具有中国特色、国际影响力和对外输出实力的职教模式,打造具有国际竞争力的职教新高地,这不仅是对打造职业教育样板城市作出的尝试,也是我国职业教育未来不断走向国际化发展所必须进行的探索。

表 1　　　　　　　2019—2021 年省部联合发布的职业教育政策文件

序号	文　件　名　称	发文字号	发文日期
1	教育部 山东省人民政府关于整省推进提质培优 建设职业教育创新发展高地的意见	鲁政发〔2020〕3 号	2020-01-10
2	教育部 甘肃省人民政府关于整省推进职业教育发展 打造"技能甘肃"的意见	甘政发〔2020〕38 号	2020-07-27

序号	文 件 名 称	发文字号	发文日期
3	教育部 江西省人民政府关于整省推进职业教育综合改革提质创优的意见	赣府发〔2020〕16 号	2020-07-30
4	教育部 江苏省人民政府关于整体推进苏锡常都市圈职业教育改革创新 打造高质量发展样板的实施意见	苏政发〔2020〕75 号	2020-09-16
5	教育部 辽宁省人民政府关于整省推进职业教育实用高效发展 提升服务辽宁振兴能力的意见	辽政发〔2021〕2 号	2021-01-07
6	教育部 湖南省人民政府关于整省推进职业教育现代化 服务"三高四新"战略的意见	湘政发〔2021〕5 号	2021-02-18
7	教育部 重庆市人民政府关于推动重庆职业教育高质量发展 促进技能型社会建设的意见	渝府发〔2021〕35 号	2021-11-04
8	教育部 安徽省人民政府关于整省推进职业教育一体化高质量发展 加快技能安徽建设的意见	皖政秘〔2021〕221 号	2021-11-18
9	教育部 贵州省人民政府印发关于建设"技能贵州"推动职业教育高质量发展的实施意见	黔府发〔2021〕14 号	2021-12-13

(三) 2019—2021 年职业教育政策主要类型

在政策科学研究中,根据不同的标准和依据,可对职业教育政策进行不同类别的划分。按照政策空间层次的不同,可以将 2019—2021 年我国职业教育政策划分为总政策、基本政策和具体政策。① 职业教育总政策是国家或地区带有全局性、根本性,决定职业教育发展基本方向的政策;职业教育基本政策是次于总政策而在职业教育发展的各个领域、部门或方面起主导作用的实质性政策,通常是对关系职业教育全局利益的某一领域、某一部门、某一方面的工作所规定的主要目标和任务;职业教育具体政策是实现基本政策的手段,或者说是基本政策的具体规定,是为落实基本政策而制定的具体实施细则。总体而言,2019—2021 年职业教育政策包含不同层次的类型,为职业教育从宏观到微观、从整体到局部等各个层面、各个部分的发展提供了有力的保障和支持。

从图 6 可以看出,在 2019—2021 年国家层面发布的职业教育政策中,类型基本呈正态分布状态,其中总政策占比最小,为 6%;基本政策较多,占 12%;具体政策占比最大,为 82%。

职业教育总政策主要是指国务院、中共中央办公厅、国务院办公厅、教育部等发布的关于职业教育整体性、指导性与原则性的政策,如《国务院关于印发〈国家职业教育改

---

① 陈振明. 政策科学——公共政策分析导论〔M〕. 北京:中国人民大学出版社,2004:54.

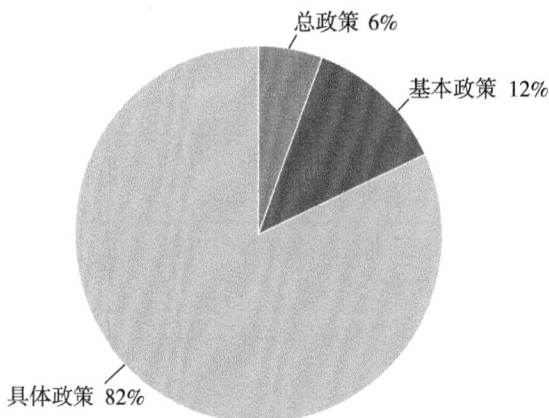

图 6　2019—2021 年国家层面职业教育政策主要类型统计

革实施方案〉的通知》（2019 年 1 月）、《教育部等九部门关于印发〈职业教育提质培优行动计划（2020—2023 年）〉的通知》（2020 年 9 月）、《教育部关于学习宣传贯彻习近平总书记重要指示和全国职业教育大会精神的通知》（2021 年 4 月）、《中共中央办公厅 国务院办公厅关于推动现代职业教育高质量发展的意见》（2021 年 10 月）等。

职业教育基本政策主要涉及为解决职业教育基本领域中存在的主要问题而发布的政策文件，具有较强的针对性、指导性，如《教育部 财政部关于实施中国特色高水平高职学校和专业建设计划的意见》（2019 年 4 月）、《教育部办公厅转发山东省〈关于推进职业院校混合所有制办学的指导意见（试行）〉的通知》（2020 年 9 月）、《教育部关于印发〈职业教育专业目录（2021 年）〉的通知》（2021 年 3 月）等。

职业教育具体政策可操作性较强，是对基本政策的有效落实，如《教育部 财政部关于公布中国特色高水平高职学校和专业建设计划建设单位名单的通知》（2019 年 12 月）、《教育部 财政部关于印发〈中国特色高水平高职学校和专业建设计划绩效管理暂行办法〉的通知》（2020 年 12 月）、《教育部办公厅关于印发高等职业教育专科英语、信息技术课程标准（2021 年版）的通知》等。

从图 7 可以看出，在 2019—2021 年省市层面发布的职业教育政策中，总政策、基本政策、具体政策的发文量占比与国家层面的占比情况高度一致，分别为 6%、16%、78%。

省市层面职业教育总政策以全局性、统筹性、整体性为主要特点，是各个省、自治区、直辖市从宏观层面针对本区域内职业教育发展做出的整体规划，如《福建省教育厅等七部门关于印发福建省职业教育改革工作方案的通知》（2019 年 7 月）、《北京市教育委员会 北京市发展和改革委员会 北京市人力资源和社会保障局 北京市财政局关于深化职业教育改革的若干意见》（2020 年 5 月）、《山西省人民政府关于印发山西省推进职业教育改革发展行动计划的通知》（2020 年 10 月）等。

省市层面职业教育基本政策以推进职业教育某一领域的改革发展为重点，可以理解为

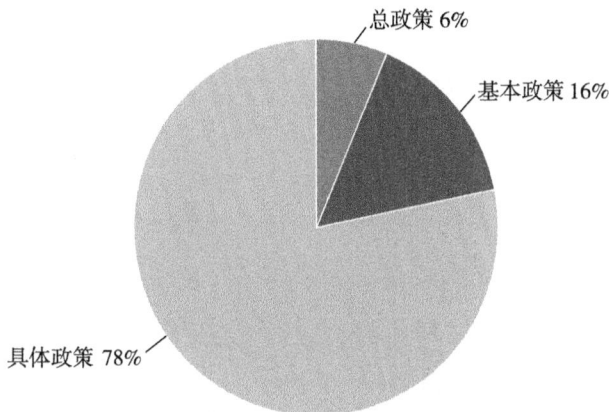

图 7　2019—2021 年省市层面职业教育政策主要类型统计

是具有一定指导性、方向性的中观层面政策，涉及教师队伍建设、招生考试等方面，如《山东省教育厅 山东省人力资源和社会保障厅关于印发〈山东省中等职业学校教师职称评价标准条件〉的通知》（2019 年 12 月）、《四川省教育厅关于推进中高职衔接五年贯通培养工作的通知》（2020 年 4 月）、《甘肃省教育厅 甘肃省发展和改革委员会 甘肃省财政厅 甘肃省人力资源和社会保障厅关于印发〈甘肃省新时代职业教育"双师型"教师队伍建设若干措施〉的通知》（2021 年 9 月）等。

省市层面职业教育具体政策从微观上落实本区域内职业教育基本政策，是对基本政策的不断细化与操作实践，如《重庆市中等职业学校教学管理规程》（2019 年 12 月）、《浙江省教育厅办公室 浙江省人力资源和社会保障厅办公室关于做好 2020 年中等职业学校教师正高级职称评审工作的通知》（2020 年 10 月）、《新疆维吾尔自治区职业院校专业课兼职教师管理办法》（2021 年 2 月）等，涉及各项条例、办法以及职业教育某个领域、某个方面具体措施的通知。

（四）2019—2021 年职业教育政策聚焦主题

分析 2019—2021 年职业教育政策聚焦的主题，有利于从整体上把握国家与各省、自治区、直辖市的职业教育政策的重点内容，牢牢抓住近年来职业教育改革发展的重点领域，形成职业教育发展的全局观。

由图 8 可知，2019—2021 年国家层面和省市层面职业教育政策聚焦主题的高频词分别为"职业""职业教育""院校""学校""中等""高职""专业""建设""计划"等，从整体来看，既涉及职业教育整体改革工作的推进，也涵盖教学、招生、管理、课程等各个方面和中职、高职等各个阶段。从政策构成的关键要素出发进行分析，可以得出：一是目标层面，构建现代职业教育体系、推进职业教育改革、实现职业教育高水平高质量发展是 2019—2021 年职业教育政策聚焦的重要主题，也是政策目标的最终指向；二是内

图 8 2019—2021 年职业教育政策聚焦主题词云图①

容层面，特色发展、制度建设是 2019—2021 年国家层面职业教育政策涉及的较为宏观的内容，教材、课程、教学、招生、扩招、管理、培训、委员会建设等，是较为具体的政策内容；三是落实层面，通过开展试点、举办职业教育活动周与比赛、设置项目与计划等各项详细举措，搭建起 2019—2021 年职业教育政策的行动体系。具体来看，主要可分为以下几方面主题：

第一，职业教育改革与发展。总体而言，国家层面先后发布了《国家职业教育改革实施方案》（2019 年 1 月）、《职业教育提质培优行动计划（2020—2023 年）》（2020 年 9 月）、《关于推动现代职业教育高质量发展的意见》（2021 年 10 月）等，加强了职业教育改革发展的宏观设计；以国家政策要求为基准，不少省市着眼于本区域内职业教育整体发展制定相关政策，如《吉林省职业教育服务"全面振兴全方位振兴"改革实施方案》（2019 年 8 月）、《安徽省职业教育改革实施方案》（2019 年 10 月）、《河南省职业教育产教融合发展行动计划》（2020 年 12 月）。从教育层次分析，主要体现为相关政策分别针对中等职业教育与高等职业教育不同阶段的发展作出规定，如国家层面发布了《教育部办公厅关于印发高等职业教育专科英语、信息技术课程标准（2021 年版）的通知》（2021 年 3 月）、《教育部办公厅关于严格规范中等职业学校招生、学籍和资助管理工作的通知》（2021 年 8 月）等，省市层面发布了《江苏省教育厅关于推进五年制高等职业教育高质量发展的意见》（2020 年 7 月）、《广西壮族自治区中等职业教育专业设置管理办法》（2021 年 9 月）等。

第二，招生考试工作实施。由于职教高考制度尚未建立，职业教育招生考试有关政策

———————

① 本词云图通过"WIS-微思博客"网站中的"微思词云"工具，由国家层面和省市层面职业教育政策名称中的关键词按照词频聚类形成。

相对集中在单独招考、高职扩招等方面，如国家层面发布了《教育部办公厅关于建立中等职业学校学历教育招生资质定期公布制度的通知》（2019 年 2 月）、《教育部办公厅等六部门关于做好 2020 年高职扩招专项工作的通知》（2020 年 7 月）等，省市层面发布了《江西省高等职业院校扩招专项工作实施方案》（2019 年 6 月）、《黑龙江省教育厅关于进一步提高中等职业教育招生比例的通知》（2019 年 7 月）、《内蒙古自治区高等职业院校单独考试招生工作方案》（2020 年 1 月）、《安徽省教育厅关于做好 2021 年高职院校分类考试招生工作的通知》（2020 年 12 月）等。

第三，加强职业教育教师队伍建设。"双师型"教师队伍建设是职业教育获得高质量发展的必然要求和必要条件，在国家层面，人力资源和社会保障部、教育部联合印发《关于深化中等职业学校教师职称制度改革的指导意见》（2020 年 6 月），通过健全制度体系、完善评价标准、创新评价机制、实现职称评审与岗位聘用制度的有效衔接等措施，明确了中等职业学校教师职称制度改革的主要内容及支撑标准；部分省市针对职业教育教师队伍建设发布专项政策，如《河北省深化"双师双证"推进职业教育改革创新工作方案》（2020 年 9 月）、《江苏省产业教授（高职类）选聘办法》（2020 年 11 月）等。

第四，职业院校教材管理。根据职业教育"三教"改革要求，教材为"三教"改革的重要组成部分，国家层面主要包括《教育部办公厅关于做好中等职业学校公共基础课程教材使用的通知》（2021 年 7 月）、《"十四五"职业教育规划教材建设实施方案》（2021 年 12 月）等多项政策，规范职业教育教材建设；各省、自治区、直辖市均发布相关政策以加强对职业院校教材的管理，如陕西省针对职业院校教材建设发布了《关于开展 2020 年陕西高职院校优秀教材评选工作的通知》（2020 年 10 月）、《陕西省职业院校教材管理实施细则》（2020 年 11 月）、《陕西省职业院校教材建设规划（2020—2022 年）》（2020 年 12 月）等一系列文件，实现了规划、管理、评价全过程的覆盖。

第五，高水平职业院校和专业群建设。明确这一主题的主要依据为国家层面提出的"双高"计划，涉及的一系列政策包括《教育部 财政部关于实施中国特色高水平高职学校和专业建设计划的意见》（2019 年 3 月）、《中国特色高水平高职学校和专业建设计划项目遴选管理办法（试行）》（2019 年 4 月）、《中国特色高水平高职学校和专业建设计划绩效管理暂行办法》（2020 年 12 月）等；为谋求本区域内高职院校的特色发展与高质量发展，各省、自治区、直辖市均发布相应文件，如《宁夏回族自治区教育厅关于印发〈自治区高水平高职学校和专业建设实施方案〉的通知》（2020 年 8 月）、《青海省教育厅关于公布青海省高水平高职学校和专业建设（培育）计划建设单位名单的通知》（2021 年 3 月）等。

第六，1+X 证书制度建设。建立健全 1+X 证书制度作为我国职业教育改革的关键举措之一，自 2019 年在《国家职业教育改革实施方案》中提出以来，基于教育部等四部门于 2019 年 4 月发布的《关于在职业院校实施"学历证书+若干职业技能等级证书"制度试点方案》，各省、自治区、直辖市均积极推进相关工作，发布了一系列政策，如《江苏省教育厅关于做好 1+X 证书制度试点工作的通知》（2020 年 7 月）、《海南省教育厅关于成立海南省 1+X 证书制度试点工作指导协调机构的通知》（2021 年 4 月），涉及制度建设、试点运行与相关机构的成立等。

第七，以技能提升为目标的赛事活动安排。技能大赛是提升职业院校学生核心素质和人才培养质量的重要途径，也是促进职业教育发展的有力推手。国家层面先后发布了《教育部关于全国职业院校技能大赛组织委员会和执行委员会人员组成的通知》（2019 年 1 月）、《教育部等三十五部门关于印发〈全国职业院校技能大赛章程〉的通知》（2021 年 10 月），为职业院校技能大赛的规范举行明确了组织机构，提供了程序保障；各省、自治区、直辖市则均以参加全国职业院校技能大赛为契机，通过在本区域内举办各项比赛调动职业院校师生的积极性，达到以赛提质的目的，发布的政策有《山西省教育厅关于征求〈山西省职业院校技能大赛制度汇编（征求意见稿）〉意见的通知》（2019 年 2 月）、《浙江省教育厅办公室关于举办 2021 年浙江省高职院校教学能力比赛的通知》（2021 年 4 月）、《福建省教育厅等八部门关于举办 2022 年度福建省职业院校技能大赛的通知》（2021 年 12 月）等。

总体而言，2019—2021 年我国的职业教育政策无论是在国家层面还是在省市层面，都体现出数量与质量并重的基本特点，也展示出职业教育朝向高质量发展的美好愿景；国家及省市层面政策的相互呼应，也说明在国家下大力气推进职业教育改革与发展的同时，颁布的职业教育相关政策能够在省市层面得到较好的落实；同时，省部共建职业教育也成为我国职业教育谋求深化改革的新模式，有效保证了上下齐心，有利于加快我国现代职业教育体系构建的步伐。

三、2019—2021 年职业教育政策重点剖析

2019 年颁布的《国家职业教育改革实施方案》事实上构成了分析近几年职业教育政策的逻辑起点与核心依据，该方案明确了职业教育改革发展七个方面的重点任务，分别为完善国家职业教育制度体系、构建职业教育国家标准、促进产教融合校企"双元"育人、建设多元办学格局、完善技术技能人才保障政策、加强职业教育办学质量督导评价、做好改革组织实施工作，并针对每项重点任务提出了落实要求。《国家职业教育改革实施方案》的颁布，为我国职业教育改革指明了方向，随后国家层面和省市层面一系列文件的设计与实施，都紧紧围绕着上述重点任务的落实与推进。本部分以梳理总结 2019—2021 年职业教育政策为前提，重点从职业教育的高质量发展、职业教育改革发展的深化、职业教育办学格局的优化、职业教育校企合作的推进、职业教育教师队伍的建设、职业教育人才培养的优化、职教学生核心素质的要求这七个方面进行深入剖析。具体如下：

（一）职业教育的高质量发展

在构建高质量教育体系的大背景下，职业教育的高质量发展成为职业教育深化改革的目标追求。我国经济社会整体高质量发展的实现需要政治、经济、教育、文化等各领域高

质量发展的协同并进，教育的高质量发展需要普通教育与职业教育共同的高质量发展，因此，作为高质量教育体系建设中的一部分，职业教育的高质量发展与我国社会主义现代化建设密切相关。2019—2021 年国家和省市各个层面颁布的各项政策，旨在推进职业教育深化改革，促进职业教育高质量发展，具体规定主要包括服务高质量发展追求和深化高质量发展内涵两方面。

1. 服务高质量发展追求

服务高质量发展的追求，是职业教育深化改革的本质目标，也是职业教育服务于教育体系建设、国家发展的重要体现。《中国教育现代化 2035》中将"服务能力显著提升"作为职业教育的主要发展目标，这是"建成服务全民终身学习的现代教育体系"的重要组成部分。《国家职业教育改革实施方案》中指出，改革开放以来，现代职业教育体系框架全面建成，我国职业教育具备了基本实现现代化的诸多有利条件和良好工作基础。当前的目标是要大幅提升新时代职业教育现代化水平，为促进经济社会发展和提高国家竞争力提供优质人力资源支撑。《职业教育提质培优行动计划（2020—2023 年）》中提到，办好公平有质量、类型特色突出的职业教育，加快推进职业教育现代化，能够更好地支撑我国经济社会持续健康发展。《关于推动现代职业教育高质量发展的意见》中进一步强调职业教育的重要作用，其肩负培养多样化人才、传承技术技能、促进就业创业等重要职责，在全面建设社会主义现代化国家新征程中，前途广阔、大有可为。可见，我国职业教育的高质量发展直接服务于现代化强国建设，其中包括技能型社会和终身学习型社会的构建。《中华人民共和国职业教育法（修订草案）》规定，为了大力发展职业教育，提高劳动者素质和技术技能水平，实施科教兴国、人才强国和创新驱动发展战略，建设教育强国和人力资源强国，促进社会主义现代化建设，根据宪法、教育法和劳动法，制定职业教育法。其立法宗旨体现出鲜明目标，即职业教育高质量发展始终服务于国家对高质量发展的追求。

2. 深化高质量发展内涵

高质量发展是对我国职业教育改革提出的全面性、总体性高要求，意味着职业教育所涉及的各方面水平均能获得较高质量的提升，包括结构合理科学、制度体系健全等。《职业教育提质培优行动计划（2020—2023 年）》提出深化产教融合、校企合作，强化工学结合、知行合一，健全德技并修育人机制，完善多元共治的质量保证机制，推进职业教育高质量发展；《关于推动现代职业教育高质量发展的意见》围绕强化职业教育类型特色、完善产教融合办学体制、创新校企合作办学机制、深化教育教学改革、打造中国特色职业教育品牌等方面，提出促进我国职业教育高质量发展的行动方案。由以上政策可以看出，高质量发展需要职业教育包含的各方面都整体提升，牵涉的各主体都协调配合，体现出鲜明的系统性、协同性特征。

2019—2021 年国家层面颁布的政策涉及高水平高职学校和专业建设、推进现代学徒制建设、职业院校专业人才培养方案制定与实施、"双师型"教师队伍建设、职业教育教学标准、高等职业学校专业教学标准等，一系列政策文件的颁布与实施，均以实现我国职业教育高质量发展为任务目标，这也是深化职业教育改革、建设现代职业教育体系的内在要求。

在省市层面，对职业教育高质量发展的追求也是各省、自治区、直辖市 2019—2021 年政策所体现出的关注重点，大致可分为两类：第一，主要关注区域内职业教育整体高质量发展的统筹，全面推进职业教育高质量发展。一方面，各省、自治区、直辖市按要求落实国家层面职业教育政策中提出的各项重点任务；另一方面，各省、自治区、直辖市积极精准对接产业需求，培养高素质技术技能人才，服务全方位推动职业教育与本区域经济社会发展。上海市、福建省、贵州省、安徽省等都进行了积极探索，发布了《上海职业教育高质量发展行动计划（2019—2022 年）》（2019 年 12 月）、《福建省人民政府办公厅关于深化产教融合 推动职业教育高质量发展若干措施的通知》（2020 年 9 月）、《教育部 贵州省人民政府关于建设技能贵州 推动职业教育高质量发展的实施意见》（2021 年 11 月）等政策。第二，重视高等职业教育的高质量发展。相较于中等职业教育，高等职业教育培养的技术技能人才水平更高、层次更丰富，且高等职业院校的社会服务功能更强。部分省市以高等职业教育的高质量发展为抓手，促进区域内职业教育的深化改革。《江苏省教育厅关于推进五年制高等职业教育高质量发展的意见》（2020 年 7 月）以江苏省职业教育改革创新的重要成果——五年制高等职业教育①为重点，发挥中高职贯通培养的独特优势，推进其五年制高职教育高质量发展，以满足江苏省经济社会发展需要；《辽宁省教育厅关于推进高等职业教育开放办学加强合作 实现高质量发展的实施意见》（2021 年 9 月）中提出，通过加强职业人才联合培养、推动教师交流、推进产教融合、实现资源共享、促进国际交流等措施，全面深化辽宁省职业教育供给侧结构性改革，推进高等职业教育开放办学，促进高等职业教育高质量发展，着力提升职业教育服务经济社会发展能力。

（二）职业教育改革发展的深化

从宏观上来看，无论是国家层面还是省市层面，职业教育整体改革一直都是政策聚焦的重点，同时也是职业教育各项重点任务稳步推进所要达成的目标之一。聚焦于政策发布数量，2019—2021 年，国家层面共发布 3 项政策以全面推进职业教育发展，分别为《国家职业教育改革实施方案》（2019 年 1 月）、《职业教育提质培优行动计划（2020—2023 年）》（2020 年 9 月）、《关于推动现代职业教育高质量发展的意见》（2021 年 10 月）；在省市层面，共有上海、北京、云南、山西、江苏、浙江、四川等 20 余省市颁布了相应政策，如《上海市人民政府关于印发〈上海职业教育高质量发展行动计划（2019—2022

---

① 五年制高等职业教育是以初中毕业为起点，融中等职业教育和高等职业教育于一体，实行五年贯通培养的专科层次职业教育，是现代职业教育体系的重要组成部分。参见《江苏省教育厅关于推进五年制高等职业教育高质量发展的意见》。

年）〉的通知》（2019 年 12 月）、《北京市教育委员会 北京市发展和改革委员会 北京市人力资源和社会保障局 北京市财政局关于深化职业教育改革的若干意见》（2020 年 5 月）、《云南省教育厅关于公开征求〈云南省"十四五"职业教育事业发展规划〉意见建议的公示》（2021 年 11 月）等。聚焦于政策内容，上述相关政策重点主要体现为职业教育类型定位的强化、现代职业教育体系的构建、职业教育资源的优化配置、职教本科办学层次的推进等方面。

1. 职业教育类型定位的强化

我国职业教育类型定位经历了缓慢过渡与犹疑摇摆并存的确立过程，教育部等六部门于 2014 年 6 月共同发布的《现代职业教育体系建设规划（2014—2020 年）》，是官方文件首次对职业教育类型定位的正式确认①。2019 年 1 月，《国家职业教育改革实施方案》发布，开篇以"职业教育与普通教育是两种不同教育类型，具有同等重要地位"，清晰明确地指明职业教育是一种教育类型，随后国家层面颁布的文件也不断强化职业教育的类型特色。自此，职业教育的类型定位被提升至空前重要的地位，成为整体构建现代职业教育体系、谋划职业教育发展框架的重要基础和首要前提。2021 年 4 月，习近平总书记对职业教育工作作出"优化职业教育类型定位"的重要指示，这一方面表明我国职业教育的类型定位已得到普遍认可，另一方面也从侧面说明作为一种教育类型的职业教育目前发展仍不充分，需要进一步优化。2021 年 10 月，中共中央办公厅、国务院办公厅印发《关于推动现代职业教育高质量发展的意见》，提出"到 2025 年，职业教育类型特色更加鲜明"的阶段性发展目标，从巩固职业教育类型定位、推动不同层次职业教育纵向贯通、促进不同类型教育横向融通等方面强化职业教育类型特色。

在《国家职业教育改革实施方案》这一纲领性文件的指导下，各省、自治区、直辖市在政策文件中突出强调职业教育的类型定位，并遵循这一重要前提对本区域内职业教育改革作出规划。上海市人民政府于 2019 年 12 月颁布《上海职业教育高质量发展行动计划（2019—2022 年）》，将"着力落实和巩固职业教育的类型教育地位"作为第一要务，提出通过构建上海职业教育新体系、强化应用型人才培养体系建设、完善符合职业教育发展要求的评价体系、完善职业教育考试招生制度、深化办学体制改革、落实《上海市职业教育条例》等举措打造类型定位下的职业教育。其他省市也在政策中提出多项措施以突出职业教育类型特征的显著性，如《江苏省职业教育质量提升行动计划（2020—2022 年）》（2020 年 7 月）将"健全质量标准体系和评价体系，职业教育类型特征更加凸显"作为工作目标之一；《教育部 江西省人民政府关于整省推进职业教育综合改革提质创优的意见》（2020 年 7 月）指出："职业教育是与普通教育处于同等重要地位的教育类型，与

---

① 《现代职业教育体系建设规划（2014—2020 年）》中明确指出："现代职业教育是服务经济社会发展需要，面向经济社会发展和生产服务一线，培养高素质劳动者和技术技能人才并促进全体劳动者可持续职业发展的教育类型。"

经济社会发展联系最为紧密、与就业和民生关系最为直接，必须高度重视、大力发展。"可见，一方面，明确职业教育类型定位是各省、自治区、直辖市对《国家职业教育改革实施方案》的贯彻落实；另一方面，各省、自治区、直辖市能够结合本区域职业教育发展实际，通过一系列规定强化职业教育的类型定位特色。

2. 现代职业教育体系的构建

《国家职业教育改革实施方案》指出，"没有职业教育现代化就没有教育现代化"，这不仅突出强调了现代职业教育体系建设在新发展格局中的重要位置与重大意义，同时也指明我国职业教育体系建设尚不完善，职业教育在新发展格局中必须进行更深层次、更全方位的变革。2021 年 10 月，中共中央办公厅、国务院办公厅联合印发《关于推动现代职业教育高质量发展的意见》，提出"切实增强职业教育适应性，加快构建现代职业教育体系"，"到 2025 年，职业教育类型特色更加鲜明，现代职业教育体系基本建成"的工作要求与主要目标。我国现代职业教育体系的构建，蕴含着"纵向贯通、横向融通、中国特色"的鲜明特征，具体而言，第一，"纵向贯通"强调要推进职业教育协调发展，强化中职教育的基础性作用，巩固专科高职教育的主体地位，同时稳步发展高层次职业教育，完善纵向层次上现代职业教育体系构建的关键环节；第二，"横向融通"强调要推动职业教育与普通教育规模大体相当、相互融通，打造各级各类人才培养的立交桥，真正实现职业教育与普通教育同等重要的类型定位；第三，"中国特色"强调要坚持以习近平新时代中国特色社会主义思想为指导，牢固树立新发展理念，落实高度重视、加快发展的工作方针，立足中国职业教育和经济社会发展实情，扎根中国大地，办好中国的职业教育。

具体到省市层面，为加快发展现代职业教育、充分发挥职业教育服务本区域发展的作用，各省、自治区、直辖市高度重视现代职业教育体系的构建工作，结合当地面临的新形势新任务，提出详细方案。甘肃省教育厅联合省发展改革委、省人社厅、省财政厅、省工信厅、省政府国资委等部门，于 2019 年 12 月共同发布《职业教育服务全省经济社会发展行动计划（2020—2023 年）》，在"大幅提升全省职业教育现代化"的要求下，提出"实施职业教育现代体系建设工程"的行动举措，通过推动职业教育向义务教育渗透、推动高中阶段普职融通发展、完善"职教高考"制度、调整"2+3"中高职贯通培养模式等具体措施，完善现代职业教育体系，畅通技术技能人才成长渠道。《四川省职业教育改革实施方案》（2020 年 9 月）将"完善现代职业教育体系"作为首要重点任务，以健全职业教育办学体制机制、健全职业教育管理机制、健全职业教育人才培养体系为主要举措，明确责任单位与配合单位各项职责，通过省教育厅、发展改革委、经济和信息化厅、民政厅、财政厅、人力资源和社会保障厅等多部门共同发力，推进完善省域内现代职业教育体系。贵州省人民政府于 2020 年 9 月颁布《贵州省支持职业教育发展若干措施》，提出到 2022 年"建成服务区域经济社会发展、惠及全民的现代职业教育体系"的目标要求，主要包括构建服务全民终身学习的职业教育体系、完善"一体两翼多节点"院校空间布局、进一步建好贵州清镇职教城、构建职业教育立交桥等措施。由上可见，各省、自治区、直辖市在遵循纵向贯通、横向融通等要求的基础上，基于不同的发展需求，立足于本区域实情来打造具有本区域特色的职业教育体系。

3. 职业教育资源的优化配置

优化职业教育资源配置是提升职业教育内部结构稳定性的重要举措，也是缩小职业教育区域间、区域内发展差距的关键步骤。国家层面职业教育资源的优化配置，主要体现在两个方面：第一，支持地方政府加强市场化资源配置。教育部等九部门联合印发的《职业教育提质培优行动计划（2020—2023 年）》中，"实施职业教育创新发展高地建设行动"这一重点任务的落实包括整省推进职业教育提质培优、合力打造职业教育样板城市，其中提出"支持地市政府把握功能区定位，加强市场化资源配置，率先建成与城市经济和民生相适应的现代职业教育体系"。在此过程中，教育部及其他部门重点为市场化资源配置的加强提供保障支持，主要落实、实施等职责由地市政府承担。第二，优化区域资源配置。《关于推动现代职业教育高质量发展的意见》提出"完善产教融合办学体制"的任务，要求通过"优化区域资源配置，推进部省共建职业教育创新发展高地，持续深化职业教育东西部协作"等一系列措施，优化我国职业教育供给结构。职业教育区域资源的配置需要国家进行宏观调控，以缩小我国不同区域间职业教育的发展差距，实现职业教育均衡发展。可以看出，国家层面对职业教育资源的优化配置，从宏观层面出发聚焦于区域间的协调和保障条件的支持，并不直接参与区域内部职教资源的整合、分布与协调。

在省市层面，省市相关部门主要负责区域内职业教育资源的优化配置，是落实执行国家政策各项要求和本区域内政策任务的首要主体。合理调配省域或市域内职业教育资源，有利于协调本区域内职业教育发展步调与水平，促进我国职业教育均衡发展。部分省市颁布专项政策，以优化省域内职业教育资源配置，如江苏省教育厅、人力资源和社会保障厅于 2019 年 11 月联合发布《关于优化全省职业教育资源配置有关工作的意见》，从职业院校管理体制、各级各类职业教育招生与录取、中职学生学籍管理、中职学生学业水平考试等方面开展相关工作，以持续深化职业教育领域改革，促进职业教育高质量健康发展，为江苏制造业强省建设培养大批高素质劳动者和技术技能人才；《吉林省教育厅 吉林省人社厅关于优化职业教育资源配置工作的意见》（2020 年 3 月）提出，将符合条件的技师学院纳入高等学校序列、建立统一的高中阶段招生录取平台、统筹职业院校招生宣传工作、营造公平良好的招生秩序、支持职业院校扩大培训规模、建立常态化工作机制等，健全有利于更充分更高质量就业的促进机制，为吉林全面振兴全方位振兴培养大批高素质劳动者和技术技能人才。

4. 职教本科办学层次的推进

推进本科层次职业教育办学是近年来我国职业教育发展的重点之一，我国开展本科层次职业教育是为平衡高等职业教育类型属性实现的紧迫性与发展过程的渐进性之间的张力，应对类型属性实现环境复杂性的重要举措。① 2019—2021 年推进本科层次职业教育发展的相关政策主要体现在：

第一，开展本科层次职业教育试点。开展本科层次职业教育试点有利于突出职业教育人才培养的独特性和体系化，健全人才培养路径体系，实现职业教育人才培养质量的提升。《国家职业教育改革实施方案》将开展试点作为完善职业教育高层次应用型人才培养体系的举措之一；《职业教育提质培优行动计划（2020—2023 年）》强调本科职业教育的发展是完善现代职业教育体系的关键一环，并提出要支持符合条件的中国特色高水平高职学校建设单位试办职业教育本科专业；《关于推动职业教育高质量发展的意见》明确要求到 2025 年职业本科教育招生规模不低于高等职业教育招生规模的 10%，并提出要稳步发展职业本科教育，高标准建设职业本科学校和专业。上海市在《上海职业教育高质量发展行动计划（2019—2022 年）》中提出要开展本科层次职业教育试点，强化其在职业教育体系中的引领责任和作用，优化职业教育层次结构和专业布局。

第二，明确本科层次职业教育专业设置管理办法。2021 年 1 月，教育部办公厅印发《本科层次职业教育专业设置管理办法（试行）》，明确了本科层次职业教育专业设置条件与要求、设置程序、指导与监督等内容，通过高起点、高标准建设一批专业，通过长学制培养，为产业转型升级提供高层次、高水平技术技能人才支撑；对专业设置条件，如"双师型"教师占比、实践教学比例等进行了细化，定性定量相结合设置了具体指标；明确教育行政部门应建立健全专业设置的预警和动态调整机制，将招生、办学、就业、生均经费投入等情况作为优化专业布局、调整专业结构的基本依据。

第三，加强本科层次职业学校学位授予管理。教育部《关于做好本科层次职业学校学士学位授权与授予工作的意见》（2021 年 11 月）在明确本科层次职业教育学士学位授权、授予、管理和质量监督依据的基础上，进一步规范了本科层次职业教育学士学位授权学校的申报、审批、申请条件、授予学科门类归属、授予程序等详细内容，为保质保量完成本科层次职业教育学士学位授权与授予工作提供了依据。

（三）职业教育办学格局的优化

随着我国步入新发展阶段，在谋求职业教育自身发展和服务国家经济社会发展的过程中，职业教育办学面临着种种困境与挑战，在 2019—2021 年国家层面和省市层面颁布的职业教育政策中，优化职业教育办学格局成为一项重点内容。从发文情况来看，针对职业教育办学的相关政策，教育部办公厅于 2020 年 9 月转发了山东省《关于推进职业院校混合所有制办学的指导意见（试行）》，在肯定山东省这一政策对推动企业等社会力量参与职业教育，以"混"促"改"，推动形成多元办学格局等发挥积极作用的基础上，要求各省、自治区、直辖市结合实际加以学习借鉴。此外，职业教育办学作为重要改革内容，在

---

① 胡茂波，唐欣宇，游子欢. 本科层次职业教育试点的逻辑、意图、风险及其规避［J］. 职业技术教育，2021（24）：12.

涉及职业教育改革整体推进的各项政策中均有相关的明确规定。在省市层面，江苏、山东、江西三个省份出台专项政策规范管理职业教育办学行为，其余省市也通过发布通知、实施办学考核评价等加强对职业教育办学行为的规范。总体而言，2019—2021 年职业教育相关政策中对职业教育办学格局的优化强调"政府统筹管理、社会多元办学"，具体而言，可从办学主体、办学形式、保障措施等方面进行剖析。

1. 办学主体的多元化

优化职业教育办学主体是我国职业教育完成办学格局优化这一重点任务的必要途径。为满足新发展阶段产业升级和经济结构调整的需求，有效解决职业教育办学主体动力不足等问题，《国家职业教育改革实施方案》明确了"经过 5—10 年左右时间，职业教育基本完成由政府举办为主向政府统筹管理、社会多元办学的格局转变，由参照普通教育办学模式向企业社会参与、专业特色鲜明的类型教育转变"，并将"办学多元"作为职业教育改革的原则之一；提出推动企业和社会力量举办高质量职业教育，政府职能注重管理与服务，发挥企业重要办学主体作用，支持和规范社会力量兴办职业教育培训。在《职业教育提质培优行动计划（2020—2023 年）》《关于推动现代职业教育高质量发展的意见》《关于学习宣传贯彻习近平总书记重要指示和全国职业教育大会精神的通知》中，反复强调构建政府统筹管理、行业企业积极举办、社会力量深度参与的多元办学格局。可见，政府、行业企业、社会力量作为我国职业教育办学的重要主体，体现出办学主体的多元性。值得注意的是，各项政策在明确职业教育办学主体的同时，也对各主体应承担的职责作出了规定，明确政府应加强职业教育办学的统筹管理，发挥应有的服务性职能；行业企业应主动承担发展职业教育的义务和责任，积极参与职业教育办学；社会资本可以和职业学校合作共建职业教育基础设施、实训基地，共建共享公共实训基地。

在遵循国家职业教育各项政策要求的基础上，各省、自治区、直辖市在相关文件中对区域内职业教育办学主要涉及的主体进行了明确，并规定其相应职责。总体而言，各省、自治区、直辖市能够结合本区域内经济发展情况，推进特色较为明显、发展较为成熟的企业积极与职业学校进行合作，充分发挥企业作为职业教育办学的重要主体的作用。例如，《教育部 甘肃省人民政府关于整省推进职业教育发展 打造"技能甘肃"的意见》（2020 年 7 月）提出"支持社会力量兴办职业教育"，强调发挥国有企业兴办职业教育的优势，支持中国石油兰州石油化工有限公司、酒泉钢铁（集团）有限责任公司等有条件的国有企业继续办好做强职业教育，落实企业办学主体责任；要求省内所有企业需设置学生实习、学徒培养岗位，鼓励社会力量参与职业教育办学。《四川省职业教育改革实施方案》（2020 年 9 月）提出按照"政府统筹、分级管理、部门配合、社会参与"的思路，明确各级人民政府和相关部门、企业、社会力量各个办学主体及其职责，其中，高等职业教育由省人民政府统筹规划布局，"谁举办、谁负责"；中等职业教育由市（州）人民政府主导和统筹；鼓励有条件的企业特别是大企业举办或参与举办高质量职业教育。综上，省市层面政策中对职业教育办学主体的规定，体现出以下几个特点：第一，以国家相关政策要求为前提；第二，与当地经济发展实际相结合；第三，充分调动当地行业龙头企业与发展成熟的企业参与职业教育办学的积极性。

2. 办学形式的多样化

2021 年 4 月全国职业教育大会结束后，教育部发布《关于学习宣传贯彻习近平总书记重要指示和全国职业教育大会精神的通知》，提出完善产教融合办学体制、创新校企合作办学机制，构建政府统筹管理、行业企业积极举办、社会力量深度参与的多元办学格局。而形成多样化办学形式是近年来我国职业教育政策作出的重要探索，主要针对行业企业、社会力量等主体在职业教育办学中的参与程度。整体上，行业企业、社会力量等主体可通过独资、合资、合作等多种形式举办民办职业教育，可通过多种要素参与办学，探索发展股份制、混合所有制职业院校办学形式。针对中等职业教育办学质量的提升，国家规定可采取合并、合作、托管、集团办学等措施，优化中等职业教育布局结构。针对高等职业教育办学水平的提高，国家鼓励社会力量通过政府购买服务、委托管理等方式以资本、知识、技术、管理等要素参与公办高等职业院校改革；强调企业办学主体作用的充分发挥，支持企业发挥资源技术优势举办高等职业院校。同时，职业教育办学的"走出去"和"引进来"也逐渐受到重视，通过提升中外合作办学水平以打造中国特色职业教育品牌。例如，《职业教育提质培优行动计划（2020—2023 年）》提出，一方面，要加强职业学校与境外中资企业合作，支持职业学校到国（境）外办学；另一方面，要鼓励引进国（境）外优质职业教育机构来华合作办学，促进国际经验的本土化、再创新。可以看出，国家层面政策涵盖了中职高职等各个阶段层次、境内境外等不同办学背景和环境，对职业教育办学形式的探索给予了积极的政策鼓励。

省市层面对职业教育办学形式的规定以国家各项政策中的规定为根本遵循，结合省情、市情、区情积极探索适应当地职业教育发展情况的多种办学形式。例如，吉林省吉林市支持具备条件的职业院校与企业开展股份制、混合所有制办学，或举办分院、专业、实习实训基地（工厂）等，以增强职业教育发展动力、培育职业教育发展动能；《教育部 湖南省人民政府关于整省推进职业教育现代化 服务"三高四新"战略的意见》提出，实施职业教育"楚怡"行动计划，在传承发扬"爱国、求知、创业、兴工"的楚怡职教精神的基础上，依托省级卓越职业院校，推广应用楚怡办学理念，传承发扬楚怡办学精神，打造一批楚怡品牌中职学校和高职院校，创建楚怡品牌学校。值得注意的是，山东省与江西省均出台针对职业院校混合所有制办学①的相关政策——《山东省教育厅等 14 部门关于推进职业院校混合所有制办学的指导意见（试行）》（2020 年 9 月）、《江西省教育厅等 15 部门关于推进职业院校混合所有制办学的指导意见（试行）》（2021 年 8 月），

---

① 职业院校混合所有制办学是指，公办职业院校与行业企业等社会力量开展深度合作，引入企业先进技术优势和产业资源优势，通过多种形式共同参与举办职业教育。参见《江西省教育厅等 15 部门关于推进职业院校混合所有制办学的指导意见（试行）》。

就职业院校混合所有制办学的总体要求、办学形式、设立要求、办学管理、支持政策等方面作出规定。其中,山东省提出政府、职业院校可与区域、行业内技术先进、具有较强品牌影响力的实体企业,以及具备支持举办高质量职业教育实力和条件的其他各种社会力量,合作举办职业院校、二级学院、生产性实训基地、技能培训基地等办学机构,也可合作举办专业、培训等办学项目。江西省提出混合所有制办学的三种形式,一是地方政府和社会力量共同举办混合所有制职业院校,二是职业院校和社会力量共同举办混合所有制二级学院,三是职业院校和社会力量共同举办职业技术培训机构、技术服务中心等;明确了职业院校混合所有制办学有非营利性模式和市场化模式两种类型,规范了包括合作协议、资源投入、设立程序、退出机制在内的设立要求和管理办法。

3. 保障措施的系统化

为充分调动职业教育办学主体的积极性,有必要提供多样化的保障措施对各办学主体进行激励。从 2019—2021 年国家层面颁布的各项职业教育政策来看,国家在制定职业教育办学保障措施时,既注重宏观政策的引导,也注重具体标准的明确;既充分发挥财政措施的作用,也着眼于资源、制度等多重保障措施的综合运用。"各级人民政府按规定给予适当支持"为省市层面制定鼓励支持政策给予了一定的自由空间,指明了方向;"按投资额的 30%抵免企业当年应缴教育费附加和地方教育附加"为参与职业教育办学的企业提供税收优惠,通过确定"30%"这一比例保证各省、自治区、直辖市对企业办学的鼓励与支持,也保障了企业在办学过程中的利益;"落实'金融+财政+土地+信用'的组合式激励政策"显示出职业教育办学保障措施的多样化与系统性,激发各主体办学活力需要财、物、制度等多方面共同发力,综合运用全面系统的激励措施,能够最大限度地提高各主体参与职业教育办学的热情,尽可能打消各主体在此过程中产生的顾虑和犹疑。

针对职业教育办学格局的优化,各省、自治区、直辖市均通过财政、税收、用地等优惠性政策吸引各主体参与职业教育办学,从而保证职业教育发展有充足的内生动力。例如,《宁夏回族自治区人民政府关于印发深化产教融合推进职业教育改革发展实施方案的通知》(2020 年 4 月)提出,对深度参与职业教育、校企合作成绩突出的认定为"产教融合型"的企业,给予"金融+财政+土地+信用"的组合式激励政策和落实相关税收政策;企业投资或与政府合作建设职业院校的建设用地,按科教用地管理方法,符合《划拨用地目录》的可通过划拨方式供地,并对兴办职业教育的企业提供税收优惠。北京市于 2020 年 5 月发布《关于深化职业教育改革的若干意见》,鼓励试点企业以多种方式依法参与举办职业教育,并对主动参与职教办学的企业提供税收优惠,可按投资额的 30%抵免参与职业教育办学的试点企业当年应缴教育费附加和地方教育附加。根据《教育部甘肃省人民政府关于整省推进职业教育发展 打造"技能甘肃"的意见》相关规定,甘肃省为全面落实社会力量举办职业教育,灵活运用省内可适用的各项财税、投资、金融、用地、价格优惠政策,形成清单向社会发布,以有效提升社会力量兴办职业教育的热情。可见,省市层面所实施的优化办学格局保障措施,均在国家政策要求的规定下实施,体现出从上至下的一致性。

（四）职业教育校企合作的推进

根据《职业学校校企合作促进办法》① 规定，校企合作是指职业学校和企业通过共同育人、合作研究、共建机构、共享资源等方式实施的合作活动，实行校企主导、政府推动、行业指导、学校企业双主体实施的合作机制。尽管政策倡导力度在日益增强，但校热企冷的"壁炉现象"却极大地制约了校企合作的纵深发展。为打破这一僵局，2019—2021 年国家层面出台的多项政策都对校企合作进行了明确规定和积极推进。例如，在陆续发布的《国家职业教育改革实施方案》《职业教育提质培优行动计划（2020—2023年）》《关于推动现代职业教育高质量发展的意见》等一系列文件中，校企合作均作为重要内容被频繁提及，并强调相应制度体系的建立健全。国家层面虽未颁布校企合作专项政策文件，但校企合作始终作为推进职业教育改革发展的重要任务之一在各项政策中占据重要位置。在省市层面，2019—2021 年，湖南、四川、重庆、甘肃等省市针对职业学校校企合作颁布了专门的规范性文件，多数省市推进校企合作的各项措施体现在职业教育相关政策中。经过梳理，可从合作内容与形式、促进与保障措施等方面进行剖析。

1. 合作内容与形式的深入多样

职业教育校企合作的内容与形式，不应仅局限于企业出资参与职业教育办学。职业性是职业教育的本质特点，受此影响与制约，职业学校想要使办学质量得到保证和提升，必须主动对接企业；企业为提高利润率、取得不断发展，必须选择适合本企业的员工。在此基础上，职业学校和企业就技术技能人才培养达成共识，在产学研等各个环节实现深入合作，才是促进双方发展、实现共赢的有效途径。国家层面相关政策对职业学校校企合作内容与形式的规定，主要集中于人才培养、技术创新、就业创业、社会服务、文化传承等方面；要求职业学校根据自身特点和人才培养需要，主动与具备条件的企业开展合作，并积极为企业提供所需的课程、师资等资源；规定企业依法履行实施职业教育的义务，利用资本、技术、知识、设施、设备和管理等要素参与校企合作，促进人力资源开发。具体而言，第一，在人才培养上，校企双方根据就业市场需求，合作设置专业、研发专业标准、开发课程体系、教学标准以及教材、教学辅助产品，开展专业建设；合作制订人才培养或职工培训方案，实行校企双主体育人。第二，在技术创新上，校企双方为企业技术和产品研发、成果转移转化等提供支持，合作创建并共同管理教学和科研机构，建设技术工艺和产品开发中心，合作研发岗位规范、质量标准等。第三，在就业创业上，校企双方互相为

---

① 为完善职业教育和培训体系，深化产教融合、校企合作，教育部、国家发展改革委、工业和信息化部、财政部、人力资源和社会保障部、国家税务总局于 2018 年 2 月联合发布《职业学校校企合作促进办法》，共包括合作形式、促进措施、监督检查等五章三十四条内容，以促进、规范、保障职业学校校企合作。

学生就业创业、员工培训等提供支持，合作建设实习实训基地；根据企业工作岗位需求，开展学徒制合作，联合招收学员。第四，在社会服务和文化传承等方面，组织开展技能竞赛、产教融合型企业建设试点、优秀企业文化传承和社会服务等活动。与此同时，明确职业学校与企业分别在校企合作中应承担的职责，强调校企合作应基于平等协商签订合作协议，明确规定合作的目标任务、内容形式、权利义务、合作期限等重要事项，要求建立校企合作的过程管理和绩效评价制度。

国家政策要求是地方推进校企合作的风向标和基本线，省市层面以国家政策为基准，结合本区域内职业教育定位和发展实际需求，提出系统推进职业教育校企合作办学的政策举措。通过梳理省市层面相关政策发现，对于职业学校校企合作的定义，各省、自治区、直辖市均采用 2018 年 2 月教育部联合多部门共同颁布的《职业学校校企合作促进办法》中对校企合作的界定，并在这一前提下明确校企合作的内容与形式。《湖南省职业学校校企合作促进办法》（2021 年 2 月）规定，职业学校和企业可结合实际在人才培养、员工培训、技术创新等方面开展合作，与国家层面政策要求相比明显缩小了范围；而在具体合作的开展上，提出合作创建产教联盟、职业教育集团、股份制二级学院，企业经营管理人员和技术人员与职业学校管理人员、教师相互兼职，强调了校企双方在办学、教师队伍建设等方面的深入合作。《四川省职业学校校企合作促进办法》（2019 年 3 月）在明确校企合作机制与各级人民政府、教育行政部门、行业主管部门和行业组织、企业、职业学校等各主体责任的基础上，提出职业学校校企合作的内容主要涉及专业设置、人才培养、课程开发、师资培养、技术创新、就业创业、职工培训、社会服务、文化传承、国际合作交流等方面，在国家政策的基础上内容要求有所拓展。2019 年 12 月，甘肃省教育厅联合省人社厅、发展改革委、财政厅等 10 部门发布《甘肃省职业教育校企合作实施方案》，提出构建政府统筹管理、行业企业和职业院校深度融合的校企合作机制，健全中职、高职、应用型本科高校教师培养培训体系，畅通校企人员双向流动渠道，设立双向兼职常态化等目标。总体而言，省市层面推进职业教育校企合作，都在合作内容和形式上进行了一定探索。

2. 促进与保障措施的全面有效

相应的促进和保障措施是保证职业教育校企合作内容和形式真正落地的重要推手。相关校企合作促进措施的规定，其核心在于明确合作过程中所牵涉主体应承担的主要责任和能够行使的主要权利。国家层面的政策要求，一是重点统筹区域内职业教育校企合作的有效开展，鼓励东部地区的职业学校、企业与中西部地区开展跨区校企合作，以带动贫困地区、民族地区和革命老区职业教育的发展；二是规定参与职业教育校企合作过程的所有主体应当承担的职责，包括国务院及其组成部门、地方各级人民政府、各级教育行政部门、人力资源和社会保障部门、行业主管部门和行业组织、金融机构、企业、职业学校等；三是出台多项引导性举措调动校企合作积极性，如《财政部关于调整部分政府性基金有关政策的通知》（2019 年 4 月）规定，自 2019 年 1 月 1 日起，纳入产教融合型企业建设培育范围的试点企业，兴办职业教育投资符合该项通知规定的，可按投资额的 30% 比例，抵免该企业当年应缴教育费附加和地方教育附加。① 省市层面对校企合作促进措施的规定，主要立足于本区域实情，在重点支持职业学校与本区域内企业开展校企合作的同时，也鼓励职业学校与经济发达地区的企业开展跨区域校企合作；在鼓励规模以上企业率先与职业学校合作的同时，也也支持中小微企业参与校企合作；在规定县级以上人民政府及有关部门在校企合作中主动履行职责的同时，也明确行业主管部门、行业组织在建立省级行业教学指导委员会、组织和指导校企合作等方面的重要作用；提出通过多渠道筹措资金、在职业学校和企业设置相应机构、建立学科专业设置评议等制度、组建产业教育联盟或集团等多种途径，促进本区域内职业教育校企合作的深入推进。值得注意的是，在《湖南省职业学校校企合作促进办法》规定的促进措施中，对多项具体措施提出了相当明确的量化标准，如要求行业主管部门和行业组织"应当建立行业人力资源需求预测制度，每3年要发布行业市场人才需求预测报告"；明确要求发挥骨干企业引领作用，"规模以上企业每年按不低于在职员工数的0.5%提供教师顶岗实践岗位"等。量化标准的明确，显然更有利于相关政策实施及其考核评估。

在保障校企合作有效推进方面，国家层面强调加强监督检查，要求各级人民政府教育督导委员会对职业教育校企合作职责的落实情况进行专项督导，并定期发布督导报告；要求各级教育、人力资源和社会保障部门将校企合作情况纳入职业学校考核内容，教育行政部门与相关部门及行业组织联合加强对校企合作的监督与指导；要求职业学校、企业在合作过程中遵守法律法规，并明确职业学校、企业若有失当行为与活动，应依法依规承担相应责任。省市层面多以国家政策要求为基础，重视对校企合作落实推进情况与深入程度的监督检查，其基本要求与国家相关政策保持较高的顺应性和一致性。此外，甘肃省还提出从建立协调机制、强化责任落实、落实经费保障、完善管理制度等方面，为深入推进职业学校校企合作提供组织保障，以有效解决校企合作中的重大问题，提升校企合作成效。

（五）职业教育教师队伍的建设

职业教育教师队伍能够为职业教育改革发展提供有力的人才保障和智力保障，加强教师队伍建设一直是职业教育深化改革和现代职业教育体系建设的重点。"双师型"教师，即同时具备理论教学能力和实践教学能力的教师，是办好职业教育的根本保障。"双师型"教师队伍的打造是加快推进职业教育现代化的基础性工作，其队伍结构、素质水平、人事待遇等都是影响职业教育"双师型"教师队伍建设成效的重要因素。整体来看，2019—2021年国家层面的多项政策文件在不同程度上均对"双师型"教师队伍建设有所提及，也颁布了专项政策推进相应工作，如《教育部等四部门关于印发〈深化新时代职

---

① 允许抵免的投资是指试点企业当年实际发生的，独立举办或参与举办职业教育的办学投资和办学经费支出，以及按照有关规定与职业院校稳定开展校企合作，对产教融合实训基地等国家规划布局的产教融合重大项目建设投资和基本运行费用的支出。参见《财政部关于调整部分政府性基金有关政策的通知》。

业教育"双师型"教师队伍建设改革实施方案〉的通知》（2019 年 8 月）、《教育部 财政部关于实施职业院校教师素质提高计划（2021—2025 年）的通知》（2021 年 7 月）等。在省市层面，北京、浙江、山东、广东、海南、江西、甘肃等 10 余个省市颁布了近 50 项职业教育教师队伍建设相关政策文件，主要涉及认定标准、职称评审、比赛培训等，如《北京市职业院校"双师型"教师认定办法（试行）》（2020 年 6 月）、《浙江省教育厅 浙江省人力资源和社会保障厅关于深化浙江省中等职业学校教师职称制度改革工作的通知》（2020 年 9 月）、《海南省教育厅关于举办高等职业院校"双师型"教师素质提升培训班的通知》（2021 年 10 月）等。具体而言，2019—2021 年职业教育"双师型"教师队伍的建设工作，主要聚焦于教师队伍结构的优化、教师素质水平的提高、教师人事待遇的改善等方面。

1. 教师队伍结构的优化

当前，与新时代国家职业教育改革要求相比，职业教育教师队伍还存在着数量不足、来源单一、结构性矛盾突出等问题，同时具备理论教学能力和实践教学能力的"双师型"教师和教学团队短缺，已成为制约职业教育改革发展的瓶颈。这就需要采取有效措施不断优化职业教育"双师型"教师队伍的结构，主要体现为选聘环节对教师的工作经历与学历层次、培养环节对教师队伍的人员构成与素质水平的相关要求上。

在国家层面，《深化新时代职业教育"双师型"教师队伍建设改革实施方案》提出建设分层分类的教师专业标准体系，推进以双师素质为导向的新教师准入制度改革，构建以职业技术师范院校为主体、产教融合的多元培养培训格局，完善"固定岗+流动岗"的教师资源配置新机制，建设"国家工匠之师"引领的高层次人才队伍，创建高水平结构化教师教学创新团队等举措优化"双师型"教师队伍结构。针对教师选聘，要求完善职业教育教师资格考试制度，强化专业教学和实践要求，建立以直接考察方式公开招聘高层次、高技能人才的机制；要求职业院校相关专业教师从具有 3 年以上企业工作经历并具有高职以上学历的人员中公开招聘，适当放宽对特殊高技能人才的学历要求。针对教师培养，加强职业技术师范院校和高校职业技术教育（师范）学院建设，支持高水平工科大学举办职业技术师范教育；鼓励高校以职业院校毕业生和企业技术人员为重点培养职业教育教师，完善师范生公费教育、师范院校接收职业院校毕业生培养、企业技术人员学历教育等多种培养形式。

省市层面对职业教育"双师型"教师队伍结构优化的相关规定，主要结合两个依据：一是依据国家相关政策要求，根据《中共中央 国务院关于全面深化新时代教师队伍建设改革的意见》《国家职业教育改革实施方案》《深化新时代职业教育"双师型"教师队伍建设改革实施方案》等文件规定，制定本省市职业教育教师队伍结构优化的详细措施；二是依据本地实际发展情况制定政策，包括职业教育教师队伍具体情况和地方经济社会发展情况。江西省提出建立"双渠道"教师招聘制度，自 2021 年起从持有相关领域职业技能等级证书的毕业生、职业技术师范专业毕业生和具备 3 年以上企业工作经历并具有高职以上学历的人员两个渠道招聘专业课教师；推动形成"固定岗+流动岗"、双师结构与双师素质兼顾的专业教学团队，院校应当按照不低于编制员额 20% 比例的数量自主招聘兼职教师；推动企业工程技术人员、高技能人才和职业院校教师双向流动，支持企业技术人员到职业院校担任兼职教师。《河北省深化"双师双证"推进职业教育改革创新工作方案》提出"职业教育'双师型'教师数量充足，结构明显改善，'双师型'教师占专业课教师的比例达到 60%"的具体目标要求，围绕推进教师准入制度改革、建立校企人员双向交流协作共同体、培育建设高层次人才队伍等方面任务开展"双师型"教师队伍结构优化。河南省教育厅、财政厅根据《教育部等九部门关于印发〈职业教育提质培优行动计划（2020—2023 年）〉的通知》和《河南省职业教育改革实施方案》等要求，制订职业院校兼职教师特聘岗计划，规定在全省共设置约 550 个职业院校兼职教师特聘岗，并按特聘岗位数量给予经费补助；制定了包括申请、确定、选聘、备案、管理在内的兼职教师特聘岗管理流程与相关制度，确保职业教育教师队伍结构得到有效优化。

2. 教师素质水平的提高

职业教育教师的整体素质水平直接关系到职业教育的高质量发展，在加强职业教育教师师德师风建设的基础上，国家层面和省市层面相应政策均关注职业教育教师整体素质水平的不断提升，并通过各类培训、交流与比赛等措施与手段加以落实。

在国家层面，基于《中共中央 国务院关于全面深化新时代教师队伍建设改革的意见》《国家职业教育改革实施方案》《国民经济和社会发展第十四个五年规划和 2035 年远景目标纲要》，2021 年 7 月，教育部、财政部共同发布《关于实施职业院校教师素质提高计划（2021—2025 年）的通知》，制定"打造高水平、高层次的技术技能人才培养队伍"的主要目标和与之匹配的实施原则，提出优化完善教师培训内容、健全教师精准培训机制、健全教师发展支持体系、强化日常管理和考核四个方面十条举措；要求落实职业教育高质量发展和深化新时代教师队伍建设改革的总体要求，全面推进教师培训关键环节改革；根据职业院校教师专业发展不同阶段的需求，教师、管理者和培训者不同群体的需要，加强过程管理与诊断改进。《深化新时代职业教育"双师型"教师队伍建设改革实施方案》提出，实施职业院校教师素质提高计划，分级打造师德高尚、技艺精湛、育人水平高超的教学名师、专业带头人、青年骨干教师等高层次人才队伍，培训数以万计的青年骨干教师，加强专业带头人领军能力培养，建立国家杰出职业教育专家库及其联系机制；创建高水平结构化教师教学创新团队，全面提升教师开展教学、培训和评价的能力以及团队协作能力。同时，其他有关政策还强调鼓励职业院校教师分批次、成建制赴境外研修访学、进行培训，与国际先进水平接轨，以保证教师素质达到国际化和时代性要求。

在省市层面，《甘肃省新时代职业教育"双师型"教师队伍建设若干措施》（2021 年 9 月）强调职业教育教师的协同培养与团队建设，其中，协同培养要求落实教师专业标准，将专业标准作为教师培养培训的主要依据，提高教师队伍专业化水平；提升教师培养层次，支持职业技术教育硕士、博士的培养，支持院校探索职业教育本硕整体设计、分段考核、有机衔接的师资培养模式；校企协同培养"双师"，坚持教师定期到企业实践制度，支持校企共建职业技术师范专业能力实训中心。在团队建设方面，要求深化"岗课赛证"融通改革，通过建立职业岗位定期调研或锻炼制度、鼓励支持教师积极参加或指导学生参加专业竞赛、加强职业技能等级证书师资和考评员培训等，提高职业教育教师的技术技能应用水平与实践教学能力；打造高素质"双师型"教师团队，要求建成 10 家省级"双师型"教师培养培训基地、100 个左右省级结构化教师教学创新团队和 150 个省级职业教育名师工作室，各校每个专业（群）至少组建 1 个校级教师教学创新团队。四川、福建等省提出实施职业院校教师素质提高计划，落实教师 5 年一周期的全员轮训制度，探索适应职业技能培训要求的教师分级培训模式，培育一批具备职业技能等级证书培训能力的教师，建设一批"双师型"教师培养培训基地；建立完善"双师型"教师认定标准，将体现技能水平和专业教学能力的双师素质纳入教师考核评价体系。此外，赴国外进修培训、访学研修，也是各省、自治区、直辖市提升教师素养所采取的普遍措施。

3. 教师人事待遇的改善

提高职业教育教师人事待遇水平，也是国家层面和省市层面在加强职业教育教师队伍建设方面采取的重要措施。从整体来看，针对职业教育教师人事待遇，国家层面和省市层面均主要从职称和薪酬两方面入手，其中，职称制度改革集中于中等职业学校教师这一群体。在国家层面，2020 年 6 月，人力资源和社会保障部与教育部联合印发《关于深化中等职业学校教师职称制度改革的指导意见》，强调中等职业学校教师是我国专业技术人才队伍的重要组成部分，是加快建设现代职业教育体系、培养高素质技术技能人才、提高职业教育质量的重要力量；提出在坚持师德为先和能力为重相统一、统一制度和分类评价相结合、职称评审和岗位聘用相统一、下放权限和强化监管相结合的基本原则下，通过健全制度体系、完善评价标准、创新评价机制、实现职称评审与岗位聘用制度的有效衔接等措施，形成以品德、能力和业绩为导向，以社会和业内认可为核心的中等职业学校教师职称制度。针对教师薪酬，《深化新时代职业教育"双师型"教师队伍建设改革实施方案》提出，要全面落实和依法保障教师的报酬待遇权等权利，职业院校校企合作、技术服务、社会培训、自办企业等所得收入，可按一定比例作为绩效工资来源；教师依法取得的科技成果转化奖励收入不纳入绩效工资，不纳入单位工资总额基数。此外，《职业教育提质培优行动计划（2020—2023 年）》明确规定专业教师可按国家规定在校企合作企业兼职取酬。同时，多项政策对地方职业教育教师的绩效核算提出要求，规定"各地要结合职业院校承担扩招任务、职业培训的实际情况，核增绩效工资总量"。

基于国家层面政策要求，各省、自治区、直辖市在多项文件中提出改善职业教育教师待遇的相关举措。在职称评审方面，江苏、浙江、山东、广东、海南、山西、黑龙江、湖北、西藏、青海等省、自治区、直辖市均发布与中等职业学校教师职称制度改革、职称评价标准条件、职称评审年度工作等相关的文件，以有效推进中等职业教育阶段教师职称改革工作，加强中等职业学校教师队伍建设。在薪酬待遇方面，江西省改革教师绩效工资制度，明确院校通过校企合作等项目所得的净收入可提取 60% 用于劳动报酬，单列核增单位绩效工资。2020 年 12 月，甘肃省教育厅、甘肃省人力资源和社会保障厅、甘肃省财政厅联合印发《关于进一步完善职业院校人才薪酬待遇的通知》，提出调整绩效工资管理权限、拓宽收入渠道、单列引进高层次人才绩效工资、允许兼职取酬、支持"双师型"教师队伍建设并落实待遇这五项具体切实的举措，充分发挥薪酬待遇对职业教育教师队伍建设的激励作用，体现出较强的实效性、可操作性、突破性和创新性。其中，明确规定"绩效工资分配权限下放至各职业院校，由职业院校自主确定绩效工资分配方式，其中奖励性绩效可占绩效工资总量的 60% 及以上"，这是全国范围内第一个明确提出职业院校"奖励性绩效可占比 60% 及以上"的文件；明确提出"绩效工资总量审核权限下放至各职业院校"与建立"绩效工资总量年度备案制度"，与此同时，将绩效工资高出部分的审核工作由职业院校所在的县级以上人社、财政部门转交给省教育厅，在强化教育行政部门对职业教育教师薪酬统筹管理的同时，简化了审批流程。

（六）职业教育人才培养的优化

提高职业教育人才培养质量不仅是深化职业教育改革的主要目标，也是促进职业教育发展的重要内容。我国职业教育当下存在着人才培养质量水平参差不齐的明显短板，为适应建设现代化经济体系和教育强国的要求，必须重视职业教育人才培养工作，不断优化人才培养水平、提高人才培养质量。《国家职业教育改革实施方案》的各项要求，都围绕人才培养核心进行统筹规划和设计，职业教育人才培养成为职业教育发展的重中之重，如国家职业教育制度体系的完善、职业教育国家标准的构建、产教融合校企"双元"育人的促进等，均提及结合人才培养需要开展各项工作。2019—2021 年颁布的与职业教育人才培养有关的各项政策，大致可从招生考试制度改革、人才培养完善、学生培养结果认定等方面进行归纳总结。在国家层面，教育部先后颁布《关于在院校实施"学历证书+若干职业技能等级证书"制度试点方案》（2019 年 4 月）、《关于全面推进现代学徒制工作的通知》（2019 年 5 月）、《关于职业院校专业人才培养方案制订与实施工作的指导意见》（2019 年 6 月）、《关于严格规范中等职业学校招生、学籍和资助管理工作的通知》（2021年 8 月）等文件，面向中等职业教育和高等职业教育，涉及职业教育招考、人才培养方案以及各项制度等内容。在省市层面，海南、山西、山东、安徽、广东等省市颁布的文件涉及中等职业学校和高等职业院校招生、人才培养制度改革、1+X 证书制度建立等内容。具体分析如下：

1. 招生考试制度的改革

职业教育招生考试制度的改革，需以职业教育的类型定位为前提和基本要求进行设计。《国家职业教育改革实施方案》提出要完善中等职业教育招生机制，建立中等职业学校和普通高中统一招生平台，精准服务区域发展需求；针对高等职业教育，要建立"职教高考"制度，完善"文化素质+职业技能"的考试招生办法，为学生接受高等职业教育提供多种入学方式和学习方式，这一系列规定奠定了我国职业教育招生考试制度改革的基本方向。《职业教育提质培优行动计划（2020—2023 年）》要求保持高中阶段教育职普比大体相当，系统设计中职考试招生办法，使绝大多数城乡新增劳动力接受高中阶段教育，将扩大中等职业教育招生范围纳入相关规定中；要求不限制专科高职学校在招收中职毕业生的比例，适度扩大专升本招生计划，在一定程度上能够促进高等教育阶段普职融通，突出了职业教育的类型定位特征。而在《关于推动现代职业教育高质量发展的意见》中，将"加快建立'职教高考'制度，完善'文化素质+职业技能'考试招生办法"作为巩固职业教育类型定位的举措之一，可见，职业教育招生考试制度的改革与职业教育的类型定位紧密相关。此外，针对中等职业教育的招生工作，2021 年 8 月，教育部办公厅发布《关于严格规范中等职业学校招生、学籍和资助管理工作的通知》，提出通过深入实施"阳光招生"、清查办学资质，防范化解中等职业学校在招生等方面存在的风险。

省市层面相关政策可大致分为招生考试的常规工作和特殊工作两类。常规工作主要包括确定年度中等职业学校和高等职业院校招生计划、规范五年制高等职业教育招生工作开展等，涉及专升本、注册入学、单独考试招生等形式，如《天津市教委关于下达 2020 年普通高校高职升本科招生计划的通知》（2019 年 12 月）、《辽宁省教育厅 辽宁省发展和改革委员会关于下达 2020 年辽宁省初中起点五年制高职招生计划的通知》（2020 年 6 月）、《辽宁省教育厅关于开展 2021 年高等职业院校注册入学试点招生工作的通知》（2021 年 2 月）、《北京市教育委员会关于下达 2021 年市属普通高校优秀高职毕业生升本科招生计划的通知》（2021 年 3 月）、《浙江省教育厅办公室关于做好 2021 年中等职业学校招生工作的通知》（2021 年 4 月）、《江苏省关于加强五年制高等职业教育招生和学生学籍管理工作的通知》（2021 年 12 月）等。此外，部分省市发布了有关新增招生专业备案等常规工作文件，规范开展职业教育人才培养常规性工作。在特殊工作方面，福建省教育厅发布《福建省高职院校分类考试招生改革实施办法》（2019 年 10 月），提出按照有利于科学选拔人才、促进学生健康发展和维护社会公平的原则，在明确高职院校的报考条件、报考对象、录取照顾政策等内容的基础上，实施以"文化素质+职业技能"为主的多样化考试招生办法，建立健全分类考试、综合评价、多元录取的"职教高考"制度。值得注意的是，报考对象的范围包括中等职业学校毕业生、普通高中毕业生、退役军人，并明确规定了报考的类别、志愿、职业技能测试（职业适应性测试）内容与录取条件。在此基础上，福建省教育厅于 2020 年 1 月公布《高职院校分类考试招生职业技能测试考试大纲（试行）》，有效保障上述政策的落实。

2. 职教专业设置的调整

专业设置情况是职业院校招生培养、统计以及用人单位选用毕业生的基本依据，是职业教育支撑经济社会发展的重要观测点。2021 年 3 月，按照"十四五"国家经济社会发展和 2035 年远景目标对职业教育的要求，在科学分析产业、职业、岗位、专业关系的基础上，对接现代产业体系，推进服务产业基础高级化、产业链现代化，教育部印发了调整后的《职业教育专业目录（2021年）》（以下简称《目录》）。《目录》以适应经济社会发展新变化为主要依据进行了更新，主要变动情况分为更名、新增、合并、撤销、归属调整五种，形成19个专业大类、97个专业类和1349个专业。其中，中职专业358个、高职专科专业744个、高职本科专业247个。

《目录》的调整，体现出较为鲜明的特点：第一，强化类型教育特征，服务技能型社会建设。《目录》全面覆盖联合国产业分类中所列的全部41个工业大类以及国家发布的新职业，对接岗位群需求，兼顾学科分类，在厘清产业、职业、岗位、专业间关系的基础上，科学确定不同层次的专业定位。第二，中高本一体化设计，体现融通贯通理念。职业教育中、高、本各层次之间，同类专业之间纵向贯通、横向融通。面向职业岗位群逐层提升，培养目标和规格逐层递进，人才定位有机衔接。第三，对接现代产业体系，提升人才供给质量。服务制造强国、质量强国、网络强国、数字中国，推进产业基础高级化、产业链现代化。破解"卡脖子"关键技术，面向战略性新兴产业重点领域，面向生产性服务业向专业化和价值链高端延伸，面向生活性服务业向高品质和多样化升级。第四，推进数字化升级改造，构建未来技能技术。优化和加强5G、人工智能、大数据、云计算、物联网等领域相关专业的设置；面向不同行业的数据驱动、人机协同、跨界融合、共创分享的智能形态等，从专业名称到内涵全面进行数字化改造。第五，遵循职业教育规律，服务终身学习需要。统筹处理传统专业和现代专业、一体化设计与特色设计、分段培养与系统培养、教育主导设计与行业指导设计、新兴产业发展与传统产业升级之间的关系；全面兼顾不同职业院校、不同工作岗位对专业口径宽窄的不同需求，系统培养学生和学生终身学习、全面发展的需要；充分考虑中高职贯通培养、高职扩招、职业技能培训与军民融合发展的需求。同时，《目录》还明确提出优化专业布局结构、落实专业建设要求、做好新旧目录衔接等工作要求，以加强职业教育国家教学标准体系建设，落实职业教育专业动态更新要求，推动专业升级和数字化改造。

3. 人才培养方案的完善

专业人才培养方案是职业院校落实党和国家关于技术技能人才培养总体要求，组织开展教学活动、安排教学任务的规范性文件，是实施专业人才培养和开展质量评价的基本依据。2019—2021年，针对实际工作中存在的专业人才培养方案概念不够清晰、制订程序不够规范、内容更新不够及时、监督机制不够健全等问题，国家层面和省市层面都出台了相应政策。在国家层面，2019年6月，为推进国家标准落地实施，提升职业教育质量，教育部颁布《关于职业院校专业人才培养方案制订与实施工作的指导意见》，对职业院校专业人才培养方案的内容及要求、制订程序、实施要求、监督与指导等各个环节作出详细规定。针对人才培养方案的内容，文件提出人才培养方案要体现专业教学标准规定的各要素和人才培养的主要环节的要求，要明确培养目标、规范课程设置、合理安排学时、强化实践环节、严格毕业要求、促进书证融通、加强分类指导；制订程序包括规划与设计、调研与分析、起草与审定、发布与更新；实施时要全面加强党的领导，强化课程思政，组织开发专业课程标准和教案，深化教师、教材、教法改革，推进信息技术与教学有机融合，改进学习过程管理与评价；同时，各级教育行政部门要做好人才培养方案制订与实施的监督指导工作。为落实此文件，教育部同时颁布了《关于组织做好职业院校专业人才培养方案制订与实施工作的通知》，进一步强调相关事项的布局与开展。

在省市层面，部分省市就人才培养工作颁布了专项政策，如海南省颁布《海南省高等职业教育人才培养改革实施意见》（2019 年 9 月），提出加强顶层设计、体现海南特色培养模式、实现学生全面发展、分类制订培养方案、实施学分制管理、推动信息化教学、完善教学诊改、明确程序要求等措施，以应对高职扩招带来的生源变化，提高人才培养的针对性、适应性和时效性；安徽省教育厅发布《关于印发高职扩招人才培养质量保障工程实施方案的通知》（2020 年 4 月），要求系统开展学情分析调研，积极推进教育教学改革，切实加强分类教育管理，全力打造高素质教师队伍，建立完善质量评价体系，以主动适应高职扩招后生源多元化、发展需求多样化对教育教学的新要求，保障扩招质量，全面提高人才培养质量。针对中等职业学校人才培养工作，江苏省教育厅印发了《江苏省中等职业学校首批专业类指导性人才培养方案及专业核心课程标准（试行）》（2019 年 6 月），以进一步健全中等职业学校教学标准，发挥标准在职业教育质量提升中的基础性作用，并要求各中等职业学校按照构建国家、省、校三级专业教学标准体系的要求，积极组织编制人才培养方案和相关课程的实施要求，并按程序报上级教育行政部门备案后发布、施行；上海市教育委员会印发了《上海市中等职业学校专业人才培养方案的基本内容与编制要求》（2020 年 2 月），提出建立抽查制度，对中等职业学校专业人才培养方案的制订、公开和实施情况进行定期检查评价，以满足经济社会发展对中等职业教育人才培养提出的需求。

4. 学生培养结果的认定

职业教育学生培养结果的认定也是近年来职业教育改革关注的重点领域之一，2019—2021 年国家层面关于职业教育学生成果认定的政策，集中在 1+X 证书制度（即"学历证书+若干职业技能等级证书"）的建立、国家学分银行的建设及促进职业院校学生就业创业等方面。针对 1+X 证书制度的建立，《国家职业教育改革实施方案》首创了等级全、效力高、种类多的 1+X 证书制度，通过学历证书与各类职业技能等级证书标准的改革与建构，以全新的组合式职业标准引领课程标准、教学标准等一系列人才培养过程标准的变革，并在此过程中明确了人力资源和社会保障行政部门、教育行政部门、职业院校等各主体应承担的职责；2019 年 4 月，教育部、国家发展改革委、财政部、市场监管总局联合制定并发布《关于在院校实施"学历证书+若干职业技能等级证书"制度试点方案》，提出重点围绕服务国家需要、市场需求、学生就业能力提升，从 10 个左右领域做起，启动 1+X 证书制度试点工作，提升职业教育质量和学生就业能力。针对国家学分银行的建设，《国家职业教育改革实施方案》提出，加快推进职业教育国家学分银行建设，从 2019 年开始，探索建立职业教育个人学习账号，实现学习成果可追溯、可查询、可转换；2020

年 3 月，教育部颁布《关于做好职业教育国家学分银行建设有关工作的通知》，以学习者学习成果的登记、认定、积累和转换为核心开展一系列工作，体现了以人为本的教育理念，把学习者放在了首要地位，基于学习者未来需要提出各地区要探索学分银行在更多领域更多区域的应用，从而逐步拓宽技术技能人才持续成长通道，服务全民终身学习。针对促进就业创业方面，《国家职业教育改革实施方案》提出要"完善学历教育与培训并重的现代职业教育体系"，"开展高质量职业培训"，对职业院校学生就业创业提出了新的要求；2019 年 10 月，教育部办公厅等十四部门联合印发《职业院校全面开展职业培训 促进就业创业行动计划》，以提高劳动者素质和职业技能水平、提升就业创业能力等为目标，明确提出其中最重要的是，职业院校大学生的职业技能水平关系着职业院校的就业和创业前景，是职业院校大学生就业创业的基础能力。

省市层面基于国家政策要求，对职业教育学生培养成果的认定，也从上述三方面出发，分别出台相应政策。根据《关于在院校实施"学历证书+若干职业技能等级证书"制度试点方案》提出的要求，各省、自治区、直辖市就推进 1+X 证书制度试点工作发布通知，如《江苏省教育厅关于做好 1+X 证书制度试点工作的通知》（2020 年 7 月）、《关于做好 2021 年湖南省 1+X 证书制度试点工作的通知》（2021 年 4 月）等，从试点工作主要任务、规范试点工作组织管理、加强试点工作保障等方面进行规定，并明确了试点职业院校工作机构成员及其工作职责，以保障试点工作的有效推进。安徽省、海南省分别就 1+X 证书制度试点工作机构的组织与成立，发布了《关于设立 1+X 证书制度试点工作协调推进办公室的通知》（2020 年 5 月）、《关于成立海南省 1+X 证书制度试点工作指导协调机构的通知》（2021 年 4 月），明确机构的人员组成及其主要职责，切实加强对 1+X 证书制度试点工作的组织管理和统筹协调，积极稳妥、规范有序地推动工作开展。关于学分银行的建设工作，省市层面出台专项政策较少，仅北京市教育委员会出台《关于开展北京市学分银行服务体系建设试点工作的通知》（2020 年 9 月），要求由北京市学分银行管理中心、北京市学分银行管理分中心和北京市学分银行联盟成员单位构成北京市学分银行服务体系，并按照"统一规划、试点先行、分期推进"的原则进行建设；同时，颁布《北京市学分银行管理办法（试行）》，明确学分银行的功能定位、组织架构、管理运行、经费保障等，探索与实践不同类型学习成果的存储、认定与转换，服务学习型城市建设。针对就业创业工作，安徽省、山西省根据《职业院校全面开展职业培训 促进就业创业行动计划》的要求，联合其他部门发布专项政策，以推进职业院校学生就业创业，如《安徽省教育厅等十四部门关于做好〈职业院校全面开展职业培训 促进就业创业行动计划〉实施工作的通知》（2020 年 4 月）、《山西省教育厅 山西省人力资源和社会保障厅关于职业院校全面开展职业培训 促进就业创业有关工作的通知》（2020 年 6 月）等。

（七）职教学生核心素质的要求

职业教育学生核心素质是对未来职业人的基本要求，是其得以适应社会并谋求自身发展的必备品格和关键能力。当前在国家层面和省市层面发布的各项政策中，并无关于职业教育学生核心素质的专项政策，大多在其他政策内容中提及对学生核心素质的要求，总体而言较为分散且不成体系，如表 2 所示：

表 2　　**2019—2021 年职业教育政策中职教学生核心素质有关表述（部分）**

文件名称	所 在 部 分	相 关 表 述
《国家职业教育改革实施方案》	总体要求与目标	"着力培养高素质劳动者和技术技能人才"
	（三）推进高等职业教育高质量发展	"培养大国工匠、能工巧匠" "培养服务区域发展的高素质技术技能人才"
	（四）完善高层次应用型人才培养体系	"以实践能力培养为重点" "培养高端技术技能人才" "提高技术技能水平"
	（六）启动 1+X 证书制度试点工作	"深化复合型技术技能人才培养培训模式改革" "夯实学生可持续发展基础" "积极取得多类职业技能等级证书" "拓展就业创业本领"
	（八）实现学习成果的认定、积累和转换	"为技术技能人才持续成长拓宽通道"
	（九）坚持知行合一、工学结合	"强化学生实习实训"
	（十八）支持组建国家职业教育指导咨询委员会	"学生职业技能提升"
	（十九）加强党对职业教育工作的全面领导	"努力实现职业技能和职业精神培养高度融合"
《职业教育提质培优行动计划（2020—2023 年）》	主要目标	"高质量技术技能人才"
	落实立德树人根本任务	"加强职业道德、职业素养、职业行为习惯培养" "职业精神、工匠精神、劳模精神等专题教育" "促进学生全面发展" "增强爱党爱国意识，听党话、跟党走"
	推进职业教育协调发展	"培养大国工匠、能工巧匠" "高素质技术技能人才" "培养高素质创新型技术技能人才" "以实践能力培养为重点"
	健全职业教育考试招生制度	"文化素质+职业技能"
	实施职业教育治理能力提升行动	"把职业道德、职业素养、技术技能水平、就业质量和创业能力作为衡量人才培养质量的重要内容"
	实施职业教育信息化 2.0 建设行动	"提升学生利用网络信息技术和优质在线资源进行自主学习的能力"

文件名称	所 在 部 分	相 关 表 述
《关于实施中国特色高水平高职学校和专业建设计划的意见》	（二）基本原则	"德技并修"
	（四）加强党的建设	"理想信念" "价值观"
	（五）打造技术技能人才培养高地	"知行合一" "认知能力""合作能力""创新能力" "严谨专注、敬业专业、精益求精和追求卓越" "复合型技术技能人才"
《上海职业教育高质量发展行动计划（2019—2022年）》	一、指导思想	"技术技能人才" "高素质劳动者"
	二、着力落实和巩固职业教育的类型教育地位	"高层次技术技能人才" "高质量应用型人才" "职业道德" "技术技能水平" "就业质量"
	七、提升职业教育国际影响力	"具有国际视野" "符合国际标准"
《海南省高等职业教育人才培养改革实施意见》	三、实现学生全面发展	"创新精神和实践能力" "职业素养成和专业技术积累" "职业适应能力和可持续发展能力" "专业精神、职业精神和工匠精神"
《江苏省职业教育质量提升行动计划（2020—2022年）》	一、工作目标	"德技并修" "全面发展和终身发展的能力"
	二、重点任务	"职业素养和工匠精神" "劳动精神、劳模精神、劳动素养" "良好品质习惯" "高层次技术技能型人才"

以《国家职业教育改革实施方案》为例，其中对职业教育学生核心素质的有关规定，可以划分为培养目标和具体素质两部分。在培养目标方面，高素质的复合型技术技能人才是职业教育学生最终的发展指向，无论是"高素质劳动者""高端技术技能人才"，还是"大国工匠、能工巧匠"，都强调职业教育学生的应用性。具体素质可概括为思想意识层面与实践能力层面，思想意识层面包括"服务区域发展"的责任意识、"职业精神"、"可

持续发展"等，实践能力层面包括"实践能力""技术技能水平""就业创业本领""实习实训""职业技能"等。可见，《国家职业教育改革实施方案》中蕴含的职业教育学生核心素质，体现出较强的实践性、技能性、职业性特征，也体现出思想性与实践性的统一。而在《职业教育提质培优行动计划（2020—2023 年）》中，在总体培养目标方面，强调"大国工匠、能工巧匠"的高层次目标，提出"高质量技术技能人才""高素质创新型技术技能人才"等不同要求的人才培养目标，总体而言，均以"高质量""高素质"及"技术技能"为根本要求。在具体素质方面，可分为职业意识、职业精神、职业技能三部分，职业意识涉及职业道德、职业素养、爱党爱国意识等，职业精神包括工匠精神、劳模精神，职业技能包括职业行为习惯、技术技能水平、就业创业能力、信息技术利用能力、自主学习能力等。其余政策对学生核心素质的规定也多从上述几个方面出发，只是表述方式有所差异。

通过对各项政策文本中涉及的职业教育学生核心素质有关表述进行整理，能够初步概括出职业教育学生核心素质包括职业精神、职业素养、职业能力与职业技能。职业精神在职教学生核心素质中起根本性作用，强调学生职业生涯中的使命感，是学生从入学到入职、从技能学习到职业发展的重要支撑，为学生的成长提供稳定且无穷尽的内在动力；职业素养在职教学生核心素质中起基础性作用，强调学生必备的职业相关知识与技能，也注重学生对知识的处理与应用，是职教学生得以发展的软性条件，有助于促进学生职业生涯中的长远发展；职业能力在职教学生核心素质中居核心地位，更偏重于学生的发展性综合素质，是学生适应学习型社会建设要求的基本条件，更是职教学生应着重培养与职业相关的各项能力的集合，能够保证职教学生较好地符合岗位和社会的要求；职业技能在职教学生核心素质中发挥着保底性作用，是职教学生求职谋生的硬性条件，决定着其最为基本的生存与发展基础。职业精神与职业素养为职教学生的发展提供了"上层建筑"支点，职业技能构成职教学生核心素质中的硬性定位支点，职业能力则为职教学生的未来发展提供了拓展可能性。四者相互影响、相互作用，共同构成发展性与稳定性并存、多元化与一体化共有的职业教育学生核心素质体系。

四、2019—2021 年职业教育政策特点与未来展望

（一）2019—2021 年职业教育政策的主要特点

通过对 2019—2021 年国家层面和省市层面职业教育政策发布情况及重点内容的分析，可以看出，我国职业教育改革已经步入深水区和攻坚期，需要花大力气、下大功夫去统筹推进。2019—2021 年，我国职业教育政策既从全局出发，促进职业教育深入改革，也以职业教育重点领域为主要抓手，通过关键点带动职业教育高质量发展。从整体来看，2019—2021 年职业教育政策主要体现出以下特点：

1. 政策体系：问题导向与被动适应

就目前而言，2019—2021年国家层面和省市层面职业教育政策发布均围绕深化改革与现代职业教育体系的构建展开，正逐步形成相对完善的政策体系。在职业教育政策体系建构的过程中，问题导向性与被动适应性始终是较为突出的特征。

其一，问题导向性表明我国职业教育政策体系的构建，一方面是为解决我国经济社会发展过程中出现的问题，另一方面是为解决职业教育自身改革过程中存在的矛盾，体现出较为强烈的问题导向。2019—2021年，我国进入新发展阶段，改革正处于深水区与攻坚期，经济结构调整过程中也呈现出种种较为复杂的难题，面对经济现代化建设、教育现代化建设等提出的新发展要求，职业教育各项政策将职业教育纳入国家发展的整体框架中不断探索，为解决发展问题提供思路。同时，职业教育自身发展也步入了谋求深化改革的阶段，需要打破长期以来"政策上受重视、行动上未落实"的疲态，基于职业教育发展本身存在的瓶颈，找寻有效的破解路径。

其二，被动适应性是指目前职业教育政策体系的构建依然表现为对我国经济社会需求的被动适应，超前引领作用不足。相较于普通教育，职业教育服务经济发展的特性更为明显。通过深化职业教育改革来满足我国处于新发展阶段中现代化建设的发展需求，从本质来看，应当以高质量职业教育的有效供给主动引领经济社会发展。但是，通过政策分析可知，目前职业教育政策体系构建依然是以对职业教育的需求来"拉动"职业教育改革，而非源自职业教育发展的内生动力。中华人民共和国成立以来，职业教育的发展深受国家经济社会发展等宏观环境影响，从起初满足经济恢复需求到当下服务于现代化经济建设，面对不同时期经济发展提出的各项要求，职业教育从中等教育阶段内部结构调整到高等教育阶段结构改革，从制度建设、办学体制改革到优化教育教学、提升培养质量，实现了由层次向类型的转变，但仍未能较好地适应新发展格局，为终身教育体系构建及学习型社会建设提供高效能动的政策供给。从整体而言，职业教育政策体系构建始终是为了"适应"国家经济社会发展，而非"提升"整体发展质量，未能体现出较强的引领性和预测性，也未能从优化政策供给的角度出发，打造更具前瞻性的职业教育发展路线图。

2. 政策形式：立法先行与法治引领

2019—2021年职业教育各项政策的制定，与《职业教育法》修订基本同步，立法先行，体现出较为鲜明的法治化特征。

其一，与时俱进，以立法为引领是近年来职业教育政策发展的突出特点。1996年9月开始实行的《职业教育法》，其修订经历了"全国人大常委会本届任期5年内的立法重点工作"（2008年）到"条件比较成熟、任期内拟提请审议的第一类项目"（2013年），再到"需要抓紧工作、条件成熟时提请审议的第二类项目"（2018年）。2019年12月，教育部发布《关于〈中华人民共和国职业教育法修订草案（征求意见稿）〉公开征求意见的公告》；2021年3月，国务院常务会议通过《中华人民共和国职业教育法（修订草案）》；2021 年 6 月，《中华人民共和国职业教育法（修订草案）》首次提请全国人大常委会审议；第十三届全国人大常委会第二十九次会议对《中华人民共和国职业教育法（修订草案）》进行了审议，并继续面向社会公开征求意见。由此过程可以看出，《职业教育法》作为我国教育法制体系中较早出台的法律，在现代职业教育政策体系建设中，一直有效发挥着权威性引领作用。随着职业教育的发展，《职业教育法》的修订已被提上日程，并不断推进。法律是保障职业教育改革发展力度与效果的最有效形式，通过立法先行体现《职业教育法》对职业教育发展的动态调整，为职业教育政策体系奠定了扎实的法治化基础。

其二，以《职业教育法》修订为抓手，呼应职业教育发展趋势，固化近年来职业教育改革成果，强化政策合法性与权威性。《职业教育法（修订草案）》在有关政策实践基础上，明确规定"职业教育与普通教育是不同教育类型，具有同等重要地位，是国民教育体系和人力资源开发的重要组成部分，是培养多样化人才、传承技术技能、促进就业创业的重要途径"，以法定形式明晰了职业教育的类型定位，并在此基础上统筹设计法律制度体系；积极进行制度创新，紧紧围绕职业教育领域热点难点问题，紧紧围绕职业教育改革发展实践，对产教融合和校企合作、支持社会力量举办职业学校、促进职业教育与普通教育学业成果融通互认等作了规定，增强了制度针对性，及时将实践成果转化为法律规范。《职业教育法》修订通过以后，必将为今后职业教育政策体系建设完善奠定更为坚实的法治化基础。

3. 政策主体：多元参与与立体联动

政策主体作为直接或间接参与政策制定、执行、评估与监控过程的组织及个体，在整个政策过程中发挥着积极、主动的主导性作用。分析 2019—2021 年我国的职业教育政策主体，发现特点如下：

其一，政策主体的多元化。无论是国家层面还是省市层面，2019—2021 年职业教育政策的制定，相当一部分是由教育部门、财政部门、发展和改革部门、人力资源和社会保障部门与其他部门之间协同合作的，有的政策甚至涉及数十个部门的联合。多元参与的特点既反映出作为一种教育类型，职业教育的发展是复杂的，不能仅靠某个部门推动，又说明职业教育发展需要系统性、全局性的谋划与推进。

其二，政策主体的立体联动。省部联合发文也是近年来职业教育政策的重要形式，成为推动省域职业教育特色发展的有力政策举措。教育部与甘肃省、山东省等多省、自治区、直辖市人民政府联合发布关于整省推进职业教育发展的政策文件，体现出高层次、高站位、全局性、整体性的政策立场。国家教育行政部门与地方政府共同作为政策主体，不同层级政府部门之间上下联动，强化了政策主体的权威性，有利于政策目标的实现。

4. 政策类型：纵横多样与上下协调

运用多种类型政策推动教育发展是我国各级政府普遍采取的措施。从政治影响的角度来说，一般可将政策分为控制性政策与调适性政策。① 2019—2021 年，国家层面和省市层面颁布的职业教育政策类型，既包括以"方案""计划""规范"为主的一系列控制性较强的政策，同时也注重对"意见""通知"等指导性较强的调适性政策的运用，协同发力深化职业教育改革发展。从职业教育政策整体布局来看，2019—2021 年我国职业教育政策类型体现出纵横多样与上下协调的特征。

其一，纵横多样表现为国家及省市各层面、各方面政策的多元化。纵向上，从国家层面到省市层面职业教育政策类型多样，控制与调适并重，如《职业院校数字校园规范》《北京市职业院校"双师型"教师认定办法（试行）》等控制性政策，《中共中央办公厅 国务院办公厅关于推动现代职业教育高质量发展的意见》《湖南省教育厅关于加强新时代中等职业学校德育工作的意见》等调适性政策；横向上，在职业教育重点发展领域均有专项政策推进，涉及各种政策类型，以"双高"计划为例，先后有《教育部 财政部关于实施中国特色高水平高职学校和专业建设计划的意见》《中国特色高水平高职学校和专业建设计划项目遴选管理办法（试行）》《教育部办公厅 财政部办公厅关于开展中国特色高水平高职学校和专业建设计划项目申报的通知》《中国特色高水平高职学校和专业建设计划绩效管理暂行办法》等各类政策发布，构成多元化政策体系。

其二，上下协调表现为省部联合发文与各级有效联动。一方面，省部联合发布促进区域职业教育改革的政策，如《教育部 江西省人民政府关于整省推进职业教育综合改革提质创优的意见》《教育部 湖南省人民政府关于整省推进职业教育现代化 服务"三高四新"战略的意见》等，通过教育部支持与整省发力，形成推动省域、市域职业教育发展的协同性较强的立体化行动体系；另一方面，省市层面积极响应国家政策，通过各级之间的有效联动深化职业教育重点领域改革。以 1+X 证书制度的推进为例，自国家层面《关于推进 1+X 证书制度试点工作的指导意见》颁布后，各省、自治区、直辖市积极响应，结合省域市域实情发布相应政策，如山西省《关于进一步做好山西省职业院校 1+X 证书制度试点工作的通知》、安徽省《关于深入推进 1+X 证书制度试点工作的通知》等，形成了响应及时、相互联动的立体化政策体系。

5. 政策内容：关注短板与深化重点

2019 年 1 月发布的《国家职业教育改革实施方案》中提出，我国职业教育存在着体系建设不够完善、职业技能实训基地建设有待加强、制度标准不够健全、企业参与办学的动力不足、有利于技术技能人才成长的配套政策尚待完善、办学和人才培养质量水平参差不齐等问题，这些问题既是我国职业教育发展中的薄弱环节，也是职业教育发展中需要重点关注的内容。基于这一现实，2019—2021 年国家层面和省市层面的职业教育政策，多聚焦于《国家职业教育改革实施方案》中提出的职业教育现存问题与重点领域，在内容上体现出了关注短板与深化重点相统筹的鲜明特征，职业教育发展框架也朝着多元、立

---

① 王骚. 公共政策学 [M]. 天津：天津大学出版社，2018：20.

体、完善的方向发展。

其一，针对职业教育发展的短板，国家层面和省市层面均发布了相应政策着力加以改善。我国现代职业教育体系长期处于从"点题"到"破题"的进程中，结构不清晰、层次不完整等问题长期存在。[①] 要解决这些问题，必须加大政策引导力度，如教育部于2021 年 1 月印发《本科层次职业教育专业设置管理办法（试行）》，以规范和完善职业教育层次体系构建；2021 年 6 月发布《高等职业学校电子信息工程技术专业实训教学条件建设标准》等 32 项职业教育教学标准的通知，以完善职业教育标准建设。各省、自治区、直辖市颁布加强高水平实训基地建设的相关文件，以期为人才培养提供质量更高、条件更好的实操场地与机会，如《北京市特色高水平职业院校、骨干专业和实训基地（工程师学院和技术技能大师工作室）建设项目管理办法》（2019 年 6 月）、《上海市中等职业学校示范性虚拟仿真实训室建设指导意见》（2020 年 5 月）、《山西省教育厅 山西省财政厅关于实施山西省职业教育品牌专业和高水平实训基地建设计划的意见》（2021 年 2月）等。

其二，针对职业教育发展的关键，突出工作重点。近年来，我国职业教育政策除在宏观上进行统筹规划之外，针对职业教育办学格局优化、学科专业建设、教师队伍建设、人才培养质量等重点事项，都提出了相关要求；尤其关注职业教育学校体系建设、深化产教融合校企合作、改革职业教育招生考试制度、深化"教师、教材、教育教学"改革等职业教育类型化发展的重点领域，如为推进 1+X 证书制度的建立与完善，教育部等四部门联合印发《关于在院校实施"学历证书+职业技能等级证书"制度试点方案》（2019 年 4月），教育部办公厅、国家发展改革委办公厅、财政部办公厅发布《关于推进 1+X 证书制度试点工作的指导意见》（2019 年 11 月）；针对专业目录调整与修订，教育部陆续发布《关于做好职业教育专业目录修（制）订工作的通知》（2020 年 8 月）、《职业教育专业目录（2021 年）》（2021 年 3 月）等。

2019—2021 年各级发布的职业教育政策，通过"填补短板"与"突出重点"的内容布局思路，搭建起了支撑纵向贯通、横向融通的职业教育体系框架，在保障纵向各层次职业教育自下而上的衔接和横向不同类型教育间的融通方面发挥了积极作用。

6. 政策执行：推进缓慢与效应落差

政策执行作为政策过程的中介环节，是将政策目标（理想）转化为政策现实的唯一途径。[②] 从整体而言，2019—2021 年职业教育政策发文较多，反映出国家对职业教育的重视程度在不断提高，有关政策的执行也取得了积极成效，职业教育呈现出日趋良好的发展态势。但不能忽视的是，职业教育政策在落实过程中还存在着理想与现实之间的落差，

① 任占营. 职业教育提质培优的现实意义、实践方略和效验表征 [J]. 中国职业技术教育, 2020（33）：5-9.

② 陈振明. 政策科学——公共政策分析导论 [M]. 北京：中国人民大学出版社, 2004：254.

主要体现为：（1）职业教育政策以供给侧为导向的引领性和预测性不强，以需求侧为导向的适应性和滞后性明显；（2）职业教育政策创新性导向与现实办学实践存在反差，如混合所有制等多元办学格局未能有效实现；（3）职业教育政策中的国家导向与大众认知间存在巨大反差，"职业教育是与普通教育同等重要、同等位置的教育类型"的政策导向尚未得到社会普遍认同，整体观念仍以"职低普高"为主，职业教育地位的社会认同度依然较低；（4）职业教育在我国整体教育体系中的战略地位尚未得到充分彰显，在服务全民终身学习的高质量教育体系构建过程中，职业教育的定位与地位尚不清晰准确；（5）职业教育发展现状与高质量要求之间存在较大差距，职业教育现代化成为我国教育现代化中的明显短板，职业教育的办学水平、人才培养质量相对偏低，未能充分同党和国家事业发展要求相适应、同人民群众期待相契合、同我国综合国力和国际地位相匹配。上述种种落差体现出职业教育政策的效果呈现相对迟缓、相对滞后，在一定程度上也反映出我国职业教育的根本性变革尚未真正实现。

究其原因，一是发展形势尚不明朗。我国职业教育发展虽然已具备有利条件和一定基础，也需要实现发展模式的转变，到了下大力气抓的时候，但就当前职业教育整体发展状况而言，对职业教育政策背景形势判断是否足够准确，职业教育的改革发展方向如何进一步明确，仍然处于较为模糊的阶段。二是政策实践不够充分。职业教育政策内容中涉及的诸多重点，如职教高考制度建立健全、多元办学格局的实现等，相关规定多停留于指导层面，在具体实践过程中未能提供可操作的程序化制度，同时也缺乏有效保障，导致敢于探索的地方和院校少之又少。三是政策环境不甚理想。受长期以来落后观念的影响，职业教育现代化所需的社会环境尚未成熟，职业教育政策文化具有一定的落后性和脱节性，在一定程度上阻滞了职业教育政策的有效落实。因此，必须准确研判整体政策环境，进一步加大对职业教育政策执行的推进力度，确保政策执行效果。

（二）我国职业教育政策的未来展望

处于新发展阶段，我国职业教育正经历深化改革时期，探寻在体系建设、办学格局、育人机制等方面的新突破。面对新的发展要求，职业教育要想实现深层次变革，必须依靠政策体系不断完善的有力推动。因此，应在坚持类型教育这一定位下，凝练类型发展特征，以政策目标、政策内容、关注重点、体系构建、行动体系等方面为立足点完善职业教育政策过程，打造全面健全的职业教育政策体系，为职业教育的高质量发展提供完备的政策支持。

1. 政策目标：注重个体发展与国家发展相统一

国家经济社会发展总体水平决定了职业教育政策的目标定位。在经济恢复时期，职业教育培养初等和中等技术人才，以满足人民的生存需求为主要目标；随着改革开放以来经济飞速发展，我国目前进入稳步前进阶段，职业教育政策的目标也从最初的生存保障逐渐过渡为强调职后的不断提升，满足个体的发展需求；至现在开始强调个体在充分掌握技术技能的前提下，提升对职业生涯和个人生涯的关注度。因此，职业教育政策目标，应注重个体发展与国家发展相统一，既关注个体价值，也充分发挥技术技能人才对国家建设的重要作用，体现出对个体成长与国家建设的引领性。一方面，以促进个体生涯发展为重点。在现代教育体系中，职业教育和普通教育地位平等，都体现出终身性这一明显特征。因此，职业教育政策中对人才培养目标的相关规定与要求，就不能仅局限于个体对技术技能的习得，更应关注个体的职业发展和生涯发展，使职业教育在个体发展及终身学习角度具备更高层次的追求。另一方面，以国家发展为中心。职业教育政策目标，要始终坚持服务建设现代化经济体系和实现更高质量更充分就业需要，对接科技发展趋势和市场需求，通过大幅提升新时代职业教育现代化水平，为促进经济社会发展和提高国家竞争力提供优质人才资源支撑。通过劳动者"个人–教育本位"的改革与"国家–社会本位"的改革相结合，有效推动职业教育类型化改革目标的实现。①

2. 政策内容：全面推进现代职业教育体系建设

现代职业教育体系的构建及完善是今后职业教育发展的重点工作内容，需要职业教育各项制度的有效整合，也需要各级职业教育的有效衔接。类型定位下的职业教育，与我国现代化经济体系及教育强国建设密不可分，职业教育政策制定必须将职业教育的发展摆在国家战略的重要位置上，以服务国家战略大局为基本价值取向，适应国家经济社会发展对"技能型社会"的需要。一方面，政策制定要进一步明确类型定位下职业教育培养多样化人才、传承技术技能、促进就业创业的重要职责，关注我国现代职业教育体系和现代化教育体系的构建，将职业教育放在教育发展全局中推进，以局部促整体，推动我国教育强国建设。另一方面，类型定位下的职业教育政策制定要结合新发展理念，把好宏观方向，健全国家职业教育制度框架设计和体系建设，强调培养更多高素质技术技能人才、能工巧匠、大国工匠，并通过人才培养来建设我国现代化经济体系，为全面建设社会主义现代化国家提供有力的人才和技能支撑。此外，职业教育政策的制定应全面把握类型教育定位要求，结合经济社会发展需要，不断优化中等职业教育结构，保证中等教育阶段职普占比和学校布局等方面的合理性与科学性，把发展中等职业教育作为普及高中阶段教育和建设中国特色职业教育体系的重要基础；持续推进高等职业教育高质量发展，从建立"职教高考"制度、完善高职院校设置制度等着手，强化高等职业教育发展的类型特色。

3. 关注重点：紧扣职业教育改革的关键领域

类型定位下职业教育政策的制定，一定要明确新定位下的发展重点，聚焦职业教育内部改革重点，推动现代职业教育高质量发展，始终坚持服务于以新技术、新产业、新业态、新模式为特征的新经济发展，服务于社会主义现代化国家的全面建设。目前来看，类

① 李鹏，石伟平. 中国职业教育类型化改革的政策理想与行动路径——《国家职业教育改革实施方案》的内容分析与实施展望 [J]. 高校教育管理，2020（01）：106-114.

型定位下的职业教育仍有诸多问题亟待解决，如体系构建视角不完善、内部纵向衔接不完整、外部横向融通不充分、忽视制度环境营造等。① 因此，明确类型定位下职业教育的发展重点，要不断优化职业教育类型定位，深入推进育人方式、办学模式、管理体制、保障机制等各方面改革，切实增强职业教育适应性，加快构建现代职业教育体系；瞄准职业教育改革发展目标，优化职业教育办学格局，改善职业教育办学条件，加强职业教育供给，提升职业教育吸引力和培养质量。尤其是在类型定位下，职业教育作为与普通教育并列的一种独立的教育类型，其自身必须具备完整系统的学校体系和学历层次体系，职业教育政策制定应构建职业教育学校体系，推进职业教育学历层次体系的完善。同时，改革育人体制，是提高职业教育人才培养质量最直接、最有效的方式，也是职业教育改革的重点内容之一。职业教育的育人体制具备较强的系统性，在类型教育定位下这一特征尤为明显，主要涉及人才培养方式、各项培养制度的制定与落实，包括职业教育课程与教学各个方面，必须通过多元化政策手段重点加以促进。此外，政策内容也应关注职业培训。职业培训也是现代职业教育体系中人才培养的重要形式，职业教育政策应按照育训结合、长短结合、内外结合的要求，关注职业教育培训制度的建立与完善，从学历教育和职业培训两方面提升人才培养质量，促进职业教育体系建设。

4. 体系构建：不断完善职业教育发展政策框架

类型定位下的职业教育需要以完善的、发展性较强的、带有预测性的政策体系为职业教育深化改革提供良好的政策环境。一方面，要兼顾横向和纵向两方面，构建立体性、系统性、全面性的职业教育政策体系。从横向上，加快构建促进职普融通的政策体系，按照职业教育类型定位特征，充实职业教育政策，加强职业教育制度体系建设、办学体制与机制创新、招生考试制度优化、教育教学改革、人才培养模式转变等重点改革方面的政策制定；从纵向上，制定促进中等、高等各个阶段职业教育的相关政策，推动本科层次职业教育发展和专业学位硕士研究生培养，完善职业教育学校体系和学历学位体系建设，推进职业教育一体化人才培养体系的建立与实施等。另一方面，灵活运用多种类型的职业教育政策，命令控制性政策与激励调适性政策协调配合，既保证对职业教育类型定位下发展的规范性，又保持职业教育发展的灵活性与自主性，完善职业教育政策体系。同时，通过政策制定保证职业教育经费、保障职业学校毕业生就业与发展通道，加强职业教育发展的政策体系支持。

5. 行动方案：建立健全多元主体参与体制机制

类型定位下的职业教育需要有效的、系统性的政策行动方案，确保作为教育类型之一的职业教育能够得到落实。第一，强化政策制定主体多元。作为教育类型之一的职业教

---

① 匡瑛，李琪，井文，等. 职业教育类型特征及其与普通教育"双轨制""双通制"体系构建 [J]. 苏州大学学报（教育科学版），2021（02）：27-34.

育，应以现代职业教育体系的建设为主要任务，其政策制定必须广开言路。在政府宏观管理引导下，进一步简政放权，积极协调学校、行业企业、学生和家长等各方力量，关注利益相关方的权利诉求，吸纳各方参与到政策制定中来，增加其在决策中的话语权，为职业教育政策制定注入新活力，提高政策的靶向疗效。① 第二，明确政策实施主体职责。类型定位下的职业教育发展是系统性的、全局推进的，涉及各级各类学校、各级政府部门，需要政策实施主体的共同配合。在这一要求下，职业教育政策制定必须明确各主体职责，避免由于职责划分不清晰带来的政策落实不到位问题。同时，考察评估学生、家长、用人单位、政府和社会对职业教育人才培养质量的满意度，以评价促进职业教育质量的提升。第三，创设政策运行良好环境。在政策内容中突出宣传教育的重要性，要求各级部门以多形式、多渠道加强职业教育的长期宣传，打消人们对职业教育的偏见，弘扬劳动光荣、技能宝贵、创造伟大的时代风尚，使职业教育真正成为社会认可的、与普通教育并列的教育类型，为政策实施营造良好的文化环境。

（撰稿人：彭宇文 彭学琴）

---

① 苏敏. 党的十八大以来我国职业教育政策分析 [J]. 职教论坛，2020（08）：70-76.

下　篇

分论篇

类型定位下我国职业教育发展动向

——《国家职业教育改革实施方案》解读①

一、出台背景

（一）现实问题

1. 经济社会发展面临的现实困境

从国家整体发展来看，随着我国经济结构调整和产业转型升级，一大批新行业、新职业、新技能不断涌现，对高素质技术技能型人才的需求不断增加。一系列国家战略的实施都离不开职业教育提供坚实的人才保障，同时也需要依托校企共建的应用技术协同创新中心、技能大师工作室等载体，开展应用技术研究和新产品、新服务的创新与开发，解决生产实践中的关键问题。当前职业教育的人才培养层次和培养质量，无法缓解经济社会发展的结构性矛盾。

从就业现实情况来看，一方面，当前因经济增长方式转变、产业结构调整等结构性改革，导致就业压力增大；另一方面，由于信息化、工业化、城镇化过程，大量转岗工人、农民和新增劳动力，以及退役军人、贫困人群、残疾人等特殊群体，都面临着就业难的困境，人力资源无法被充分有效利用，造成极大浪费。

从教育体系构建来看，随着我国社会主要矛盾发生变化，人民群众呼唤层次、结构、类型多样化的教育，以满足不同学习者的成长需求与发展诉求；同时，党的十九届四中全会明确提出要构建服务全民终身学习的教育体系，加快建设终身学习型社会。但当前，我国尚未形成类型多样化的教育体系，教育体系建设有待完善。同时，职业教育供给与个性化发展需求和终身学习的要求不能失配，职业教育的发展要适应社会主要矛盾的转变和满

① 文件名称：《国务院关于印发〈国家职业教育改革实施方案〉的通知》

发文日期：2019 年 1 月 24 日

发文机关：国务院

发文字号：国发〔2019〕4 号

足构建服务全民终身学习教育体系的迫切需要，为人才的终身学习和可持续发展提供基础支撑。

2. 职业教育发展面临的现实困境

目前，我国的职业教育已经具备了大规模培养技术技能人才的能力，为国家经济社会发展提供了不可或缺的人力资源支撑。但与中央的要求和经济社会发展的需要相比，我国职业教育面临着诸多问题。

（1）社会认识存在偏差，技术技能人才发展的渠道窄。当前人们对职业教育的认识，依旧停留在"只有成绩比较差的学生才会接受职业教育"这一层面，这主要是由于：一方面，我国职业教育自发展以来，未形成与普通教育并行的较为完善的教育制度体系，存在较为明显的自身局限性；另一方面，国家对职业教育的重视程度虽在逐步提高，但仍不够，间接造成职业教育生源质量比普通教育差，人才培养质量受到限制。

（2）办学特色不鲜明，企业参与办学的积极性不高。除社会认识的偏差外，职业教育整体办学同质化现象较为明显，多数职业院校谋求综合发展，没有办出属于自己的特色，没有打出较为响亮的招牌。在此条件下，以盈利为目的的企业主动参与职业教育办学的积极意愿会大打折扣，导致其不愿主动承担社会责任。

（3）对职业教育的支持力度不平衡，职业教育吸引力不强。虽然从整体而言，我国政府及多部门都出台了促进职业教育发展的各项文件，但由于种种原因，各省各区域有关部门对职业教育的支持力度不一，再加上原有基础各不相同，使得职业教育区域发展和内部发展不平衡，在一定程度上不利于吸引优质生源就读，也不利于学校自身的可持续发展。

（4）学校体系不健全，学历学位层次不完善。由于长期以来职业教育在教育层次的定位下发展，使得职业教育没有建立完善的自上而下的学校体系和学历学位层次。在学校体系上，本科型职业教育学校的转型发展尚未形成成熟路径；在学历层次上，高等职业教育阶段专业硕士和专业博士等研究生阶段学位设置仍未全面开展。

（二）目的意义

当前，推动高质量发展，壮大实体经济，需要数量充足的技术技能人才作为支撑，职业教育肩负着传承技术技能、培养多样化人才的职能。必须深刻把握职业教育面临的形势任务，站位全局、落实政策、解决问题，推动新时代职业教育不断改革发展。《国家职业教育改革实施方案》（以下简称"职教20条"）的颁布，其目的是为了解决我国在职业教育发展与经济社会建设中遇到的现实问题，意味着我国职业教育改革朝着不断深入的方向发展；同时，通过多维度的系统设计，突出了职业教育对个体发展、职业教育改革、现代社会经济体系建设等，具有重要意义。

第一，充实不同类型教育供给，满足个体自我发展多样需求。个体想要实现真正意义上的自由发展，就需要有多种教育类型为其提供选择，保证其在学习过程中找到适合自身的发展路径。"职教20条"充分肯定了职业教育的类型定位，通过高质量的职业教育为个体提供多样化的成长成才路径，并有效分流高考升学的压力，避免"千军万马挤独木桥"的现象。

第二，推动职业教育深化改革，加快现代职业教育体系建设。横向上，"职教20条"通过职业教育制度体系建设、职业教育国家标准构建、职业教育育人模式改革、办学格局优化等，为深化教育改革创造了更好的条件；纵向上，"职教20条"对中等职业教育、高等职业教育的发展均作出了明确指向，并提出通过完善高层次应用型人才培养体系等各项举措，打造出独立完整的职业教育体系。

第三，提高职教人才培养质量，实现国家经济社会转型发展。"职教20条"在明确职业教育类型定位的基础上，一系列措施都要求职业教育的改革与发展，要对接市场需求，更大规模地开展职业教育和培训。一方面，能够提高职业教育人才培养质量，提升职业教育学生的核心竞争力，帮助学生掌握一技之长，实现更高质量、更充分的就业创业；另一方面，能够弥补我国高质量技术技能型人才不足的现状，促进我国产业升级和经济结构调整，从而实现国家经济社会的转型发展。

二、总体描述

（一）制定过程

2014年6月23日—24日，第七次全国职业教育工作会议在北京召开。习近平总书记就加快职业教育发展作出重要指示，强调职业教育是国民教育体系和人力资源开发的重要组成部分，各级党委和政府要把加快发展现代职业教育摆在更加突出的位置，努力建设中国特色职业教育体系。李克强总理提出，要用改革的办法把职业教育办好做大。大会通过并颁布了《国务院关于加快发展现代职业教育的决定》，提出要加快我国职业教育发展转方式、调结构、促升级。随后，《现代职业教育体系建设规划》《教育部关于深入推进职业教育集团化办学的意见》《职业学校校企合作促进办法》等一系列文件陆续颁布并实施，为职业教育改革奠定了较为坚实的基础。

以此为前提，教育部认真贯彻落实中央领导同志关于职业教育的重要讲话和指示精神，按照"一个判断""三个转变""四个主攻方向"的要求，基于"职业教育已经具备了有利的条件和一定的基础，到了下大力气抓的时候"这一判断，会同有关部门起草了"职教20条"。在起草过程中，教育部征求了中央教育工作领导小组成员单位、部内各司局、部分省级教育行政部门、部分行业企业和职业院校负责人的意见，文稿先后经中央教育工作领导小组和中央全面深化改革委员会审议。

2018 年 11 月 14 日下午，习近平总书记主持召开中央全面深化改革委员会第五次会议并发表重要讲话。会议审议通过了一系列政策文件，其中包括"职教 20 条"。会议强调，要把职业教育摆在更加突出的位置，对接科技发展趋势和市场需求，完善职业教育和培训体系，优化学校、专业布局，深化办学体制改革和育人机制改革，鼓励和支持社会各界特别是企业积极支持职业教育，着力培养高素质劳动者和技术技能人才，为促进经济社会发展和提高国家竞争力提供优质人才资源支撑。

2019 年 1 月 24 日，"职教 20 条"印发，并于 2019 年 2 月 13 日正式公布。"职教 20 条"从酝酿到最后印发历时将近一年，印发后同时启动了相关政策研究，并陆续推出相应的配套文件，形成了办好职业教育政策的"组合拳"。

（二）整体概括

"职教 20 条"作为贯彻落实全国教育大会精神的文件，由国务院颁布印发，面向各省、自治区、直辖市人民政府，国务院各部委、各直属机构，与《中国教育现代化 2035》和《加快推进教育现代化实施方案》等明确提出的目标相衔接，既立足当前，又着眼长远，确保如期完成历史交汇期各项既定任务，把奋力办好新时代职业教育的决策部署细化为若干具体行动。

图 1　"职教 20 条"高频词云图

"职教 20 条"包括 7 个方面共 20 条内容，是一项面向职业教育领域全局性的、极具指导性的基本政策，聚焦职业教育体系建设，紧紧围绕职业教育改革，描绘了我国职业教育未来的发展蓝图。根据图 1 可以看出，在主体上，"职教 20 条"中提到"国家""行政部门""企业""学校""政府""院校""社会""教师""学生""高校"等，由此说明,"职教 20 条"的有效落实需多方联动,依靠多方主体共同合作;在内容上,"职教 20 条"关注职业教育的"技术""制度""标准""证书""教学""专业""质量""管理"等,可见,追求职业教育的内涵发展与高质量发展,是"职教 20 条"的主要目标;在方法上,"职教 20 条"普遍以"推动""鼓励""健全""完善""提升""提高""指导""加强""规定"等积极性具体举措,综合运用激励工具、能力工具、象征和规劝工具等多样政策工具,推动职业教育深化改革。

(三)基本框架

"职教 20 条"的基本框架从 7 个方面出发,分别提出相应工作开展要求。具体如下:

第一部分为完善国家职业教育制度体系,共 4 条内容,包括健全国家职业教育制度框架、提高中等职业教育发展水平、推进高等职业教育高质量发展、完善高层次应用性人才培养体系。此部分以职业教育制度体系建立健全为主要内容,就中等、高等职业教育发展与人才培养体系的不断发展作出规定,勾勒出我国职业教育发展的基本轮廓。

第二部分为构建职业教育国家标准,共 4 条内容,包括完善教育教学相关标准,启动 1+X 证书制度试点工作,开展高质量职业培训,实现学习成果的认定、积累和转换。此部分强调职业教育国家标准体系的搭建,涵盖教育教学、实习实训、教育培训、学分银行等具体内容,通过打造标准体系为我国职业教育发展提供了价值尺度的参照。

第三部分为促进产教融合校企"双元"育人,共 4 条内容,包括坚持知行合一、工学结合,推动校企全面加强深度合作,打造一批高水平实训基地,多措并举打造"双师型"教师队伍。此部分以育人模式的改革为主要抓手,通过推进校企在人才培养的方案制订、教育教学、实习实训等各个环节,实训基地建设、师资队伍建设等各个方面的深度合作,加强产教融合,提升职业教育人才培养质量。

第四部分为建设多元办学格局,共 2 条内容,包括推动企业和社会力量举办高质量职业教育、做优职业教育培训评价组织。此部分一方面明确了职业教育办学主体及其主要职责,另一方面对职业教育培训评价组织的建立提出较为具体的要求。

第五部分为完善技术技能人才保障政策,共 2 条内容,包括提高技术技能人才待遇水平、健全经费投入机制。此部分从财政支持与政策支持两个方面出发,提出加强对职业教育的拨款、提升技术技能人才的各项待遇,以保证职业教育的起点、过程与结果公平。

第六部分为加强职业教育办学质量督导评价,共 2 条内容,包括建立健全职业教育质量评价和督导评估制度、支持组建国家职业教育指导咨询委员会。此部分重点关注职业教育评价,通过相关制度的制定与有关机构的成立,确保职业教育评价工作的有效、规范开展,巩固职业教育改革成果。

第七部分为做好改革组织实施工作,共 2 条内容,包括加强党对职业教育工作的全面领导、完善国务院职业教育工作部际联席会议制度，从思想、组织与制度等方面为职业教育改革提供有力支持。

三、重点阐释

（一）核心要点

1. 普通本科高校向应用型转变

"职教 20 条"提出：到 2022 年，职业院校教学条件基本达标，一大批普通本科高等学校向应用型转变，建设 50 所高水平高等职业学校和 150 个骨干专业（群）。普通本科高等学校向应用型转变，一方面，在学校定位与人才培养方面更加突出"应用型"这一特征，强调培养适应生产、建设、管理、服务第一线需要的高等技术应用型人才，以适应社会发展需要。推进普通本科高等学校向应用型转变，能够满足类型定位下职业教育高等院校体系的健全，也能够促进职业教育各类人才的培养，是职业教育朝向类型化发展的必然要求和必备条件。另一方面，高水平高等职业学校和专业（群）的建设，是在职业教育稳步发展的基础上对其提出的更高要求，通过集中力量建设一批引领改革、支撑发展、中国特色、世界水平的高职学校和专业群，带动职业教育持续深化改革，强化内涵建设，从而实现高质量发展。2019 年 3 月，教育部、财政部联合发布《关于实施中国特色高水平高职学校和专业建设计划的意见》，提出围绕办好新时代职业教育的新要求，集中力量建设 50 所左右高水平高职学校和 150 个左右高水平专业群，打造技术技能人才培养高地和技术技能创新服务平台的总体目标，以形成中国特色职业教育发展模式，引领新时代职业教育实现高质量发展。

2. 完善高层次应用型人才培养体系

"职教 20 条"提出，完善学历教育与培训并重的职业教育体系，畅通技术技能人才成长渠道。首先，在学历教育上，发展专业学位研究生培养模式，加强专业学位硕士研究生的培养，在拓宽职业院校学生上升渠道与个人发展路径的同时，健全了类型定位下职业教育的学历层次；其次，在学校设置上，开展本科层次职业教育试点，与应用型本科区分开来，通过与各类比赛相结合，培养学生的职业技术技能，加强学生的实践操作能力，同时也丰富职业教育的学校类型，为接受职业教育的学生提供多样化选择；再次，在职业培训上，强调职业教育培训是职业院校的法定职责，要面向全体社会成员开展职业培训，扩大"职业教育"这一内涵的边界，使其真正朝着类型化改革发展。2021 年 11 月，国务院学位办发布《关于做好本科层次职业学校学士学位授权与授予工作的意见》，要求省级学位委员会、本科层次职业学校做好本科层次职业教育学士学位授权与授予工作，突出职业教育特色，以确保本科层次职业教育授予学士学位质量，促进本科层次职业教育高质量稳步发展。

3. 启动1+X证书制度试点工作

"职教20条"指出，从2019年开始，在职业院校、应用型本科高校启动"学历证书+若干职业技能等级证书"制度试点（以下称1+X证书制度试点）工作。"职教20条"首创了等级全、效力高、种类多的1+X证书制度，通过学历证书与各类职业技能等级证书的标准的改革与建构，以全新的组合式职业标准引领课程标准、教学标准等一系列人才培养过程标准的变革；并在此过程中明确了人力资源和社会保障行政部门、教育行政部门、职业院校等各主体应承担的职责。1+X证书制度的实施，坚持以学生为中心，深化复合型技术技能人才培养培训模式和评价模式的改革；同时，坚持学历教育与职业培训相结合，促进书证融通，从证书标准和人才质量两个关口规范培养培训过程，能够有效提高人才培养质量，畅通技术技能人才成长通道，拓展其就业创业本领。2019年4月，教育部、国家发展改革委、财政部、市场监管总局联合制定并发布《关于在院校实施"学历证书+若干职业技能等级证书"制度试点方案》，提出重点围绕服务国家需要、市场需求及学生就业能力提升，从10个左右的领域做起，启动1+X证书制度试点工作，提升职业教育质量和学生就业能力。

4. 推动校企全面加强深度合作

"职教20条"指出，职业院校应当根据自身特点和人才培养需要，主动与具备条件的企业在人才培养、技术创新、就业创业、社会服务、文化传承等方面开展合作。校企合作一直是职业教育发展的重点之一，但如何实现校企合作也是职业教育发展面临的难题。"职教20条"提出了深化校企合作的有效措施：第一，扩大校企合作内容。校企合作的内容不局限于出资办学、学生实习等环节，拓展至人才培养方案制订、教师队伍建设、技术技能指导、设施设备提供、学校管理等各个方面。第二，给予企业激励支持。通过"金融+财政+土地+信用"的组合式激励，提高企业主动参与职业教育办学的积极性，推动职业院校和行业企业形成命运共同体。职业教育在产教融合、校企合作的过程中不仅有利于解决教育链、产业链、创新链有机衔接的问题，并且能够带来另一个重磅利好——打破曾经止步于专科层次的"天花板"。

5. 加强"双师型"教师队伍建设

"职教20条"提出，多措并举打造职业教育"双师型"教师队伍，并对职业教育教师的工作经历与学历水平作出明确要求，从优化职业教师队伍出发提升职业教育质量。具体而言，在教师培养方面，通过建设职业技术师范院校，引导高水平工科学校举办职业技术师范教育，从源头上保证职业教育教师培养的专业化，提升培养质量；在教师聘任方面，实行高层次、高技能人才以直接考察的方式公开招聘，允许职业院校自主聘任兼职教师，推动企业人员与院校教师流动；在教师培训方面，实施职业院校教师素质提高计划，通过建立培训基地与培训制度、选派骨干教师研修访学等多种方式，全面提升职业教育教师的理论教学能力和实践教学能力。同时，放宽教师的收入来源，激励教师的工作积极性。2019 年 8 月，教育部、国家发展改革委、财政部、人力资源和社会保障部四部门联合印发《深化新时代职业教育"双师型"教师队伍建设改革实施方案》，提出提高职业教育教师的教育教学能力和专业实践能力，优化专兼职教师队伍结构，为实现我国职业教育现代化、培养大批高素质技术技能人才提供有力的师资保障。

6. 建设职业教育多元办学格局

"职教 20 条"提出，经过 5—10 年左右时间，职业教育基本完成由政府举办为主向政府统筹管理、社会多元办学的格局转变，由追求规模扩张向提高质量转变，由参照普通教育办学模式向企业社会参与、专业特色鲜明的类型教育转变。"职教 20 条"对职业教育办学提出了三个方面的要求：第一，在办学主体方面，推动企业和社会力量举办高质量职业教育，发挥企业重要办学主体作用，各级政府给予适当支持；第二，在办学管理方面，各级政府部门深化"放管服"改革，主要负责规划战略、制定政策、依法依规监管等，完善企业经营管理、民办职业教育准入审批等相关制度，企业、行业积极参与管理；第三，在办学形态方面，鼓励发展股份制、混合所有制等职业院校和各类职业培训机构，深化集团化办学、学徒制办学、跨区域办学、中外联合办学等办学形式，以形式的多样化助推职业教育办学的类型化。2020 年 9 月，教育部办公厅转发山东省《关于推进职业院校混合所有制办学的指导意见（试行）》的通知，鼓励各省市结合实际学习借鉴，以充分调动企业等社会力量参与职业教育的积极性、主动性，以"混"促"改"，推动形成多元办学格局。

（二）主要特色

"职教 20 条"是以改革和落实为主基调的，一是改革，二是落实。充分体现了党中央国务院深化职业教育改革的坚定意志和狠抓工作落实的坚强决心，为职业教育今后的发展指明了方向。总体来看，"职教 20 条"的主要特色体现在：

1. 立足全局，整体规划

从发文机构来看，"职教 20 条"由国务院直接签发，面向各省、自治区、直辖市人民政府，也涉及国务院各部委、各直属机构，是一项需全局参与的系统性工程；从具体内容来看，"职教 20 条"立足职业教育改革发展全局，从整体出发针对职业教育各方面进行规划，体现出了鲜明的系统性。在目标设定上，既考虑到职业教育发展的总体要求与宏观目标，也制定了明确的具体指标，做到了宏观与具体的统一；在各项举措上，既关注各阶段职业教育结构的优化与发展水平的提升，也统筹推进办学格局优化、育人模式改革、教师队伍建设、制度体系健全等关键内容。从总体来看，"职教 20 条"的出台，是从国家政策的战略高度规划我国职业教育高质量发展的改革路径。

2. 紧抓核心，强调定位

"职教 20 条"是新时代中国职业教育改革的基本纲领，充分体现了党中央、国务院对职业教育的重视一以贯之、对办好新时代职业教育的决心坚定不移，对突出类型教育特点的要求更加明确。类型化改革是职业教育体系的大变革，也是国家政策理想在职业教育系统变革中的贯彻与落实。我国职业教育的类型定位从 2014 年被初次确定后，经过了摇摆犹疑的抉择过程，最终于"职教 20 条"中被提到空前未有的高度，而"职教 20 条"中的一系列举措也是基于"职业教育是一种教育类型"这一定位被提出的。类型定位说明：第一，不管是职业教育还是普通教育，都同为教育的一部分；第二，职业教育与普通教育是不同类型；第三，两者具有同等重要地位。可以说，明确职业教育的类型定位，是"职教 20 条"各项措施的基调与核心，为新时期我国职业教育类型化改革提供了政策导向，也指明了我国职业教育改革行动的"施工路线"。

3. 重点突出，多方协作

"职教 20 条"在对职业教育改革进行统筹安排的基础上，明确了应协调推进的各项重点任务，如明确提出要建立一批制度和标准，推出一批有基础、可操作的重大项目，启动一批重大改革试点等。重点任务的设定，既充分考虑已有的工作基础，也努力体现时代需要，提出了职业教育改革新的发展方向。重点任务的推进，需要各主体有效联动，共同协作。而"职教 20 条"中，对国务院相关部门、各级教育行政部门、行业企业、职业教育学校等在职业教育改革中发挥重要作用的各主体，进行了具体职责的划分。例如，在"做优职业教育培训评价组织"中，要求职业院校和应用型本科高校按照国家标准和规定职责完成教学任务和职业技能人才培养任务，要求政府部门加强监管，要求行业协会积极配合政府。

4. 多元共治，形成合力

多元共治是新时代公共治理的应有之义，对政府职能转变、治理主体构成、管理职责承担等都提出了一定要求。"职教 20 条"坚持加强党对职业教育工作的全面领导，强调政府的职责应从举办向统筹管理转变，各级政府部门要深化"放管服"改革，加快推进职能转变，由注重"办"职业教育向"管理与服务"过渡。政府在职业教育改革中的主要职责是统筹、支持、规范，通过机制的建立健全、政策支持保障等，实现职业教育改革的有序推进；行业企业、院校等在职业教育办学、管理等方面拥有较高的自主权与较充足的自由空间，通过采取更为具体的办法有效落实各项政策要求。"职教 20 条"形成各部门之间、中央和地方之间协同发展职业教育的工作合力，反复强调各级政府、企业、行业协会、学校等各个主体在职业教育改革中应承担的职责与享有的权利，最大限度地凝聚了各方共识，有利于推进职业教育加速发展。

（三）核心素质

针对职业院校学生核心素质，"职教 20 条"各部分相关表述见表1：

表1　　　　　"职教 20 条"中与职业院校学生核心素质有关的表述

所 在 部 分	相 关 表 述
总体要求与目标	着力培养高素质劳动者和技术技能人才
（三）推进高等职业教育高质量发展	培养大国工匠、能工巧匠 培养服务区域发展的高素质技术技能人才
（四）完善高层次应用型人才培养体系	以实践能力培养为重点 培养高端技术技能人才 提高技术技能水平
（六）启动 1+X 证书制度试点工作	深化复合型技术技能人才培养培训模式改革 夯实学生可持续发展基础 积极取得多类职业技能等级证书 拓展就业创业本领
（八）实现学习成果的认定、积累和转换	为技术技能人才持续成长拓宽通道
（九）坚持知行合一、工学结合	强化学生实习实训
（十八）支持组建国家职业教育指导咨询委员会	学生职业技能提升
（十九）加强党对职业教育工作的全面领导	努力实现职业技能和职业精神培养高度融合

通过表1可以看出，"职教 20 条"中对职业院校学生核心素质的有关规定，可以划分为培养目标和具体素质两部分。在培养目标方面，高素质的复合型技术技能人才是职业院校学生最终的发展指向，无论是"高素质劳动者""高端技术技能人才"，还是"大国工匠、能工巧匠"，都强调职业院校学生的应用性；具体素质可概括为思想意识层面与实践能力层面，思想意识层面包括"服务区域发展"的责任意识、"职业精神"、"可持续发展"等，实践能力层面包括"实践能力""技术技能水平""就业创业本领""实习实训""职业技能"等。"职教 20 条"中蕴含的职业院校学生核心素质，体现出较强的实践性、技能性、职业性特征，也体现出思想性与实践性的统一。

四、政策效果

(一) 实施情况

1. 国家层面

从国家层面来看，"职教 20 条"颁布后，相应配套政策陆续出台，如《关于实施中国特色高水平高职学校和专业建设计划的意见》（2019 年 3 月）、《关于在院校实施"学历证书+若干职业技能等级证书"制度试点方案》（2019 年 4 月）、《深化新时代职业教育"双师型"教师队伍建设改革实施方案》（2019 年 8 月）、《中国特色高水平高职学校和专业建设计划绩效管理暂行办法》（2020 年 12 月）等。配套政策的陆续颁布与实施，给予"职教 20 条"落实落细以强有力的支撑。

2. 省市层面

从各省市来看，"职教 20 条"颁布后，各省市结合辖区内职业教育发展特点与实际情况，先后制定了相应政策，如《关于印发江苏省贯彻落实国家职业教育改革实施方案重点任务的通知》（2019 年 5 月）、《上海职业教育高质量发展行动计划（2019—2022 年）》（2019 年 12 月）、《江苏省职业教育质量提升行动计划（2020—2022 年）》（2020 年 7 月）、《陕西省职业教育服务乡村振兴战略三年行动计划（2020—2022 年）》（2020 年 7 月）等，以有效推进辖区内职业教育高质量发展。以重庆市为例，"职教 20 条"颁布后，重庆市采取了诸如成立高职扩招工作领导小组、改革高职院校招生办法和培养途径、深化复合型技术技能人才培养培训模式改革等一系列措施，贯彻落实"职教 20 条"各项要求，推进本市职业教育发展。

(二) 社会影响

1. 整体评价

政府工作报告和"职教 20 条"的颁布，充分体现了党中央、国务院对职业教育的重视一以贯之、对办好新时代职业教育的决心坚定不移，对突出类型教育特点的要求更加明确，是职业教育高质量发展的顶层设计和施工蓝图。职教战线深受鼓舞、倍感振奋，仿佛听到了职业教育大改革大发展的"集结号"，大家纷纷表示将以习近平总书记关于教育的重要论述为根本遵循，奋力拼搏、狠抓落实，让职业教育成为产业发展的"支柱石"、脱贫致富的"直通车"、同步小康的"加速器"，迎来职业教育的又一个春天。

国家将职业教育摆在了前所未有的重要位置，随着"职教 20 条"的印发以及一系列保障文件的出台，统筹有力、协调有序的政策合力初步显现，左右协同、上下联动的工作机制逐步完善，"劳动光荣、技能宝贵、创造伟大"的新时代风尚正在形成，奋力办好新时代职业教育成为全社会的共识，为促进职业教育大改革大发展凝聚了人心，提振了信心，坚定了决心。

2. 研究情况

自"职教 20 条"颁布实施以来，以"职业教育"为主题的学术研究再次形成热潮，由图 2 可以看出，职业教育相关文献在 2019 年发文量增幅较大，形成了继 2015 年之后的第二个高峰。其中，2019 年以来发表的文献以"职业教育改革""《国家职业教育改革实施方案》""职业教育""职业院校"等为高频主题。可见，"职教 20 条"颁布后，大大提升了职业教育领域专家学者的研究热情，增强了职业教育改革发展相关理论成果的丰富程度。

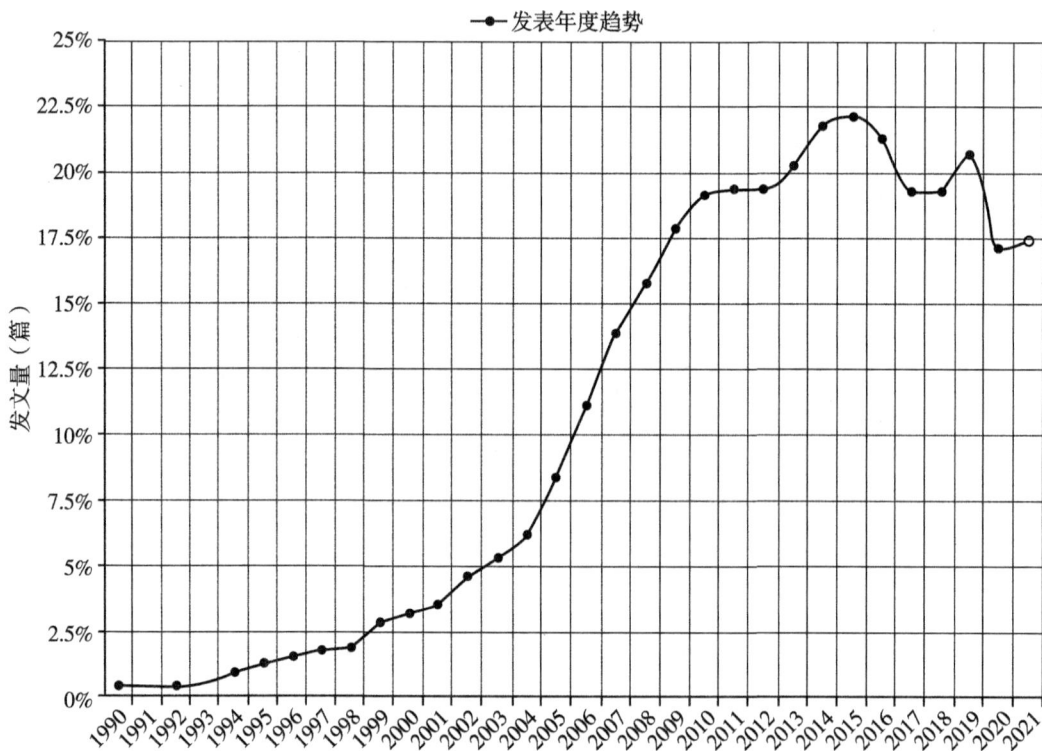

图 2　1990 年至 2021 年职业教育文献发文量趋势图

五、改进建议

自"职教 20 条"发布至今，职业教育类型定位被不断重视，但作为一种教育类型的职业教育仍存在体系建设不完善、制度标准不健全等问题，其类型建设还远不能满足国家发展需要。展望未来，职业教育类型定位下的政策，应在遵循其演进特征的基础上，不断强化职业教育的类型定位，明确类型定位下职业教育的发展重点，用完善的政策体系与有效的行动方案，为职业教育发展提供坚实的政策支持与保障。

（一）强化类型定位下职业教育的战略地位

类型定位下的职业教育，与我国现代化经济体系及教育强国建设密不可分，职业教育政策制定必须将职业教育的发展摆在国家战略的重要位置上，以服务国家战略大局为基本价值取向，适应国家经济社会发展对"技能型社会"的需要。一方面，政策制定要进一步明确类型定位下职业教育培养多样化人才、传承技术技能、促进就业创业的重要职责，关注我国现代职业教育体系和现代化教育体系的构建，将职业教育放在教育发展全局中推进，以局部促整体，推动我国教育强国建设；另一方面，类型定位下的职业教育政策制定要结合新发展理念，把握宏观方向，健全国家职业教育制度框架设计和体系建设，培养更多高素质技术技能人才、能工巧匠、大国工匠，通过人才培养建设我国现代化经济体系，为全面建设社会主义现代化国家提供有力的人才和技能支撑。

（二）明确类型定位下职业教育的发展重点

类型定位下职业教育政策的制定，一定要明确新定位下的发展重点，聚焦职业教育内部改革重点，推动现代职业教育高质量发展，始终坚持服务于以新技术、新产业、新业态、新模式为特征的新经济发展，服务于社会主义现代化国家的全面建设。目前来看，类型定位下的职业教育仍有诸多问题亟待解决，如体系构建视角不完善、内部纵向衔接不完整、外部横向融通不充分、忽视制度环境营造等。明确类型定位下职业教育的发展重点，要不断优化职业教育类型定位，深入推进育人方式、办学模式、管理体制、保障机制等各方面改革，切实增强职业教育的适应性，加快构建现代职业教育体系；瞄准职业教育改革发展目标，优化职业教育办学格局，改善职业教育办学条件，加强职业教育供给，提升职业教育吸引力和培养质量。尤其是在类型定位下，职业教育作为与普通教育并列的一种独立的教育类型，其自身必须具备完整系统的学校体系和学历层次体系，职业教育政策制定应构建职业教育学校体系，推进职业教育学历层次体系的完善。

（三）完善类型定位下职业教育的政策体系

类型定位下的职业教育需要完善的政策体系为职业教育深化改革提供良好的政策环境。一方面，要兼顾横向和纵向两方面，构建立体性、系统性、全面性的职业教育政策体系。从横向上，加快构建促进职普融通的政策体系，按照职业教育类型定位特征，充实职业教育政策，加强职业教育制度体系建设、办学体制与机制创新、招生考试制度改革、教育教学改革、人才培养模式转变等重点改革方面的政策制定；从纵向上，制定促进中等、高等各个阶段职业教育发展的相关政策，推动本科层次职业教育建设和专业学位硕士研究生培养，完善职业教育学校体系和学历学位体系建设，推进职业教育一体化人才培养体系的设计与实施等。另一方面，灵活运用多种类型的职业教育政策，命令控制性政策与激励调适性政策协调配合，既保证对职业教育类型定位下发展的规范性，又保持职业教育发展的灵活性与自主性，完善职业教育政策体系。同时，通过政策制定保证职业教育经费、保障职业学校毕业生就业与发展通道，加强职业教育发展的政策体系支持。

（四）打造类型定位下职业教育的行动方案

类型定位下的职业教育需要有效的政策行动方案，确保作为教育类型之一的职业教育能够得到落实。第一，保证政策制定主体多元。职业教育的类型定位，以现代职业教育体系的建设为主要任务，作为教育类型之一的职业教育，其政策制定必须广开言路，采纳涉及职业教育发展的各方面主体的意见和建议。第二，明确政策实施主体职责。类型定位下的职业教育发展是系统性的、全局推进的，涉及各级各类学校、各级政府部门，需要政策实施主体的共同配合。在这一要求下，类型定位下的政策制定必须明确各主体职责，避免由于职责划分不清晰带来的政策落实不到位问题。第三，创设政策运行良好环境。在政策内容中突出宣传教育的重要性，要求各级部门多形式、多渠道加强职业教育的长期宣传，打消人们对职业教育的偏见，弘扬劳动光荣、技能宝贵、创造伟大的时代风尚，使职业教育真正成为社会认可的、与普通教育并列的教育类型。

（撰稿人：彭学琴）

◎ 参考文献

[1] 王兴. 职业教育类型发展：现实必然、价值取向与强化路径 [J]. 中国职业技术教育，2020（16）：43-48.

[2] 任怡平. 新时期我国职业教育改革的应然转变与发展指向——基于《国家职业教育改革实施方案》的背景 [J]. 成人教育，2020（10）：59-64.

[3] 李鹏，石伟平. 中国职业教育类型化改革的政策理想与行动路径——《国家职业教育改革实施方案》的内容分析与实施展望 [J]. 高校教育管理，2020（01）：106-114.

[4] 中华人民共和国教育部政府门户网站. 关于做好本科层次职业学校学士学位授权与授予工作的意见 [EB/OL].（2021-11-18）[2021-12-18]. http://www.moe.gov.cn/srcsite/A22/yjss_xwgl/moe_818/202112/t20211203_584502.html.

[5] 中华人民共和国教育部政府门户网站. 职业教育如何深化校企合作？校企双方代表答每经问：重点解决教育链、产业链、创新链有机衔接 [EB/OL].（2020-12-08）[2021-12-18]. http://www.moe.gov.cn/fbh/live/2020/52735/mtbd/202012/t20201209_504301.html.

［6］中华人民共和国教育部政府门户网站．教育部办公厅转发山东省《关于推进职业院校混合所有制办学的指导意见（试行）》的通知［EB/OL］．（2020-09-23）［2021-12-18］．http：//www. moe. gov. cn/srcsite/A07/s7055/202009/t20200930_492596. html.

［7］中华人民共和国教育部政府门户网站．教育部等四部门关于印发《深化新时代职业教育"双师型"教师队伍建设改革实施方案》的通知［EB/OL］．（2019-08-30）［2021-12-18］．http：//www. moe. gov. cn/srcsite/A10/s7034/201910/t20191016_403867. html.

［8］中华人民共和国教育部政府门户网站．立足新时代，把握新机遇，贯彻新理念，全面提升全市职业教育水平［EB/OL］．（2019-05-10）［2021-10-30］．http：//www. moe. gov. cn/fbh/live/2019/50642/sfcl/201905/t20190510_381369. html.

［9］中华人民共和国教育部政府门户网站．贯彻落实《国家职业教育改革实施方案》专题培训班简报第3期［EB/OL］．（2019-04-24）［2021-10-30］．http：//www. moe. gov. cn/jyb_xwfb/xw_zt/moe_357/jyzt_2019n/2019_zt11/xxxd/201905/t20190509_381258. html.

［10］中华人民共和国教育部政府门户网站．贯彻落实《国家职业教育改革实施方案》专题培训班简报第2期［EB/OL］．（2019-04-18）［2021-10-30］．http：//www. moe. gov. cn/jyb_xwfb/xw_zt/moe_357/jyzt_2019n/2019_zt11/xxxd/201905/t20190509_381254. html.

［11］中华人民共和国教育部政府门户网站．贯彻落实《国家职业教育改革实施方案》专题培训班简报第1期［EB/OL］．（2019-04-17）［2021-10-30］．http：//www. moe. gov. cn/jyb_xwfb/xw_zt/moe_357/jyzt_2019n/2019_zt11/xxxd/201905/t20190509_381252. html.

［12］中华人民共和国教育部政府门户网站．教育部等四部门印发《关于在院校实施"学历证书+若干职业技能等级证书"制度试点方案》的通知［EB/OL］．（2019-04-10）［2021-12-18］．http：//www. moe. gov. cn/srcsite/A07/moe_953/201904/t20190415_378129. html.

［13］中华人民共和国教育部政府门户网站．教育部 财政部关于实施中国特色高水平高职学校和专业建设计划的意见［EB/OL］．（2019-03-29）［2021-12-18］．http：//www. moe. gov. cn/srcsite/A07/moe_737/s3876_qt/201904/t20190402_376471. html.

［14］中华人民共和国教育部政府门户网站．国家明确新时代职业教育改革"路线图"［EB/OL］．（2019-02-20）［2021-10-30］．http：//www. moe. gov. cn/fbh/live/2019/50294/mtbd/201902/t20190220_370269. html.

［15］中华人民共和国教育部政府门户网站．"职教20条"释放了什么信号［EB/OL］．（2019-02-20）［2021-10-30］．http：//www. moe. gov. cn/fbh/live/2019/50294/mtbd/201902/t20190220_370261. html.

［16］中华人民共和国教育部政府门户网站．教育部：社会资本进入职业教育并不代表可

以作为产业去办［EB/OL］.（2019-02-19）［2021-10-30］. http：//www. moe. gov. cn/fbh/live/2019/50294/mtbd/201902/t20190220_370273. html.

［17］中华人民共和国教育部政府门户网站. 我国已有职业院校 1. 17 万所［EB/OL］.（2019-02-19）［2021-10-30］. http：//www. moe. gov. cn/fbh/live/2019/50294/mtbd/201902/t20190221_370585. html.

［18］中华人民共和国教育部政府门户网站. 王继平：职业教育与普通教育具有同等重要地位［EB/OL］.（2019-02-19）［2021-10-30］. http：//www. moe. gov. cn/fbh/live/2019/50294/mtbd/201902/t20190220_370274. html.

［19］中华人民共和国教育部政府门户网站.2019 年教育新春系列发布会第三场：介绍《国家职业教育改革实施方案》的主要内容和下一步工作考虑［EB/OL］.（2019-02-19）［2021-10-30］. http：//www. moe. gov. cn/fbh/live/2019/50294/.

［20］中华人民共和国教育部政府门户网站. 习近平主持召开中央全面深化改革委员会第五次会议强调 深刻总结改革开放伟大成就宝贵经验 不断把新时代改革开放继续推向前进［EB/OL］.（2018-11-15）［2021-10-30］. http：//www. moe. gov. cn/jyb_xwfb/xw_zt/moe_357/jyzt_2019n/2019_zt9/zcwj/201811/t20181115_354857. html.

"双高计划" 助推我国高等职业教育改革

——《教育部 财政部关于实施中国特色高水平高职学校和专业建设计划的意见》解读①

2019年3月29日，教育部、财政部联合发布了《关于实施中国特色高水平高职学校和专业建设计划的意见》（以下简称《"双高计划"意见》），国家层面将集中力量建设一批引领改革、支撑发展、中国特色、世界水平的高职学校和专业群，带动职业教育持续深化改革，实现高质量发展。

一、出台背景

（一）背景分析

伴随改革开放后经济转型升级，高职教育从无到有、从小到大、从弱到强，已经站在新的历史起点上。新时代赋予了高职教育新使命，多种基本程序与特定行动共同作用，产生了一系列高职教育政策。其中《"双高计划"意见》的政策制定者，精准把握住《国家职业教育改革实施方案》（以下简称"职教20条"）颁布的政策之窗，汇聚三大源流，使"双高计划"得以落地实施。

1. 问题溯源：职业教育发展的时代需求

（1）新时代对接产业转型升级的现实需求。全国共有高职院校千余所，高职在校生超过一千万人，在经济高质量发展、新旧动能接续转换的新时代背景下，以创新驱动为主要特征的区域经济转型和产业结构升级倒逼职业教育改革，教育与产业的契合是实现人力资本精准匹配的最有效途径，处于产业转型升级攻坚期的经济发展状况迫切需要高职院校与企业加强产教融合、校企合作，创新应用型人才培养模式。

（2）高职教育内部结构优化的现实需求。高职院校在推进高等教育大众化、普及化

---

① 文件名称：《教育部 财政部关于实施中国特色高水平高职学校和专业建设计划的意见》

发文日期：2019年3月29日

发文机关：教育部 财政部

发文字号：教职成〔2019〕5号

进程中发挥着不可替代的作用，需要高职教育由规模扩张转向内涵发展。与此同时，职业教育类型特色不断彰显。改革开放以来，我国高等职业教育快速发展，职业教育作为一种教育类型，尤其在经过国家示范性高职院校建设和优质校建设后，进一步深化产教融合、校企合作，优化学校、专业布局，需要推出具有引领改革、服务发展作用的具体举措。

2. 政策源流：利益相关者的助力推动

（1）政府发挥牵引力。"双高计划"的筹备酝酿起始于 2014 年发布的《国务院关于加快发展现代职业教育的决定》，在 2015 年的《高等职业教育创新发展行动计划（2015—2018）》和 2017 年的《国务院关于印发国家教育事业发展"十三五"规划的通知》中均有体现。相类似的重点建设项目是 2015 年国务院颁布的《关于统筹推进世界一流大学和一流学科方案》，政府的高度重视和一系列政策发布成为《"双高计划"意见》形成的政策源流之一。

（2）学者发挥参考力。学者的建言献策在推动高职教育高质量发展的过程中起到重要作用，来自高等院校、研究机构、行业企业的专家学者在理论与实证研究的基础上，从不同学科、不同视角为"双高计划"备选方案的选择和政策建议提供了决策参考。

（3）院校发挥行动力。高职院校是政策落实的执行对象，因此院校是推进职业教育现代化、办人民满意的职业教育的行动主体，为更好地服务于国家战略和区域经济社会发展，高职院校以开展优质学校建设为契机，深化专业内涵建设，积极推进课程体系、教学模式改革，创新产教融合、校企合作、工学结合的育人机制，在提升自身办学治校水平的同时，也成为"双高计划"政策源流的重要构成要素。

3. 政治源流："双高计划"的利益诉求

（1）民众意愿生成。2019 年政府工作报告提出"改革完善高职院校考试招生办法，鼓励更多应届高中毕业生和退役军人、下岗职工、农民工等报考""今年大规模扩招 100 万人""支持企业和社会力量兴办职业教育"等，职业教育成为当年"两会"期间热门的教育主题，成为社会关注的热点，毫无疑问，这是政府对民众普遍关注职业教育的客观反映和积极回应。

（2）政府推动政策制定实施。政府是公共政策的重要参与主体，"制度蕴含利益"①，可以借助于教育政策将对教育利益的追求公开化、合法化。党的十八大以来，我国职业教育领域发生了重大变革。2014 年，习近平总书记就加快职业教育发展作出重要指示，此后，国家出台了一系列重大政策，如国务院发布《关于加快发展现代职业教育的决定》，国务院办公厅发布《关于深化产教融合的若干意见》，国家六部委出台《现代职业教育体系建设规划（2014—2020 年）》，教育部实施《高等职业教育创新发展行动计划

---

① ［美］约翰·W.金登. 议程、备选方案与公共政策（第二版）［M］. 丁煌，方兴，译. 北京：中国人民大学出版社，2017：167.

（2015—2018 年）》等。在政策推动下各级政府部门、各职业院校围绕建设现代职业教育体系、深化产教融合、实施现代学徒制、打造"双师型"教师队伍，在开展集团化办学、落实生均拨款制度、建设专业教学资源库、举办职业教育活动周等方面进一步推动了高等职业教育的改革和发展。

4. 政策之窗：《"双高计划"意见》颁布实施

（1）"职教 20 条"的颁布实施开启了"双高计划"政策之窗。政府在职业教育改革中的职能主要是负责政策议程的产生、战略规划的制订、政策的实施、依法依规监管评价。"职教 20 条"是国家层面的顶层设计和制度安排，是对高职教育未来发展至关重要的一项战略性指导方针。对于政府部门而言，"双高计划"是一个漫长的政策实施过程，其中包含着一系列的政策，也存在"渐进调适"的过程，而渐进调适需要时机，"职教 20 条"作为职业教育纲领性文件，展现出了"政策之窗"的功能与价值。

（2）多方协调促使《"双高计划"意见》得以推进。议程设置的机理是政府出台政策引导高职院校自主发展，政策之窗力图达到的效果是实现政府与高职院校的良性互动。"双高计划"政策文本的生成与发展符合一项政策启动初始阶段的议题产生、科学的议程设置和有效的政策之窗开启的基本逻辑，必定能使政策沿着政策制定者所希望的方向发展。

（二）目的意义

出台《"双高计划"意见》的主要目的是落实"职教 20 条"，集中力量建设一批引领改革、支撑发展、中国特色、世界水平的高职学校和专业群，带动职业教育持续深化改革，强化内涵建设，实现高质量发展。

《"双高计划"意见》强调围绕国家重大战略和区域支柱产业，建设当地离不开、业内都认同、国际可交流的高水平学校和专业群，打造技术技能人才培养高地和技术技能创新服务平台，发挥高水平高职学校和专业群的龙头作用，引领带动职业教育培养数以千万计的高素质技术技能人才。作为新时代职业教育改革的顶层制度设计，"双高计划"的使命担当和价值追求在于扎根中国大地，形成支撑高职教育高质量发展的政策、制度、标准体系，探索中国特色职业教育发展模式，引领职业教育有效服务现代化经济体系建设。

"双高计划"是教育部、财政部联合推出的重大战略举措，是落实"职教 20 条"的具体行动，其定位于新时期职业教育改革发展的"先手棋"与"龙头"，"不仅是建设一批高职学校和专业，更是立足职业教育整体发展的引领性制度设计"①。

---

① 高志研."双高计划"引领新时代职业教育高质量发展［N］. 中国教育报，2019-04-09.

二、总体描述

（一）制定过程

"双高计划"的酝酿起始于 2014 年发布的《国务院关于加快发展现代职业教育的决定》，并在 2015 年的《高等职业教育创新发展行动计划（2015—2018 年）》和 2017 年的《国务院关于印发国家教育事业发展"十三五"规划的通知》中均有体现。2018 年 1 月，教育部提出启动中国特色高水平高职学校和专业建设计划。同年 6 月，教育部职成司召开高等职业教育创新发展行动计划工作会，提出筹划中国特色高水平高职学校和专业建设计划。2019 年 1 月发布的"职教 20 条"明确提出启动实施中国特色高水平高等职业学校和专业建设计划。2019 年 2 月，中共中央、国务院发布《中国教育现代化 2035》，将集中力量建成一批中国特色高水平职业院校和专业作为一项重要任务。作为新时代职业教育大棋中的重要一着，2019 年 4 月 1 日《"双高计划"意见》颁布，在 2019 年 4 月 4 日国务院深化职业教育改革电视电话会议召开后，"双高计划"紧锣密鼓地开始实施。

（二）整体概括

1. 文件的发文单位

教育部、财政部。

2. 文件名称

文件全称为《教育部、财政部关于实施中国特色高水平高职学校和专业建设计划的意见》，名称中显示是"意见"，"意见"是上级领导机关对下级机关部署工作，指导下级机关工作活动的原则、步骤和方法。意见的指导性很强。因此，《"双高计划"意见》对于"双高计划"学校的建设来说是具有指导性的纲领性文件。

3. 内容概括

本政策文本共分为三个部分：总体要求、改革发展任务、组织实施。全篇共计 17 条要点。

4. 政策工具选择

霍莱特和拉梅什根据政策工具的强制性程度将其分为三类：自愿性工具、强制性工具、混合性工具①。根据《"双高计划"意见》的政策目的和执行程序进行分析，概括出该政策文本具有明显的强制性工具、混合性工具特点。

---

① 陈振明．公共政策分析［M］．北京：中国人民大学出版社，2003：15.

强制性工具指借助政府的权威和强制力,对目标群体的行动进行控制与指导。混合型工具结合了强制性工具和自愿性工具的特征,允许政府对于非政府行为主体的决策进行不同程度的干预,但最终仍由私人作出决策①。具体体现为在文件第一句中提出"集中力量建设一批引领改革、支撑发展、中国特色、世界水平的高职学校和专业群,带动职业教育持续深化改革、强化内涵建设、实现高质量发展"。可以看出"双高计划"是国家提出的与"双一流"建设一样的重大战略规划,因此,需要国家采取命令性、强制性的政策工具来引导。而在具体提出的改革发展任务中,加强"党的建设"仍是采用强制性工具的指导。而"四个打造""五个提升"重点任务的完成,需要各建设高校在政策文本基本原则的基础上,根据不同地区的发展需要、不同学校的特色和定位,因地制宜地完成改革建设任务。政府对于建设主体——学校及利益相关主体——地方政府、行业、企业等进行方向的引领,具体的实施需要建设主体和利益相关主体完成,是混合型政策工具的主要特征。

(三)基本框架

"双高意见"中主要有三个方面的内容:

1. 总体要求

提出:(1)以习近平新时代中国特色社会主义思想为指导思想;(2)坚持中国特色、坚持产教融合、坚持扶优扶强、坚持持续推进、坚持省级统筹的基本原则;(3)总体目标。

2. 改革发展任务

加强党的建设、打造技术技能人才培养高地、打造技术技能创新服务平台、打造高水平专业群、打造高水平双师队伍、提升校企合作水平、提升服务发展水平、提升学校治理水平、提升信息化水平、提升国际化水平。

3. 组织实施

包括建立协同推进机制、加强项目实施管理、健全多元投入机制、优化改革发展环境。

三、重点阐释

(一)核心要点

1. 以"四个打造"为着力点,为高等职业教育高质量发展奠定坚实基础

《"双高计划"意见》在改革发展任务中提出了"四个打造":打造技术技能人才培

---

① 陈庆云.公共政策分析[M].北京:北京大学出版社,2011:82.

养高地、打造技术技能创新服务平台、打造高水平专业群、打造高水平双师队伍。

一是打造技术技能人才培养高地。人才高地，泛指德才兼备的人高度集聚的地区。首先，本条第一句就强调人才培养应"落实立德树人根本任务，将社会主义核心价值观教育贯穿技术技能人才培养全过程"。可以看出，在人才培养高地建设中，人才的思想道德素养建设是首要任务。其次，在技能技术培养中，提出四个要求：（1）核心职业能力的培养：坚持工学结合、知行合一，加强学生认知能力、合作能力、创新能力和职业能力培养；（2）劳动素养的培养：加强劳动教育，以劳树德、以劳增智、以劳强体、以劳育美；（3）专业精神的培养：引导学生严谨专注、敬业专业、精益求精和追求卓越的品质的养成；（4）培养模式的改革：深化复合型技术技能人才培养培训模式改革，率先开展"学历证书+若干职业技能等级证书"制度试点。

二是打造技术技能创新服务平台。服务企业特别是中小微企业的技术研发和产品升级，是"职教20条"赋予高职学校的另一项重要使命，这与《"双高计划"意见》中提出的"打造技术技能创新服务平台"的要求一致。《"双高计划"意见》提出要对接科技发展趋势，以技术技能积累为纽带，在加强人才培养工作的同时，充分利用产教融合、校企合作制度优势和学校人才优势，为企业技术进步、新产品研发和产品升级换代提供帮助，促进中小企业增效、增长和发展。

三是打造高水平专业群。对于专业群的建设提出了四个基本要求：（1）当地离不开：面向区域或行业重点产业，依托优势特色专业，健全对接产业、动态调整、自我完善的专业群建设发展机制，促进专业资源整合和结构优化，发挥专业群的集聚效应和服务功能，实现人才培养供给侧和产业需求侧结构要素全方位融合；（2）产教研融合：校企共同研制科学规范、国际可借鉴的人才培养方案和课程标准，将新技术、新工艺、新规范等产业先进元素纳入教学标准和教学内容，建设开放共享的专业群课程教学资源和实践教学基地；（3）组建高水平教师团队，探索新的教学模式；（4）健全可持续发展机制。

四是打造高水平双师队伍。从"职教20条"开始，国家从政策层面多措并举打造职业教育"双师型"教师队伍，为打造高水平双师队伍提供建设思路，具体路径是：（1）建设基础队伍：以"四有"标准打造数量充足、专兼结合、结构合理的高水平双师队伍；（2）培育、引进专业群带头人和骨干教师：培育、引进一批行业有权威、国际有影响的专业群建设带头人，着力培养一批能够改进企业产品工艺、解决生产技术难题的骨干教师，合力培育一批具有绝技绝艺的技术技能大师；（3）聘请行业企业领军人才、大师名匠兼职任教；（4）建立健全教师发展机制，建立健全教师职前培养、入职培训和在职研修体系，建设教师发展中心，提升教师的教学能力和科研能力，促进教师职业发展；（5）创新教师评价机制：建立以业绩贡献和能力水平为导向、以目标管理和目标考核为重点的绩效工资动态调整机制，实现多劳多得、优绩优酬。

"四个打造"从"人才培养—平台建设—专业建设—队伍建设"高校建设发展的四个主要方面着力，"四个打造"从表面看，是四项具体的工作任务，具体分析后可发现其实是相互联系的有机整体，人才培养是根本任务，技术创新平台建设是重要衍生成果，高水平专业群是基础，高水平双师队伍是关键，形成有机整体和持久推动力。

2. 以"五个提升"为发力点，为高等职业教育高质量发展提供动力源泉

"五个提升"的目标任务，旨在强化办学治校整体，构建完善的学校治理体系，提升办学治校水平。具体是指：提升校企合作水平、服务发展水平、学校治理水平、信息化水平、国际化水平。

一是提升校企合作水平，这是"双高计划"建设的重要基础。主要从以下几个方面体现：（1）提升合作能力：与行业领先企业开展多方面深度合作，形成校企命运共同体；（2）拓展育人模式：推动专业建设与产业发展相适应，推进协同育人，实行校企联合培养、双主体育人模式，推行任务式培养模式；（3）实现资源共享：牵头组建职业教育集团，推进实体化运作，实现资源共建共享；（4）加强联合建设：吸引企业联合建设产业学院和企业工作室、实验室、创新基地、实践基地。

二是提升服务发展水平，这是"双高计划"建设的重要落脚点。主要目的是：培养适应高端产业和产业高端需要的高素质技术技能人才，服务中国产业走向全球产业中高端。具体做法为：（1）解决生产生活中的实际问题；（2）加强新产品开发和技术成果的推广转化；（3）促进民族传统工艺、民间技艺传承创新；（4）面向脱贫攻坚主战场，服务乡村振兴战略；（5）面向急需紧缺领域，开展高技能人才培训；（6）开展终身学习服务。

三是提升学校治理水平，这是"双高计划"建设的重要内涵。主要内容为：（1）完善以章程为核心的现代职业学校制度体系，形成学校自主管理、自我约束的体制机制，推进治理能力现代化；（2）健全利益相关者等共同参与治理模式；（3）设立校级学术委员会、校级专业建设委员会；（4）发挥教职工代表大会作用，逐步优化内部治理结构，扩大二级院系管理自主权。

四是提升信息化水平，这是"双高计划"建设的基础支持，也是推进教育教学改革的动力。在物联网、云计算、大数据、智能技术等现代信息技术迅速发展的时代，高职院校既要利用信息技术促进决策科学化，也要通过信息技术改革专业和课程体系建设，把信息技术和专业教育内容有机结合，整合高质量教学资源，切实提高教育教学水平和质量。

五是提升国际化水平，这是"双高计划"建设的创新发展，也是形成中国特色高水平高职教育的新亮点。随着对外开放的不断深入，职业教育国际化成为发展趋势，既要求我们学习借鉴发达国家的经验，更要在博采众长的基础上融合提炼、自成一家，形成中国职业教育特点和标准制度体系，并充分发挥职业教育在"一带一路"建设和国际化高端技术技能人才培养方面的作用，配合中国企业走出去，积极发挥人才培养和文化传承创新等方面的作用。

(二) 主要特色

1. 以加强党的建设为关键点，作为中国特色职业教育发展行动指导

《"双高计划"意见》中改革发展任务的第一条就是"加强党的建设"。"双高计划"作为新时代建设中国特色高职学校的质量工程，在提出改革发展十大任务时，将"加强党的建设"列在第一位。加强党的建设是推进中国特色高水平高职学校和专业建设的基本政治前提和核心关键所在。同时提出高职院校加强党的建设四步走的基本要求：一是要深入推进习近平新时代中国特色社会主义思想进教材、进课堂、进头脑；二是大力开展理想信念教育和社会主义核心价值观教育；三是落实党委领导下的校长负责制，充分发挥党组织在学校的领导核心作用和政治核心作用；四是加强基层党组织建设，将党的建设与学校事业发展同部署、同落实、同考评，为学校改革发展提供坚强组织保证。

2. 坚持中国特色为首要原则，形成中国特色职业教育发展模式

"双高计划"作为推动我国新时代职业教育发展的重要举措，与以往的高职教育质量工程有着明显不同。"双高计划"的要求更高，目标指向不仅是打造高等职业教育的"样板"，更要形成中国高等职业教育的制度、标准和范式，形成中国高等职业教育的话语体系。

在《"双高计划"意见》中提出的首要原则是"坚持中国特色"。扎根中国大地，全面贯彻党的教育方针，坚定社会主义办学方向，完善职业教育和培训体系，健全德技并修、工学结合的育人机制，服务新时代经济高质量发展，为中国产业走向全球产业中高端提供高素质技术技能人才支撑。同时文本中明确指出"双高计划"建设的主要目的是：集中力量建设一批引领改革、支撑发展、中国特色、世界水平的高职学校和专业群。同时，明确中长期目标：到2022年，列入计划的高职学校和专业群办学水平、服务能力、国际影响显著提升，为职业教育改革发展和培养千万计的高素质技术技能人才发挥示范引领作用，使职业教育成为支撑国家战略和地方经济社会发展的重要力量，形成一批有效支撑职业教育高质量发展的政策、制度、标准。到2035年，一批高职学校和专业群达到国际先进水平，引领职业教育实现现代化，为促进经济社会发展和提高国家竞争力提供优质人才资源支撑。职业教育高质量发展的政策、制度、标准体系更加成熟完善，形成中国特色职业教育发展模式。

3. 明确由省级统筹，突出服务区域经济发展和产业转型升级的定位

"双高计划"建设由各省市政府具体负责和组织、实施、审定，并进行年度建设的检查，突出了高职院校服务区域经济发展和产业转型升级的定位。权力下放的同时也给省市政府增加了压力。

四、核心素养

（一）核心素养内容

《"双高计划"意见》中提出对于人才的培养目标是为中国产业走向全球产业中高端提供高素质技术技能人才支撑。因此作为产业建设的主力军，职业院校大学生基于"双高计划"的建设契机要不断提升核心竞争力，加强自身核心素养的塑造，为促进产业升级，为建设教育强国、人才强国作出贡献。

文本中涉及核心素养的内容主要在第二部分第四条"加强党的建设"，强调培养具有中国特色的高素质技术技能人才，个人要具有职业发展理想和致力于国家产业发展的崇高理想理念。在第二部分第五条"打造技术技能人才培养高地"中具体包含了 14 条技术技能人才需要具备的核心素养。

《"双高计划"意见》中共涉及 16 条核心素养，将其与对高素质技术技能人才的要求结合，可以归为三大类，概括为"三高"素养，即"双高计划"培养目标：高素质、高技术、高技能（见表 1）。

表1　　　　　　　"双高计划"高素质技术技能人才核心素养

核心素养类型	关涉的核心素养
高素质	理想信念 社会主义核心价值观 职业精神 知行合一 以劳树德 以劳育美
高技术	严谨专注 敬业专业 精益求精 追求卓越
高技能	职业技能 认知能力 合作能力 创新能力 复合型技术技能、以劳增智、以劳强体 学历证书+若干职业技能等级证书

（二）"双高计划"高素质技术技能人才核心素养的基本内涵

高素质技术技能人才，是指在实践劳动中表现出强爱国情操、高道德修养、身心健康、有知识文化和科学素养，尊重社会规则和文化习俗，在一定的行业领域能够从事应用型创新工作的人才。①

"高素质"是指在实践中体现出来的稳定的行为方式，是良好的品行习惯、职业习惯、文明语言习惯和行为习惯的总和。可概括为《"双高计划"意见》中涉及的理想信念、社会主义核心价值观、职业精神、知行合一、以劳树德、以劳育美六种素养。

"高技术"是指能够将科学技术的成果应用在社会生产和生活领域，转化成社会基础设施、科技产品和生活用品，富有应用创新精神。可将《"双高计划"意见》中的严谨专注、敬业专业、精益求精、追求卓越四种素养归为此大类。

"高技能"是指能熟练掌握专门知识和技术，具备一定的操作技能，并在工作实践中能够运用自己的技术和能力。而高技能人才是指在生产、运输和服务等领域岗位一线，熟练掌握专门知识和技术，具备精湛的操作技能，并在工作实践中能够解决关键技术和工艺的操作性难题的人员。可表现为《"双高计划"意见》中的职业技能、认知能力、合作能力、创新能力、复合型技术技能、以劳增智、以劳强体、学历证书+若干职业技能等级证书八种素养。

五、政策效果

为了规范和加强"双高计划"绩效管理，明确责任，提高资金配置效益和使用效率，确保绩效目标如期实现，随后国家制定了《中国特色高水平高职学校和专业建设计划项目遴选管理办法（试行）》《中国特色高水平高职学校和专业建设计划绩效管理暂行办法》。教育部还成立了"双高"建设咨询委员会，建立了绩效管理监测平台，为"双高"建设与管理提供了软件、硬件两方面的保障。

（一）总体实施情况

中央财政每年投入 20 亿元左右，一年的投入相当于示范校、骨干校一轮建设周期的总投入，持续建设到 2035 年，实行动态调整、优胜劣汰、有进有出。首轮"双高计划"共有 197 所高职院校入选。从省份布局看，公示的 197 所拟建单位覆盖了 29 个省份。从专业布局看，申报的 389 个专业群覆盖了 18 个高职专业大类，布点最多的 5 个专业大类是装备制造大类、交通运输大类、电子信息大类、财经商贸大类、农林牧渔大类。从产业布局看，服务面向战略性新兴产业的专业群有 113 个，面向现代服务业的有 112 个，面向

---

① 闫利雅. 高素质技术技能人才的内涵 [J]. 天津职业大学学报，2020（01）：58-63.

先进制造业的有 100 个，面向现代农业的有 32 个，面向其他产业的有 32 个。①

（二）区域实施情况

在资金投入上，"双高计划"得到了财政的强力支持。197 所"双高计划"建设单位 2019—2020 年的总预算为 229.6191 亿元，其中中央财政预算 41.4714 亿元，拉动其他预算资金相当于中央专项的 4.6 倍，撬动效应彰显。② 通过"双高计划"的撬动，地方有针对性地推出不少有利于职业教育发展的改革举措，全国 31 个省份共出台 118 项政策支持职业教育高质量发展。

六、改进建议

（一）需要政府顶层设计，构建扶优扶强、持续推进的建设机制

"双高计划"对标国家教育改革发展步伐，整体设计改革发展任务，分段规划 2022 年、2035 年两个阶段目标，根据经济社会发展水平、围绕国家战略需要，适时调整建设重点。需要在建设机制上不搞身份化终身制，动态管理、优胜劣汰、有进有出，通过周期支持、分段推进，持续保持项目张力。中央财政引导和激励，中央、地方、学校各自在职责范围内同向推进改革，着力破除制约职业教育发展的体制机制难题。建立统筹决策—研究咨询—分工落实—监督评价—总结推广的工作链条，完善项目组织管理。

（二）需要地方统筹推进，构建多元参与、协同推进的支持体系

发展职业教育的主体责任在地方，建好"双高计划"，地方支持是关键。地方要充分支持职业教育改革，多渠道扩大资源供给，构建政府、行业企业、学校协同推进"双高计划"的新机制。结合区域功能、产业特点，建立健全产教对接机制，优化职业学校和专业的布局，构建以"双高计划"学校为引领、区域内高职学校协调发展的格局。加大资金和政策保障力度，新增教育经费向职业教育倾斜，对"双高计划"学校给予重点支持。着力推动高职学校和行业企业形成命运共同体，吸引行业企业以共建、共培等方式积极参与项目建设。进一步扩大院校办学自主权，建立健全改革创新容错纠错机制，鼓励高职学校大胆试、大胆闯。

（三）需要学校主动作为，充分激发高质量发展的内生动力

高职院校要着手综合改革和集中攻坚，找准突破口和增长点，实现重点突破和整体提升。"双高计划"启动只是高质量发展的起点，是否水平高最终还要看成效。列入计划的

---

① 数据来源于中国教育新闻网。
② 数据来源于中国教育新闻网。

学校要聚焦学校和专业群建设，以人才培养为中心，围绕《"双高计划"意见》中提出的"一个加强""四个打造"和"五个提升"，科学制订建设方案，健全责任机制，持续深化复合型技术技能人才培养培训模式改革，健全德技并修、工学结合的育人机制，率先开展"1+X"证书制度试点，创新高等职业教育与产业融合发展的运行模式，真正发挥带动区域职业教育改革发展的龙头作用。"双高计划"不能仅限于入选的学校和专业群，应是高职战线共同的目标方向，每所学校都应在高水平目标引领下，找准自身发展定位，持续深化改革，强化内涵建设，办出特色水平，实现高质量发展。

（撰稿人：张森）

◎ 参考文献

[1] ［美］约翰·W. 金登 . 议程、备选方案与公共政策（第二版）［M］. 丁煌，方兴，译 . 北京：中国人民大学出版社，2017：167.

[2] 陈庆云 . 公共政策分析［M］. 北京：北京大学出版社，2011：82.

[3] 陈振明 . 公共政策分析［M］. 北京：中国人民大学出版社，2003：15.

[4] 匡瑛 . 关注整体性发展："双高"背景下高职院校治理体系改革研究［J］. 职教论坛，2021，37（01）：28-32.

[5] 万卫 . "双高计划"建设的困境及突破路径［J］. 教育与职业，2021（20）：12-19.

[6] 胡德鑫，纪璇 . "双高计划"背景下高职院校专业集群建构逻辑与路径研究［J］. 中国职业技术教育，2021（14）：16-23.

[7] 翁伟斌 . 从追随到引领："双高计划"背景下高职院校创新创业教育的转向［J］. 教育与职业，2021（10）：64-70.

[8] 陈正江，梁帅 . 多源流理论视域下"双高计划"政策过程考察［J］. 高等工程教育研究，2021（04）：170-173.

[9] 朱善元，李巨银，杨海峰，等 . 以国家"双高计划"引领高职院校"提质赋能"的路径与举措［J］. 江苏高教，2020（12）：144-147.

[10] 康卉，党杰，蒋涛 . "双高"背景下高职教育国际化探究［J］. 教育与职业，2021（06）：39-42.

[11] 周建松，陈正江 . 中国高等职业教育"十三五"回顾与"十四五"展望［J］. 中国职业技术教育，2021（10）：18-22.

[12] 郭福春，许嘉扬，王玉龙 . 高水平专业群在高水平高职院校［J］. 中国高教研究，2020（01）：98-106.

[13] 闫利雅 . 高素质技术技能人才的内涵［J］. 天津职业大学学报，2020（01）：58-63.

[14] 高志研 . "双高计划"引领新时代职业教育高质量发展［N］. 中国教育报，2019-04-09.

［15］ 中国教育报．首批"双高计划"校迎来期中大考［EB/OL］．（2021-10-22）［2021-11-16］．http：//education. news. cn/2021-10/22/c_1211414996_2. htm.

［16］ 中华人民共和国教育部政府门户网站．"双高计划"这趟职教发展快车怎么搭［EB/OL］．（2019-04-16）［2021-11-18］．http：//www. moe. gov. cn/jyb_xwfb/xw_zt/moe_357/jyzt_2019n/2019_zt8/zjjd/201904/t20190424_379345. html.

［17］ 中华人民共和国教育部政府门户网站．10 问答权威解读"双高计划"，看职业教育如何"下好一盘大棋"［EB/OL］．（2019-04-08）［2021-11-15］．https：//mp. weixin. qq. com/s/VK4ifXmQKc7pkXqOvFdIKw.

［18］ 中国政府网．2019 年政府工作报告［EB/OL］．（2019-03-16）［2021-12-05］．https：//www. gov. cn/zhuanti/2019qglh/2019lhzfgzbg/.

［19］ 中国政府网．国务院关于印发国家职业教育改革实施方案的通知［EB/OL］．（2019-01-24）［2021-11-20］．http：//www. gov. cn/zhengce/content/2019-02/03/content _ 5365341. html.

教育系统学习《国家职业教育改革实施方案》

——《教育部关于深入学习贯彻〈国家职业教育
改革实施方案〉的通知》解读①

一、出台背景

(一)现实问题

政策执行是一个复杂的过程,包含了一些基本环节或一系列的功能活动,主要包括政策宣传、政策分解、物质准备、组织准备、政策实验、全面实施、协调与监控等环节。2019年1月,国务院颁布《国家职业教育改革实施方案》(以下简称"职教20条"),将职业教育摆在了前所未有的重要位置,为促进职业教育大改革大发展指明了路线。"职教20条"的颁布对新时期职业教育的发展意义重大,其落实依托各级政府部门和其他各个主体,与相关人员对内容的准确把握与深刻领会紧密相关。因此,"职教20条"制定颁布后,如何保证其执行的有效性,是面临的主要问题。

2019年4月,国家教育行政学院发布《关于组织开展"学习〈国家职业教育改革实施方案〉"专题网络培训的通知》,针对各省市教育行政部门中分管职业教育的负责人员和职成教处负责人员、各中高等职业院校领导干部及全体教师开展培训,努力将"职教20条"的要求和精神落到实处,进一步办好新时代职业教育。在此基础上,教育部同步发布《关于深入学习贯彻〈国家职业教育改革实施方案〉的通知》(以下简称《通知》),对有效推进"职教20条"学习,保证"职教20条"落实成效,十分必要。

(二)目的意义

《通知》发布属于政策执行过程中的宣传环节,是"职教20条"执行的重要组成部分。政策宣传是政策执行过程的起始环节和一项重要的功能活动,政策执行活动是由许多

---

① 文件名称:《教育部关于深入学习贯彻〈国家职业教育改革实施方案〉的通知》

发文日期:2019年5月6日

发文机构:教育部

发文字号:教职成〔2019〕11号

人员一起协作完成的，各执行主体只有在对政策意图和政策实施的具体措施有明确认识和充分了解的情况下，才有可能积极主动地执行政策。因此，《通知》的意义主要体现在：

第一，有利于提高相关部门的重视程度。"职教20条"的颁布对我国职业教育的发展具有划时代的意义，其在为职业教育改革指明方向和道路的同时，也提出了多项任务。强化相关部门思想认识，提高有关人员重视程度，是保证"职教20条"实施效果的第一步。教育部专门发布《通知》，突出了"职教20条"的重要作用和重大意义，能够将各级教育部门的思想和行动统一到党中央、国务院的决策部署上，为"职教20条"的正确有效执行打下坚实的思想认识基础。

第二，有利于全面把握"职教20条"的重点。政策执行各主体只有知晓了政策，才能理解政策；只有理解了政策，才能自觉地接受和服从政策。各级教育部门作为"职教20条"的重要实施主体，只有深刻领会、全面把握其中的重点内容和重点任务，才能有序地进行政策分解，结合本地职业教育发展实情，制订下一步实施计划，在合理范围内灵活变通，采取符合区域特征的措施，保证政策目标的充分实现。《通知》将职业教育改革的各项任务进行系统梳理与再次强调，有利于有关部门把握改革方向，紧扣核心内容，推动职业教育改革不断深化。

二、总体描述

（一）制定过程

2019年1月，国务院面向各省、自治区、直辖市人民政府，国务院各部委、各直属机构，印发《国家职业教育改革实施方案》，打开职业教育改革发展的全新局面。作为"职教20条"推进的重要行动主体，2019年5月，教育部面向各省、自治区、直辖市教育厅（教委），各计划单列市教育局，新疆生产建设兵团教育局，有关单位等教育系统内部各级部门，制定并发布《通知》。

《通知》的制定以习近平总书记关于教育的重要论述精神、李克强总理就深化职业教育改革作出的重要批示，以及"职教20条"为主要依据，从"职教20条"内涵和精神实质的领会、改革重点任务的推进、组织实施工作的部署等方面提出具体要求。

（二）整体概括

《通知》作为贯彻落实全国教育大会精神和"职教20条"各项工作部署的文件，由教育部发布。在统一教育战线思想认识的基础上，再次强调"职教20条"中提出的各项重点任务，并要求扎实做好全面深化职业教育改革组织实施工作，为新时代职业教育改革发展各项任务的落实提供系统全面的保障。

《通知》包括3个方面共11条内容，是一项加强"职教20条"宣传、提高教育部门重视程度、凝聚教育系统共识的政策。根据图1可以看出，在政策目标上，"职业教育"

"发展""改革""落实""建设"等关键词出现频率较高，可见《通知》的主要目的是为充分保障"职教20条"落实，推动职业教育改革发展；在政策内容上，"技能""制度""证书""技术""试点""体系""机制"等是《通知》的关注重点，这与"职教20条"列出的重点改革内容保持了较高的一致性；在政策主体上，《通知》中主要提及"国务院""地方""企业""院校""教师"等，形成了自上而下、全面联动的行动主体系统；在实施途径上，"加快""宣传""学习""推动""鼓励""完善"等各种具体方法综合运用，体现《通知》的积极意义；在政策要求上，"高水平""高素质""应用型""深化""现代化""重点"等关键词，对我国职业教育的深化改革提出了更高的要求，同时也说明《通知》始终坚持以较高标准对各项工作的开展加以规定。

图1　《通知》高频词云图

（三）基本框架

《通知》的基本框架从三个方面出发，分别提出相应工作开展要求。具体如下：

第一部分为"深刻领会'职教20条'主要内涵和精神实质"，共3条内容，包括以习近平总书记关于教育的重要论述为根本遵循、为全面建成社会主义现代化强国提供有力支撑、把职业教育摆在更加突出的重要位置，意在剖析"职教20条"的思想基础、重要意义和根本要求。

第二部分为"逐项推进'职教20条'重点任务的改革攻坚"，共5条内容，包括完善现代职业教育体系、提升技术技能人才培养质量、实施好1+X证书制度试点工作、完善有利于职业教育发展的相关配套政策、厚植各方支持职业教育的良好环境。此部分主要梳理"职教20条"中提出的职业教育改革重点任务，并在此基础上提出更为明确的要求。

第三部分为"扎实做好全面深化职业教育改革组织实施工作",共 3 条内容,包括加强学习宣传、抓好重点任务、强化实施考核,从保障措施的设计安排、部署落实出发,明确各主体职责,确保新时代改革发展任务落到实处。

三、重点阐释

(一)核心要点

1. 强调职业教育的重要地位和重大意义

《通知》指出,"职教 20 条"以习近平总书记关于教育的重要论述为根本遵循,将职业教育摆在经济社会发展和教育改革中更加突出的位置。首先,大力发展职业教育是实现教育公平的重要途径,通过落实好建设中国特色职业教育体系的工作目标,健全德技并修、工学结合的育人机制,有效分解高考压力,为学生提供多样化的成才成长路径,让更多青年凭借一技之长实现人生价值,努力让每个人都有人生出彩的机会,有效保障教育的机会公平、权利公平和结果公平;其次,推进职业教育改革是服务于国家战略的必要举措,职业教育有利于缓解当前的就业压力,解决高技能人才短缺的问题,应加快培养国家发展所需的各类技术技能人才,为实现 2035 年中长期目标和 2050 年远景目标提供有效人才供给、进行适度超前储备,为全面建成社会主义现代化强国提供有力支撑。

2. 强调职业教育改革重点任务的落实推进

《通知》指出,职业教育战线要以深化改革和狠抓落实为重点,逐项落实"职教 20条"提出的各项任务。一方面,《通知》再次梳理"职教 20 条"中一系列解决长期制约职业教育发展的体制机制难题的政策措施,包括完善现代职业教育体系、提升技术技能人才培养质量、实施好 1+X 证书制度试点工作、完善有利于职业教育发展的相关配套政策和厚植各方支持职业教育的良好环境等,使"职教 20 条"的重点任务更加清晰明了,容易被理解、被掌握;另一方面,针对各个重点任务,《通知》列出相应的具体目标并提出详细要求和标准,如对改善高中阶段教育普职比、完善中等职业教育生均拨款、改革高职院校办学体制等作出规定,兼顾职业教育宏观改革和重点领域发展,为相关部门开展指导性较强的工作提供方向,有利于"职教 20 条"的落实与推进。

3. 强调职业教育改革组织实施的有效保障

《通知》提出,教育战线要按照全国深化职业教育改革电视电话会议要求,周密部署、统一安排、逐项落实、压实责任,强化"职教 20 条"实施的各项保障条件。首先,要求加强"职教 20 条"的学习宣传,各地教育行政部门通过制订方案、确定分工、开展研究和解读活动等,营造有利于职业教育改革发展的良好氛围;其次,要求抓好"职教

20 条"的重点任务，各省级教育行政部门推动部省签订落实"职教 20 条"备忘录，紧扣改革要点，完善工作机制；最后，要求强化"职教 20 条"的实施考核，各级教育行政部门切实承担统筹规划、综合协调和宏观管理的责任，完善各项制度，建立指导咨询机构等，加强督促检查，保证落实任务。

（二）主要特色

《通知》作为"职教 20 条"的系列配套政策，其主要目的是做好"职教 20 条"的学习宣传和贯彻落实工作。整体来看，《通知》的内容体现出指导与宣传相结合、思想与行动相结合、重点与全面相结合的主要特征。

第一，指导与宣传相结合。《通知》在再次强调职业教育改革的重点内容的基础上，为职业教育改革作出方向要求，具有鲜明的指导性；就《通知》本身而言，带有明显的宣传特质，同时也要求各地做好"职教 20 条"学习宣传工作，为职业教育改革创设良好的环境和氛围。

第二，思想与行动相结合。《通知》从"职教 20 条"的精神实质出发，坚持以习近平总书记关于教育的重要论述为指导，坚持党的教育方针和对职业教育的定位，旨在凝聚教育系统推进职业教育改革的思想认识；同时在具体内容中，又提出具体的行动要求以保证"职教 20 条"的有效落实，体现出思想层面与行动层面的一致性和协调性。

第三，重点与全面相结合。重点体现在《通知》对职业教育改革重点任务的再次梳理，并将统一教育战线思想和行动始终贯彻在文件始终；全面体现在《通知》从思想认识、行动指南、保障条件等各个方面对各地学习贯彻"职教 20 条"提出要求、作出指导。

（三）核心素质

针对职业院校学生的核心素质，《通知》各部分相关表述见表 1：

表 1　　　　　　　　《通知》中职业院校学生核心素质有关表述

所在部分	相关表述
一、深刻领会"职教 20 条"主要内涵和精神实质	"高素质劳动者和技术技能人才" "高技能人才" "各类技术技能人才"
二、逐项推进"职教 20 条"重点任务的改革攻坚	"高素质技术技能人才" "高端技术技能人才" "职业适应能力" "可持续发展能力" "职业技能和职业精神" "高素质复合型技术技能人才" "高素质的产业生力军"

通过表1可以看出，《通知》中对职业院校学生核心素质的相关表述，主要涉及培养目标和具体素质两部分。在培养目标方面，技术技能人才是职业院校人才培养和学生发展应实现的最终指向，"高素质""高端""高素质复合型""各类"等指出了职业院校人才培养目标的层次性和多样性，体现了满足社会发展对不同类型与不同层次人才的需求；在具体素质方面，"职业适应能力""可持续发展能力""职业技能""职业精神"是对职业院校学生核心素质提出的具体要求，可以看出，学生的"软素质"，即"职业适应能力""可持续发展能力""职业精神"等，是《通知》中强调的职业院校学生应具备的关键核心素质。"软素质"的养成，有利于提升职业院校学生实现自我发展的内生动力，也有利于树立其为建设国家贡献力量的崇高意识。

四、政策效果

（一）实施情况

《通知》发布后，2019年9月，教育部发布了《关于报送"职教20条"实施以来相关工作推进落实情况的通知》，要求地方教育行政部门根据《通知》等文件精神及有关要求，结合本地工作实际，报送"职教20条"相关任务落实情况一览表，一览表内容主要为"职教20条"的7个方面20条内容提出的各项具体任务。

（二）社会影响

2019年7月，由中国职业技术教育学会主办、常州市科教城管理委员会承办、常州工程职业技术学院协办的"学习贯彻'职教20条'职业院校校长高级研修班"在常州召开，参加人员包括职业院校负责人、负责制订学校发展规划和相关政策研究的人员、职业院校科研负责人等。研修内容主要包括主旨报告、专家报告与经验交流三部分，与会人员共同探讨人工智能赋能新时代技术人才培养、"双高"建设背景下职业院校高质量发展面临的机遇与挑战，并就校企深度融合实践案例与立德树人典型案例进行交流。研修班旨在深入学习贯彻落实"职教20条"，把握党的十九大以来党和国家制定的关于职业教育政策的方向，提高职业教育服务国家发展战略、服务百姓的能力水平。

2019年9月，为深入学习"职教20条"，贯彻落实"不忘初心、牢记使命"主题教育工作会议精神，促进中职班主任专业化成长，河南省中职班主任工作研究与指导中心组织该省中职班主任进行集中学习实践，通过专题讲座、分组学习、社会实践以及"大国工匠话成长"等环节，切实有效地提升了中职班主任们的理论认识和专业水平。

五、改进建议

强化学习监督，提升《通知》落实成效。当前，各部门对各类文件的落实，存在"以文件落实文件"的现象，而《通知》现有内容中，以"职教 20 条"重点内容的概括与强调为主，也提出了较为具体的学习宣传方式，但缺乏监督落实情况的实质性规定。如此一来，一方面，可能会造成相关部门重视程度不高，仅通过文件转发对《通知》进行落实；另一方面，会导致相应工作、职责等由部分人承担，达不到全员学习的效果。为尽量避免类似情况发生，在《通知》中应加强学习情况监督机制的构建，以确保《通知》中规定的目标有效达成，提升《通知》落实成效。

（撰稿人：彭学琴）

◎ 参考文献

［1］ 光明网 . 深入学习《国家职业教育改革实施方案》［EB/OL］. （2019-09-03）［2021-10-31］. https：//edu. gmw. cn/2019—09/03/content_33131180. htm.

［2］ 中国职业技术教育学会 . 学习贯彻《国家职业教育改革实施方案》职业院校校长高级研修班在常州开班［EB/OL］. （2019-07-30）［2021-10-31］. http：//www. chinazy. org/info/1005/1328. htm.

［3］ 中国职业技术教育学会 . 关于举办深入学习贯彻《国家职业教育改革实施方案》职业院校校长高级研修班的通知［EB/OL］. （2019-07-11）［2021-10-31］. http：//www. chinazy. org/info/1042/1158. htm.

［4］ 中华人民共和国教育部政府门户网站 . 教育部关于深入学习贯彻《国家职业教育改革实施方案》的通知［EB/OL］. （2019-05-08）［2021-10-31］. http：//www. moe. gov. cn/srcsite/A07/zcs_zhgg/201905/t20190517_382357. html.

［5］ 中国教育干部网络学院 . 关于组织开展"学习《国家职业教育改革实施方案》"专题网络培训的通知［EB/OL］. （2019-05-28）［2021-10-31］. https：//www. enaea. edu. cn/news/bulletin1/2019/72817. html.

［6］ 中华人民共和国教育部政府门户网站 . 把职业教育摆在更加突出的重要位置［EB/OL］. （2019-05-18）［2021-10-31］. http：//www. moe. gov. cn/jyb_xwfb/xw_zt/moe_357/jyzt_2019n/2019_zt11/zjjd/201905/t20190520_382547. html.

以现代学徒制提升职业教育人才培养质量

——《教育部办公厅关于全面推进现代学徒制工作的通知》解读①

现代学徒制是教育部根据《国务院关于加快发展现代职业教育的决定》，借鉴西方学徒制经验在我国职业教育领域推行的一项试验，其以校企双重主体育人为根本，以"学生""学徒"双重身份为保证，以岗位成才为路径，是一种全新的深层次职业教育工学结合的人才培养形式。我国在现代学徒制推进过程中发布了一系列文件，2014年8月教育部发布了《关于开展现代学徒制试点工作的意见》，随后教育部职成司发布了《关于开展现代学徒制试点工作的通知》，分三批遴选了368家试点单位，对试点单位的试点情况进行年度检查和周期验收，试点工作在省级教育行政部门的统筹协调下开展。2019年5月14日，教育部办公厅发布《关于全面推进现代学徒制工作的通知》（以下简称《全面推进通知》），随着《全面推进通知》的发布，现代学徒制从试点迈入全面推广的新阶段，开始进入常态化的探索实践中。

一、出台背景

（一）培养新型技术技能型人才的必然选择

现代学徒制坚持服务发展、促进就业，进行岗位技能训练，促进人的全面发展，是当前国际公认的职业教育发展趋势和主导模式。在德国，企业高度参与现代学徒制人才培养。在英国，现代学徒制成为实施国家技能战略的重要途径，并提出要让学徒制学习成为16岁以上青年的主流选择。世界其他国家如澳大利亚、美国、加拿大等也开展了各具特色的现代学徒制实践，形成了较为完善的法律制度和经费保障体系，经过多国实践，现代学徒制正在全球职教领域内焕发出越发强盛的生命力。目前，在世界经济形势发生深刻变革、全球制造业面临压力与挑战的时代背景下，人才是制造业强国发展的根本要素之一，

---

① 文件名称：《教育部办公厅关于全面推进现代学徒制工作的通知》

发文日期：2019年5月14日

发文机构：教育部办公厅

发文字号：教职成厅函〔2019〕12号

与制造业联系最为紧密的职业教育必将承担起培养高素质技术技能人才的重任。现代学徒制培养模式充分展示了在专业层面坚持工学结合、在学校层面深化校企合作、在产业层面推进产教融合的职业教育的本质要求，现代学徒制被赋予职业教育体系改革、培养新型技术技能型人才的重任，成为新时代职业教育发展的必然选择。

（二）推进产教融合校企合作的现实需要

开展现代学徒制培养模式符合学校和企业的根本利益，能彰显职业教育的根本特征。特别是在当前国家层面校企合作体制机制尚未健全的情况下，实施现代学徒制培养模式更是成为推进校企合作制度化的一种形式，成为解决制约职业教育发展诸多问题的关键，如实践实习实训条件不足、教师实践教学能力不强、教学内容与企业实际需求脱节等问题。现代学徒制试点工作具有很强的探索性，全面推进现代学徒制更有利于从点到面地将试点工作中产教融合、校企合作的经验推而广之。

（三）职业技能和职业精神培养的迫切需求

现代学徒制与传统的学校教育为主的培养模式不同，它从职业人的角度培养技术技能人才，坚持教育与企业生产相结合，遵循学生的成长规律和职业能力形成规律，强化知行合一，培养学生的职业道德、职业技能，将人文素养和职业素质教育融入人才培养过程中。社会各界对职业群体中职业精神、"工匠精神"的追求，企业行业对高素质技术技能人才的迫切需要，恰恰证明了当前社会上职业精神、"工匠精神"的普遍缺失。因此全面推进学徒制有利于发挥学校专业教育与企业文化教育对于职业精神的塑造的独特作用，更加有利于促进职业技能与职业精神的有机融合，有利于培育精益求精、追求卓越、久久为功、探索创新的工匠精神，为培养更多的"大国工匠"夯实基础。

（四）目的意义

为了落实《国家职业教育改革实施方案》，在总结现代学徒制试点经验的基础上，教育部办公厅发布《全面推进通知》。

《全面推进通知》在目标要求中提出了五点目标和要求，一是明确现代学徒制培养模式的思想指导：是以习近平新时代中国特色社会主义思想为指导，根本任务是要立德树人，培养德技兼修、知行合一的高质量技术技能型人才；二是提出现代学徒制培养的模式改革目标要求：产教融合、校企合作、德技并修、工学结合的育人机制，多方参与的质量评价机制；三是提出现代学徒制培养体系建设的要求：教师队伍的改革，教材与教育方法的改革；四是确定现代学徒制适用的范围：在国家重大战略和区域支柱产业等相关专业进行全面推广；五是对现代学徒制管理机制提出要求：引导、鼓励和支持企业与学校积极培养学徒，实现人才培养跨越式发展。

二、总体描述

（一）制定过程

2014 年 5 月，《国务院关于加快发展现代职业教育的决定》要求"开展校企联合招生、联合培养的现代学徒制试点，完善支持政策，推进校企一体化育人"。2014 年 9 月，教育部印发《关于开展现代学徒制试点工作的意见》，对现代学徒制试点工作进行具体部署，明确了试点工作的目标、内容、范围及工作安排。2015 年以来，教育部先后印发了《关于开展现代学徒制试点工作的通知》等 8 个文件，设计了地方政府牵头、行业牵头、职业院校牵头、企业牵头的 4 种试点类型。2017 年，《国务院办公厅关于深化产教融合的若干意见》明确要求"在技术性、实践性较强的专业，全面推行现代学徒制，推动学校招生与企业招工相衔接，校企育人'双重主体'，学生学徒'双重身份'，学校、企业和学生三方权利义务关系明晰"，以国务院文件的形式明确了现代学徒制的内涵要求和核心要义。2019 年，为深入贯彻全国教育大会精神，落实《国家职业教育改革实施方案》，按照《教育部 2019 年工作要点》部署，"总结现代学徒制试点经验，全面推广现代学徒制"，教育部办公厅颁布了《全面推进通知》。

（二）整体概括

1. 文件的发文单位

教育部。

2. 文件名称

文件全称为《教育部办公厅关于全面推进现代学徒制工作的通知》，名称中显示是"通知"，与之前《关于开展现代学徒制试点工作的意见》中"意见"的区别是，"通知"指用来发布法规、规章，转发上级机关、同级机关和不相隶属机关的公文，批转下级机关的公文，要求下级机关办理某项事务等；"意见"是上级领导机关对下级机关部署工作，指导下级机关工作活动的原则、步骤和方法。意见的指导性很强，通知下达具有法律效力。因此《全面推进通知》的法律效力更强，更具有法规、规章的特征。

3. 内容概括

该政策文本共分为三个部分：目标要求、工作重点、组织实施。

4. 政策工具的选择

霍莱特和拉梅什根据政策工具的强制性将其分为三类：自愿性工具、强制性工具、混合性工具①。根据《全面推进通知》的政策目的和要求进行分析，概括出该政策文本具有混合性工具的特点。

混合性工具结合了强制性工具和自愿性工具的特征，允许政府对于非政府行为主体的决策进行不同程度的干预，但最终仍由私人作出决策②。具体表现为在"第一部分目标要求"中提出"以习近平……新时代中国特色社会主义思想为指导，全面贯彻党的教育方针，落实立德树人任务"，这一部分具有强制性工具的特点。而其后的"健全……深入推进……全面推广……"，以及在"第二部分工作重点"中提出"各地要明确全面推广现代学徒制的目标任务和工作举措，引导……落实好以下重点任务"具有混合性工具中规劝的特征，规劝是指政府试图说服人们去做或不做某事，力求改变人们的行动和偏好。文本中的第二部分工作重点的主要内容均是采用一种规劝的语气。"第三部分组织实施"中第三条推广典型经验，是混合性工具中信息传播方法的使用，信息传播指政府向个人和公司提供信息并期待他们的行为发生预期的变化。

（三）基本框架

第一部分目标要求中首先提出现代学徒制的全方位、全过程的目标要求。

第二部分工作重点和第三部分组织实施的内容是对目标要求的逐一细化。

第二部分工作重点的第一条的重点任务是实现招生招工一体化。

第二条标准体系建设，是对"教材与教育方法的改革要求"的细化。

第三条双导师团队建设，是对推进师资队伍改革的具体细化。

第四条教学资源建设，是将产教融合融入教育教学过程中具体工作的细化。充分利用校企双方的实训资源，形成共建共享的教学资源体系。

第五条培养模式改革，是对健全德技并修、工学结合育人模式的具体要求的细化。

第六条管理机制建设，是对政府引导、行业参与、社会支持、企业和职业学校双主体育人的中国特色现代学徒制的具体管理机制的细化。

第三部分组织实施，在第一条加强组织领导中，强调了现代学徒制的重要地位，提出要加大政策保障和投入力度，完善多方利益相关者共同参与的学徒培养质量评价机制，同时提出将现代学徒制实施情况作为省级、校级质量年度报告的重要内容。

第二条完成试点任务，强调了教育部、地方在现代学徒制试点工作中的职责，地方要通过查资料、看现场等多种形式审查试点工作进展情况，还需要做好年检和验收工作。教育部的职责主要在两个方面：一是委托第三方——全国现代学徒制工作专家指导委员会对各地和试点单位报送的年检和验收材料进行复核；二是根据实际需要组织实地检查，反馈年检意见，公布验收结果。

第三条推广典型经验，强调了各地要加强现代学徒制改革的宣传和推广工作。

---

① 陈振明. 公共政策分析 [M]. 北京：中国人民大学出版社，2003：15.
② 陈庆云. 公共政策分析 [M]. 北京：北京大学出版社，2011：82.

三、重点阐释

（一）核心要点

1. 把好入口关——招生招工一体化

现代学徒制培养的首要环节就是招生环节，2014年，教育部发布了《关于开展现代学徒制试点工作的意见》，提出"与合作企业共同研制招生与招工方案，扩大招生范围，改革考核方式、内容和录取办法，并将试点院校的相关招生计划纳入学校年度招生计划进行统一管理"。《全面推进通知》提出"共同制订和实施招生招工方案，规范招生录取和企业用工程序，推进招生招工同步、先招工后招生、先招生后招工，明确学徒的企业员工和职业学校学生双重身份，保障学徒的合法权益"。

从共同研制到共同制订，从扩大、改革到规范、明确的转变，强调了把好入口关对于现代学徒制建设的重要作用，要做到三个保障：第一，学校、企业在现代学徒制培养过程中平等的地位的保障，可以共同商议、探讨制订和实施招生招工方案；第二，学校招生录取和企业用工程序规范的保障，二者要相互匹配，在推进招生招工形式同步的同时，也要考虑企业用工的程序；第三，对于学生学徒的身份的保障，企业要赋予学生作为学徒的合法权益。

2. 把好过程关——标准体系、导师团队、教学资源三管齐下

现代学徒制的培养过程中要有专业课程体系的保障、优秀的师资队伍的保障、丰富的实践教学资源的保障。《全面推进通知》提出贯彻培养过程中标准体系建设、导师团队建设、教学资源建设三管齐下的工作任务重点。标准体系建设要求校企共同研制专业教学标准、课程标准、实训条件建设标准并将学校教学过程与企业建设各个环节环环相扣：第一，专业设置与产业需求对接；第二，课程内容与职业标准对接；第三，教学过程与生产过程对接。同时将"学历证书+若干职业技能等级证书"率先运用于实行学徒制的专业。

导师团队建设要求制度化。制度化首先要求推广双导师团队制度建设，具体措施是校企分别设立兼职教师岗位和学徒指导岗位，完善双导师选拔、培养、考核、激励等办法。校企之间要相互融通，采用学校与企业之间人员互聘共用、双向挂职锻炼、横向联合技术研发和专业建设等多种方式，最终目的是打造专兼结合的双导师团队，形成规范的双导师管理制度。

教学资源体系共建共享化。一是利用好校企平台资源，如生产性实习实训基地、技能大师工作室、工程技术研究中心、协同创新中心等；二是发挥校企各自资源优势，如校企双方的场所、设备、人员优势；三是共同开发资源，开发一批新型活页式、工作手册式教材并配套信息化资源；四是及时吸纳新技术、新工艺、新规范和建设典型生产案例体系。

3. 把好管理关——校企共同管理

《全面推进通知》不仅要求校企协调管理，还要求形成规范的管理制度。具体要做到健全教学管理、运行机制；规范校企共同协调制定的人才培养管理制度，明确校企各方的管理责任，学校党委最终把好人才培育方案审核关；完善人才培养成本共担协调机制；规范学校、企业各自培养环节中的全过程管理，同时建设运行与质量监控体系。

（二）主要特色

1. 体现中国现代学徒制特色

第一，体现在中国现代学徒制的构成要素上。《全面推进通知》明确了中国特色现代学徒制系统的构成要素分为主体构成要素和外在环境因素两部分。主体构成要素有学校、企业和学徒（学生），其中学校和企业是培养学徒的双主体。校企为了培训合格学徒，通过共同制订人才培养方案、共同制定评价标准、共同开发教材、互聘教师而形成合作共赢的命运共同体。外在环境因素主要包括对接国家战略、国家政策，符合行业标准。中国特色现代化学徒制的主要特色体现在服务国家、地方发展战略。

第二，突出在中国特色的育人模式上。"以学徒'双身份'，校企'双主体'，工学'双导师'，学训'双环境'，学历证书和技能证书'双证对接'等典型特征"[1]，实现多元合作共赢的命运共同体式的人才培养模式。

中国特色现代学徒制的最大优势是建立在社会主义公有制基础上，政府根据国家经济发展战略提出对职业教育人才的要求，举全国之力推进现代学徒制，在前期试点中积累经验后全面推广，国家陆续出台相关的法律法规，为实施学徒制的企业提供政策、资金、税收、国家购买服务、用地等诸多优惠政策，突出了中国特色。

2. 提出更明确的现代学徒制战略布局

《全面推进通知》突出全面推进现代学徒制的战略定位，提出各地要把学徒制工作与贯彻落实《国家职业教育改革实施方案》统筹推进。对于现代学徒制战略布局更加明确了主要目标要求、工作重点和主要改革途径，并大致规划出现代学徒制理想培养模式。《全面推进通知》中的战略布局基本上把握住了现代学徒制的主体相互关系，形成了现代学徒制招生、培养、管理等全流程全方位的改革思路，聚焦在"招生招工一体化"的难点破解上；提出培养模式改革思路，积极探索三天在企业、两天在学校的"3+2"培养模式；突出现代学徒制对于学生技术技能的全面发展的重要作用，坚持德技并修、工学结合、知行合一，通过现代学徒制，着力培养学生的专业精神、职业精神和工匠精神，提升

① 毛少华. 职业院校全面推广中国特色现代学徒制面临的问题与对策 [J]. 成人教育，2021（01）：65-71.

学生的职业道德、职业技能和就业创业能力；综合考虑培养实践过程中保障学徒的合法权益、规范标准体系建设要求、建设双导师团队、共享校企教学资源，从而实现现代学徒制的体系化建设，保证现代学徒制全面推进工作的良好态势。

四、核心素养

（一）核心素养内容

现代学徒制培养过程中体现出的重要品质是职业院校大学生核心素养的重要组成部分。《全面推进通知》中涉及的核心素养主要集中体现在其第二部分第五条的培养模式改革中，提出"坚持德技并修、工学结合、知行合一，按照企业生产和学徒工作生活实际……着力培养学生的专业精神、职业精神和工匠精神，提升学生的职业道德、职业技能和就业创业能力"。

（二）现代学徒制培养模式核心素养目标模型

《全面推进通知》的培养模式改革条款中涉及九个核心素养，将其与现代学徒制培养模式改革的命题结合，可以将现代学徒制的培养目标概括为三个：修技、修心、修魂，本文初步构建了现代学徒制培养模式改革中涉及核心素养的培养目标模型（见图1）。

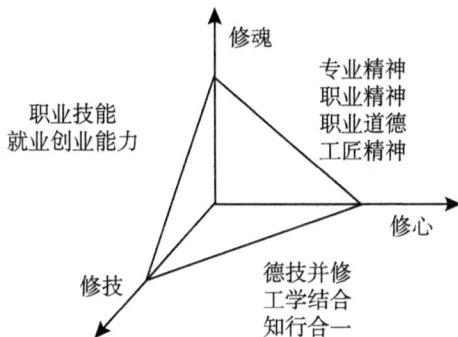

图 1　现代学徒制核心素养培养目标模型

（三）现代学徒制核心素养的基本内涵

"修技"是指职业院校大学生在校企合作培养过程中逐步积累起来的知识经验、方法原理、操作技能和手艺本领，是一名职业院校大学生在三年"3+2"学徒制培养模式下择业生存的基本能力。修技重点强调职业院校大学生在科学原理、操作技术等方面所拥有的知识素养和行为技能，表现为《全面推进通知》中涉及的职业技能和就业创业能力两种核心素养。

"修心"是指职业院校大学生在学徒制招生招工一体化培养模式下，对于所学专业和所从事的职业表现出的道德修为和灵巧心思，以及在技能、艺术方面的创造性，是对于所从事的职业具有精益求精、创新精神的价值取向。修心重点强调培养的职业院校大学生在个人专业素养和职业要求等方面所具备的追求和创新精神，表现为《全面推进通知》中涉及的德技并修、工学结合、知行合一三种核心素养。

"修魂"是指职业院校大学在学徒制工学交替培养过程中对于未来要从事的职业有敬畏之心、入心入魂。修魂重点强调职业院校大学生在人文素养、道德品质等方面通过培养所展现的伦理精神和理想信念，表现为《全面推进通知》中涉及的专业精神、职业精神、职业道德和工匠精神四种核心素养。

五、政策效果

现代学徒制是一个由政府、学校、学生、企业等多元主体间利益交互形成的生态系统，多元主体能否保持积极动能是全面推进现代学徒制效能发挥的基础条件。政策实施的效果也需从多元主体方面来分析。

(一) 从教育行政部门来看，总体趋势衰减，部分省份在持续推进

在现代学徒制试点和推进过程中教育行政部门起着重要作用，在政策制定、内容选择、单位遴选、进程安排、机制建设等各方面，教育行政部门都起着引领和主导作用。[1]随着《全面推进通知》的发布，教育行政部门不再需要组织申报和遴选，不再需要统一部署、整体推进，也不可能延续原先的过程管理和终期考核，即便有管理和考核，也很难对职业院校产生如试点时的约束力，这就必然导致教育行政部门的引领和主导作用衰减。在《全面推进通知》中提出推广典型经验，指定专门网站公开本地支持政策、成功经验。但是笔者通过网络搜索发现"教育部职业教育现代学徒制工作网"的更新只停留在了2015年3月进行学徒制试点工作的专题报道。

但也有部分省份，积极主动地开展工作，2019年6月山东省总结试点经验，全面推进现代学徒制工作，还颁布了省域层面的《山东省关于全面推进现代学徒制工作的通知》。对于其他省市，笔者只搜索到小部分学校内部召开现代学徒制专项工作推进会。职业院校推进现代学徒制很难获得教育行政部门的广泛关注和大力支持。广东省在2019年7月，由广东省人力资源和社会保障厅、财政厅颁布了《广东省全面推行企业新型学徒制实施方案》，不同于其他省市由教育部门发文，该方案是由分管人力、财政的两部门颁发，对于学徒和企业的开展培训提出了政策、经费、职业资格等各项保障，从而可以确保广东省全面推行现代学徒制工作的落实。湖南省也重视现代学徒制工作，先后出台了省级

---

① 张天琪，杨永杰."双高计划"背景下的现代学徒制发展路径探索 [J]. 黑龙江畜牧兽医，2020 (05)：137-141.

层面的《湖南省职业教育改革实施方案》《湖南省全面推进现代学徒制工作方案》等文件。湖南各职业院校聚焦未来"湖湘工匠"培养，积极探索现代学徒制试点改革思路、实施方法、有效路径。

但总的来看，各省市区出台相关配套文件的不多，很多地方只是转发文件，可见还有部分地区对于全面推进学徒制并没有引起足够的重视，仅仅是停留在文本层面。

（二）从职业院校来看，总体动能有所衰减，部分"双高计划"学校仍保持较高热情

随着现代学徒制的全面推进，职业院校参与现代学徒制由原先的"申报—遴选—评审"变成了不设门槛、不需任何手续的随时随地参与，由试点时的"我要参与"变成了全面推进时的"随我参与"。职业院校可以根据各自的办学实际自主决定现代学徒制的推进，但是教育行政部门的重视程度下降，职业院校似乎也并没有表现出应有的"热情"，很多职业院校仍处于等待、观望之中。职业院校在全面推进现代学徒制过程中的积极动能衰减具有一定的普遍性，其中有深层次原因，更为主要的还是政策供给不足：其一，教育行政部门的重视程度下降，给予职业院校的政策支持缺乏延续性，资金补助保障取消或减弱；其二，非试点的全面推广现代学徒制的过程中，职业院校必然会遇到一定的风险和困难，但根源还是在于企业参与现代学徒制的积极性始终没有得到政策的有效保障；其三，现代学徒制的推进还存在很多不确定因素，会遭遇较多的阻力、面临较多的困难。

也有部分"双高计划"学校保持较高的热情，开展现代学徒制的人才培养模式改革工作，并且取得了一定的成绩，如作为"双高计划"领头羊的北京电子科技职业学院对接区域产业发展，建立"校企联合共同体"，学校依托工程师学院、技能大师工作室、企业现代学徒制教育中心等新型产教融合载体，实行1+X证书制度专业全覆盖。

（三）从企业来看，全面推进学徒制过程中话语权有待加强

全国有多个省市发布了现代学徒制相关政策支持文件，其中《广东省职业教育条例》以地方法律形式明确支持开展现代学徒制培养，开启了现代学徒制工作的地方法律政策支持先河。行业企业是现代学徒制效能发挥不可或缺的主体，从现代学徒制试点单位来看，行业组织8家，企业17家，共25家，占试点单位的4.4%。这些企业都为行业龙头企业，有着良好的经营业绩，覆盖了土木建筑、装备制造、轻工纺织、食品药品与粮食、交通运输、电子信息、财经商贸等多个专业大类，但试点企业样本太小，不可能涵盖19个专业大类，农林牧渔、资源环境与安全、文化艺术、新闻传播、教育与体育等大类没有试点企业，更不用说具体99个专业类、791种专业所对应的企业了。① 试点企业数量偏少、代表性不足使职业院校在现代学徒制试点中处于主导地位，行业企业很难获得足够的话语权。总

---

① 崔志钰，陈鹏，倪娟．政策供给视角下全面推进现代学徒制的问题解析与策略选择［J］．职教论坛，2021（07）：76-86．

之，政策供给不足还是影响现代学徒制全面推进的重要因素。中国特色现代学徒制的高效推进需要政府进行政策供给，这种政策供给应该是精准的、符合市场原则和教育规律的。

六、改进建议

全面推广中国特色现代学徒制是一项系统、复杂的工程，必须考虑国家、企业、学校、学生和家庭的利益，协调学徒制各方的利益关系，但是从政策本身来说，充足的政策供给，是在未来政策改进中主要考虑的问题。

（一）政策工具供给从单一向多元转变

《全面推进通知》中主要使用的是混合性工具，其他如强制性、激励性工具使用较少，政策的执行效果相较于试点阶段不升反降，很难真正实现全面推进现代学徒制的目标要求。全面推进学徒制主要依靠地方、学校、企业自觉参与，没有强制性工具和激励性工具，各利益主体的动力不足，因此需要增强强制性工具、激励性工具的运用。首先国家层面要完善制度保障，将现代学徒制推进工作列入省域职业教育工作重点中。在加大宣传力度的同时要加强扶持力度，鼓励校企合作实施现代学徒制，鼓励校企二元或多元办学，发挥企业在学徒制实施中的主体作用，按照其招收聘用学徒的人数给予"财政+土地+信用"的组合式激励政策。确立企业在招工招生中的主体地位并给予其足够的话语权，激发企业在学徒制人才培养中的主人翁精神。同时，制定有利于学徒制学生的优惠政策，尽可能给学徒制学生提供更多的发展机会和出路，给予其继续深造的机会，提高其待遇和地位以及就业竞争力。

（二）增加经费保障措施

在《全面推进通知》中提到政府引导、行业参与、社会支持，还提到校企共同分担人才培养成本，而全篇却没有提到经费保障、经费支持等措施。当初在试点时给予职业院校的政策支持缺乏延续性，资金补助保障取消或减少。由于缺乏可持续性经费保障措施，职业院校在全面推进现代学徒制过程中的积极动能衰减具有一定的普遍性，主要是因为经费保障政策供给不足。

2021年6月8日，人力资源和社会保障部、财政部、国务院国资委、中华全国总工会、全国工商联发布《关于印发〈关于全面推行中国特色企业新型学徒制 加强技能人才培养的指导意见〉的通知》，可见政府对于推动中国特色学徒制的决心。该文件对于学徒制的培养内容作了更加细化的规定，提出了一些激励措施。我国职业教育将迎来人才培养模式的改革创新发展新阶段。

（撰稿人：张淼）

◎ 参考文献

［1］ 陈庆云．公共政策分析［M］．北京：北京大学出版社，2011：82.

［2］ 陈振明．公共政策分析［M］．北京：中国人民大学出版社，2003：15.

［3］ 马良军．新时代中国特色现代学徒制的发展方向［J］．职业技术教育，2021，42
（28）：1.

［4］ 张敏，戴小红．"双高计划"背景下中国特色现代学徒制发展路径研究［J］．教育与
职业，2021（24）：39-42.

［5］ 张建平，孙立新．中国特色现代学徒制试点现状研判及推进路径［J］．职教论坛，
2021，37（12）：12-17.

［6］ 陶军明，庞学光．多重制度逻辑下现代学徒制的实践困境与路径选择［J］．西南民族
大学学报（人文社会科学版），2021，42（09）：206-212.

［7］ 崔志钰，陈鹏，倪娟．政策供给视角下全面推进现代学徒制的问题解析与策略选择
［J］．职教论坛，2021（07）：76-86.

［8］ 毛少华．职业院校全面推广中国特色现代学徒制面临的问题与对策［J］．成人教育，
2021（01）：65-71.

［9］ 韩旭，张俊竹．中国特色现代学徒制的成效、困境与方向［J］．教育与职业，2020
（24）：41-46.

［10］ 张天琪，杨永杰．"双高计划"背景下的现代学徒制发展路径探索［J］．黑龙江畜
牧兽医，2020（05）：137-141.

［11］ 朱国华，吴兆雪．现代学徒制的战略布局、试点现状与推进策略［J］．职业技术教
育，2019（06）：25-29.

［12］ 张玲．现代学徒制在高职院校和企业的应用对策［J］．大庆社会科学，2019（03）：
89-90.

［13］ 桑雷．中国特色现代学徒制的三维透视：内涵、困境及突破［J］．现代教育管理，
2016（06）：94-98.

［14］ 包美霞．"探索中国特色学徒制"［N］．光明日报，2020-12-04（02）.

［15］ 潇湘晨报．湖南全面推进现代学徒制工作，争创全国职业教育"标杆"［EB/OL］.
（2021-01-20）［2021-12-29］．https：//baijiahao.baidu.com/s？id=1720465413530290477
&wfr=spider&for=pc.

［16］ 北京电子科技职业学院．北京电子科技职业学院打造"风生水起"的现代职业教育
产教融合新模式"量产"工匠人才［EB/OL］．（2021-01-08）［2021-11-18］.
https：//www.bpi.edu.cn/mtdk/202111/t20211118_94649.html.

［17］ 中华人民共和国教育部政府门户网站．教育部2019年工作要点［EB/OL］．（2019-
02-20）［2021-11-20］．http：//www.moe.gov.cn/jyb_xwfb/gzdt_gzdt/s5987/201902/
t20190222_370722.html.

［18］广东省人民政府．广东省职业教育条例［EB/OL］．（2019-12-20）［2021-11-20］．http：//www. gd. gov. cn/zwgk/wjk/zcfgk/content/post_2723695. html.

［19］广东省全面推行企业新型学徒制实施方案［EB/OL］．（2019-07-13）［2021-01-20］．http：//law. 51labour. com/lawshow-101788. html.

［20］中国教育装备网．山东省教育厅关于全面推进现代学徒制工作的通知［EB/OL］．（2019-06-24）［2021-11-03］．http：//www. ceiea. com/html/201906/201906241623341186. shtml.

［21］中国政府网．国务院办公厅关于深化产教融合的若干意见［EB/OL］．（2017-12-19）［2021-10-20］．http：//www. gov. cn/zhengce/zhengceku/2017-12-19/content＿5248564. htm.

［22］毛扬南．现代学徒制的重要意义和作用［EB/OL］．（2017-03-14）［2021-01-25］．http：//www. cnsdjxw. com/news_brows. asp？id＝14584.

［23］中华人民共和国教育部政府门户网站．教育部关于开展现代学徒制试点工作的意见［EB/OL］．（2014-08-27）［2021-10-20］．http：//www. moe. gov. cn/srcsite/A07/s7055/201408/t20140827_174583. html.

［24］中国政府网．国务院关于加快发展现代职业教育的决定［EB/OL］．（2014-06-22）［2021-10-20］．http：//www. gov. cn/zhengce/content/2014-06-22/content＿8901. htm？isappinstalled＝0.

五年制高等职业教育发展的促进与规范

——《陕西省五年制高等职业教育管理办法》解读①

一、出台背景

我国五年制高职教育从 20 世纪 80 年代初期开始，已历经约 40 年的发展历程。21 世纪以来，五年制高等职业教育规模不断扩大，为促进职教发展、推进高等教育大众化进程作出了积极的贡献。党的十八大以来，以习近平同志为核心的党中央把职业教育摆在了前所未有的突出位置。我国经济已由高速增长转向高质量发展，产业转型升级加快了各行各业从业岗位的技术发展与转变。高等教育也进入高质量发展的阶段，对人才的需求也从数量转向质量，由此亟须发展高质量、高层次的职业教育。

"十四五"期间，加快发展高质量职业教育应是我国教育综合改革的一个战略重点。基于大力发展职业教育的需求，2019 年国务院发布《国家职业教育改革实施方案》，明确了职业教育与普通教育是两种不同的教育类型且具有同等重要地位。随后，国家密集出台关于"双高计划"、产教融合型企业、职教集团、教师队伍建设、教材建设、劳动教育等一系列重大举措。通过对职业教育发展趋势和高等职业教育资源需求的分析、办学实践经验的总结发现，目前认为可以将现有的高水平中等职业学校升格为专科层次的高等职业学校，在继续举办三年制中等职业教育学校的基础上，通过举办五年制高等职业教育学校以满足"十四五"期间人们对高等职业教育资源迫切而庞大的需求。

职业教育发展水平需与区域经济发展规模相适应，以带动区域经济发展，为区域经济发展提供必备的技能型人才，改善区域人才供给结构失衡的状况。截至 2020 年，陕西省共有中等职业教育学校 230 所，高等职业教育院校 39 所。2020 年，陕西省中等职业教育招生 107041 人，占全省高中阶段教育招生总数的 33.49%；中等职业教育在校生 279787 人，占全省高中阶段教育在校生总数的 29.95%。② 近年来，陕西省国民生产总值增速平稳，2021 年，陕西省地区的国民生产总值达到 26181.86 亿元，比上年增长 2.2%，排名

---

① 文件名称：《关于印发〈陕西省五年制高等职业教育管理办法〉的通知》
发文日期：2019 年 5 月 31 日
发文机关：陕西省教育厅
发文字号：陕教规范〔2019〕13 号
② 数据来源于 2020 年陕西省教育事业发展统计公报。

全国第 13 位。① 从二者之间的关系看，陕西省职业教育的发展与经济发展规模呈现长期稳定的动态关系，陕西省高等职业教育发展规模与区域经济的发展规模是相互协调发展的。

为了贯彻落实《国家职业教育改革实施方案》，促进中等职业教育与高等职业教育衔接发展，完善现代职业教育体系，陕西省教育厅于 2019 年 5 月 31 日废止了 2013 年印发的《陕西省五年制高等职业教育管理暂行办法》（以下简称《暂行办法》），制定并印发了《陕西省五年制高等职业教育管理办法》（以下简称《办法》）。《办法》遵循习近平总书记对职业教育提出的一系列新论断、新要求，按照国家职业教育改革的总体部署，结合五年制高等职业教育的改革实践，对职业教育办学主体、专业设置与管理、招生录取与学籍管理、教育教学与质量管理以及经费保障作出了明晰的规定。《办法》的颁布是对五年制高等职业教育的规范，借此可发展更高层次、更高质量的五年制高等职业教育。

二、目的意义

《办法》发布的目的在于贯彻落实《国家职业教育改革实施方案》，促进中等职业教育与高等职业教育的衔接与发展及现代职业教育体系的完善。落实并实施《办法》有利于"三个转变"的实现，即由政府举办为主向政府统筹管理、社会多元办学的格局转变，由追求规模扩张向提高质量转变，由参照普通教育办学模式向企业举办、社会参与、专业特色鲜明的类型教育转变。

陕西省职业教育的主要矛盾是学校人才供给与社会人力需求之间的结构性矛盾。主要表现为：职业教育体系不完善、产教融合机制不健全、人才培养质量不高、服务发展能力不强；行业企业参与职业教育的内生动力不足，产教"两张皮"现象比较突出；高职核心指标位于全国前列，但两极分化比较严重；中职进入良好发展态势，但基础相对薄弱。因此，规范与发展五年制高等职业教育有利于逐步建立中职、高职、职业大学、应用型本科、专业学位研究生纵向衔接的现代职业教育培养体系，促进现代化职业教育体系的建立与完善。

三、总体描述

（一）《办法》的具体内容

《办法》共分为七个章节，二十三条规定，分别为总则、办学主体、专业设置与管理、招生录取与学籍管理、教育教学与质量管理、经费保障、附则。

第一章总则部分对五年制高等职业教育及其办学形式作出了界定，并明确了由省教育厅负责政策制定、统筹实施、监督管理，市级教育行政部门则负责区域内五年制高职教育的业务指导和规范管理。第二章为办学主体，主要规定三二分段制高职教育由高职院校与中职学校联合举办，五年一贯制高职教育由高职院校独立举办，并对市属高职院校和其他

---

① 数据来源于 2021 年陕西省国民经济和社会发展统计公报。

高职院校联合办学的对象作了详细规定。第三章为专业设置与管理，明确了五年制高职专业的申报条件。第四章为招生录取与学籍管理，规定由省教育厅下达五年制高职教育的招生计划，省教育考试院负责统一组织招生录取工作。此外，明确三二分段制和五年一贯制学生的学籍注册管理院校。第五章是教育教学与质量管理，重点关注人才培养质量管理体系的建立健全。第六章为经费保障，明确五年制高职教育学费收费标准、奖助学金资助政策等。第七章为附则，说明《办法》自 2019 年 6 月 1 日起施行，2024 年 5 月 31 日自行废止，并由省教育厅负责解释。

（二）《办法》与《暂行办法》的区别

《暂行办法》是 2013 年 1 月 28 日由陕西省教育厅的职业教育与成人教育处印发，其与《办法》的主要差异详见表 1。

表 1　　　　　《陕西省五年制高等职业教育管理暂行办法》与
《陕西省五年制高等职业教育管理办法》对照表

《陕西省五年制高等职业教育管理暂行办法》	《陕西省五年制高等职业教育管理办法》	政策解读
第一章　总则	第一章　总则	
第一条　为深入贯彻《国家中长期教育改革和发展规划纲要（2010—2020 年）》和陕西省关于贯彻《国家中长期教育改革和发展规划纲要（2010—2020 年）》的实施意见，落实《教育部关于推进中等和高等职业教育协调发展的指导意见》，巩固职业教育发展基础，推动中等和高等职业教育协调发展，促进现代职业教育体系建设，特制定本办法。	第一条　为贯彻落实《国家职业教育改革实施方案》，促进中等职业教育与高等职业教育（以下简称"中高职"）衔接发展，完善现代职业教育体系，特制定本办法。	针对不同的国家规划文件和出台方案，后者更强调中高职衔接。
第二条　五年制高等职业教育是指招收初中毕业生，实行五年学制，培养专科层次高素质技能人才的高等职业技术教育。五年制高等职业教育的办学形式包括五年一贯制和高、中职学校联合培养、分段实施"三二连读"两种形式。	第二条　五年制高等职业教育（以下简称"五年制高职教育"）是指以培养专科层次高素质技能型人才为目标，招收初中毕业生，实行中高职连贯式五年制人才培养的高等职业教育。　五年制高职教育的办学形式以"三二分段制"为主。"五年一贯制"仅在专业能力培养要求年龄小、专业技能掌握要求反复训练、培养时间较长、复合性教学内容多的专业领域开展。	明确五年制高等职业教育的培养目标，明确陕西省五年制高职教育的办学形式以"三二分段制"为主。表述由"三二连读"转为"三二分段制"，对"三二分段制"进行规范化界定。

《陕西省五年制高等职业教育管理暂行办法》	《陕西省五年制高等职业教育管理办法》	政 策 解 读
第三条　五年制高等职业教育应全面贯彻国家教育方针，遵循教育教学规律和技能型人才成长规律，着眼于区域经济和产业发展需求。坚持统筹规划、合理布局、系统培养、规范管理、科学发展。	删除	
第四条　省教育厅负责全省五年制高等职业教育的统筹、协调和宏观管理。	第三条　省教育厅主要负责五年制高职教育的政策制定、统筹实施、监督管理。 市级教育行政部门具体负责区域内五年制高职教育的业务指导和规范管理。	明确划分省教育厅和市级教育行政部门的职责。
第二章　办学主体与范围	第二章　办学主体	
第五条　五年一贯制高等职业教育由独立设置的高等职业院校举办。三二连读五年制高等职业教育由高等职业院校与中等职业学校联合培养，高职统筹、分段实施。	第四条　三二分段制五年制高职教育由高职院校（本办法所称"高职院校"均指独立设置的高等职业院校）与中等职业学校（以下简称"中职学校"）联合举办，前三年在中职学校、后两年在高职院校培养。 高职院校在培养、就业等方面发挥引领性作用，保障人才培养质量。中职学校在招生、培养等方面发挥基础性作用，在产教融合、专业建设、教育教学、资源共享等方面与联办高职院校加强合作。	主要规定三二分段制高职教育由高职院校与中职学校联合举办，五年一贯制高职教育由高职院校独立举办，详细界定中高职院校在培养、就业、招生方面发挥的作用和职责。
	第五条　五年一贯制高职教育由高职院校独立举办，并在校内办学。	
第六条　举办三二连读的中职学校应具备必需的师资条件和教学设施，原则上是省级及以上示范性中等职业学校。三二连读以本区域内中、高等职业学校联合办学为主，每所高等职业院校可与2—3所中等职业学校联合办学，每所中等职业学校原则上可与1所高等职业院校联合办学。	第六条　原则上，每所市属高职院校可与市域内任一中职学校联合举办三二分段制五年制高职教育。其他高职院校可与省内6所中职学校联合举办三二分段制五年制高职教育。	修改中高职院校联合办学的数量，并对市属高职院校和其他高职院校联合办学的对象作了详细规定。

《陕西省五年制高等职业教育管理暂行办法》	《陕西省五年制高等职业教育管理办法》	政策解读
第七条 举办五年制高等职业教育的院校要充分发挥高等职业院校的引领作用和中等职业学校的基础性作用，在教育教学、专业建设、师资培养等方面加强合作交流，共同提升职业教育办学质量和水平。	在第四条中进行修改	
第八条 举办五年一贯制高职教育和三二连读五年制高职教育，须由符合办学资格和条件的学校向省教育厅提出申请，经审核批准后方可举办。	删除	
第三章 专业设置与管理	第三章 专业设置与管理	
第九条 五年制高等职业教育专业设置要以市场需求为导向，坚持面向区域经济和产业发展的原则，充分发挥职业院校的特色和优势，在区域内统一规划，合理布局。每所高等职业院校与中等职业学校联办三二连读专业数量一般不超过3个。	第七条 高职院校设置的五年制高职专业必须有对应的三年制高职专业。对应的三年制高职专业须满足以下条件： （一）经教育部批准或备案。 （二）近三年连续招生、就业质量较高。 （三）与国家重大战略或区域支柱产业、战略性新兴产业发展联系紧密。 （四）采用三二分段制的专业，必须与联办的中职专业同属一个专业大类。	明确高职院校设置的五年制高职专业必须有对应的三年制高职专业，且该专业需满足四项条件。
第十条 五年制高等职业教育专业设置由高等职业院校向省教育厅提出申请并提交以下材料： （一）《陕西省五年制高等职业教育专业设置申报表》（见附件，附件不随文印发，请登录教育厅门户网站（jyt.shaanxi.gov.cn）"教育厅文件"栏目下载； （二）专业人才培养方案（主要包括培养目标、课程设置及教学进程等）； （三）高等职业院校与中等职业学校联合举办三二连读专业的办学协议； （四）其他相关材料。	第八条 五年制高职教育专业设置由高职院校向省教育厅提交以下材料，经教育厅批准后设置。 （一）《陕西省五年制高等职业教育专业设置申报表》（见附件）。 （二）专业人才培养方案（主要包括培养目标、课程设置及教学进程等）。方案制定须企业实质性参与，体现产教融合、校企合作办学理念，突出德技并修、工学结合育人机制。五年内学生顶岗实习时间总共应不少于一年（原第十八条中规定），前三年至少6个月、后两年至少6个月。三二分段制人才培养方案由高职院校牵头制定。 （三）专业人才就业形势分析报告。 （四）三二分段制五年制高职专业联合办学协议。 （五）其他支撑材料。	明确专业人才培养方案的制定须有企业参与，凸显产教融合、校企合作的办学理念及工学结合的育人机制。此外，详细规定了五年内学生的顶岗实习时间以及人才培养方案主要由高职院校牵头制定。

续表

《陕西省五年制高等职业教育管理暂行办法》	《陕西省五年制高等职业教育管理办法》	政策解读
第十一条 省教育厅建立五年制高等职业教育专业设置评议委员会，对申报院校提出的专业设置事项进行评议，必要时深入职业院校实地考察。评议通过后，由省教育厅行文批复并定期组织专业设置评议委员会专家对举办专业进行评估。	删除	
第四章 招生录取与学籍管理	第四章 招生录取与学籍管理	
第十二条 五年一贯制招生计划由高等职业院校向省教育厅申报；三二连读招生计划由高等职业院校和中等职业学校联合申报，并由高等职业院校负责具体的申报工作；市属高等职业院校和中等职业学校联合举办的三二连读招生计划，由市级教育行政部门初审后，报省教育厅审批。 省教育厅根据全省高等职业教育发展规模、市场需求以及举办学校的办学条件，核定五年制高等职业教育办学规模，安排下达院校招生计划。	第九条 省教育厅根据市场需求、教育布局以及办学条件等因素，核定、下达五年制高职教育招生计划。	
第十三条 经省教育厅核定的五年制招生计划，在每年初中毕业生填报升学志愿前，由省招生委员会办公室和招生院校向社会公布相关招生信息和政策。	第十条 省教育考试院向社会公布五年制高职教育招生政策和信息，统一组织招生录取工作。 五年制高职招收应届初中毕业生和往届初中毕业生。应届毕业生须参加当年初中学业考试，并达到规定的最低录取控制分数线；往届毕业生须具有初中学业考试成绩，并达到招生录取当年规定的最低录取控制分数线。	明确省教育考试院和市（区）招生考试管理部门的职责范围，对五年制高职招收学生群体作出界定。明确往届初中毕业生的录取规范。
第十四条 报考五年制高等职业院校的考生，须参加当年初中毕业学业考试，由省招生委员会办公室统一组织招生录取工作。 三二连读院校的招生，由高等职业院校和中等职业学校联合组织进行，同时在录检表上共同签字确认。其新生录取通知书须加盖高等职业院校印章。	市（区）招生考试管理部门统一组织考生填报志愿、审核往届考生成绩，并根据考生志愿和考试成绩，依照下达的招生计划，负责实施录取。 三二分段制的招生，由中职学校和高职院校联合进行，共同在录取名单上签字确认，共同盖章发出录取通知书。	

《陕西省五年制高等职业教育管理暂行办法》	《陕西省五年制高等职业教育管理办法》	政 策 解 读
	第十一条　三二分段制高职教育学生在前三年学习期满后，可自主选择中职毕业或转段升入高职。符合中职毕业条件的，由中职学校颁发毕业证书。	
第十五条　按照教育部学籍注册有关规定，为了进一步做好三二制高职学生学籍注册工作，凡采取高、中职学校联合培养五年制高职形式，应由高职院校录取，在招生部门履行录取有关程序。该部分学生前三年在中职学校注册，第四年由高职院校按照《普通高等学校新生学籍电子注册暂行办法》注册高等学校学生学籍。	第十二条　五年制高职教育学生的学籍采取分段注册、分段管理。前三年注册中职学籍，按《中等职业学历教育学生学籍电子注册办法》《中等职业学校学生学籍管理办法》管理，纳入中等职业教育事业统计范围；后两年注册高职学籍，按《普通高等学校新生学籍电子注册暂行办法》《普通高等学校学生管理规定》管理，纳入高等教育事业统计范围。	按照已出台文件规范学籍注册的规定及办法。
第十六条　三二连读学生，按隶属关系，在中等职业学校学习期间，由招生学校向教育行政部门注册中等职业学校学生学籍；在中等职业学校学习期满，由中等职业学校提供学籍名册，经联办的高等职业院校审核后，转入高等职业院校学习。高职院校按《普通高等学校新生学籍电子注册暂行办法》向省教育厅申请注册高等学校学生学籍。	第十三条　五年一贯制学生学籍注册由高职院校负责。 三二分段制学生学籍注册，前三年由联办的中职学校负责，后两年由高职院校负责。	分别规定五年一贯制和三二分段制学生学籍注册责任单位。
第五章　教育教学与质量管理	第五章　教育教学与质量管理	
第十八条　高等职业院校要重视人才培养方案的制定工作，要建立由学校、行业、企业参加的专业建设指导委员会，共同制定人才培养方案，共同开展课程开发和教材建设，合理安排学生实习实训等；五年内学生顶岗实习时间原则上达到一年。	第十四条　举办五年制高职教育的学校应建立由学校、行业、企业参加的专业建设指导委员会，推广现代学徒制"双主体、双身份、双导师"的培育模式。	

《陕西省五年制高等职业教育管理暂行办法》	《陕西省五年制高等职业教育管理办法》	政策解读
第十七条　举办五年制高等职业教育院校要健全人才培养质量管理体系，加强人才培养工作的过程管理和质量监控；高等职业院校要承担三二连读高等职业教育人才培养质量管理责任。	第十五条　举办五年制高职教育的学校须健全人才培养质量管理体系，加强人才培养工作的过程管理和质量监控。高职院校承担人才培养质量的主要监管责任，中职学校承担中职阶段人才培养的过程管理责任。	明确划分中高职学校在人才培养过程中的职责，避免互相推诿。
第十九条　三二连读高等职业教育在联办过程中，高等职业院校对整个人才培养工作实施指导和监督，要将中等职业学校承担的教学工作纳入本校质量监控体系。中等职业学校要认真实施专业人才培养方案，主动接受联办高等职业院校的指导和监督。	举办三二分段制的高职院校须将中职学校承担的教学工作纳入本校质量监控体系；中职学校按专业人才培养方案实施教育教学，主动接受高职学校的指导和监督。 五年制高职教育的教学组织与管理由学生所驻学校负责。	
第二十条　三二连读高等职业教育教学组织与安全管理由学生所驻学校负责。要积极探索灵活多样的教学管理模式，在五年制高等职业教育联办学校间构建学分互认机制，共享师资和教育教学资源，不断提高人才培养质量。	删除	
第二十一条　加强对五年制高等职业教育跟踪管理，组织有关专家定期开展教育教学督导、检查活动。对教学管理、教学质量、办学条件不符合要求的将予以通报，并核减招生规模乃至停止招生。 五年制高等职业教育质量管理体系和评估办法另行制定。	第十六条　省教育厅对五年制高职教育进行跟踪管理，对举办五年制高职教育的学校开展教育教学督导、检查。严禁虚假宣传、以承诺录取为名向考生收取费用等违规行为。教学管理、教学质量、办学条件不符合要求的要减少五年制高职专业招生计划乃至停办。	规定省教育厅的监管职责，规范五年制高职教育收费标准。

《陕西省五年制高等职业教育管理暂行办法》	《陕西省五年制高等职业教育管理办法》	政策解读
	第十七条 对停办的五年制高职专业，学校须妥善做好后续工作，严格按照教学质量标准和人才培养方案完成已招录学生的培养工作，做好各项资料归档。	增加对停办的五年制高职专业的后续责任要求。
第六章 附则	第六章 经费保障	
第二十二条 五年制高等职业教育收费，前三年参照普通中等职业学校收费标准执行，后两年按照高等职业院校标准执行。	第十八条 五年制高职教育学费收费标准严格依照价格主管部门制定的中高职学费标准执行；前三年按照普通中等职业学校收费标准执行，后两年按照高等职业学校标准执行。	
第二十三条 五年制高等职业教育学生，接受中等职业教育阶段，享受中等职业学校学生的资助和免学费政策；接受高等职业教育阶段，在奖学金、助学金、生活补贴等方面享受高等职业院校学生相同待遇。	第十九条 三二分段制高职教育学生前三年享受中职学校免学费和奖助学金等相关资助政策，后两年享受高职院校奖助学金、生活补贴等待遇。	表述精简
	第二十条 各市（区）、县以及举办五年制高职教育的中、高职学校，须统筹各类资金资源，强化教育教学条件，保障教育教学质量。	增加对资金、教育教学条件及教学质量方面的要求。
	第二十一条 举办三二分段制的中职学校和高职院校，相互之间不得以任何名义收取管理费。	规定举办三二分段制的中高职学校之间不能相互收取管理费。
	第七章 附则	
第二十四条 本办法自2013年3月1日起施行，至2018年3月1日自行废止。	第二十二条 本办法自2019年6月1日起施行，2024年5月31日自行废止。	2018年3月1日至2019年6月1日之间没有可依据的管理办法。
	第二十三条 本办法由省教育厅负责解释。	《办法》授予了一定自由裁量的空间，规定由省教育厅负责解释。

四、重点阐释

（一）《办法》由暂时性行为规范政策走向正式性行为规范政策

2013 年出台的《暂行办法》从政策文本性质上来看，属于暂时性的行为规范政策，在管理陕西省五年制高等职业教育行为时具有约束性及时效性。而 2019 年出台的《办法》则更能体现我国政府职能转型的特点，这种转变体现在政策文本表述的规范性、权力主体界定的规范性、适用时间的限定性、责任追究的明确性等方面。首先，在政策文本表述的规范性方面，《办法》一改《暂行办法》中冗长重复的阐释方式，在立足于政策整体逻辑性的基础上，重新整合政策结构、框架，精简语言表述。语言表述的精简不仅仅是字面意思的删减，这其中还彰显出政府职能的转变，由"事无巨细"转向"简政放权"。其次，在权力主体界定的规范性方面，《办法》在明确了五年制高等教育办学主体的同时，也清晰界定了中职与高职的责权，并且划分省教育厅和市级教育行政部门的职责。再次，在适用时间的限定性方面，《办法》规定自 2019 年 6 月 1 日起施行，2024 年 5 月 31日自行废止。这体现出《办法》的试验性，反映出职业教育发展的阶段性特点和探索性特点。最后，在责任追究的明确性方面，《办法》增加了对责任追究的描述，增加了对停办的五年制高职专业的后续责任要求，包括尝试建立针对五年制高等职业教育专业的进入和退出的动态调整机制，试图解决标签固化问题，激发五年制高等职业教育专业的内生动力及活力。同时，规定《办法》最终由省教育厅负责解释，体现其授予省厅一定的自由裁量空间，此举有利于进行司法解释。以上均说明《办法》在立法语言要求、法律的解释等方面逐渐显现出规范性及适用性。

（二）《办法》依据《国家职业教育改革实施方案》制定

《办法》与《暂行办法》的主要差异体现在立法指导思想上。《办法》是为贯彻落实《国家职业教育改革实施方案》，促进中高职衔接发展而制定的，而《暂行办法》是依据《国家中长期教育改革和发展规划纲要（2010—2020 年）》和陕西省关于贯彻《国家中长期教育改革和发展规划纲要（2010—2020 年）》的实施意见，以及《教育部关于推进中等和高等职业教育协调发展的指导意见》制定的。这体现出五年制高等教育的发展，随着上位国家政策及实施方案的修改而演进的特点。

（三）《办法》重命令性工具而轻激励性工具

《办法》依然运用较多命令性政策工具，显现出权责划分仍是《办法》阐述的重点。命令性政策工具有着成本低、效率高的显著优势，显示出政府作为公共权力行使者在五年制高等职业教育治理中的主导作用，并且也切实为其发展提供了体制机制层面的保障。然而，单一使用命令性政策工具也容易受到效用递减规律的影响，导致出现政策执行不到位和偏差的现象。尤其是随着社会经济和信息技术的快速发展，"个性化、高质量"和"公平、均衡"逐渐成为我国教育领域的主要发展需求，教育除了具有公共服务属性，还开始具有市场属性，而单一依靠行政手段难以满足新时代教育发展的新需求。激励性和能力建设性政策工具是鼓励个体、机构推动改革、创新实践的有利手段，但其在五年制高等职业教育政策中的运用较少，作用发挥严重不足。

（四）《办法》明确了新时代五年制高职的办学特色

在五年制高职的办学形式上，《办法》提出五年制高职教育的办学形式以"三二分段制"为主。"五年一贯制"仅在专业能力培养要求年龄小、专业技能掌握要求反复训练、培养时间较长、复合性教学内容多的专业领域开展。近年来，全国各地都结合各自省份的实际情况，为规范中高职的衔接发展，确定了各地五年制高职教育的办学形式。例如，江苏省提出整体施行"五年一贯制"，整体设计五年人才培养方案，统筹安排学生的知识、能力和素质结构。与江苏省五年制高职人才培养贯彻施行的"五年一贯、中高融通"不同，陕西省在五年制高职办学形式中更注重"三二分段"，为学生在中职阶段奠定扎实的知识、技能基础创造了政策环境，同时保障了学生在完成中职教育后有升学的直接途径，继续在该专业领域发挥自己的专长。

（五）《办法》提升优化五年制高职的办学结构

优化结构是提高五年制高职教育办学质量的基础性工作。现阶段对五年制高职的办学主体、专业结构的规定还不够精细化，制约了人才培养质量的进一步提升。在规范办学主体方面，《办法》明确规定三二分段制高职教育由高职院校在培养、就业等方面发挥引领作用，保障人才培养质量。并且，五年一贯制教育仅由高职院校独立在校内办学，由此确保办学主体的资质，提高办学质量。在专业结构方面，《办法》规定高职院校设置的五年制高职专业必须有对应的三年制高职专业，且此三年制高职专业还须确保招生就业质量，以及与国家重大战略或区域支柱产业、战略性新兴产业发展联系紧密。

（六）《办法》保障五年制高职的专业教育质量

三二分段制因由中职与高职两所院校联合办学，所以其两个阶段的专业教育质量难以维持稳定统一。为提升中职阶段的专业教育质量，《办法》规定须由高职院校承担人才培养质量的主要监管责任，举办三二分段制的高职院校须将中职学校承担的教学工作纳入本校质量监控体系。由此，明确高职院校的教育教学质量监控职能，有利于促进五年制高职的专业教学质量得到质的提升。此外，《办法》还规定举办五年制高职教育的学校应建立由学校、行业、企业参加的专业建设指导委员会，推广现代学徒制"双主体、双身份、双导师"的培育模式，从而完善五年制高职的专业体系建设。

五、政策效果

陕西省在发布《办法》后，陆续印发了《陕西省中等职业学校办学条件达标工作方案》《陕西省中等职业学校教学工作基本要求》，首次以省级教育行政部门的名义对中职学校办学条件不达标、教学管理不规范提出刚性政策要求，在全省中职学校开展办学条件和教学基本要求"双达标"活动，旨在解决中职办学资源"散、小、弱"的问题，为陕西职业教育发展打基础、强内涵、立长远。

陕西省职业教育办学规模还在不断扩大，在高职扩招方面，省教育厅等六部门印发《陕西省2020年高职扩招专项工作实施方案》，扎实开展高职扩招工作。

此外，陕西省职业教育中高职衔接贯通体系也逐步得到完善，这得益于积极落实《办法》，把三二分段制作为中高职衔接贯通培养的基本制度，鼓励中高职在课程设置、人才培养方案制订方面形成接续一体化的模式。陕西省计划进一步扩大三二分段制的五年制高等职业教育的招生规模，逐步核减五年一贯制招生计划。

为促进高等职业教育高质量发展，陕西省在"双高"校试办本科专业。在陕西工业职业技术学院等8所国家高职"双高"校试办了专升本的本科专业，为推进"提质培优"项目建设探索路径，正在按照既定人才培养方案，做好教育教学和人才培养工作。

六、意见建议

（一）进一步强化五年制高职教育的衔接性

现阶段的政策文本主要围绕五年制高等职业教育的办学形式展开，对"三二分段制"作出了明确界定，在表述上由过去的"三二连读"规范为"三二分段制"，并且明确"三二分段制"是陕西省实施五年制高等职业教育的主要办学形式。目前，政策文本在办学主体、专业设置、学籍归属、招生主体等方面进行了清晰的责权划分。但是对于"三二分段制"教学的实践性、课程设置的连贯性、培养方案的衔接性等，还未进行深入探讨。"三二分段制"的提出，强调了中职培养阶段与高职培养阶段的相对独立性，但也激发了对如何衔接、如何融通这两个阶段教育的进一步思考。由此，要推进陕西省五年制高等职业教育的发展，势必要制订更详细的专业指导及人才培养方案，重点关注中职及高职的衔接问题，以此促进现代职业教育体系的建设。

（二）提升五年制高职的培养质量

五年制高职要实现高质量发展，必须由追求规模扩张转向注重质量。由单纯追求"量"的多少，转向追求"质"的飞跃。现阶段，陕西省中职院校数量显著多于高职院校数量，显示出五年制高职教育发展的急迫性。促进五年制高职教育高质量发展不仅有利于提升高职教育的质量，更有利于解决由中职学生过多而造成的缺少升学途径的问题。由此，需充分发挥学校育人主阵地和主渠道作用，以实施"中国特色高水平高职学校和专业建设计划"与"陕西省高水平示范性中等职业学校和专业建设"为引领，推动职业院校教师、教材、教法"三教"改革，全面提升职业教育质量。

（三）继续完善五年制高职体系建设

《国家职业教育改革实施方案》提出"将标准化建设作为统领职业教育发展的突破口"。陕西省应把制定标准、落实标准、用好标准作为规范五年制高职办学、严格教育教学管理、提高培养质量的重要手段。目前《办法》还没有达到设立新标准的高度，应根据五年制高职体系建设发展的新要求、新目标，尽快制定并实施"学生发展质量综合评价标准""学生毕业标准""学校、专业、课堂、实训建设标准"等，这些新标准的制定是对五年制高职标准体系的充实与完善，是落实五年制高质量发展的重要举措。

（四）提高五年制高职学生的资金支持力度

为提高五年制高职发展水平，需要进一步健全五年制高职教育奖助学金的支持力度以及完善职业教育的生均拨款制度。目前，陕西省提出新增教育经费要向职业教育倾斜，中职阶段生均拨款水平可适当高于当地普通高中。在巩固高职生均财政拨款水平达到 12000元的基础上，根据发展需要和财力可能逐步提高拨款水平，落实教育附加费 30%用于职业教育的政策。针对支持招收残疾学生的职业学校进行条件改造。

（五）完善五年制高职的协同育人机制

要完善五年制高职的协同育人机制，一是要促进与国家重大战略或区域支柱产业、战略性新兴产业发展联系紧密的新专业的设立。由校企共同设置新专业，职业学校的专业原则上必须有企业实质性参与。二是开展 1+X 证书制度试点。鼓励职业院校学生在获得学历证书的同时，积极取得多类职业技能等级证书。三是加快信息化国际化进程。建设数字校园、智慧校园，推进五年制高职治理能力现代化，加强国际交流、"一带一路"职业教育合作。四是提升五年制高职教育社会服务水平。落实五年制高职开展职业技能培训的基本职能。广泛开展技能培训，深入开展技术服务，生动开展社区教育。五是切实加强劳动教育。发挥五年制高职优势，联合普通教育学校开展职业启蒙、职业体验等劳动教育，培养学生的劳动观念。

（六）推进五年制高职"双师型"教师队伍建设

从 2019 年起，职业学校专业教师原则上从具有 3 年以上企业工作经历并具有高职以上学历的人员中公开招聘，特殊高技能人才（含具有高级工以上职业资格人员）可适当放宽学历要求；落实职业学校用人自主权，公办职业学校可在编制 20%内自主聘用专业教师；推动企业人才和学校教师双向聘用，落实职业学校教师每年至少 1 个月的企业实践制度。五年制高职"双师型"教师队伍建设离不开政策的规范与指导，应尽快按照教育部等四部门印发的《深化新时代职业教育"双师型"教师队伍建设改革实施方案》的要求，研究出台符合陕西省现状的具体工作方案，确保此项政策落地。

（七）深化五年制高职产教融合办学体制

为进一步促进五年制高职发展，应深化产教融合办学体制。一是应以税费减免等政策激励企业举办或参与职业教育，进一步完善激励机制，着力发挥行业企业作用，为社会力量兴办职业教育探索更多路径，为国家职业教育改革探索"陕西样本"。二是探索股份制、混合所有制举办职业学校、二级学院。建立行业指导制度，成立行业职业教育教学指导委员会，分析产业和岗位需求，制定技术技能标准、专业教学标准，精准促进招生与就业。三是建设产教融合型企业、产教融合型学校，最终实现产教融合型城市的创建。根据区域发展战略和产业布局，支持有代表性、影响力和改革意愿的地方，在办学体制、分配机制、资源调配等方面改革放活，建立产教一体、中高本衔接、职普融通的产教融合型城市，培养行业企业急需的各层次人才，为职教改革探索路径、提供样板。

（撰稿人：胡绮轩）

◎ 参考文献

[1] 张跃东，徐伟．五年制高职：新时代新走向——《省教育厅关于推进五年制高等职业教育高质量发展的意见》解读［J］．江苏教育，2021（38）：23-28.

[2] 邢顺峰．适应高质量发展时代需求 加快发展五年制高等职业教育［J］．中国职业技术教育，2021（12）：32.

[3] 任占营．职业教育提质培优的现实意义、实践方略和效验表征［J］．中国职业技术教育，2020（33）：5-9.

[4] 冯晓英，王瑞雪，曹洁婷，等．"互联网+"时代三位一体的教育供给侧改革［J］．电化教育研究，2020，41（04）：42-48.

[5] 陕西省人民政府．2020年陕西省国民经济和社会发展统计公报［EB/OL］．（2021-03-11）［2021-12-01］．http：//www.shaanxi.gov.cn/zfxxgk/fdzdgknr/tjxx/tjgb_240/stjgb/202103/t20210311_2155995.html.

[6] 中华人民共和国教育部政府门户网站．办好新时代职业教育［EB/OL］．（2021-07-25）［2021-11-26］．http：//www.moe.gov.cn/jyb_xwfb/s5148/202107/t20210726_546787.html.

[7] 陕西省人民政府．2020年陕西省教育事业发展统计公报［EB/OL］．（2021-07-15）［2021-12-02］．http：//www.shaanxi.gov.cn/zfxxgk/fdzdgknr/tjxx/tjgb_240/xygb/202107/t20210715_2183200.html.

［8］ 陕西省教育厅. 教育厅年终盘点：2020 年陕西深化职业教育改革　提升人才培养质量 ［EB/OL］. （2021-02-20）［2021-11-24］. http：//jyt. shaanxi. gov. cn/jynews/jyyw/202102/20/110846. html.

［9］ 陕西省教育厅. 陕西省教育厅就《陕西省职业教育改革实施方案》答记者问 ［EB/OL］. （2019-11-29）［2021-11-24］. http：//jyt. shaanxi. gov. cn/news/zhengcejiedu/201911/29/18555. html.

［10］ 陕西省教育厅. 关于印发《陕西省五年制高等职业教育管理办法》的通知 ［EB/OL］. （2019-05-31）［2021-11-26］. http：//jyt. shaanxi. gov. cn/news/jiaoyutingwenjian/201906/04/15681. html.

［11］ 陕西省教育厅. 关于印发《陕西省五年制高等职业教育管理暂行办法》的通知 ［EB/OL］. （2013-01-28）［2021-11-26］. http：//jyt. shaanxi. gov. cn/news/jiaoyutingwenjian/201301/28/6048. html.

职业院校人才培养方案的优化提升

——《教育部关于职业院校专业人才培养方案制订与实施工作的指导意见》解读①

一、出台背景

(一) 现实问题

专业人才培养方案是职业院校落实党和国家关于人才培养总体要求，组织开展教学活动、安排教学任务的规范性文件，是实施专业人才培养和开展质量评价的基本依据。党的十八大以来，职业教育教学改革不断深化，具有中国特色的国家教学标准体系框架不断完善，职业院校积极对接国家教学标准，优化专业人才培养方案，创新人才培养模式，办学水平和培养质量不断提高。但在实际工作中还一定程度地存在着专业人才培养方案概念不够清晰、制订程序不够规范、内容更新不够及时、监督机制不够健全等问题。同时有的职业院校存在学时缩水、有关文件要求的必修课程未按规定开足开齐、教师教案陈旧等问题，有待进一步明确有关要求、指导规范。

(二) 目的意义

为落实《国家职业教育改革实施方案》，推进国家教学标准落地实施，提升职业教育质量，教育部出台了《关于职业院校专业人才培养方案制订与实施工作的指导意见》（以下简称《指导意见》）。教育部此前沿用的职业院校专业人才培养方案（之前一直沿用"教学计划"这一概念）制订的依据主要是教育部印发的《关于制订高职高专教育专业教学计划的原则意见》（教高〔2000〕2 号）、《关于制定中等职业学校教学计划的原则意见》（教职成〔2009〕2 号）。两个文件在指导高等职业学校和中等职业学校科学制订教学计划、规范教育教学管理、保证职业院校人才培养的规格与质量、促进职业教育改革发

---

① 文件名称：《教育部关于职业院校专业人才培养方案制订与实施工作的指导意见》

发文日期：2019 年 6 月 5 日

发文机关：教育部

发文字号：教职成〔2019〕13 号

展方面发挥了重要作用。

新时代对职业院校科学制订和实施专业人才培养方案、提高人才培养质量提出更高的要求。一是贯彻党的十九大精神及全国教育大会部署的任务，落实立德树人根本任务，弘扬工匠精神，适应技术进步和产业发展新要求，需要通过完善专业人才培养方案，具体落实到人才培养规格、课程设置和教学内容上。二是《国家职业教育改革实施方案》对职业教育标准建设、提高人才培养质量作出了新部署。当前，职业教育国家教学标准体系框架基本形成，需进一步明确教育行政部门和职业院校在人才培养方案制订与实施中的职责，进一步增强标准意识、质量意识，以标准为基本依据办出水平、办出特色。三是通过调研了解，传统的教学计划已经不适应职业院校教学组织实施的新需求，存在专业人才培养方案概念不够清晰、制订程序不够规范、内容更新不够及时、监督机制不够健全等问题。同时有的职业院校存在学时缩水、有关文件要求的必修课程未按规定开足开齐、教师教案陈旧等问题，有待进一步明确有关要求、指导规范。

二、总体描述

（一）制订过程

1. 规划与设计

根据《指导意见》要求，统筹规划，制订专业人才培养方案制（修）订的具体工作方案。成立由行业企业专家、教科研人员、一线教师和学生（毕业生）代表组成的专业建设委员会，共同做好专业人才培养方案制（修）订工作。

2. 调研与分析

做好行业企业调研、毕业生跟踪调研和在校生学情调研工作，分析产业发展趋势和行业企业人才需求，明确本专业面向的职业岗位（群）所需要的知识、能力、素质，形成专业人才培养调研报告。

3. 起草与审定

结合实际落实专业教学标准，准确定位专业人才培养目标与培养规格，合理构建课程体系、安排教学进程，明确教学内容、教学方法、教学资源、教学条件保障等要求。学校组织由行业企业、教研机构、校内外一线教师和学生代表等参加的论证会，对专业人才培养方案进行论证，提交校级党组织会议审定。

4. 发布与更新

审定通过的专业人才培养方案，学校按程序发布执行，报上级教育行政部门备案，并通过学校网站等主动向社会公开，接受全社会监督。学校应建立健全专业人才培养方案实施情况的评价、反馈与改进机制，根据经济社会发展需求、技术发展趋势和教育教学改革实际，及时优化调整。

（二）整体概括

专业人才培养方案，是学校贯彻落实党的教育方针、落实立德树人根本任务的重要途径，是新时代职业教育治理创新的重要载体，是职业院校规范教学管理、深化育人体制机制改革的重要抓手。2019年出台的《指导意见》，融入了包括最新发布的《国家职业教育改革实施方案》在内的多个文件、方案的内容，体现了新一轮职教改革对新时代职业院校科学制订和实施专业人才培养方案、提高人才培养质量提出更高的要求。《指导意见》涵盖了总体要求、主要内容及要求、制订程序、实施要求、监督与指导五个部分的内容。

（三）基本框架

《指导意见》的基本框架从五个方面出发，分别提出相应工作的开展要求。具体如下：

1. 总体要求

指导思想：以习近平新时代中国特色社会主义思想为指导，落实立德树人根本任务，健全德技并修、工学结合育人机制，构建德智体美劳全面发展的人才培养体系。基本原则：一是坚持育人为本，促进全面发展；二是坚持标准引领，确保科学规范；三是坚持遵循规律，体现培养特色；四是坚持完善机制，推动持续改进。

2. 主要内容及要求

一是明确培养目标。依据国家有关规定、公共基础课程标准和专业教学标准，结合学校办学层次和办学定位，科学合理确定专业培养目标，明确学生的知识、能力和素质要求，保证培养规格。二是规范课程设置。课程设置分为公共基础课程和专业（技能）课程两类，要求：①严格按照国家有关规定开齐开足公共基础课程；②科学设置专业（技能）课程。三是合理安排学时。三年制中职、高职每学年安排40周教学活动且中职、高职选修课教学时数占总学时的比例均应当不少于10%。四是强化实践环节。加强实践性教学，实践性教学学时原则上占总学时数50%以上。五是严格毕业要求。根据国家有关规定、专业培养目标和培养规格，结合学校办学实际，进一步细化、明确学生毕业要求。六是促进书证融通。鼓励学校积极参与实施1+X证书制度试点，将职业技能等级标准有关内容及要求有机融入专业课程教学，优化专业人才培养方案。七是加强分类指导。鼓励学校结合实际，制订体现不同学校和不同专业类别特点的专业人才培养方案。

3. 制订程序

一是规划与设计，二是调研与分析，三是起草与审定，四是发布与更新。总之，《指导意见》要求学校应建立健全专业人才培养方案实施情况的评价、反馈与改进机制，根据经济社会发展需求、技术发展趋势和教育教学改革实际，及时优化调整。

4. 实施要求

一是全面加强党的领导，二是强化课程思政，三是组织开发专业课程标准和教案，四是深化教师、教材、教法改革，五是推进信息技术与教学有机融合，六是改进学习过程管理与评价。

5. 监督与指导

一是国务院教育行政部门负责定期修订发布中职、高职专业目录，制订发布职业教育国家教学标准，宏观指导专业人才培养方案制订与实施工作。二是省级教育行政部门把专业人才培养方案制订与实施工作作为提高人才培养质量的重要抓手，结合区域实际进一步提出指导意见或具体要求。三是市级教育行政部门负责指导、检查、监督本地区中等职业学校专业人才培养方案制订与实施工作，并做好备案和汇总。四是要充分发挥地方职业教育教研机构的研究咨询作用，组织开展有关交流研讨活动。五是鼓励产教融合型企业、产教融合实训基地等参与专业人才培养方案的制订和实施，发挥行业、企业、家长等的作用，形成多元监督机制。

三、重点阐释

(一) 核心要点

1. 深化育人为本，把握人才培养方向

坚持什么样的办学方向，培养什么样的人，是职业学校办学时应考虑的首要问题，也是制订专业人才培养方案需要明晰的问题。职业学校要"落实立德树人根本任务，坚持面向市场、服务发展、促进就业的办学方向，健全德技并修、工学结合育人机制，构建德智体美劳全面发展的人才培养体系"。

一是在育人理念上，要以落实立德树人为根本任务，立足于培养复合型技术技能人才，以德技并修、工学结合为育人机制，培养学生的职业精神、职业能力和可持续发展能力。二是在育人方式上，以课程育人、实践育人、协同育人系统和整体推动学校人才培养模式变革。在课程育人方面，要完善课程标准，构建课程体系，挖掘公共基础课程、专业课程蕴含的思想内涵和育人资源，充分发挥课堂教学的主渠道作用，加强思想政治教育与

专业课程教学、技术技能培养的有机统一，将育人目标和内容融入渗透到教育教学全过程。在实践育人方面，要加强课程内容与生产劳动实际和社会实践的结合，在各类社会实践活动、实习实训中强化劳动教育，广泛开展"做中学""学中做"的实践性教学，突出劳动与实践的育人功能。在协同育人方面，学校要统筹规划专业人才培养方案，联合行业企业专家、教科研人员、一线教师、家长和学生（毕业生）代表、第三方评价机构，做好专业人才培养的调研工作与制订、实施和监督工作，形成学校组织、行业企业合作、专家和教科研人员指导、家长和学生参与、社会支持与监督的协作格局和教育合力。三是在育人活力上，要充分激发学校教育改革与发展的积极性，根据国家教学标准自主创新，根据区域经济社会发展需求、产业发展人才需求和技术发展趋势，结合学校发展方向、办学目标和专业实际制订具有学校特色、体现不同专业类别特点的人才培养方案。

2. 坚持理论与实际相结合，注重实践育人

职业教育区别于普通高等教育的一个重要特点是它的实践性，在其人才培养方案制订和实施中特别要注意理论与实践相结合，要注重社会需求，强调培养学生的实践能力，要正确把握知识传授与能力培养之间的关系，能力培养要贯穿人才培养全过程。要坚持实践主导，突出实践育人，要加强实践性教学环节，增加实训、实践的时间和内容，减少演示性和验证性实验，实训课程可以单独设置，以使学生更好地掌握从事本领域实际工作的基本能力和基本技能。要强化课程的实践教学，加强实践性教学，实践性教学学时原则上占总学时数50%以上，同时应安排不少于一学期的综合性实习或顶岗实习，真正把实践性教学和实践性人才培养的优势充分展现出来。要建设好一大批校内实训实验基地、校外实践实习基地，努力让校内贯彻真实化（生产化、经营化）、校外基地教学化。

3. 鼓励校企参与，加强人才协同培养

制订人才培养方案，是学校对某一专业人才的培养目标和规格、培养内容与过程、培养成效与评价进行整体设计，涉及方方面面，具有系统性、整体性、全面性和协同性的特征。学校要统筹安排与全面组织实施，积极吸纳行业企业专家、教科研人员参与，做好人才培养调研与分析、方案制订与论证、实施、评价与改进等工作，形成学校组织实施、行业企业合作、专家和教科研人员指导、家长和学生参与、社会支持与监督的协作格局和合力。此外，学校要增强自身面向市场培养技能人才的主体意识，树立专业与产业协同发展的理念，将校企合作、产教融合落实到培养目标与规格确定、课程体系建构、课程标准制定、课程内容遴选、教学过程实施和教学质量评价等方面，充分吸纳企业文化和技术工艺等创新成果，增强学生对产业文化、企业文化、劳动文化的认同，培养学生的职业素养、专业技能和工匠精神，增强人才培养协同性。

4. 实施动态评估，汇聚多方监督合力

《指导意见》以新时期人才培养机制建设为重点，首次提出建立健全行业企业、第三方评价机构等多方参与的人才培养方案动态调整理念，强调应加强人才培养质量的评价和反馈改进机制，结合经济社会发展、产业转型升级对技术技能人才的知识、技能的需求，及时调整人才培养目标和规格要求，以突出人才培养方案与社会需求的适应性要求。为保证人才培养质量，《指导意见》提出要有效发挥国务院、省级、市级教育行政部门的指导监督作用，明确分级管理权限和相应职责，将其与加强职业院校党的领导相统一，充分体现了政府"放管服"改革的力度。同时，将地方职业教育教研机构的研究咨询作用，行业、企业、家长行使的监督作用集中汇聚，形成治理合力，保证了人才培养方案的科学制订和有效实施。

（二）主要特色

1. 全面性与完整性

2019年6月由教育部颁发的《指导意见》包括了总体要求的指导思想和基本原则；主要内容及要求的明确培养目标、规范课程设置、合理安排学时、强化实践环节、严格毕业要求、促进书证融通、加强分类指导；制订程序的规划与设计、调研与分析、起草与审定、发布与更新；实施要求的全面加强党的领导，强化课程思政，组织开发专业课程标准和教案，深化教师、教材、教法改革，推进信息技术与教学有机融合，改进学习过程管理与评价；以及监督与指导五个方面，对职业院校专业人才培养方案制订提出了具体要求，更加全面和完整。

在专业人才培养方案的内容上，《指导意见》要求包括专业名称及代码、入学要求、修业年限、职业面向、培养目标与人才规格、课程设置、学时安排、教学进程总体安排、实施保障、毕业要求等内容，并附教学进程安排表等。以上这些方面的系统表述，充分体现了《指导意见》的完整性。

2. 规范性与严肃性

《指导意见》在专业人才培养方案制订的基础上提出，要以职业教育国家专业教学标准为基本遵循准则，贯彻落实党和国家在人才培养规格、课程设置、教学内容等方面的基本要求。这就要求学校和专业要进一步增强标准意识、质量意识，以国家专业教学标准为基本依据，根据自身的发展定位灵活制订专业人才培养方案。

在课程及专业设置方面，以往有多种提法与做法，现《指导意见》明确规范为"课程设置分为公共基础课程和专业（技能）课程两类"，并明确了对公共基础课中必修课程和选修课程的要求；对专业课程规定了6—8门的核心课程以及要求专业（技能）课程的设置要与培养目标相适应，课程内容要突出应用性和实践性，这促使要更全面、科学地确定公共基础课程，以及明确哪些课程是专业的核心课程，从而突出人才培养的重点。

《指导意见》强调应"严格毕业要求"，严把毕业出口关，确保学生毕业时完成规定的学时学分和教学环节，结合专业实际组织毕业考试（考核），保证毕业要求的达成度，坚决杜绝"清考"行为。这为保证毕业生的培养质量立了规矩，一是组织毕业考核，保证毕业要求达标；二是杜绝"清考"，不及格的课程必须重修。

《指导意见》要求，制订的方案要提交校级党组织会议审定，并报上级教育行政部门备案，还要通过学校网站等主动向社会公开。这就要求制订的方案既要把握好政治方向、科学、合理，又要通过教学资源的投入、条件的改善，保障人才培养方案的有效实施，并接受学生、家长、社会、政府的监督，从而督促职业院校改变过去方案制订是一套、实际执行是另一套的现象。以上这些方面的要求，充分体现了《指导意见》的规范性与严肃性的特点。

3. 灵活性与选择性

由于各地环境不一、各校条件差异很大，《指导意见》明确了在满足指导意见所提出的基本要求的基础上，学校可根据区域经济社会发展需求、办学特色、学校条件和专业实际等，合理增加专业人才培养方案要素，制订专业人才培养方案。《指导意见》对中等职业学校提出在公共基础课中必须开设的必修课程，也提出可以将中华优秀传统文化、职业素养等列为必修课或限定选修课；高等职业学校应当将思想政治理论课、心理健康教育等课程列为公共基础必修课程，并将马克思主义理论类课程、职业发展与就业指导、创新创业教育等列为必修课或限定选修课。这就给予学校根据现实教学条件安排教学的更多灵活性，也促使职业院校给予学生结合自身情况和需要更多的学习选择权。

《指导意见》要求，在人才培养过程中开展职业教育国家"学分银行"试点，对学历证书和职业技能等级证书所体现的学习成果进行登记和存储，计入个人学习账号，尝试学习成果的认定、积累与转换。其目的是既引导职业院校更加倡导终身学习，又要让学生结合自身的特长、兴趣爱好去主动学习，满足高等教育大众化时代中学生个性化学习的需要。

《指导意见》明确提出，"加强分类指导"，明确"对退役军人、下岗职工、农民工和新型职业农民等群体单独编班，在标准不降的前提下，单独编制专业人才培养方案，实行弹性学习时间和多元教学模式。实行中高职贯通培养的专业，结合实际情况灵活制订相应的人才培养方案"。以上这些特点，无论是从人才培养的角度，还是从学生学习的角度而言，都极大地提高了教学组织的灵活性与学习的选择性，给了专业和学生更多的自主空间。

四、政策效果

（一）实施情况

从国家层面来看，《指导意见》颁布后，相应配套政策陆续出台，如教育部职业教育与成人教育司发布《关于组织做好职业院校专业人才培养方案制订与实施工作的通知》

（2019 年 6 月）等文件给予了《指导意见》落实落细以强有力的支撑，使职业院校专业人才培养方案的制订相关工作得到积极推进。

从各省市来看，部分省市的职业院校结合自身发展与实际情况，积极对《指导意见》的颁布作出了回应，如重庆工商职业学院发布了《关于制订 2020 级专业人才培养方案的指导意见》（2020 年 4 月）、恩施职业技术学院发布了《专业人才培养方案制订工作指导意见》（2020 版）（2020 年 5 月）、山东科技职业学院发布了《关于制订 2020 级专业（群）人才培养方案的指导意见》（2021 年 3 月）、黑龙江外国语学院东语系召开了人才培养方案论证会（2021 年 6 月）等，有效推进了省市内的职业院校专业人才培养方案的制订工作。

（二）社会影响

1. 整体评价

专业人才培养方案是职业院校落实党和国家关于技术技能人才培养总体要求的文本，是动态调配教学资源、实施专业人才培养、达成人才培养目标和开展教育教学质量及就业质量评价的基本依据，是国家专业教学标准在学校的主要落脚点。① 2019 年 6 月发布的《指导意见》，提出了制订专业人才培养方案的基本框架与要求，有助于解决目前普遍存在的制订方案的框架不统一、制订的内容不规范、制订的程序不完整、实施执行不认真、监督机制不够健全等问题。为落实落细《国家职业教育改革实施方案》，推进国家教学标准落地实施，提升职业教育质量提供了强有力的支撑。

2. 研究情况

通过知网检索得到 521 篇与"职业院校专业人才培养方案"主题相关的文献，可知，自 2019 年 6 月《指导意见》颁布实施以来，以"职业院校专业人才培养方案"为主题的研究再次形成热潮。由图 1 可看出，有关"职业院校专业人才培养方案"的文献在 2019 年发文量突然增长，至 2020 年达到高峰。此外，从图 2"职业院校专业人才培养方案"主题发文量分布图可知，发文量最高的主题为"人才培养方案"，可见，《指导意见》颁布后，大大提升了职业教育领域及关注中国职业教育发展的专家学者对"职业院校专业人才培养方案"关注和研究的热情。

五、改进建议

《指导意见》是人才培养工作的总体设计和实施蓝图，制订科学、有效的人才培养方案，是高职院校做好人才培养工作的重要环节。《指导意见》自发布至今，职业院校的专

---

① 马成荣. 职业教育教学标准的内涵释要与实施路径 [J]. 中国职业技术教育，2019（03）：70.

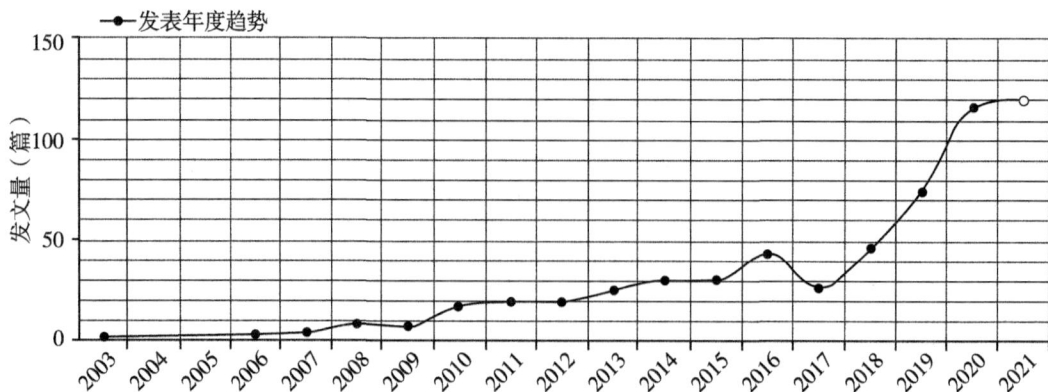

图 1　"职业院校专业人才培养方案"主题发表年度趋势图

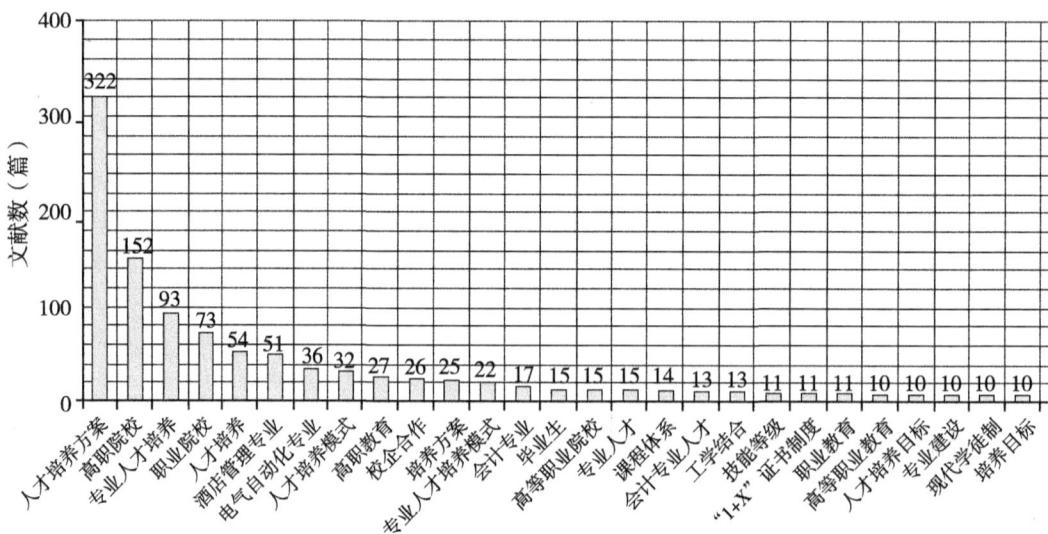

图 2　"职业院校专业人才培养方案"主题发文量分布图

业人才培养方案制订与实施工作被不断重视，但目前还存在一些有待完善的地方，积极探索构建新的专业教学治理体系，遵循一体化的新三段课程管理模式，坚持多方主体参与、促进产教深度融合，完善保障措施、健全配套制度体系等路径是我国职业教育专业人才培养工作需做的努力。要用完善的政策体系与有效的行动方案，为职业教育发展提供坚实的政策支持与保障。

（一）构建新的专业教学治理体系

首先，我们需要清楚专业教学标准与专业人才培养方案的关系。从概念上来看，专业教学标准是人才培养方案更上位的概念，它是人才培养方案制订的依据。从国际上看，专业教学标准通常被理解为某个专业（群）教学的内容标准，是过程性标准，而不是规定学校上什么课。其次，还要清楚地认识到现阶段我国职业院校的专业人才培养方案存在的问题。这些问题总体可以归纳为两个方面：一是很多职业院校的专业人才培养方案不规范、不完善，甚至很多学校拿不出完整的专业人才培养方案，专业教学随意性很大，不够严肃；二是职业院校的课程设置不科学，雷同度高，很少有学校深入研究本校的专业特色。因此，针对以上存在的问题，须构建我国新的专业教学治理体系。

（二）遵循一体化的新三段课程管理模式

当前我国职业院校的课程体系分为三类——专业基础课程、专业核心课程、专业拓展课程，我们称为新三段课程。专业基础课程不仅包括基本的专业理论知识，而且包括专业技术技能；专业核心课程主要包括专业必备核心能力；专业拓展课程一般由学校自主开设。需要注意的是专业基础课程、专业核心课程、专业拓展课程是一个完整体系。我国多年来的课程改革淡化了专业基础课程，只提专业核心课程。因此，职业院校要根据新三段课程管理模式制订人才培养方案，避免三段课程之间的割裂，避免人才规格和培养目标雷同，不能将其简单地分为教育部要求开设的课程、省级教育行政部门要求开设的课程和学校自主开设的课程。

（三）坚持多方主体参与、促进产教深度融合

新时代中国特色职业教育是产教深度融合、校企深度合作的职业教育。高职教育的主要任务是服务区域产业经济转型发展，只有促进产教融合、深化校企合作才能实现人才服务产业的根本目的。因此人才培养方案的规划设计、研究起草、论证审定等各环节要注重充分发挥行业企业作用，要充分考虑师生意见，广泛听取各方意见建议，避免闭门造车、照搬照用。要充分利用社会资源，制订与生产实践、社会发展需要紧密结合的专业人才培养方案，并与企业共同实施人才培养。方案整体设计应体现人才培养模式改革的新要求，将产教融合、校企合作落实到人才培养全过程，课程教学内容及时反映新知识、新技术、新工艺、新规范。

（四）完善保障措施、健全配套制度体系

各职业院校负责部门要切实落实主体责任，依据相关国家文件精神，进行新一轮制度修订，特别是完善关于人才培养方案的制订、实施及过程监控的配套制度，加强教学管理制度的顶层设计，建立"标准引领、管理规范、内涵发展、特色鲜明"的教学管理制度体系和质量保障体系，贯彻"以学生为中心""三全育人"的发展理念，提高制度建设的科学性、规范性、可操作性，为学校高质量发展提供强有力的保障。

（撰稿人：杨海霞）

◎ **参考文献**

[1] 高利兵，肖丙生．专业人才培养方案制订：意义、原则与路径——以中等职业学校作物生产技术专业为例 [J]．中国职业技术教育，2021（23）：71-76.

[2] 吕良燕．新时期职业院校人才培养方案制订现状诊断分析——以北京市 41 所中职学校文本为例 [J]．中国职业技术教育，2020（17）：51-56.

[3] 汪治．职业教育专业人才培养方案科学制订的理念与策略——基于对《指导意见》的研读 [J]．中国职业技术教育，2019（23）：15-19.

[4] 霍丽娟．规范与创新：构建新时期职业教育人才培养的逻辑与方略 [J]．中国职业技术教育，2019（23）：10-14.

[5] 江小明，李志宏，王国川．对落实《教育部关于职业院校专业人才培养方案制订与实施工作的指导意见》的认识与思考 [J]．中国职业技术教育，2019（23）：5-9.

[6] 庄曼丽．职业院校专业人才培养方案的制订依据与实施路径——访徐国庆教授 [J]．职业教育（下旬刊），2019，18（05）：3-9.

[7] 马成荣．职业教育教学标准的内涵释要与实施路径 [J]．中国职业技术教育，2019（07）：67-71.

[8] 李芃秋．新时代高职院校专业人才培养方案制订的探析 [J]．现代经济信息，2018（27）：395-396.

[9] 孔德兰，周建松．高职院校专业人才培养方案设计理念与路径 [J]．职教论坛，2017（21）：10-14.

[10] 高瑜．从"教学计划"走向"专业人才培养方案"意为何 [N]．中国教育报，2019-09-03（11）.

[11] 黑龙江外国语学院．黑龙江外国语学院东语系召开人才培养方案论证会 [EB/OL]．（2021-06-09）[2022-01-03]．https：//baijiahao. baidu. com/s？id＝17020561023993 73151 &wfr＝spider&for＝pc.

[12] 山东科技职业学院．山东科技职业学院关于制订 2020 级专业（群）人才培养方案的指导意见 [EB/OL]．（2021-03-27）[2022-12-28]．https：//jwc. sdvcst. edu. cn/info/1135/1652. htm.

[13] 重庆工商职业学院．重庆工商职业学院关于制订 2020 级专业人才培养方案的指导意见 [EB/OL]．（2020-04-08）[2022-01-03]．https：//jwc. cqtbi. edu. cn/H_nry. jsp？urltype＝news. NewsContentUrl&wbnewsid＝1821&wbtreeid＝1106.

[14] 恩施职业技术学院．我校召开 2020 年人才培养方案修订工作研讨会 [EB/OL]．（2020-04-03）[2022-01-03]．http：//www. eszy. edu. cn/info/1260/12595. htm.

[15] 中华人民共和国教育部政府门户网站．教育部关于职业院校专业人才培养方案制订与实施工作的指导意见 [EB/OL]．（2019-06-18）[2022-01-06]．http：//www. moe. gov. cn/srcsite/A07/moe_953/201906/t20190618_386287. html.

［16］中华人民共和国教育部政府门户网站．做好专业人才培养方案制订与实施工作 深化职业院校"三教"改革——教育部职业教育与成人教育司负责人就《教育部关于职业院校专业人才培养方案制订与实施工作的指导意见》答记者问［EB/OL］.（2019-06-18）［2022-01-06］. http：//www. moe. gov. cn/jyb _ xwfb/s271/201906/t20190618 _ 386266. html.

类型定位下职业教育"双师型"教师队伍建设路径

——《深化新时代职业教育"双师型"
教师队伍建设改革实施方案》解读①

一、出台背景

（一）现实问题

改革开放以来特别是党的十八大以来，职业教育教师培养培训体系基本建成，教师管理制度逐步健全，教师地位待遇稳步提高，教师素质能力显著提升，为职业教育改革发展提供了有力的人才保障和智力支撑。独立设置的职业技术师范院校目前仍是培养职教师范生的主体力量，占全国职教师范生招生量的近 60%，综合类院校的职教师范生招生比例也在逐年上升。在高职院校开始扩招以后，职业教育师资会面临非常大的压力，如果还是按照缓慢上升的节奏，职业教育压力将大幅增加。总体而言，与新时代国家职业教育改革的新要求相比，职业教育教师队伍还存在着数量不足、来源单一、校企双向流动不畅、结构性矛盾突出、管理体制机制不灵活、专业化水平偏低的问题，尤其是同时具备理论教学能力和实践教学能力的"双师型"教师和教学团队短缺，已成为制约职业教育改革发展的"瓶颈"。

（二）目的意义

面对建设社会主义现代化强国、新时代国家职业教育改革的新形势新要求，落实立德树人根本任务，深化职业教育教师队伍建设改革，提高教师教育教学能力和专业实践能力，优化专兼职教师队伍结构，打造一支高素质"双师型"教师队伍，是职业教育教师队伍建设改革的一项紧迫任务。

---

① 文件名称：《教育部等四部门关于印发〈深化新时代职业教育"双师型"教师队伍建设改革实施方案〉的通知

发文日期：2019 年 8 月 30 日

发文机关：教育部 国家发展改革委 财政部 人力资源社会保障部

发文字号：教师〔2019〕6 号

二、总体描述

(一) 制定过程

党中央、国务院高度重视职教教师队伍建设工作,对建设高素质"双师型"教师队伍进行了决策部署。习近平总书记在全国教育大会上发表的重要讲话中强调指出,要"坚持把教师队伍建设作为基础工作"。《中共中央国务院关于全面深化新时代教师队伍建设改革的意见》提出,要"全面提高职业院校教师质量,建设一支高素质'双师型'的教师队伍"。《国家职业教育改革实施方案》第 12 条提出,要"多措并举打造'双师型'教师队伍"。在此思想基础上,教育部等四部门共同印发《深化新时代职业教育"双师型"教师队伍建设改革实施方案》(以下简称《职教师资 12 条》)。

具体制定过程如下:

一是组织研究起草。成立由部分省级教育行政部门相关处室负责同志、中职、高职、应用型本科院校职业教育专家共同组成的起草小组,在初步调研成果的基础上,集中研究起草形成《职教师资 12 条》。

二是广泛征求意见。教育部教师工作司召开司务会专题研究、审议修改,还专门召开专家征求意见座谈会,邀请职业教育与成人教育司、地方教育行政部门、职业技术师范院校、职业院校校长专家进行研讨座谈。同时,书面征求 32 个省级教育行政部门以及部内相关司局的意见,在总结梳理各方面意见建议的基础上,对《职教师资 12 条》进行了修改完善,形成了《职教师资 12 条》征求意见稿。

三是修改形成定稿。2019 年 2 月—4 月,教育部教师工作司先后会商部内政策法规司、发展规划司等 9 个司局及国家发展改革委、财政部、人力资源和社会保障部等部委,就《职教师资 12 条》内容征求意见建议,并根据相关部委及部内司局的意见建议对《职教师资 12 条》进行多次修改完善,形成《职教师资 12 条》印发稿。

(二) 整体概括

为适应职业教育"三教"改革、高职扩招、职业技能提升培训等新任务、新要求,《职教师资 12 条》从教师培养补充、资格准入、培训发展、考核评价、待遇保障等方面,提出了 12 项工作举措:建设分层分类的教师专业标准体系,推进以双师素质为导向的新教师准入制度改革,构建以职业技术师范院校为主体、产教融合的多元培养培训格局,完善"固定岗+流动岗"的教师资源配置新机制,建设"国家工匠之师"引领的高层次人才队伍,创建高水平结构化教师教学创新团队,聚焦 1+X 证书制度开展教师全员培训,建立校企人员双向交流协作共同体,深化突出"双师型"导向的教师考核评价改革,落实权益保障和激励机制提升社会地位,加强党对教师队伍建设的全面领导,以及强化教师队伍建设改革的保障措施。

三、重点阐释

（一）核心要点

《职教师资 12 条》的十二项工作举措可以划分为建设一项标准体系、改革创新两项基本制度、完善三项管理保障机制、实施六大举措提升教师素质四个层面。

首先是建设一整套教师标准体系。《职教师资 12 条》明确应建立在学段上包含中等、高等职业教育阶段，在内容上覆盖公共课、专业课、实践课等各类课程的层次分明的教师专业标准体系，并通过在实践落实中获得的具体反馈，不断完善职业教育教师评价标准体系。

其次是改革创新两项基本制度。一是以双师素质为导向改革新教师准入制度，针对高层次、高技能人才建立以直接考察方式为主的公开招聘机制并进一步完善职业教育教师资格考试制度，同时探索建立新教师为期 1 年的教育见习和为期 3 年的企业实践制度。自 2019 年起，除持有相关领域职业技能等级证书的毕业生外，职业院校、应用型本科高校相关专业教师原则上从具有 3 年以上企业工作经历并具有高职以上学历的人员中公开招聘。自 2020 年起，除"双师型"职业技术师范专业毕业生外，基本上不再聘用未具备 3 年以上行业企业工作经历的应届毕业生，其中特殊高技能人才（含具有高级工以上职业资格或相应职业技能等级人员）可适当放宽学历要求。二是以双师素质为核心深化教师考核评价改革。建立职业院校、行业企业、培训评价组织多元参与的"双师型"教师评价考核体系。深化教师职称制度改革，破除"唯文凭、唯论文、唯帽子、唯身份、唯奖项"的顽瘴痼疾。推动各地结合实际，制定"双师型"教师认定标准，将师德师风、工匠精神、技术技能和教育教学实绩作为职称评聘的主要依据。落实教师行为准则，建立师德考核负面清单制度，严格执行师德考核一票否决等相关制度要求。

其三，完善三项保障机制。一是加强党对教师队伍建设的全面领导。充分发挥各级党组织的领导和把关定向作用，实施教师党支部书记"双带头人"培育工程，健全德技并修、工学结合的育人机制，大力宣传职业教育中的"时代楷模"和"最美教师"，大力弘扬职业精神、工匠精神、劳模精神。二是落实权益保障和激励机制提升社会地位。职业院校、应用型本科高校校企合作、技术服务、社会培训、自办企业等所得收入，可按一定比例作为绩效工资来源。制定职业教育教师减负政策。各地要结合职业院校承担扩招任务、职业培训（包括职业技能提升培训、1+X 证书培训等）的实际情况，核增绩效工资总量。三是强化教师队伍建设改革的保障措施，将教师队伍建设作为中国特色高水平高职院校和专业建设计划的支持重点，其中现代职业教育质量提升计划也需进一步向职业教师队伍建设倾斜。

最后，通过实施六大具体举措提高教师素质。一是构建以职业技术师范院校为主体、产教融合的多元办学格局。加强职业技术师范院校和高校职业技术教育（师范）学院建设,支持高水平工科大学举办职业技术师范教育,办好一批一流职业技术师范院校和一流职业技术师范专业。健全普通高等学校与地方政府、职业院校、行业企业联合培养的教师机制。二是完善"固定岗+流动岗"的教师资源配置新机制。实施现代产业导师特聘岗位计划。推动形成"固定岗+流动岗"、双师结构与双师素质兼顾的专业教学团队。三是建立校企人员双向交流协作共同体。加大政府统筹,依托职教园区、职教集团、产教融合型企业等建立校企人员双向交流协作共同体。建立校企人员双向流动相互兼职常态运行机制。完善教师定期到企业实践制度,推进职业院校、应用型本科高校专业课教师每年至少累计 1 个月以多种形式参与企业实践或实训基地实训。四是聚焦 1+X 证书制度开展教师全员培训。对接 1+X 证书制度试点和职业教育教学改革需求,探索适应职业技能培训要求的教师分级培训模式,培育一批具备职业技能等级证书培训能力的教师。五是创建高水平结构化教师教学创新团队。分年度、分批次、分专业遴选建设 360 个国家级职业教育教师教学创新团队。实施职业院校教师教学创新团队境外培训计划,每年选派 1000 人分批次、成建制赴国外研修访学。六是以"国家工匠之师"为引领,加强高层次人才队伍建设。实施职业院校教师素质提高计划,分级打造师德高尚、技艺精湛、育人水平高超的教学名师、专业带头人、青年骨干教师等高层次人才队伍。建立国家杰出职业教育专家库及其联系机制。面向战略性新兴产业和先进制造业人才需要,打造一批覆盖重点专业领域的"国家工匠之师"。建设 1000 个国家级"双师型"名师工作室和 1000 个国家级教师技艺技能传承创新平台。

(二) 主要特色

1. 政策内容

(1) 补数量。鼓励应用型本科和高水平工科类大学,实施研究生层次师资培养计划。国家重大项目倾斜教师队伍建设,通过专任教师培养补充和兼职教师聘用引进等途径,加快补齐教师的缺口。加大兼职教师的聘用力度,推进校企人员之间双向流动,支持高职院校聘请企业高技能人员、退休教师到学校兼职,每年保证一定的兼职教师规模和授课时数的工作量。

(2) 增供给。建设"双师型"职教教师培养培训基地,认证一批职业技术师范专业,增加职业教育硕士、博士研究生招生计划,校企合作开展协同培养,支持博士、硕士研究生在读期间去获得企业的工作经历,同时制定优秀人才引进政策,吸引公派留学生回国进入职业学校任教,增加教师培养供给。

(3) 强质量。鼓励开展专业骨干教师培训,加强高职教师国家级培训比重,倾斜支持专业带头人、骨干教师培训,着力培养"双师型"教师,面向优质的高职院校创建教师教学创新团队,实施高职教师的出国研修访学项目,提升教师分工协作、开展模块化教学的能力。多管齐下,各措施协同。

2. 政策导向

（1）问题导向。《职教师资 12 条》目的明确，以目前职业教育教师队伍存在的数量不足、来源单一、校企双向流动不畅、结构性矛盾突出、管理体制机制不灵活、专业化水平偏低的现实问题为导向，从多主体、多角度、多路径提出了宏观与微观相结合的新时代职业教育"双师型"教师队伍建设改革实施方案。

（2）发展导向。《职教师资 12 条》在解决职教师资现存问题的同时希望通过提高教师的教育教学能力和专业实践能力，优化专兼职教师队伍结构谋求职业教育的进一步发展，以建设同时具备理论教学能力和实践教学能力的"双师型"教师团队为根本发展目标，打造一支高素质"双师型"教师队伍，助力我国职业教育高水平发展。

（三）核心素质

本政策主要针对"双师型"教师队伍的建设，政策实施对象为职业教师，未谈及职业院校学生核心素质相关内容。

四、政策效果

《职教师资 12 条》自发布以来引起了职教领域学者和相关一线教师的广泛关注，为进一步落实《职教师资 12 条》，教育部、各省市教育局、职业院校等相关主体据其指导思想及要求相继出台配套政策及细化落实方案，并通过会议、研讨等多方式、多渠道展开落实举措。

2019 年 9 月 23 日，为贯彻落实《中共中央 国务院关于全面深化新时代教师队伍建设改革的意见》精神，按照《国家职业教育改革实施方案》工作部署，根据《教育部等七部门关于印发〈职业学校教师企业实践规定〉的通知》要求，深化产教融合、校企合作，发挥企业在职教师资队伍建设中的重要作用，加快建设一支新时代高素质"双师型"教师队伍，教育部等四部门联合发布了《首批全国职业教育教师企业实践基地名单》。通过行业主管部门、行业组织进行推荐和遴选，确定了中国铝业集团、中国通信服务股份有限公司等 102 家企业为首批全国职业教育教师企业实践基地，引导企业参与职业院校教育教学改革，探索产教深度融合。首批基地都是装备制造、新材料等战略性重点产业和养老、护理等民生紧缺领域的企业，代表着行业的先进水平，在全国乃至国际都具有一定的影响力，有专业覆盖面较广的岗位群和产业链，具有长期校企合作的基础和经验。教师到这些企业进行实践，能够熟悉岗位标准，接触先进技术，锻炼操作技能，也为校企技术人员双向交流畅通渠道。同时，基地将承担职业院校应用型本科高校教师的国家级培训任务，接收教师进行工程技术实践、专业技能培训，与职业院校互派人员进行交流兼职、开展产业研发合作等。

2019 年 10 月 10 日，教育部教师工作司发布了关于印发《职业技术师范教育专业认证标准》的相关通知，要求健全学前教育、小学教育、中学教育、特殊教育、职业教育五类三级专业认证标准，这也标志着师范类专业认证标准体系正式建成。《职业技术师范教育专业认证标准》将职业技术师范教育专业认证分为三级：第一级认证定位于专业办学基本监测要求，包括课程与教学、合作与实践、师资队伍、支持条件4个维度，下面有18个专业办学的核心指标，旨在促进各地各校加强职业技术师范教育专业基本建设。第二级认证定位于合格要求，包括培养目标、毕业要求、课程与教学、合作与实践、师资队伍支持条件、质量保证、学生发展等8个一级指标，下面有42个二级指标，旨在引导各地各校加强专业内涵建设，保证专业教学质量达到合格要求。第三级认证定位于卓越要求，包括8个一级指标和46个二级指标，在二级基础上，要求标准内涵要递进，促建促强，追求卓越，打造一流的质量标杆。二、三级标准在工匠精神、实践操作能力、职业指导、创新创业、"双师型"教师等方面凸显职教特色。教育部开展专业认证的培训，组建认证的专家组，于2020年组织专业教学状态数据的填报，陆续开展认证的试点工作。

2019年10月17日，教育部围绕《职教师资12条》举行相关新闻发布会，并介绍相关重点任务进展情况。发布会上，教育部教师工作司长任友群表示，我国职业院校"双师型"教师数量稳步增长，教师队伍整体素质不断提高。

2020年6月，山东省结合职教创新发展高地建设，积极探索绩效分配改革，将高等职业院校绩效工资总额核定系数最高提高到事业单位人员工资基准线的5倍，较大地提高了绩效工资总量。山东省教育厅、山东省财政厅、山东省人力资源和社会保障厅出台的《关于完善高等学校绩效工资内部分配办法的指导意见》（鲁教师发〔2020〕2号），充分调动了广大教师的积极性，有力推动了职业教育各项改革措施的落地。2020年12月，为贯彻落实《职教师资12条》，甘肃省进一步完善职业院校人才薪酬待遇，调整绩效工资管理权限，单列引进高层次人才绩效工资，拓宽收入渠道并允许兼职取酬，支持"双师型"教师队伍建设并落实待遇，并出台《关于进一步完善职业院校人才薪酬待遇的通知》（甘教人〔2020〕13号）。上述政策的出台，有助于提高职业院校教师队伍创新、创业、创造的积极性，有力推动了职业教育各项改革措施的落地。

具体实施情况以山东省为例：

近年来，山东省积极完善教师队伍建设改革政策，聚焦制度创新、能力提升、项目引导，强化制度设计，建立体现职业教育特点、灵活多元的教师供给机制，基本建立了一支专兼结合、数量充足、结构合理、素质优良的"双师型"教师队伍。

第一，坚持党建引领，构建师德建设长效机制。牢牢把握意识形态工作领导权和主动权，推进"三全育人"综合改革试点，实施教师党支部书记"双带头人"培育工程等一系列活动，引导广大教师争做"四有"好老师。建立"教育、宣传、考核、监督与奖惩相结合"的师德建设机制，将师德师风作为评价教师队伍素质的第一标准，常抓不懈，既要严管，又要厚爱，让教师真正成为人之师表、德之模范。

第二，完善补充机制，优化"双师型"师资配置。一是核定职业院校教职工编制，允许职业院校教职工编制总额的20%由学校自主聘用专业兼职教师，财政参照高级专业技术职务人员平均薪酬水平拨付专项经费，或按照项目工资制、年薪制拨付薪酬。二是落实学校的招聘主体地位，专业教师招聘以测试专业技能和执教能力为主，可采取考察的方式招聘行业企业技术能手、能工巧匠等高水平技能人才。三是建立技能教师特聘岗位，实施"能工巧匠进职校"计划和产业教授选聘工作。

第三，优化培训体系，提高教师培训质量。深入实施"职业院校教师素质提高计划"，构建职业院校教师入职培训和在职研修体系。一是建立覆盖师德、公共基础课、教科研能力、专业能力等不同类型内容的培训项目体系，设置 9 大类 66 个项目。二是建立覆盖教师、校长、基地骨干培训专家团队及管理人员等各类岗位人员的培训体系。三是建立本科与专科、省内与省外、学校与企业相结合的优质培训基地体系，建设省级职教师资培养培训机构 62 个。四是强化名师引领，提升教师专业能力。实施齐鲁名师名校长建设工程、青年技能名师建设计划，培育一批专业学科骨干带头人、教学名师、教学团队，建设 150 个职业教育名师工作室、200 个技艺技能传承创新平台。五是建立健全职业院校教师技能大赛制度和教学能力大赛制度。六是制定教师专业技能分级培训与考核标准，提高培训效益。

第四，完善激励措施，激发教师队伍活力。创新岗位设置和人员聘用制度，对职业院校人员实施总量管理，在中职学校按 5% 的比例，设立正高级教师职称，将高职院校职称评审权下放到学校。落实职业院校自主权，学校自主管理岗位设置，自主安排、执行用人计划，自主确定本单位的绩效工资分配方式。

总体来说，《职教师资 12 条》自发布以来，充分引起了各省市对职业教育"双师型"教师队伍建设的关注度，吸引了学校、政府、企业等多主体参与职业教育教师队伍建设发展。

五、改进建议

（一）完善相关政策制度保障

在教师的资格准入、培养培训、考核评价、待遇保障以及兼职教师聘用等方面，还要进一步完善相关政策制度保障。根据实际应用需求，不断加强配套制度的出台和落实。

（二）结合实际细化任务分工

各地应根据《职教师资 12 条》要求，依据政策总体目标，结合本地实际情况抓紧制订具体实施方案，细化政策落实措施及任务分工，确保各项任务落到实处。

（三）加强政策制度督查落实

为完善相关工作的政策落实，应由教育部对各地落实情况进行监督检查和跟踪分析，对典型做法和有效经验及时总结、积极推广，加强《职教师资 12 条》的督查落实。切实发挥政府等职能部门的"主导"及"推进"作用,聚焦"双师型"教师队伍建设。

(撰稿人:臧威佳)

◎ 参考文献

[1] 中华人民共和国教育部政府门户网站. 对十三届全国人大四次会议第 3581 号建议的答复 [EB/OL]. (2021-10-15) [2021-12-30]. http://www.moe.gov.cn/jyb_xxgk/xxgk_jyta/jyta_zcs/202111/t20211102_577144.html.

[2] 中华人民共和国教育部政府门户网站. 教育部办公厅转发甘肃省《关于进一步完善职业院校人才薪酬待遇的通知》的通知 [EB/OL]. (2021-02-03) [2022-04-13]. http://www.moe.gov.cn/srcsite/A01/s7048/202102/t20210203_512383.html.

[3] 中华人民共和国教育部政府门户网站. 教育部办公厅转发山东省《关于完善高等学校绩效工资内部分配办法的指导意见》的通知 [EB/OL]. (2020-08-24) [2022-04-13]. http://www.moe.gov.cn/srcsite/A10/s7151/202009/t20200910_486839.html.

[4] 中华人民共和国教育部政府门户网站. 发布《深化新时代职业教育"双师型"教师队伍建设改革实施方案》并介绍相关重点任务进展情况 [EB/OL]. (2019-10-17) [2021-12-30]. http://www.moe.gov.cn/fbh/live/2019/51475/twwd/201910/t20191017_404061.html.

[5] 中华人民共和国教育部政府门户网站. 聚焦高素质双师型要求 深化新时代职业教育教师队伍建设改革——教育部教师工作司负责人就《深化新时代职业教育"双师型"教师队伍建设改革实施方案》答记者问 [EB/OL]. (2019-10-17) [2021-12-30]. http://www.moe.gov.cn/jyb_xwfb/s271/201910/t20191017_404115.html.

促进职业教育人才就业创业能力提升

——《职业院校全面开展职业培训 促进就业创业行动计划》解读①

一、出台背景

(一) 现实问题

近年来，现代职业教育体系框架全面建成，服务经济社会发展能力和社会吸引力不断增强。但是，职业院校开展学历教育和培训"一条腿长一条腿短"的现象普遍存在，面向社会开展培训还存在学校和教师的主动性不高、课程及资源不足、针对性和适用性不够、教师的实践教学能力不强等问题，仍然是职业教育发展的薄弱环节。

党的十九大明确提出要"大规模开展职业技能培训"。李克强总理在 2019 年的《政府工作报告》中提出，从失业保险基金结余中拿出 1000 亿元，用于 1500 万人次以上的职工技能提升和转岗转业培训。《国务院办公厅关于印发〈职业技能提升行动方案（2019—2021 年）〉的通知》确定了具体措施，要求推动职业院校扩大培训规模。《国家职业教育改革实施方案》提出要"完善学历教育与培训并重的现代职业教育体系""开展高质量职业培训"。这些都为职业院校面向城乡各类劳动者开展培训提出了根本遵循准则和新的要求。

2019 年 10 月，教育部办公厅等十四部门联合印发了《职业院校全面开展职业培训 促进就业创业行动计划》（以下简称《行动计划》）。

---

① 文件名称：《教育部办公厅等十四部门关于印发〈职业院校全面开展职业培训 促进就业创业行动计划〉的通知》

发文日期：2019 年 10 月 16 日

发文机关：教育部办公厅 人力资源社会保障部办公厅 国家发展改革委办公厅 工业和信息化部办公厅 财政部办公厅 住房城乡建设部办公厅 农业农村部办公厅 退役军人部办公厅 国务院国资委办公厅 国务院扶贫办综合司 全国总工会办公厅 共青团中央办公厅 全国妇联办公厅 中国残联办公厅

发文字号：教职成厅〔2019〕5 号

（二）目的意义

1. 全面开展职业培训是落实党和国家政策的重要之举

党中央、国务院一直高度重视职业培训工作。习近平总书记多次强调要提高职业培训质量，增强就业人员技能，提高农民工和其他各类再就业人员的转岗就业能力，并在党的十九大报告中明确指出，要大规模开展职业技能培训，注重解决结构性就业矛盾，建设知识型、技能型、创新型劳动者大军。李克强总理提出要有针对性地开展职业技能培训。职业院校要成为承担职业培训任务的主力军。

2. 全面开展职业培训是符合职业院校定位的应有之义

《国家职业教育改革实施方案》指出要落实职业院校学历教育与培训并举的法定职责，按照育训结合、长短结合、内外结合的要求，面向在校学生和全体社会成员开展职业培训。《职业技能提升行动方案（2019—2021 年）》提出支持职业院校开展补贴性培训，扩大面向职工、就业重点群体和贫困劳动力的培训规模。可以说，全面开展职业培训是职业院校自身发展的关键之举。职业培训对于深化校企合作、反哺学历教育、促进人才培养等方面均具有推动作用，职业教育和培训是一个体系，学历教育和职业培训是不可分割的两个部分。职业院校主动承担起培训的法定职责，制定学校开展职业培训的战略、目标和举措，通过战略的制定、宣传，使学历教育与职业培训并举发展的理念根植于心，才能实现学校高质量发展。

3. 有利于调动职业院校和教师全面开展职业培训的积极性

积极开展社会培训工作，深化校企合作，争取政府和行业支持，在职业院校有普遍共识，也都有行动。但是，有的学校教师承担的社会培训工作不计入工作量；有的学校的社会培训教师分摊全日制教师的课时津贴，学校承担的培训任务越多，教师每节课的课时津贴标准越低，极大地挫伤了职业院校和培训教师的积极性。在研讨座谈和调研中，从西部地区到中部地区、东部地区的学校，从高职到中职，从校领导到教师，都普遍反映这个问题。《职业院校全面开展职业培训 促进就业创业行动计划》（以下简称《行动计划》）以实事求是的精神，在充分调查的基础上，从实际出发，规定职业院校培训量按一定比例折算成全日制学生培养工作量，与绩效工资总量增长挂钩；职业院校搞活内部分配，向承担培训任务的一线教师倾斜；将培训服务课时量和培训成效等作为教师工作绩效考核的重要内容；允许职业院校将一定比例的培训收入纳入学校公用经费；支持职业院校按同类专业（群）组建培训联合体互聘教师开展培训。这些措施将有效地解决上述难题，极大地调动职业院校和教师开展职业培训的积极性。

二、总体描述

(一) 制定过程

政策制定经历了以下过程:

一是研究起草。2019 年 3 月,教育部组织召开地方教育行政部门、职业院校、教科研单位代表讨论会,总结各地的成功经验和做法,梳理存在的突出问题,确定文件基本框架,形成《行动计划》初稿。

二是实地调研。2019 年 4 月,文件起草组赴浙江、湖南和四川省开展专题调研。实地考察了职业院校、企业和培训机构,详细了解职业院校面向社会开展培训情况、校企合作情况、企业实际需求等。

三是征求意见。多次召开座谈会,征求教育行政部门、职业院校、行业企业代表对开展职业培训工作的意见和建议,征求相关部门、单位的意见。

四是修改完善。综合整理并逐条研究有关方面的意见和建议,与相关部门司局多次沟通,反复修改完善,最终形成了《行动计划》。

(二) 整体概括

《行动计划》分为三个部分,第一部分是总体要求,第二部分是行动措施,第三部分是行动要求。《行动计划》重点从广泛开展企业职工技能培训、积极开展面向重点人群的就业创业培训、大力开展失业人员再就业培训、做好职业指导和就业服务、推进培训资源建设和模式改革、加强培训师资队伍建设、支持多方合作共建培训实训基地、完善职业院校开展培训的激励政策、健全参训人员的支持鼓励政策、建立培训评价与考核机制十个方面提出了具体行动措施。

(三) 基本框架

《行动计划》共分为三个部分、十六条。第一部分是总体要求,包括指导思想、基本原则和行动目标。第二部分是行动措施,重点从广泛开展企业职工技能培训、积极开展面向重点人群的就业创业培训、大力开展失业人员再就业培训、做好职业指导和就业服务、推进培训资源建设和模式改革、加强培训师资队伍建设、支持多方合作共建培训实训基地、完善职业院校开展培训的激励政策、健全参训人员的支持鼓励政策、建立培训评价与考核机制十个方面提出了具体行动举措。第三部分是行动要求,对各地相关部门和职业院校落实《行动计划》提出要求,强调要加强组织领导、强化实施管理和注重宣传引导。

《行动计划》从十个方面提出了具体的行动措施。一是广泛开展企业职工技能培训。推动职业院校联合行业企业面向重点领域,大力开展新技术技能培训。支持职业院校与企业合作共建企业大学、职工培训中心、继续教育基地。加大对困难企业职工转岗转业培训力度。

二是积极开展面向重点人群的就业创业培训。鼓励职业院校积极开发面向重点人群的就业创业培训项目，开展人才紧缺领域的技术技能培训。加强适应残疾人特点的培训。鼓励涉农职业院校送培下乡，深入开展技能扶贫。

三是大力开展失业人员再就业培训。支持职业院校面向失业人员，开发周期短、需求大、易就业的培训项目，使失业人员掌握一技之长。突出帮、教、扶等特点，努力实现培训即招工、培训即就业。

四是做好职业指导和就业服务。加强就业有关法律法规、职业道德、职业素养、求职技巧、基本技能等方面内容的培训。推动职业院校与人力资源服务机构、行业企业共同开展多样化就业服务。

五是推进培训资源建设和模式改革。引导职业院校提升培训项目设计开发能力，增强培训项目设计的针对性。开发分级分类的培训课程资源包、数字化培训资源。开展碎片化、灵活性、实时性培训，把培训送到车间和群众家门口。

六是加强培训师资队伍建设。对专业教师进行针对性培训，培养一大批适应"双岗"需要的教师，使教师能驾驭学校、企业"两个讲台"。将培训服务课时量和培训成效等作为教师工作绩效考核的重要内容。

七是支持多方合作共建培训实训基地。支持职业院校在现有实训基地的基础上，建设一批标准化培训实训基地。支持校企合作建设一批高水平就业创业实训基地。

八是完善职业院校开展培训的激励政策。支持职业院校开展补贴性培训。对承担任务较重的职业院校，在原总量基础上及时核增所需绩效工资总量。在内部分配时向承担培训任务的一线教师倾斜。允许职业院校将一定比例的培训收入纳入学校公用经费。

九是健全参训人员的支持鼓励政策。全面落实职业培训补贴、生活费补贴政策，确保符合条件的参训人员应享尽享。加快推进1+X证书制度试点，鼓励参训人员获取职业技能等级证书和职业资格证书。鼓励符合条件的参训人员接受学历教育，培训成果按规定兑换学分。

十是建立培训评价与考核机制。将面向社会开展培训情况作为职业院校办学能力考核评价的重要指标和职业教育项目安排的重要依据。对职业院校开展培训工作进行评估和督导。

三、重点阐释

（一）核心要点

1. 加强职业院校的培训能力

职业院校面向社会开展好职业培训，不仅要有动力，还要有能力。针对职业院校现有条件还不能很好地适应社会培训需要的实际，《行动计划》从培训资源建设、培训模式、师资队伍建设、实训基地建设等方面提出了具体要求。在培训资源建设方面要求政行企校紧密合作，共同建设培训资源开发中心，开发重点项目和培训课程资源包；开发数字化培训资源，完善专业教学资源库，扩大优质资源覆盖面。在培训模式方面探索推行"互联网+培训"模式，鼓励职业院校采取灵活多样的方式把培训送到车间和群众家门口。在师资队伍建设方面强调要落实教师到企业研修锻炼制度，提升教师的实践教学能力；充分利用产教融合实训基地培养一大批能驾驭学校、企业"两个讲台"，适应"双岗"需要的专业教师；鼓励职业院校聘请劳动模范、能工巧匠、企业技术人才、高技能人才担任兼职教师开展社会培训，带动本校专任教师水平提高。在实训基地建设方面突出强调按照培训项目与产业需求对接、培训内容与职业标准（评价规范）对接、培训过程与生产过程对接的要求，多方合作共建标准化实训基地；政府有关部门负责推动公共培训实训基地面向社会共用。

2. 扩大职业院校的培训人员

职业培训的参训人员，有许多是社会弱势群体，有些参训人员的收入是家庭主要收入来源，其工作和参训很难兼顾，这在一定程度上影响了其参训积极性。《行动计划》要求全面落实职业培训补贴、生活费补贴政策；将社会培训人员参训与1+X证书制度试点结合，依托学分银行试点，将获取技能等级证书、职业资格证书纳入国家资历框架；职业院校要精准施训，切实提高参训人员的就业创业能力。这些措施为参训人员解决了后顾之忧，拓宽了他们的职业发展空间，使参训人员的积极性有明显提高。

（二）主要特色

1. 多部门联动，共同推进职业院校培训全面开展

原来的职业培训工作是"九龙治水"，各职能部门分头负责，职业学院要承担政府部门购买的职业培训服务，要到各部门找政策、找项目。《行动计划》由十四个部门联合印发，涵盖了所有的职业培训相关部门，文件要求的广泛开展企业职工技能培训、积极开展面向重点人群的就业创业培训、大力开展失业人员再就业培训、做好职业指导和就业服务等涵盖了所有培训项目，这些部门通力协作、大力支持，为职业院校开展好技能培训搭建了培训项目信息共享平台。

在制约职业院校开展培训的瓶颈性因素上，各部门也达成了一致。比如，职业院校培训量可按一定比例折算成全日制学生培养工作量，并对承担培训任务较重的职业院校，及时核增所需绩效工资总量；同时允许职业院校将一定比例的培训收入纳入学校公用经费，鼓励职业院校积极盘活现有办学资源，对接市场、服务行业企业；在学校内部分配上，要求向承担培训任务的一线教师倾斜，激励教师尤其是专业课教师积极开展培训。

2. 多元共同参与，扎实推进职业院校培训落地生根

政策文件的研制出台只是万里长征第一步，更关键在于贯彻落实。《行动计划》从组织领导、实施管理和宣传引导三个方面强化了多元共同参与，推进职业院校培训落地生根。

十四个部门共同就职业院校开展培训工作联合发文实属空前之举，表明了在横向上国家相关部门对这个问题的高度重视以及意见高度一致，多方合力推动培训工作开展的局面已经形成：各部门积极协调各自资源，发挥资源的集聚效应，提高资源的使用效率，使职业院校成为开展补贴性培训的重要阵地。

各地教育、人力资源社会保障、发展改革、工业和信息化、财政、住房城乡建设、农业农村、退役军人、国资委、扶贫、工会、共青团、妇联、残联等部门要加强沟通协作，积极支持职业院校承担本部门（行业）及相关领域的培训项目，共同帮助职业院校协调解决开展培训工作中遇到的实际困难和问题。各地教育行政部门、职业院校要高度重视培训工作，切实将职业培训摆在与学历教育同等重要的地位。职业院校要把开展培训工作作为一把手工程，成立专门负责培训的机构，配备专人负责。

纵向上，地方上迅速行动起来，扎实推进文件落地，结合地方实际情况逐级分解任务、明确目标、压实责任，确定时间表、路线图和任务书。职业院校要切实提高对培训工作重要性的认识程度，切实将职业培训摆在与学历教育同等重要的地位。在机制上，要把开展培训作为一把手工程，成立专门负责培训的机构，配备专人负责，建立专职队伍。在行动上，要利用文件发布的契机，积极向地方各部门争取培训资源和财政补贴性培训项目，扩大培训市场。

3. 将培训工作纳入对职业院校和政府有关部门的工作考核

开展职业培训是职业院校的重要职责，但以往缺乏对职业院校开展职业培训情况的考核评估和督导。《行动计划》要求切实将职业培训摆在与学历教育同等重要的地位，建立培训绩效考核体系，将培训情况作为职业院校办学能力考核评价的重要指标和职业教育项目安排的重要依据；落实督导报告、公报、约谈、限期整改、奖惩等制度。要求各地根据文件分解任务，确定时间表、任务书，建立进展情况上报制度，教育部定期向社会发布。以上措施，将社会培训责任落实到职业院校和地方政府有关部门，保证了各项工作落地和取得实效。

4. 对于职业院校开展培训工作情况首次作出了系统部署

职业院校是承担社会培训的主要力量和生力军，在办好学历教育的同时，面向行业、企业、社区和基层农村开展了党员和基层干部培训、行业急需人才培训、农业技术和精准扶贫培训、城镇居民素质提升培训、企业员工技能提升培训、中小学生职业启蒙培训、复退军人职业能力培训、服务走出去培训等各级各类培训。对职业院校社会培训情况进行调研，所到学校的社会培训工作普遍开展得很好，但是一直缺乏对全国职业院校社会培训开展情况乃至行业、地区、门类的培训情况系统准确的统计。《行动计划》进行了社会培训工作指标体系设计，要求各地分行业领域、分培训对象做好培训数据整理汇总工作，定期报教育部，教育部汇总发布，为各级领导决策提供参考，为推进职业学院社会培训工作提供依据。

（三）核心素质

1. 突出职业院校职业技能培训

职业技能水平是职业院校大学生核心素质的重要内容。《行动计划》以提高劳动者的素质和职业技能水平、促进就业创业能力等为目标，其中最重要的是职业院校大学生的职业技能水平，它关系着职业院校的就业和创业前景，是职业院校大学生就业创业的基础能力。

《行动计划》指出：一是广泛开展企业职工技能培训。职业院校与行业企业合作共建企业大学、职工培训中心、继续教育基地；职业院校联合行业企业面向人工智能、大数据、云计算、物联网、工业互联网、建筑新技术应用、智能建筑、智慧城市等领域，开展新技术技能培训；开展补贴性培训、中小微企业职工培训和市场化社会培训；加大对困难企业职工的转岗转业培训力度，积极开展涉外培训。二是加强失业人员再就业培训。职业院校对接当地人力资源和社会保障部门及工青妇等群团组织，面向长期失业青年、农村留守妇女、大龄低技能失业人员等，与行业企业合作开发周期短、需求大、易就业的培训项目；大力开展家政、养老、护工、育婴、电商、快递、手工等领域初级技能培训，使失业人员掌握一技之长。

2. 加强职业院校职业指导和就业服务

加强职业院校参训人员的职业规划是落实职业技能培训的长效举措，所以职业院校要引导参训人员增强市场就业意识，帮助其树立正确的职业观、择业观和创业观。

《行动计划》指出：要加强就业有关法律法规、职业道德、职业素养、求职技巧等方面的教育。对农村和边远地区、少数民族地区的大龄参训人员，要增加普通话、常用现代化设施（工具、软件）运用等基本技能方面的培训。职业院校要密切与人力资源服务机构、行业企业的合作，共同开展招聘会、就业创业指导、政策宣传等多样化就业服务，为参训人员提供有效的就业信息。

四、政策效果

（一）实施情况

《行动计划》出台后，各地结合地方实际情况逐级分解任务、明确目标、压实责任，确定时间表、路线图和任务书，如吉林省教育厅等十四部门印发《吉林省职业院校全面开展职业培训 促进就业创业行动计划实施方案》，积极落实《行动计划》。

（二）社会影响

高度重视培训工作，是对职业教育法赋予职业院校法定职责的履行，是对职业教育规律的尊重，也是职业院校功能的回归。

《行动计划》由十四个部门联合印发，规格之高、重视程度之高，都是前所未有，它是教育部第一个专门针对职业院校培训工作、由多部门联合印发的专项文件，具有重要里程碑意义。

进入新时代，大力开展培训，实现学历教育和职业培训并举并重应该成为现代职业教育的鲜明特征，应该成为职业院校办学质量和水平评价的重要指标。各级各类职业院校要抓住这个历史机遇期，积极拓展培训功能，将培训与学历教育共同打造成学校办学的一体两面，有力服务于行业企业和社区居民，为满足人民群众对美好生活的向往贡献力量。

五、改进建议

（一）法律法规不健全，相关主体开展职业培训积极性不高

职业院校全面开展职业培训涉及学校师生、社会劳动者、行业企业等不同主体，每一类主体的权责范围及主体间产生矛盾纠纷应按照怎样的规范和流程进行调解，在职业培训大规模开展之前就应予以明确。但是在我国现行的法律体系中，尚未建立职业培训专门法律，职业培训相关规范依附于《劳动法》和《职业教育法》，除了这两部法律中的零星条文之外，企业和职业教育机构开展职业培训活动所遵循的规范多为部门规章，约束力差，适应性不强，难以发挥出应有的效力。

（二）管理机制不完善，职业培训各项工作难以有效推进

为理顺职业院校全面开展职业培训的管理机制，《行动计划》明确要求加强组织领导，并提出"各地教育、人力资源社会保障、发展改革、工业和信息化、财政、住房城乡建设、农业农村、退役军人、国资委、扶贫、工会、共青团、妇联、残联等部门要加强沟通协作，积极支持职业院校承担本部门（行业）及相关领域的培训项目，共同帮助职业院校协调解决开展培训工作中遇到的实际困难和问题"。如此多跨领域的部门要加强沟通协作，需要有一个专门的权威性机构进行管理协调。但目前各地方行政管理建制中未设立相应的管理协调机构或部门。

（撰稿人：邓小磊）

◎ 参考文献

［1］ 吴青松，刘群，巫霞．职业院校全面开展职业培训的困境和出路——基于英国、德国职业教育培训立法的启示［J］．成人教育，2020，40（10）：84-89.

［2］ 吉林省教育厅．吉林省教育厅等十四部门关于印发《吉林省职业院校全面开展职业培训 促进就业创业行动计划实施方案》的通知［EB/OL］．（2020-08-05）［2021-12-09］．http：//jyt. jl. gov. cn/zwgk/wjtz/jybz/202008/t20200805_7397431. html.

［3］ 中国高职高专教育网．关于做好《职业院校全面开展职业培训 促进就业创业行动计划》实施工作有关事项的通知［EB/OL］．（2019-11-19）［2021-12-09］．https：//www. tech. net. cn/news/show-89892. html.

推动职业院校学生素质与现代化企业需求接轨

——《教育部办公厅 国家发改委办公厅 财政部办公厅 关于推进 1+X 证书制度试点工作的指导意见》解读①

一、出台背景

(一) 现实问题

随着我国进入新的发展阶段，产业升级和经济结构调整不断加快，各行各业对技术技能人才的需求越来越紧迫，职业教育的重要地位和作用越来越凸显。但是，与发达国家相比，与建设现代化经济体系、建设教育强国的要求相比，我国职业教育还存在着体系建设不够完善、职业技能实训基地建设有待加强、制度标准不够健全、企业参与办学的动力不足、有利于技术技能人才成长的配套政策尚待完善、办学和人才培养质量水平参差不齐等问题，到了必须下大力气抓好的时候。没有职业教育现代化就没有教育现代化。

宏观上，我国社会主义经济发展进入新阶段，正面临产业升级、结构转型的关键时期，各行各业对一线技术复合型人才的需求迫切。而职业教育作为培养高层次技能型人才的重要环节，目前还存在体系制度建设不完善、针对学生的技能性训练不足、与企业联系不够紧密、输出人才的技术面狭窄、与市场需求脱节等问题，培养的学生的整体素质不能很好地适应我国经济发展的需要。目前，职业教育领域急需完善的政策制度推动深化改革，帮助职业院校改进人才培养方案，加强校企合作，刺激社会力量参与办学，孕育有利于技术技能人才成长的环境。

微观上，在 1+X 证书制度试点工作的推进过程中，出现了一些亟待解决的问题：①校政行企协同力弱。没有具体的工作方案引导，整体对接过程比较混乱。②职业资源匮乏。缺乏技术技能型教师资源和相应的实训基地，职业院校考核条件和设施不完善。③监

---

① 文件名称：《教育部办公厅 国家发展改革委办公厅 财政部办公厅关于推进 1+X 证书制度试点工作的指导意见》

发文日期：2019 年 11 月 9 日

发文机关：教育部办公厅 国家发展改革委办公厅 财政部办公厅

发文字号：教职成厅函〔2019〕19 号

督机制和惩罚条例尚未建立完备。部分社会培训评价机构和试点院校在工作推进过程中，出现虚假宣传、滥用拨款等不良行为。试点工作有待进一步规范。

(二) 目的意义

为提高职业院校办学水平，贯彻落实《国家职业教育改革发展方案》，推动职业院校学生素质与现代化企业需求接轨，为经济转型培养一批高素质的复合型人才，教育部启动1+X 证书制度试点工作。

1+X 证书制度鼓励学生在加强专业学习、完成相关课程获得学校颁发的学历证书的同时，积极参与社会实践，掌握多项技能，通过考核获取若干个职业技能等级证书；支持在职工作人员终身学习、拓展技能，给他们提供了考取多技能证书、同应届生竞争岗位的机会；督促职业院校加快产教融合的步伐，与社会职业培训机构合作，推进建设实训基地，加强"双师型"教师队伍建设，为学生锻炼技能提供多样化途径。1+X 证书制度是我国为应对经济结构转型在职业教育领域提出的关于深化复合型人才培养模式的一次重要改革，其在职业院校的推广，有利于推动职业院校学历教育与职业培训结合，全面拓展职业院校学生的技术能力，提升整体劳动力市场技能水平，为我国现代化建设培育更多精英化、全面化的复合型人才。这是 1+X 证书制度理论上的意义。

然而，如前文所述，新的政策不尽完善，1+X 证书制度试点工作在推进中出现了一些现实问题。基于这些问题，教育部办公厅联合国家发展改革委办公厅与财政部办公厅进一步出台《关于推进 1+X 证书制度试点工作的指导意见》(以下简称《指导意见》)，明确各地教育行政部门、社会培训评价组织、职业院校的责权，为职业技能等级证书教育资源建设提供建议，并针对乱象设置了一套行为规范，指导三方扮演好自己的角色。从这个层面上来说，《指导意见》确立了 1+X 证书制度的制度规范，是 1+X 证书制度后续工作的行动指南，对 1+X 证书制度的完善起到了很好的推动作用。

二、总体描述

(一) 制定过程

2018 年 9 月，教育部职教所在中国职业教育与成人教育网发布招募公告，面向 20 个技能人才紧缺领域，招募遴选培训评价组织。

2018 年 11 月，习近平同志主持召开中央全面深化改革委员会第五次会议，强调"要把职业教育摆在更加突出的位置，对接科技发展趋势和市场需求，完善职业教育和培训体系，优化学校、专业布局，深化办学体制改革和育人机制改革，鼓励和支持社会各界特别是企业积极支持职业教育，着力培养高素质劳动者和技术技能人才，为促进经济社会发展和提高国家竞争力提供优质人才资源支撑"。会议审议通过《国家职业教育改革实施方案》。

2019 年 1 月，国务院发布《关于印发〈国家职业教育改革实施方案〉的通知》，指出"深化复合型技术技能人才培养培训模式改革，借鉴国际职业教育培训普遍做法，制订工作方案和具体管理办法，启动 1+X 证书制度试点工作"。

2019 年 2 月，教育部职业技术教育中心研究所在官网发布文章，介绍王扬南所长关于启动 1+X 证书制度试点工作的考虑。其中，王扬南所长具体阐释了 1+X 证书制度的性质和可行性，强调了 1+X 证书制度的现实意义及启动试点工作的重要性，对未来试点工作的方式、基本步骤进行了初步概括。

2019 年 2 月，教育部办公厅发布《关于建立中等职业学校学历教育招生资质定期公布制度的通知》，提出学校要加强办学能力建设，发挥在实施"学历证书+若干职业技能等级证书"和职业技能培训中的作用，大力开展职业技能培训。

2019 年 3 月，第十三届全国人民代表大会第二次会议召开，李克强总理在政府工作报告中特别提到职业教育，强调"加快发展现代职业教育，既有利于缓解当前就业压力，也是解决高技能人才短缺的战略之举"，要求"加快学历证书和职业技能等级证书互通衔接"。

2019 年 4 月，教育部等四部门印发《关于在院校实施"学历证书+若干职业技能等级证书"制度试点方案》的通知，确定试点范围，在专业方面"面向现代农业、先进制造业、现代服务业、战略性新兴产业等 20 个技能人才紧缺领域，率先从 10 个左右职业技能领域做起"。在试点院校方面以高等、中等职业学校（不含技工学校）为主，本科层次职业教育试点学校、应用型本科高校及国家开放大学等积极参与，要求省级及以上示范（骨干、优质）高等职业学校与"中国特色高水平高职学校和专业建设计划"入选学校发挥带头作用，鼓励符合条件的职业院校自主申报，省级教育行政部门备案。该文件提出，要将培育培训评价组织，开发职业技能等级证书，融入专业人才培养，实施高质量职业培训，严格职业技能等级考核和证书发放，探索建立职业教育国家学分银行，建立健全监督、管理与服务机制作为试点工作的重要内容，并对组织实施工作作出了进一步的指示。

2019 年 4 月，教育部职业教育与成人教育司负责人就《关于在院校实施"学历证书+若干职业技能等级证书"制度试点方案》答记者问，系统地回答了什么是 1+X 证书制度，为什么要推进 1+X 证书制度，1+X 证书制度的试点目标任务和试点内容是什么，职业教育培训评价组织、试点院校、省级教育行政部门在 1+X 证书制度试点工作中的主要职责以及试点工作的基础条件和经费保障考虑等问题，为 1+X 证书制度试点工作在部分院校的开展点明了方向。

2019 年 4 月，教育部职业教育与成人教育司发布《关于做好首批 1+X 证书制度试点工作的通知》。该文件确定了首批试点证书范围为建筑信息模型（BIM）、Web 前端开发、物流管理、老年照护、汽车运用与维修、智能新能源汽车这六个领域，公开了试点院校的范围和条件，对各省各部工作内容作出了整体规划。

2019 年 5 月，教育部发布《关于深入学习贯彻〈国家职业教育改革实施方案〉的通知》，提出要实施好 1+X 证书制度试点工作，"加强规范引导，尽快制订工作方案和具体管理办法","突出重点领域",在"技术技能人才紧缺领域抓紧启动试点",结合试点工作,"探索建设'学分银行'","加快学历证书和职业技能等级证书互通衔接,为技术技能人才持续成长拓宽通道"。

2019年5月,教育部官网转载教育部职业技术教育中心研究所文章,整体介绍1+X证书制度试点工作推进情况。该文总结了目前的工作进展,指出接下来的工作将围绕遴选、公开招募培训评价组织,建立健全相关制度、标准和工作机制,建设证书信息管理平台和职业教育学分银行系统,有机衔接和融合证书培训与学分培训几方面展开。

2019年6月,教育部职业技术教育中心研究所发布《关于首批1+X证书制度试点院校名单的公告》,公布首批1+X证书制度试点院校名单。

2019年9月,教育部职业教育与成人教育司发布《关于做好第二批1+X证书制度试点工作的通知》,将试点范围扩大为电子商务数据分析、网店运营推广、工业机器人操作与运维、工业机器人应用编程、特殊焊接技术、智能财税、母婴护理、传感网应用开发、失智老年人照护、云计算平台运维与开发这十个职业技能等级证书。

2019年10月,教育部职业技术教育中心研究所公布第二批1+X证书制度试点院校名单。

2019年10月,教育部职业教育与成人教育司发布《关于扩大1+X证书制度试点规模有关事项的通知》,支持各地根据工作进展情况和当地院校意愿适当扩大试点范围,并对省级教育行政部门、职业教育培训评价组织和新增补的院校学生提出了进一步的要求。

2019年11月,《指导意见》正式出台。

（二）整体概括

《指导意见》以《国家职业教育改革实施方案》为指导,结合之前的1+X证书制度试点方案,提出了关于试点工作的具体工作方案和管理办法。在"放管服改革""管办评分离"的大背景下,《指导意见》主要针对第三方职业教育培训组织,对其工作与政府对接、具体评价体系与平台的构建、协议履行情况提出了要求,同时联系教师队伍建设、"学分银行"等政策,要求各地教育行政部门将职业技能等级证书有关师资培训纳入职业院校教师素质提高计划项目,鼓励教师承担部分证书培训任务,督促职业教育培训评价机构落实与国家学分银行的数据对接,协助拓宽人才成长通道。

（三）基本框架

《指导意见》从健全协同推进机制、保障有序开展有关师资培训、规范考核颁证、完善财政支持方式、严格监督管理五个方面对推进1+X证书制度试点工作作出整体指示,是在试点单位运行反馈和专家建议的基础上,针对政策实际操作过程中出现的一系列问题形成的修正意见和工作指南。

在健全协同推进机制方面,《指导意见》强调有关政府部门要明确专人与各职业教育培训评价组织（以下简称培训评价组织）对接,加强双方联系,落实试点工作动态定期报送制度。

在保障有序开展有关师资培训方面，《指导意见》要求各省级教育行政部门要将职业技能等级证书有关师资培训纳入职业院校教师素质提高计划项目，依托师资项目做好1+X证书制度试点师资培训；支持试点职业院校把培训工作量纳入教师绩效工资考量，鼓励教师积极承担证书培训任务；同时对培训评价组织有关师资培训的行为提出规范要求，培训评价组织须保证一定比例的高质量企业师资队伍参与培训，与有关政府、职业院校共同建设并及时提供高质量的培训资源。

在规范考核颁证方面，《指导意见》指出，培训评价组织应建立公开透明的模拟考核平台，完善考核评价体系，坚持公益性原则，对证书的考核成本进行核算，及时对接证书信息管理服务平台，及时发布有关信息，与职业教育国家学分银行对接，做好证书信息公开服务和学习成果累积。

在完善财政支持方式方面，《指导意见》则提出，政府需加大地方财政对1+X职业证书制度建设投入，积极筹措社会资源，试点院校要健全内部控制机制，确保财政资金使用合理、规范。

在严格监督管理方面，《指导意见》主要以订立契约、设置监测点等手段对培训评价组织实行监督。对于参与试点工作的培训评价组织，《指导意见》要求其与教育部委托机构签订协议，明确责权，确保宣传内容真实、规范；同时教育部在国家层面组织设立监测点，监督培训评价组织履行协议的情况，及时发现、分析和研究试点工作的有关问题，并制定规范，若有关培训评价组织、试点院校一旦出现违规违纪现象，则立即退出。

《指导意见》表示，在试点过程中，各地要及时总结经验，宣传典型案例，研究解决存在的困难问题，对有关政策措施提出调整优化建议以便于试点期后有关部门继续完善相关制度设计。

三、重点阐释

（一）核心要点

1. 书证融通，培养复合型人才

1+X证书制度又称"学历证书+若干职业技能等级证书"制度，其核心内涵是书证融通。学生除了在校学习获得学历证书外，还能通过参与学校或职业教育校外培训组织提供的技能训练，锻炼其他专业技能，获得若干职业技能等级证书。推进1+X证书制度的关键在于"X"，即通过"X"种专业试点工作的开展，设立相应的培训基地和培训机构，给学生提供丰富的职业教育资源和参与多样化的社会实践、拓展技能领域、接触不同职业的机会，培养多方面技能型人才，从而提高社会劳动力的整体素质，满足我国经济转型对复合型人才的需要。

2. 资源共享，提升职业院校整体办学水平，推动学习型社会建设

（1）教学资源共享。《指导意见》指出培训评价组织要秉持公益性原则，整合优质教学资源，积极开发和完善职业技能等级证书培训教材，与正规出版机构合作以保证其在市面上的流通，并及时提供、更新案例库、习题库等线上配套资源，广泛免费共享。这在一定程度上打破了传统职业院校之间彼此竞争、相互垄断教学资源的格局，发动社会力量参与教学资源建设与分享，对全国共享优秀教学经验、提升职业教育教学质量水平有重要意义。且1+X证书制度面向全社会开放，在职人员也被允许参与考核，培训资源的推广也有利于带动全社会共同学习资源，推动学习型社会建设。

（2）考核结果共享。《指导意见》重视学习成果的积累与转化，要求1+X证书制度与学分银行建设信息互通，设计体现学习成果的学分记录方案，帮助建立科学有效的学生评价体系，引导各院校有的放矢地改进人才培养方案。

3. 简政放权，支持社会组织参与职业院校人才培养的各环节

《指导意见》顺应"放管服改革""管办评分离"的大背景，要求地方政府做好督导者，鼓励社会力量参与职业教育领域建设，支持职业院校加强与社会企业、第三方评价组织、培训组织的合作，共同推进1+X证书制度试点工作。重点体现在考核评价体系的构建、教学资源的开发和政府拨款的使用上：培训评价组织提出考核站点的有关条件并向社会公开，试点院校对照条件自主申报，培训评价组织与省级教育行政部门充分沟通，结合地方实际，确定考核站点；依据《指导意见》，培训评价组织须按照相关规定开发、完善职业技能等级证书培训教材，及时在线上提供并更新案例库、习题库等考核配套资源；地方政府负责专项财政投资，帮助筹措社会资源，职业院校要根据与培训评价组织对接的实际情况，合理统筹教学资源，自主安排财政资金、社会资源和现有资金，并接受政府的动态监督。

（二）主要特色

1. 创新性

借鉴国外经验，深化复合型技术技能人才培养培训模式改革，推进1+X证书制度是国家职业教育改革中的一次大胆尝试，是职业教育领域的重大创新。以往的由职业院校组织、拘泥于单一专业的技能培训的人才培养模式已经渐渐不能适应产业升级的需要，"学历证书+职业技能等级证书"制度把专业技能水平与其他职业技能水平评价相结合，促使职业院校加强与社会培训机构的合作，推动深化人才培养模式改革，激励学生掌握多项技能，为经济发展培养具有竞争力的复合型技术人才；它创造性地把社会培训评价组织纳入职业教育人才培养的环节，强化政府、社会机构、职业院校之间的联系，以现代多元动态的先进治理理念为指导，有效发挥了社会力量在职业教育治理中的作用。《指导意见》使用了公共治理领域政府与企业合作的常用形式，要求培训评价组织与教育部委托的有关机构签订契约，"明确公益性、先进性、合规性、退出机制等方面约束条款和违约责任"。

2. 系统性

《指导意见》将 1+X 证书制度与国家学分银行、现代学徒制、职业院校教师教学创新团队建设、"双师型"教师培育等多项职业教育政策密切关联，共同作用于职业教育人才培养系统。针对职业技能证书培训师资紧缺的现状，《指导意见》特别提出要依托有关师资项目做好 1+X 证书制度试点师资培训，"结合教师教学创新团队、'国家工匠之师'创新团队境外培训计划等项目，发挥引领作用，培育'种子'师资"；规范社会培训组织师资培训行为，发挥企业潜在师资力量，要求"来自行业企业的专家比例不少于 40%，切实保障培训质量"；同时建议将在职教师绩效工资分配与承担证书培训任务量挂钩，鼓励教师积极参与 1+X 证书培训工作。除此之外，《指导意见》还将 1+X 证书制度试点政策和国家学分银行建设政策相关联，以证书考核结果作为学分银行信息支撑之一与相应学分转化，不仅有利于推动学分银行信息库建设，把人才成长路径数据化，跟进人才发展全过程，也为学生选择合适的培养计划、避免重复积分提供了参考指标，理论上可以有效改善 1+X 证书制度试点工作开展以来市面上证书混乱的现象。

3. 效率性

《指导意见》针对 1+X 证书制度试点工作实施过程中出现的问题，对参与试点工作的各级政府、社会培训评价组织、各地试点院校的行为进行了规范，明确三方责权，在证书的设置、培训、考核、积分等各个环节提出了秩序性的要求，增强了工作的效率性。试点专业由培训评价组织和职业院校沟通自行申请，各级教育行政部门负责组织有关专家讨论，审核备案。政府全程监督证书培训、考核的过程，职业院校和培训评价组织自觉遵守《指导意见》中的规范。在证书考核通过后，培训评价组织须将数据在有关信息管理平台发布，与国家学分银行对接，提出体现学习成果的学分记录建议方案，作为考生学习成果的积累，学生职业技能等级证书学分和学校学分可相应转化，有效限制了重复考证造成的资源浪费。

4. 公开性

《指导意见》要求 1+X 证书制度须面向全社会开放，培训评价组织不仅训练、考核职业院校在校学生，也为社会在岗人员提供职业技能等级评价服务，技能考核相关数据公开透明。

5. 科学性

《指导意见》针对 1+X 证书制度在全国试点过程中出现的实际问题，进一步对各地政府、社会培训评价组织、地方院校的工作实施作出指示，具体体现为要求三方在工作推进中须做到决策科学，程序规范，有严厉的处罚机制，核算经费成本，全程接受监督。整体决策由政府牵头、培训评价组织参与、职业院校自主申报，最后政府备案；以试点的形式在全国范围内逐步推广，国家层面在试点单位设立监测点，随时发现、研究、分析工作推进过程中出现的问题，并接受社会反馈，根据试点经验和各方意见改进工作，保证制度施行科学有效；负责 1+X 证书制度试点工作的各单位受到省级教育行政部门、中央政府的严格监督，《指导意见》要求，培训评价组织不得出现向试点职业院校兜售课程、虚假宣传等违规行为，试点职业院校要核算成本，合理使用资金和社会资源，根据证书考核结果调整完善学校专业人才培养方案等，《指导意见》制定了严格的行为规范，试点职业院校和培训评价组织一旦违规，立即启动退出机制。

6. 公益性

《指导意见》指出 1+X 证书制度试点工作必须遵循公益性原则。它要求地方教育行政部门应加强与各方的沟通，支持试点职业院校充分利用本校培训资源，"积极承担补贴性培训，扩大面向职工、就业重点群体和贫困劳动力的培训规模"；试点职业院校统筹各方资源，保证学生至少能参与一个职业技能等级证书的培训考核；培训评价组织秉持公益性原则，严格控制教材成本，不得增加学生的负担。

（三）核心素养

1+X 证书制度的试点院校学生，可以在学习本专业课程掌握对应技能、获取学历证书的同时，自愿选择参加学校或校外培训组织安排的一项或多项其他技能训练活动，考取若干职业技能等级证书。该制度给了学生课外自我提升、学习其他技能的自由拓展空间，有利于拓展学生多渠道就业的本领，培养多技能的综合发展型人才，反映了教育部对职业院校大学生具有复合型技术技能素质水平的要求。

对学生复合型技术技能的培养是 1+X 证书制度试点工作启动以来社会关注的核心。在《指导意见》出台之前，《国务院关于印发〈国家职业教育改革实施方案〉的通知》就曾对职教改革提出启动 1+X 证书制度试点工作的建议，文件中不仅把它作为"深化复合型技术技能人才培养培训模式改革"的关键举动而与之并提，更是直接指出其在拓展学生就业创业本领、缓解结构性就业矛盾方面的重要作用。随后，教育部等四部门印发《关于在院校实施"学历证书+若干职业技能等级证书"制度试点方案》的通知，要求试点工作"以习近平新时代中国特色社会主义思想为指导"，明确提出工作须"坚持以学生为中心，深化复合型技术技能人才培养培训模式和评价模式改革，提高人才培养质量，畅通技术技能人才成长通道，拓展就业创业本领"。

除响应政策号召之外，《指导意见》还提出要把 1+X 证书制度试点工作作为拓展人才就业本领的重要抓手。这不仅体现了教育部对 1+X 证书试点工作的重视，也揭示了职业适应能力在当前职业院校学生核心素养体系中的特殊地位。

四、政策效果

（一）实施情况

1. 当前成效及存在的问题

目前，试点工作仍处于稳步推进、持续扩展阶段，在推动校企合作、改革人才培养模式、培养复合型技术技能人才等方面取得了一定的成效。以职教改革工作蓝图经教育部官网转载肯定的江苏省为例，自《指导意见》出台以来，江苏省积极响应国家号召，鼓励职业院校加强校企合作，推动了校企双主体育人机制的完善。宿城中专积极"与企业联盟、与行业联合、同园区联结，与各大企业集团签订校企合作协议，建立政府、企业、学校三方协同育人机制和共享制度"，每年从联合体中培养学生一千余人。镇江句容市利用1+X证书制度项目持续深化校企合作，"拓展校企合作办学新模式"，如江苏省句容中专"按照企业的要求制订人才培养方案，由企业和学校共同完成教学任务"。江苏旅游职业学院"全面落实岗课赛证融通，形成教学改革新局面"，"以'岗课赛证融通'四位一体的育人理念，形成'岗课'相衔接、'赛证'搭建'岗课'桥梁相融通的高素质复合型技术技能人才培养模式"。

政策推行过程中主要出现以下一些问题：①1+X证书制度未形成责权分明的完整体系，管理混乱。政、校、企、培训评价组织之间缺乏有效沟通机制，且彼此存在利益冲突，加之监管不力，实施过程中容易出现机构为节约成本聘请低水平教师、申请相似度极高的证书、考核为保证通过率而放水、区别对待名校学生和社会人士等乱象。②1+X证书缺乏社会公信力，影响程度有限。职业院校的教学重心仍是专业学历教育，对职业技能证书培训教育重视程度不够；除了一些特殊领域要求"持证上岗"外，一般公司招聘人才时依然把学历证书要求放在第一位；学生对X证书了解不足，在学习中也更加重视学位的获取。③教学资源紧缺，质量普遍不高，"双师型"教师队伍建设迫在眉睫。同时具有专业教育知识基础和职业技能知识，熟悉X证书考核内容的教师数量少；X证书培训内容未融入试点院校人才培养体系中，课程设置不合理，院校普遍缺少与学历教育相对应的配套职业技能培训课程；一些X证书考核标准尚未体系化，市面上专门的培训教材和课程资源稀缺。④教学方式和评价方式单一。试点院校普遍存在与企业的合作流于形式、缺乏高水平实践基地等问题，教学方式还是以教师传授为主，针对具体职业技能操作的培训效果不佳；对于像计算机编程类等实践性强的课程，仍采用试卷式评价方式考核，很难考察学生的真实水平，不利于证书权威的树立。

2. 后续进展

2020年1月1日，教育部职业教育与成人教育司发布《关于职业技能等级证书信息管理服务平台和职业教育国家学分银行信息平台试运行工作的通知》，该文件对两个信息平台的基本情况、主要功能和服务对象进行了简要介绍，指出国家开放大学将以线上（平台）和线下相结合的方式开展业务和技术培训，并点明了培训评价组织、省级教育行政部门、试点院校在平台试运行期间的工作安排。

2020 年 9 月 23 日，教育部职业技术教育中心研究所发布第四批职业教育培训评价组织和职业技能等级证书的公示，宣布 290 家职业教育培训评价组织的 379 个职业技能等级证书拟参与 1+X 证书制度试点工作，专业范围进一步扩大，涵盖了农业、餐饮、酒店服务、机械制造、水路交通、学前教育、网络安全等多个领域。

随后 1+X 证书制度试点项目在全国各地各个专业持续扩展，甚至发展到了国际合作专业领域。2021 年 7 月 7 日，教育部办公厅发布《关于开展中德先进职业教育合作项目遴选工作的通知》，提出中德先进职业教育合作项目将协同合作企业共同开发适应相关专业需要的评价和认证体系，通过政府、企业、院校三方考核的优秀学生可获得中德先进职业教育合作项目证书，教育部支持在试点专业开展"学历证书+若干职业技能等级证书"制度试点。

（二）社会影响

1+X 证书制度推动了职业院校在改革人才培养模式、重点发展特色专业、关注学生职业适应能力的提升、优化教学课程体系等方面的工作进展，有利于实现校企双主体育人，为社会主义现代化建设培养高素质复合型技术技能人才。

2020 年 10 月 23 日，河北工业职业技术大学成功举办河北省网店运营推广（1+X）证书试点工作推进会。会议上，项目相关负责人介绍了河北省推进工作方案和试点工作开展情况。河北工业职业技术大学副校长韩提文表示，"河北工业职业技术大学作为牵头院校，将持续加深与省内各院校的沟通合作，与兄弟院校共同积极推进省内师资与学生培训、培训资源开发、辅助考核认证、课证融通、人才培养方案改革等工作，为破解职业教育'三教'改革难题、创新符合新时期中国特色社会主义建设需要的复合型技术技能人才培养模式不懈努力"。

五、改进建议

加快法制建设，针对乱象，进一步明确责权，完善 1+X 证书制度体系。政府要严格监管职业技能等级证书的申请、发放、统计的各个环节，同时加大宣传力度，促进职业技能证书在全社会的推广；职业院校要公平对待学历教育与职业技能证书教育，加强与社会培训评价组织的联系，设置合理的课程体系，做好两种教育之间的衔接；负责证书考核、发放和学生培训的社会培训评价组织要坚持公益性原则，严格遵守《指导意见》的规范，认真对参考的学生和社会人士进行考核，自觉维护职业技能等级证书的权威性。

加快课证融通，创新人才培养模式。职业院校要把职业技能等级证书培训纳入学生培养方案，以学生为中心，实现校企双主体育人，融合思政教育与专业教育、双创教育与技能培养、校园文化与企业文化，把专业与职业岗位、课程内容与职业标准、教学过程与生产过程、教学内容与工作内容相对接，推动覆盖学历教育与职业技能教育的科学的学生培养方案与课程体系的构建。

推动"三教"改革。结合高素质教师队伍培育项目，加强校企合作，推进"双师型"教师队伍建设；革新教学方式，在培训中加入更多实操训练的内容，利用现代科技开展线上教育培训活动等；及时更新教材，推动其与职业技能等级证书考核内容相匹配。

加快建设学分银行。实现学历教育与职业技能教育之间学习成果的积累与学分转换，激发学生参与考核的积极性。

（撰稿人：寻依玲）

◎ 参考文献

[1] 彭裕越."1+X"制度与学分银行建设的成效、问题及对策 [J]. 现代商贸工业，2021，42（36）：137-139.

[2] 魏登，张雷，李超.地方高校新工科专业"1+X证书"制度的内涵挖掘、实践与评估研究 [J]. 江苏科技信息，2021，38（34）：27-29.

[3] 包乌云毕力格，哈奔.1+X证书制度下计算机类专业课证融通的探讨 [J]. 科技风，2021（33）：13-15.

[4] 韩潇，李吉莹.1+X证书制度下高技能人才培养路径探索 [J]. 产业与科技论坛，2021，20（23）：165-166.

[5] 龙艳."双高"背景下新能源汽车技术专业群"1+X"证书制度实施的路径研究 [J]. 汽车实用技术，2021，46（22）：183-186.

[6] 丘锐琪."1+X"证书试点人才培养模式构建 [J]. 现代企业，2020（12）：102-103.

[7] 中华人民共和国教育部政府门户网站.教育部办公厅、国家发展改革委办公厅、财政部办公厅关于推进1+X证书制度试点工作的指导意见 [EB/OL].（2019-11-14）[2021-12-30]. http：//www. moe. gov. cn/srcsite/A07/zcs _ zhgg/201911/t20191118 _ 408736. html.

推进职业教育国家学分银行建设

——《关于做好职业教育国家学分银行建设相关工作的通知》解读①

一、出台背景

（一）现实问题

自 20 世纪末以来，我国各省市相继建设了各种形式的学分银行，如上海市终身教育学分银行、慈溪市民学分银行等。随着经济建设和城乡一体化的发展，社区居民的教育需求日益增长，社区也面向社区居民个人继续学习发展的需求开设了社区学分银行，如慈溪市建立了以市社区学院为龙头、镇（街道）社区教育中心为骨干、村民（社区）学校为基础、家庭学习点为补充的数字化学习四级网络，构建了市、镇（街道）两级"市民学分银行服务管理中心"的立体化学习网络；部分企业也针对职工的在岗培训及个人发展学习需求实行了学分制度，如山西燕山石化公司以企业发展需求和个人成长需求为导向开展了学分银行计划的具体实践，实现员工与企业的共同成长。许多高校也开始在人才培养模式上探索学分银行制度。

总体上看，当前各类学分银行试点"遍地开花"，呈现了一种自下而上模式的教育领域试点工作。国家开放大学也建立了涵盖框架、标准、认证、积累、转换五大类的学分银行体系，并对学分设定、认证和兑换设立了标准化体系。尽管如此，我国职业教育学分银行的建设仍然存在一系列问题。

一是国家层面政策和制度的缺位。我国各类学分银行的建设经验比较零散，缺乏整体统筹。现有的国家层面教育政策虽有提及学分银行相关建设工作，但更多地停留在宏观层面的引导工作，缺乏对实施方案和操作细则的详细规定，制度设计上更未能清晰地界定学分银行建设的具体内容、涉及范围、实施部门等，使得职业教育学分银行建设缺乏类似于

---

① 文件名称：《关于做好职业教育国家学分银行建设相关工作的通知》

发文日期：2020 年 3 月 30 日

发文机关：教育部职业教育与成人教育司

发文字号：教职成司函〔2020〕9 号

"中央银行"的顶层制度安排。

二是合作协同机制的缺乏。在职业教育学分银行建设历程中，职业院校各自为政、各行其是的现象普遍存在。从国家层面来看，各学分银行的建立体现出全面性、统一性和客观性的特点，但目前各省域职业教育学分银行成立了各自的运行体系，所采取的学分标准不统一，所以只适用于封闭的区域内部，未能对外开展有效的沟通交流，而有限的适用范围进一步加大了职业院校与普通学校之间的衔接难度。因此，从国家层面制定统一的标准体系，引领并促进不同职业教育学分银行的沟通交流迫在眉睫。

三是受众群体的局限性。当前我国现有的职业教育学分银行在建设过程中更倾向于在校学生和在职人员，而对于职业农民、进城务工人员以及退役军人等其他类型受众的需求重视程度不足，这有悖于教育部职教司推行学分银行的初衷。此外，我国现有的职业教育学分银行的覆盖面还比较窄，难以满足诸多的岗位资质和晋升需求，在学分、认证、累积、兑换各体系上，尚未能覆盖全行业产业岗位。因此，从国家层面建设学分银行平台整合优化不同教育资源，推动教育资源面向全社会开放乃当务之急。

推进职业教育国家学分银行相关工作的开展，是对顶层制度缺失的呼应，是对标准化建设需求的响应，是对职业教育机会公平的保障。职业教育国家学分银行的完善工作与原有的职业学分银行试点工作的相互配合，将更好地促进我国职业教育学分银行建设。

2019 年 1 月，国务院印发了《国家职业教育改革实施方案》，提出要加快推进职业教育国家学分银行建设。为贯彻落实《国家职业教育改革实施方案》关于"加快推进职业教育国家学分银行建设"的部署，结合"学历证书+若干职业技能等级证书"（简称 1+X 证书）制度试点工作，推进职业教育国家学分银行建设，教育部于 2020 年 3 月 30 日颁布了《关于做好职业教育国家学分银行建设相关工作的通知》（以下简称《通知》）。

（二）目的意义

职业教育国家学分银行的建设打破了我国当前职业教育学分银行"单枪匹马"式的发展局面，《通知》的出台也完善了必要的上层制度基础，为职业教育国家学分银行建设迈上新台阶释放了明确的政策信号。《通知》对各方面工作的落实都提供了明晰的路径，保证了职业院校、培训组织以及企业等在学分银行建设中明晰自我责任，找准自我工作路径，有条不紊地参与国家学分银行建设；《通知》对各方面工作的合作协调作出了强调，包括院校间的合作、省级部门间的协调管理等，有利于凝聚各组织工作合力，形成共建国家学分银行局面；《通知》还强调了各地区学分银行的推进工作安排，有利于在省域实践工作中产生示范带动、典型引路的效果，以点带面地推动职业教育国家学分银行的建设。

《通知》的出台也推进了学历证书与职业技能等级证书的互通工作的开展，对于完善职业教育培训体系和评价模式具有重要意义，有利于提高职业教育人才培养质量，畅通技术技能人才成长通道。

二、总体描述

（一）制定过程

2019 年 1 月 24 日，国务院颁布了《国家职业教育改革实施方案》，提出要加快推进职业教育国家学分银行建设，实现学习成果的可追溯、可查询、可转换，促进职业教育国家标准的构建。该文件虽明确提出了推进职业教育国家学分银行建设，但未涉及具体推进工作。

2019 年 5 月 10 日，教育部在重庆工业职业技术学院召开新闻发布会，教育部职业技术教育中心研究所所长王扬南针对职业教育国家学分银行建设的顶层设计、指导培训、平台建设、试点工作、与 1+X 证书平台对接五大具体举措作了说明。2019 年 10 月 31 日，教育部发布了关于成立国家职业教育指导咨询委员会的通知，提出要建设国家职业教育专家库，促进学分银行和征信网络系统建设，开展职业技能教育、培训后评价工作。智库作用的发挥对于职业教育国家学分银行建设具有重要意义。

职业教育国家学分银行建设要真正走向落地仅仅依靠国家层面的顶层设计是不够的，还需要职业院校及社会等多方参与，共同努力。2019 年 4 月 4 日，孙春兰副总理在全国深化职业教育改革电视电话会议上提到要稳妥推进 1+X 证书制度试点，同时鼓励参与 1+X 试点院校同步参加学分银行试点。随后，教育部等四部门印发《关于在院校实施"学历证书+若干职业技能等级证书"制度试点方案》的通知，提出各院校开展 1+X 制度试点工作时的目标任务之一是探索建立职业教育国家学分银行，构建国家资历框架，同时，国务院教育行政部门也将研制相关规范，建设信息系统。

为了加快推进职业教育国家学分银行的建设，教育部针对职业院校在专业人才培养、职业培训、教育教学管理等多方面与职业教育国家学分银行试点工作融合作出了要求。例如，2019 年 6 月 5 日发布的《教育部关于职业院校专业人才培养方案制订与实施工作的指导意见》提出了学校在制订专业人才培养方案时，须满足促进书证融通的基本要求，并积极参与实施 1+X 证书制度试点，将职业技能等级标准有关内容及要求有机融入专业课程教学，优化专业人才培养方案，同时同步参与职业教育国家学分银行试点工作。2019 年 10 月 16 日教育部办公厅等十四个部门关于印发《职业院校全面开展职业培训　促进就业创业行动计划》的通知中同样提出了要依托职业教育国家学分银行试点，对职业技能等级证书等所体现的培训成果进行登记和储存，计入个人学习账号，为学习成果认定、积累与转换奠定基础。高职扩招后生源多元化和发展需求多样化也对教育教学管理工作提出了新要求。2019 年 12 月 23 日教育部办公厅发布的《关于做好扩招后高职教育教学管理工作的指导意见》提出了各级教育局要指导高职院校积极参与职业教育国家学分银行试点，为各类生源地学习成果认定、积累和转换提供便利。

职业教育国家学分银行的试点工作除了从院校层面提出要建立相关的工作机制外，还从社会培训等方面提出了相关要求。2019 年 9 月 5 日，教育部办公厅等七部门发布了《关于教育支持社会服务产业发展　提高紧缺人才培养培训质量的意见》，提出要在家政服务、养老服务、托育服务等领域率先开展 1+X 证书制度试点，同步探索建设职业教育国家学分银行。

在立法层面上，2019 年 12 月 5 日，教育部发布了关于《中华人民共和国职业教育法修订草案（征求意见稿）》公开征求意见的公告，《中华人民共和国职业教育法修订草案（征求意见稿）》中第二章第十二条提到了国家要建立国家资历框架制度，建立职业教育国家学分银行，推进职业教育各类学习成果的认定、积累和转换，这也是我国第一次以法律形式提及职业教育国家学分银行。

2020 年 1 月 13 日，教育部委托国家开放大学开发的职业教育国家学分银行信息平台上线试运行，国家学分银行信息平台主要服务于 1+X 证书制度试点工作，参与 1+X 证书制度试点的学生获取的职业技能等级证书将与学分银行信息平台个人学习账户系统对接，记录学分，并提供网络公开查询等社会化服务。

从一开始对职业教育国家学分银行有较为系统的想法，到教育部委托国家开放大学筹备共建，以及鼓励各地区院校参与试点工作，再到职业教育国家学分银行信息平台的上线运行，这一过程展现了国家对职业教育国家学分银行发展的把握。职业教育国家学分银行的建设来之不易，其试点工作也初显成效，为了进一步推进其全面建设，必须加快推进职业教育国家学分银行建设相关工作的落实。

（二）整体概括

《通知》是党和政府推进职业教育体系建设发展的重大举措，是基于已有的试点工作成果，进一步推进职业教育国家学分银行全面建设的有利抓手。

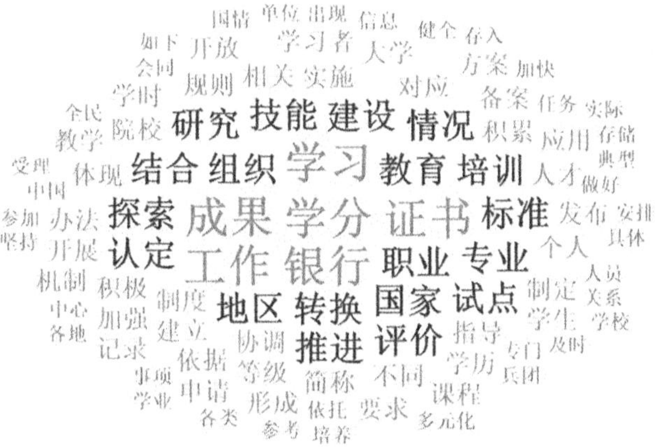

图 1　《通知》高频词云图

《通知》共分为三个部分，分别是职业教育国家学分银行建设的总体目标任务、具体实施流程以及实施要求。根据图1可以看出，《通知》的核心要义在于基于学分银行平台开展学习成果相关工作安排，从工作推进上看，"探索""组织""试点""认定""评价""转换""培训"等是学习成果相关工作开展的关注重点；从建设主体上看，"国家""地区""大学""院校""学生"等呈现了自上而下联动的多元主体参与共建形式；从建设要求上看，"标准""规则""机制""制度""依据"等词汇表明了学分银行建设工作中准则制定建设的重要性；从工作落脚点上看，"课程""教学"等说明了学校教育是学习成果工作开展的重要环节；从建设意义上看，"中国""国家""国情"等高频词的出现则体现了国家层面不仅已经将学分银行重要性上升为国家意志，还通过相关政策的落实促进学分银行信息平台的建设逐步走向成熟，职业教育国家学分银行的建设对于国家资历框架的建设具有开创性探索意义。

（三）基本框架

《通知》既立足当下，对各方面工作落实作出了具体要求，又着眼长远，提出了学分银行建设的既定目标。具体内容如下：

第一部分的目标任务，强调了职业教育国家学分银行建设工作的目标是以学习者为中心，建立符合中国国情的职业教育国家学分银行，有序开展学历证书和职业技能等级证书所体现的学习成果的认定、积累和转换，服务全民终身学习。在推进过程中，注重形成一批学分银行应用模式和典型案例，拓宽技术技能人才持续成长通道，逐步探索开展各类学习成果的认定、积累和转换，不断地结合工作实际，探索符合实际的学分银行工作制度。

第二部分的实施流程，对各方提出了工作要求：一是对学分银行的组织管理单位，要求"研究确定不同课程类型、不同学时与学分的对应关系，形成学时学分记录规则"；二是对职业教育培训评价组织，要求"依据该规则，结合有关专业教学标准等对X证书体现的学习成果提出建议学分"；三是对有关院校和培训评价组织，要求"根据X证书及其职业技能等级标准、相关专业教学标准、学校相关专业人才培养方案、课程标准等，按照有关规则研制具体的学习成果转换办法，并在学分银行备案发布"；四是对职业教育学习者，需要"登录学分银行信息平台，登记相关学习成果，学分银行记录对应学分并存入个人学习账户"。前两者主要负责制定标准，后两者主要负责操作和实施。

第三部分的实施要求包含了四个方面的内容：一是基本工作要求，提出了各地要依托1+X证书制度试点工作来指导协调机构等与国家开放大学和培训评价组织对接；二对是院校工作的指导，提出各地要指导本地区有关院校建立健全本校管理工作机制；三是校际合作的推进，提出各地要指导推进本地区有关院校间的学分银行学分互认；四是监管协调机制的探索建立，提出要通过多元化的监管协调机制加强对本地区学分银行有关工作的质量监控。

三、重点阐述

(一) 核心要点

《通知》中的一系列工作都是以学习者为出发点，基于学习者的现实需要来推进国家学分银行建设工作的开展，具体围绕学习者学习成果的登记、认定、积累和转换四方面核心工作开展。

一是学习成果的登记。登记是指学习者根据自己所获取的职业技能等级证书，登录学分银行信息平台登记自己的相关成果。

二是学习成果的认定。认定是指学分银行审核学习者获得的学习成果，并记录对应学分。学分值的认定涉及两方面工作：①培训评价组织依据学分银行给出的学分记录规则，对学习成果提出建议学分；②学分银行进一步核定建议学分，而后认定学习成果对应的学分银行学分值。《通知》提出了各地在开展学习成果认定工作时要结合1+X证书制度试点工作，与培训评价组织做好对接工作。

三是学习成果的积累。积累是指学习者在多次学习成果存储的基础上形成了学分积累，学分银行为每位学习者建立了个人学习档案用于积累学习成果，学习者可以在学习成果积累的基础上申请学分转换，而学习成果的积累，同时也能作为学习者终身学习激励的依据。

四是学习成果的转换。转换是指具体学习成果的转换方法，该部分工作主要由有关院校和培训评价组织依据有关规则研制。《通知》针对各地区教育单位在学习成果转换上提出了两方面工作要求：①指导本地区有关院校建立健全本校管理工作机制，制定学习成果转换方法；②探索建立多元化监管协调机制，对学习成果认定转换等工作进行质量监控。

(二) 主要特色

《通知》是对标《国家职业教育改革实施方案》中关于"加快推进职业教育国家学分银行建设的部署"，结合1+X证书制度试点工作，以建设工作落实为基调所作的有关事项通知，在政策设计上具有以下四方面的特色。

一是突出了政策的前瞻指引性。强调了目标引领，着力于建设以学习者为中心、符合中国国情的职业教育国家学分银行，服务全民终身学习，有利于促进中国职业教育现代化体系的高质量建设发展。同时针对各地区在学分银行建设的过程中可能出现的新问题新情况提出要研制有关激励政策，通过系统谋划来推动学分银行有关工作的开展。

二是形成了系统的工作流程。《通知》围绕学习者学习成果的认定、积累和转换工作这一核心，明确了具体的实施流程。从学习者和院校的具体操作实施，到学分银行和培训评价组织对学习成果转换规则的制定，再到各地区对有关工作开展的监管保障，都作出了具体的说明，体现了政策设计的面面俱到，同时也是推进职业教育国家学分银行全面建设的充分保障。

三是强化各类组织间的联动。《通知》突出了职业教育国家学分银行建设过程中的多方共建格局，从国家层面顶层制度的设计，到省市级教育单位的组织管理、协调培训评价组织的学分认定工作，再到院校对学习成果转换方法的研制等，以及学习者个人的参与，体现了协同发展职业教育的工作合力，通过多方联动、共创共建，合力推进职业教育国家学分银行建设再上新台阶。

四是加强区域和整体的结合。《通知》针对学习成果的认定、积累和转换提出了宏观的实施流程要求，在具体实施要求上则是以地区为单位，在地区内部统筹推进学分银行建设工作的开展，强调各区域对校际合作要形成"串点连线，联动发展"的工作格局，并针对地区有关工作质量的监控探索建立监管协调机制。

（三）核心素质

针对职业院校学生核心素质，《通知》中涉及相关表述如表1所示：

表1　　　　　　　　　《通知》中职业院校学生核心素质有关表述

所在部分	相 关 表 述
一、目标任务	"拓宽技术技能人才培养通道""服务全民终身学习"
二、实施流程	"根据X证书及职业技能等级标准研制转换办法"
三、实施要求	"将X证书作为学生学业水平参考或部分技能考核模块成绩"

《通知》中涉及的职业院校学生核心素质主要体现在：强调通过国家学分银行建设来为技术技能人才拓宽培养通道，强调学习者的职业技能水平的重要性，以及学习者职业技能水平对其终身学习能力构成的影响。职业技能的掌握不仅直接影响了学生的职业生涯发展，技能掌握的成熟度将转变为学生未来职业发展的驱动力，进一步促进学习者在未来从事职业活动时更好地适应社会、融入社会。

四、政策效果

（一）实施情况

《通知》是从国家政策层面对学习者学习成果的认定、积累和转换工作的推动和引导，而学分银行落地后具体工作的开展需要多方共同努力。职业教育国家学分银行平台于2020年5月15日发布了《职业教育国家学分银行建设工作规程（试行）》，对信息平台的建设，账户建立，学时学分记录规则，学习成果的认定、积累和转换等细则方面都作了详细的规定，为学习成果的认定、积累和转换提供了制度支持。

为了进一步加强对职业教育国家学分银行建设工作的引导，2020 年 9 月 8 日，职业教育国家学分银行平台发布了《职业教育国家学分银行专家选聘工作的公告》，寄希望于通过充分发挥专家作用，为学分银行的建设献计献策。同日，平台还发布了《关于开展职业教育国家学分银行学习成果存储工作的公告》，向在校学习者及社会学习者说明了个人学习账户建立及学习成果存储的具体流程，同时也提出试点院校要稳步有序地推进工作开展。2020 年 12 月 8 日，平台再次发布了《关于开展职业教育国家学分银行学习成果转换工作的公告》，提出试点院校和培训评价组织要制定学习成果转换方法，双方同时要制定证书类专业（课程）与职业技能等级证书之间的转换规则，并将转换办法和转换规则上传到平台。公告的发布在一定程度上保障了试点院校和培训评价组织有序开展学习成果的转换。

职业教育国家学分银行的落地同时推动了地方学分银行的建设，加强国家学分银行与省级学分银行的联动工作尤为重要。2020 年 8 月 31 日，教育部发布了关于印发《国家开放大学综合改革方案》的通知，提及了在学分银行建设上，要厘清国家学分银行与省级学分银行的关系，建立学分认定体系和标准，开展学分互认试点，实现学历教育与非学历教育学分的有机衔接。该举措的提出也有利于健全国家开放大学的质量保障体系。9 月 16日，教育部等九部门关于印发《职业教育提质培优行动计划（2020—2023 年）》的通知，将职业教育国家学分银行的建设工作纳入其中。

2020 年 10 月 28 日，教育部办公厅发布了《关于进一步做好高职学校退役军人学生招收、培养与管理工作的通知》，提到了要做好学分认定、积累与转换工作，将退役军人服役期间的学历教育和非学历教育学习成果纳入职业教育国家学分银行，为退役军人学生教学管理与评价提供了创新路径。这也是对《通知》提出的要积极探索学分银行在更多领域应用的响应。

职业教育国家学分银行的落地促进了各省市积极开展学分银行制度探索，各省市人民政府结合《国家职业教育改革方案》，在本省职业教育改革方案中都提出了要推进学分制改革。例如 2020 年 7 月 30 日，江西省人民政府发布《教育部 江西省人民政府关于整省推进职业教育综合改革提质创优的意见》，提出要用好江西省终身学习账号，创新学分认定、积累和转换机制。全面推进学分制改革，探索职业教育国家学分银行落地工作机制和实现路径，实现基于能力标准的普通教育、职业教育、继续教育之间学习成果的认定、积累和转换，为国家资历框架建设提供试点经验。2020 年 7 月 27 日，甘肃省人民政府发布《教育部 甘肃省人民政府关于整省推进职业教育发展打造"技能甘肃"的意见》，提出要深化学分制改革，支持甘肃省建设国家学分银行"省级分行"，实现学校、社区并网互通。建立高等职业院校与普通本科院校、国家开放大学学分互认互转制度，实现学习成果的认定、积累和转换。2020 年 9 月 16 日，江苏省人民政府发布《教育部 江苏省人民政府关于整体推进苏锡常都市圈职业教育改革创新 打造高质量发展样板的实施意见》，提出苏锡常都市圈要以智能制造、市场营销、软件技术专业等优势专业群的核心专业为主体，推进职业教育学分银行建设，有序开展学历证书和职业技能等级证书学习成果的互认与转换，并在高职院校实现同类专业的学分互认，通过 1+X 证书制度和学分银行建设的双管齐下，形成可复制的学分银行应用模式和典型案例。

针对学习成果的转换规则研制工作，各职业院校也都结合课程标准、专业人才培养方案等积极探索学分兑换方案等。例如，合肥职业技术学院在 2020 年 3 月 18 日出台《合肥职业技术学院学分银行实施方案（试行）》，提出按照在线学习取得的各类证书、获得的专利、发表的作品、竞赛获奖、创新创业成果、志愿者服务等标准认定学分。福建林业职业技术学院于 2021 年 3 月 29 日发布《福建林业职业技术学院学分银行实施办法》，明确了学分银行实施办法具体流程，在学习成果转换办法和转换规则上提出学生可依据《福建林业职业技术学院关于印发〈课程免修实施管理细则（试行）〉》的相关规定申请免修，教务处教材与学籍管理科则依据双边或多边学分认证和转换规则办理有关课程免修学分累积手续。

自《通知》颁布以来，形成了国家与省市共建学分银行的格局，学习成果认定、积累和转换的核心工作也在有条不紊地开展。根据教育部发布的十三届全国人大三次会议建议答复函，至 2020 年 9 月 28 日，已有 41 家机构的 316 个学习成果进入国家开放大学学分银行成果目录清单，国家开放大学学分银行已为社会成员建立账户 920 万个，累计存储学习成果 7.8 万人次。各省市的学分银行建设工作同样开展得如火如荼。

（二）社会影响

从社会反响来看，面对技术进步、产业升级，在职职工也需要不断学习，越来越多的地方从实际出发，把农民工、退役军人纳入了职业教育范围，扩大了求学群体，普及式、终身制教育更成为迫切需要。在这个背景下，学分银行模式成为满足人们对教育的需求的有效途径。

职业教育国家学分银行的建设，改变了以往封闭的、僵化的学校学习模式，打破了时间和空间上的限制，为人们的学习提供了便利，为教育发展提供了良好的社会环境，有助于人们根据自己的兴趣爱好选择性学习，同时也利于形成人人学习的良好氛围，吸引更多的人参与到学习活动中来。此外，国家学分银行建设推动了终身教育的发展，人们可以根据自己的情况和需求，适时地选择符合自己的学习内容。制度体系的建立同时保障了人们学习成绩的有效性，推动了教育资源的有效利用。

从政策研究角度来看，大部分学者以构建国家资历框架为目标对职业教育国家学分银行进行了基础制度的研究，如结合 1+X 证书制度或者资历框架探讨职业教育国家学分银行的建设中面临的现实挑战以及出路探寻①；也有少部分学者基于对其他国家学分银行制

① 张焱，杨斌. 学分银行研究的图谱化分析 [J]. 高等继续教育学报，2021，34（03）：60-66.

度的探析为我国职业教育国家学分银行后续发展路径提出了完善相关法律法规、加强学分认可度、保证学分转换公平性的建议①。

五、改进建议

2019年国务院发布的《国家职业教育改革实施方案》提出要加快推进职业教育国家学分银行建设，表明了国家层面已经认识到学分银行的重要性，并将其上升为国家意志。2020年教育部发布的《通知》使学分银行平台的建设逐步走向成熟，但国家学分银行的建设仍任重道远，根据《通知》内容，展望未来，对职业教育国家学分银行的进一步建设可以从以下三方面开展。

一是建立统一的协调机制。职业教育国家学分银行建设过程中形成了多方合力共建格局，涉及的单位和角色较多，但仅靠政策和法律支持是不足的。职业教育国家学分银行平台依托国家开放大学建设，但国家开放大学不具备管理全国各个院校和培训评价组织的资格，而教育部及各省份的教育行政部门也没有成立相应的管理机构，因此要组织和协调各类机构、院校来共同参与职业教育国家学分银行的建设过程——既要基于学分银行的建设实际，制定用于规范各项工作的规范性文件，包括学分银行建设章程以及各类规定、办法、细则、操作流程等②，也要建立相关的质量保障体系，做好学分认定等方面的质量监控工作。

二是加强社会对学分银行的认可度。有专家认为当前建设国家级学分银行，关键是提高学分银行的认可度与吸引力。学分银行的建设能够帮助学习者通过学分积累的方式获得学历证书，但在部分地方学分银行证书的含金量仍不被认可，主要原因是学分银行主要针对职业教育和成人教育，很多人认为其所获得的不过是职业教育、成人教育文凭。我国职业教育学分银行在未来建设中首先要提高学分的认可度，除了社会民众对学分的认可外，还要有院校间对学分的彼此认可，通过发布权威文件作为制度基础，或开展一系列相关宣传都有助于提高学分的认可度。

三是完善健全的法律保障和政策支持。职业教育国家学分银行的建设涉及多方利益，但目前尚未有明确的法律对各利益方的权利和义务作出详细的规定，学生对学分的所有权、兑换权等缺乏保障。此外，教育部虽通过发布政策多次鼓励职业院校参与职业教育国家学分银行建设工作，探索有关工作机制，但仍缺少制度上的配套措施，同时财政支持力度等激励措施也不足。因此，职业教育国家学分银行在未来建设中有必要进一步建立健全法律、政策保障机制。从法律层面上，围绕学习成果的认定、积累和转换这一核心工作，

---

① 李玉琴. 职业教育国家学分银行发展路径——基于国际经验的思考 [J]. 职业，2021（17）：26-28.

② 程舒通，徐从富. 职业教育国家学分银行的建设现状、困境和对策 [J]. 成人教育，2021，41（08）：54-58.

通过立法形式明确各单位的权利与责任，提高各单位参与学分银行建设的积极性，同时也要通过法律对其行为进行约束，防止破坏教育公平现象的出现。从政策层面上，对于参与学分银行建设的职业院校、社会培训评价组织等，建立相关的经费支持保障机制，设立相关专项资金予以扶持。

（撰稿人：洪爽）

◎ 参考文献

[1] 李玉琴. 职业教育国家学分银行发展路径——基于国际经验的思考 [J]. 职业，2021 (17)：26-28.

[2] 程舒通，徐从富. 职业教育国家学分银行的建设现状、困境和对策 [J]. 成人教育，2021，41 (08)：54-58.

[3] 张焱，杨斌. 学分银行研究的图谱化分析 [J]. 高等继续教育学报，2021，34 (03)：60-66.

[4] 梁海兰，赵聪，李焱. 省域职业教育学分银行建设的成效、问题及对策 [J]. 教育与职业，2021 (02)：19-26.

[5] 朱敏. 职业教育国家学分银行是技术技能人才终身成长的重要支撑 [J]. 教育发展研究，2019，39 (19)：77-84.

[6] 中华人民共和国教育部政府门户网站. 教育部办公厅发布《关于进一步做好高职学校退役军人学生招收、培养与管理工作的通知》 [EB/OL]. (2020-11-02) [2021-12-30]. http：//www. moe. gov. cn/srcsite/A07/moe _ 737/s3876 _ qt/202011/t20201112 _ 499687. html.

[7] 中华人民共和国教育部政府门户网站. 对十三届全国人大三次会议第 1246 号建议的答复 [EB/OL]. (2020-09-28) [2021-12-30]. http：//www. moe. gov. cn/jyb_xxgk/xxgk_jyta/jyta_kjs/202010/t20201022_496100. html.

[8] 中华人民共和国教育部政府门户网站. 教育部 江苏省人民政府关于整体推进苏锡常都市圈职业教育改革创新 打造高质量发展样板的实施意见 [EB/OL]. (2020-09-16) [2021-12-30]. http：//www. moe. gov. cn/s78/A07/zcs _ ztzl/bsgjfzgd/zcfb/202011/t20201104_498167. html.

[9] 中华人民共和国教育部政府门户网站. 教育部 江西省人民政府关于整省推进职业教育综合改革提质创优的意见 [EB/OL]. (2020-07-30) [2021-12-30]. http：//www. moe. gov. cn/s78/A07/zcs_ztzl/bsgjfzgd/zcfb/202011/t20201104_498165. html.

[10] 中华人民共和国教育部政府门户网站. 教育部 甘肃省人民政府关于整省推进职业教育发展 打造"技能甘肃"的意见 [EB/OL]. (2020-07-27) [2021-12-30]. http：//www. moe. gov. cn/s78/A07/zcs_ztzl/bsgjfzgd/zcfb/202011/t20201104_498159. html.

［11］中华人民共和国教育部政府门户网站．教育部办公厅发布《关于做好扩招后高职教育教学管理工作的指导意见》［EB/OL］．（2019-12-23）［2021-12-30］.http：//www.moe.gov.cn/srcsite/A07/moe_737/s3876_qt/201912/t20191227_413753.html.

［12］中华人民共和国教育部政府门户网站．教育部关于《中华人民共和国职业教育法修订草案（征求意见稿）》公开征求意见的公告［EB/OL］．（2019-12-05）［2021-12-30］.http：//www.moe.gov.cn/jyb_xwfb/s5989/201912/t20191224_413254.html.

［13］中华人民共和国教育部政府门户网站．关于成立国家职业教育指导咨询委员会的通知［EB/OL］．（2019-10-31）［2021-12-30］.http：//www.moe.gov.cn/srcsite/A07/zcs_zhgg/201911/t20191115_408463.html.

［14］中华人民共和国教育部政府门户网站．教育部办公厅等十四部门关于印发《职业院校全面开展职业培训 促进就业创业行动计划》的通知［EB/OL］．（2019-10-16）［2021-12-30］.http：//www.moe.gov.cn/srcsite/A07/zcs_zhgg/201911/t20191118_408707.html.

［15］中华人民共和国教育部政府门户网站．教育部办公厅等七部门发布《关于教育支持社会服务产业发展 提高紧缺人才培养培训质量的意见》［EB/OL］．（2019-09-05）［2021-12-30］.http：//www.moe.gov.cn/srcsite/A07/zcs_cxsh/201909/t20190930_401846.html.

［16］中华人民共和国教育部政府门户网站．教育部发布《关于职业院校专业人才培养方案制订与实施工作的指导意见》［EB/OL］．（2019-06-05）［2021-12-30］.http：//www.moe.gov.cn/srcsite/A07/moe_953/201906/t20190618_386287.html.

［17］中华人民共和国教育部政府门户网站．近期贯彻落实《国家职业教育改革实施方案》重点任务进展情况和下一步工作考虑［EB/OL］．（2019-05-10）［2021-12-30］.http：//www.moe.gov.cn/fbh/live/2019/50642/.

［18］中华人民共和国教育部政府门户网站．教育部等四部门印发《关于在院校实施"学历证书+若干职业技能等级证书"制度试点方案》的通知［EB/OL］．（2019-04-04）［2021-12-30］.http：//www.moe.gov.cn/srcsite/A07/moe_953/201904/t20190415_378129.html.

［19］中华人民共和国教育部政府门户网站．关于做好职业教育国家学分银行建设相关工作的通知［EB/OL］．（2019-03-30）［2021-12-30］.http：//www.moe.gov.cn/s78/A07/A07_sjhj/202004/t20200405_439035.html.

规范开展高职扩招专项工作

——《关于做好 2020 年高职扩招专项工作的通知》解读①

一、出台背景

（一）现实问题

在供给侧结构性改革的大背景下，以及新冠肺炎疫情对我国经济发展和社会生产的影响下，失业率有所上升，但与此同时又出现求人倍率高、技术人员供不应求的问题。

近年来，在不断深化供给侧结构性改革的过程中，就业是人们的主要关注点之一。人民的生存与就业问题直接关系到社会的和谐与稳定，党和政府正在寻求如何从政策和制度上破解这一难题。

2020 年随着我国经济持续稳定复苏，四个季度全国人力资源市场供需求人数保持增长，市场用工需求大于劳动力供给，尤其是高层次技术人员严重短缺。

（二）目的意义

1. 高职扩招的目的和意义

（1）高职扩招促进教育公平的实现。关于教育公平的理念在《中华人民共和国教育法》中有充分的阐述，概括来说就是公民依法享有平等的受教育机会。高职扩招政策从本质上来说，就是让退役军人、下岗失业人员、进城务工人员、新型职业农民等群体享有接受高等教育的权利。高职扩招政策就是推动职业教育的发展成果能够更多、更公平地惠及全体人民的一种体现形式。

（2）高职扩招落实保就业稳就业。就业是最大的民生，"六稳"工作、"六保"任

---

① 文件名称：《教育部办公厅等六部门关于做好 2020 年高职扩招专项工作的通知》

发文日期：2020 年 7 月 3 日

发文机关：教育部办公厅 国家发展改革委办公厅　财政部办公厅 人力资源社会保障部办公厅　农业农村部办公厅 退役军人部办公厅

发文字号：教职成厅〔2020〕2 号

务，就业都摆在首位。做好就业工作对于完成"六稳"工作、落实"六保"任务具有重要意义。高职扩招政策是缓解社会人员就业压力、解决专业技术人员短缺的战略性举措。一是有助于提升进城务工人员、退役军人、失业人员等群体的技术技能水平，使更多劳动者长技能、好就业。二是有利于解决市场用工需求大于劳动力供给，尤其是高层次专业技术人员严重短缺的问题。三是有利于满足个性化学习需求，高职扩招源于学历提升、技术技能提升、便于就业择业等方面的需求，在专业方面更具针对性和指向性。

（3）高职扩招推动职业教育发展。《国家职业教育改革实施方案》提出要以高等职业教育引领新时代职业教育的改革，重点改革办学体制和育人机制，进一步满足高质量发展所需，建设出一批具有中国特色、具备国际先进水平的高等职业学校和骨干专业（群）。《国家职业教育改革实施方案》还就高等职业院校的人才培养、健全奖学金制度、鼓励社会各类人员进一步接受高等教育等方面给予了明确指示。由此可见，百万扩招不止实现了高职院校生源数量的增量、生源结构的丰富，也保证了对高职院校发展所需投入的增量，更为促进高职院校人才培养模式改革、教学方式优化及人才培养质量提升等增添新动能。伴随着高职扩招的进一步深入，相关政策还将继续完善和细化，高职院校亦可在各类政策指导下，探寻其发展的新路径。

2.《关于做好 2020 年高职扩招专项工作的通知》发布的意义

2020 年是高职扩招政策实施的第二年，在出台《高职扩招专项工作实施方案》（以下简称《方案》）的基础上发布《关于做好 2020 年高职扩招专项工作的通知》（以下简称《通知》），一方面说明国家层面对于高职扩招政策的重视程度，另一方面从侧面表明该政策对于"六稳""六保"工作的开展具有重要意义。同时总结 2019 年度的工作经验，对各地开展 2020 年度工作予以一定的指导，推动稳定有序、高质量完成 2020 年扩招 200万人的工作任务。

二、总体描述

（一）制定过程

高职扩招是有效缓解社会就业压力、解决高技能专业人才短缺的战略之举，可加快培养国家发展急需的各类专业的技术技能型人才。2019 年 3 月发布的《政府工作报告》提出"改革完善高职院校考试招生办法，鼓励更多应届高中毕业生和退役军人、下岗职工、农民工等报考，今年大规模扩招 100 万人"。4 月 30 日，经国务院常务会议讨论通过《高职扩招专项工作实施方案》。5 月，教育部办公厅等六部门发布文件，明确了高职扩招专项工作的科学分配扩招计划、合理安排报名考试、监督管理招生录取、开展分类教育教学等八项内容。2020 年 5 月发布的《政府工作报告》再次提出"资助以训稳岗拓岗，加强面向市场的技能培训，鼓励以工代训，共建共享生产性实训基地，今明两年职业技能培训

3500万人次以上，高职院校扩招200万人，要使更多劳动者长技能、好就业"。同年7月，教育部办公厅等六部门发布《通知》，重点强调稳定高职扩招规模、做好各环节工作、加强分类教育管理、加强组织实施四方面内容。2021年3月发布的《政府工作报告》强调"拓宽职业技能培训资金使用范围，开展大规模、多层次职业技能培训，完成职业技能提升和高职扩招三年行动目标，建设一批高技能人才培训基地"。同年6月，教育部等六部门发布《关于做好2021年高职扩招专项工作的通知》。

（二）整体概括

《通知》由教育部办公厅、国家发展改革委办公厅、财政部办公厅、人力资源社会保障部办公厅、农业农村部办公厅、退役军人部办公厅六部门联合发布，全文分为四个方面，共1526字。该《通知》是为贯彻落实2020年《政府工作报告》关于"今明两年职业技能培训3500万人次以上，高职院校扩招200万人，要使更多劳动者长技能、好就业"的要求而出台的，在2019年高职扩招专项工作开展的基础上，确保2020年高职扩招专项工作进一步稳定有序、高质量完成。

（三）基本框架

1.《通知》的主要内容

第一部分，各地要落实中央决策部署，稳定高职扩招规模。在明确高职扩招工作重要意义的基础上，提出了统一思想的总要求，明确了稳中求进的工作总基调，同时对扩招规模、高等职业教育资源统筹、政策宣传和招生、培养、就业等工作环节提出要求。

第二部分，各地要系统总结经验做法，做好扩招各环节工作。明确招生计划要向优质高职院校倾斜，向区域经济建设急需、社会民生领域紧缺和就业率高的专业倾斜，向贫困地区特别是连片特困地区倾斜，在2019年原有的群体单列计划上，鼓励企业员工、基层农技人员等在岗群体报考高职。各地根据本地疫情防控措施要求，组织好补报名和招录工作，提供更多入学方式。

第三部分，加快补齐办学条件，做好分类教育管理工作。在中央财政继续扩大支持力度的基础上，各地也要履行主体责任，在改善办学条件、购买高职教育服务、师资队伍建设、编制人才培养方案、分类教育管理等工作上下功夫，把好人才培养质量关，实现质量型扩招。

第四部分，加强组织实施，形成工作合力。对于高职扩招工作提出了加强组织实施、协同联动、严明工作纪律、狠抓工作落实等要求。

2.《通知》与《方案》的关系与对比

（1）《通知》的发布以《方案》为基础。《方案》明确了指导思想和工作原则后，提出扩大招生计划、做好高职扩招的补报名工作、做好高职扩招专项考试工作、做好招生录取工作、做好分类教育管理工作、推动教师教材教法改革、做好就业服务、加大财政投入八项具体工作任务。各地以《方案》为指导开展 2019 年度高职扩招工作，同时 2020 年度的高职扩招工作也以此基础。

（2）《通知》相较于《方案》，主要是强调重点和难点工作，以及补充部分内容。重点强调了稳定高职扩招规模、做好扩招各环节工作、加大财政投入补齐办学条件等方面，其中在扩招专项考试工作中增加了"做好三二分段制高职转入高等教育阶段招生考试工作"，在加大财政投入工作中增加了"扩充高职院校教学用房面积及设施设备"，在推动教师、教材、教法改革工作中增加了"加大教师培训力度"。

三、重点阐释

（一）核心要点

《通知》重点强调稳定高职扩招规模，加强各地高等职业教育资源统筹，做好招生、培养、就业各个环节工作，加大相关政策的宣传力度，加快补齐办学条件，做好分类教育管理工作，确保高质量完成任务目标。教育部等有关部门将加强组织实施、协同联动，形成工作合力。

（二）主要特色

高职扩招政策对于职业教育既是重大的历史机遇，也是前所未有的挑战。该政策主要具有以下三个特点：

1. 生源结构多元化

生源结构多元化主要从生源的年龄结构、职业类别、学习背景三个方面体现。高职扩招政策实施前生源层次为应届普通高中毕业生、三校生（技工学校、中等职业学校、职业高中）、三二分段制和五年一贯制学生。高职扩招政策实施后在原有生源的基础上，增加往届普通高中毕业生、中职（含中专、技工学校、职业高中）毕业生、退役军人、下岗失业人员、进城务工人员和新型职业农民，以及企业员工和基层农技人员等。一是生源的年龄跨度明显增大，年龄范围由原来的 17—22 岁，扩大到 17—60 岁。二是生源的职业类别明显增多，除学生外，增加了军人、进城务工人员、企业员工等职业类型。三是生源的学习背景明显复杂，在扩招生源曾经的学历层次、学习专业、教育形式等方面，每个个体均存在一定差异。

2. 教学模式弹性化

教学模式弹性化主要从学制、学习成果认定、教学内容三个方面体现。一是学制更加灵活多元，针对扩招生源可实施弹性学习方式，最长不超过 6 年。确保总学时不低于 2500 个，其中集中学习的学时不得低于总学时的 40%。而且针对扩招生源的职业特点可采用"线上线下教学相结合、旺工淡学"的错峰教学、"送教下乡"、"送教上门"、"社区学区"、"企业学区"等多元教学模式。二是对于学习成果的认定，培养院校更具自主权，可将1+X证书按规定兑换学分，可将已有工作经历、相关培训经历、技术技能达到一定水平及相关奖项或荣誉称号折算成相应学分或免修相应课程等。三是教学内容从基于知识存储为主的学科课程，开始向基于知识应用为主的行动课程，特别是基于工作过程系统化的项目、任务或模块课程转变。

3. 高校管理开放化

高职扩招政策实施以来，高等职业院校的管理不仅仅面向校内学生，更是面向社会群体。高职院校在行政管理、教学管理、学生管理方面都意味着要跳出学校，走向社会的多元化管理。

（三）核心素质

扩招生源的核心素质要求不低于统招生源，更加注重专业相关的职业素养。根据教育部办公厅《关于做好扩招后高职教育教学管理工作的指导意见》的要求，在扩招生源的培养过程中同样要强化思政教育和价值引领，严格按照《关于深化新时代学校思想政治理论课改革创新的若干意见》《新时代高校思想政治理论课教学工作基本要求》，开齐开足思想政治理论课，而且要更加注重职业素养养成，将专业精神、职业精神和工匠精神融入人才培养全过程。

四、政策效果

（一）实施情况

2019年百万扩招工作总体进展顺利。根据《高职扩招专项工作实施方案》，各省结合本地情况制定了实施细则，各有亮点和特点，如表1所示。

表1　　　　　　　　　　各省具体做法及特色亮点

序号	具体工作	普遍做法	特色亮点	
			省份	举措
1	招生宣传	各省教育厅、省教育考试院、高职院校招生网站、各大主流媒体负责扩招专项信息的发布及宣传报道	河北、甘肃	由考试招生机构、退役军人事务部门、人力资源社会保障部门和农业农村部门开展联合办公，为考生报名提供一站式服务，并指派专人负责考生咨询服务

续表

序号	具体工作	普遍做法	特色亮点	
			省份	举措
2	户籍门槛	本省户籍，部分省（区、市）打破户籍限制，允许外省户籍考生报名	广东	明确提出外省户籍（累计在广东省满一年的社保参保证明）在职员工和港澳台考生均可报名
			江苏、山东、安徽、甘肃、陕西、四川	允许在本地务工6个月以上的外省户籍考生报考
			湖北	提供本省半年社保缴费凭证或居住证
3	招考方式	招生院校自行组织，难度较小，主要包括职业适应性测试或技能类面试，退役军人、进城务工人员等特定社会人员可以免文化考试	江苏	面向"退下农"群体，实行免文化测试、参加联考和成绩互认政策
			四川	鼓励高职院校通过联合考试或成绩互认方式，减轻考生考试负担
			山东	采用集中考试方式，将平时学习、参加学习讨论、作业情况等纳入考核，加大技能考核权重
			湖南	开展面向企业在岗人员招生工作，企业在岗人员可免于文化素质考试，由招生院校组织与报考专业相关的职业适应性面试或技能测试，鼓励采用情景模拟、问答、才艺展示等方式进行测试
4	专业设置	招生专业由招生院校确定，重点考虑区域经济建设急需、社会民生领域紧缺和就业率高的专业	江苏	22所优质高职院校成为主要招生单位，专业设置重点面向养老护理、家政服务、烹饪、电子商务、物流、现代农业、机械制造、焊接、汽车维修等在江苏就业市场需求量大的专业
			安徽	招生专业以学前教育、护理、家政、养老、健康服务、现代服务业等领域为主
			河北	招生专业按照"社会急需、适合培养、易于就业"的原则，优先考虑养老、护理、家政、健康服务、现代服务业等就业市场需求量大的专业

序号	具体工作	普遍做法	特色亮点	
			省份	举措
5	培养方式	探索联合培养、工学结合、学徒制、送学上门、线上线下结合、走读、允许弹性入学等多种形式培养	广东	采取高职院校单独培养、中高职院校联合培养、高职院校与企业联合培养三种方式，积极探索学徒制、线上线下混合学习、学分管理、走读等形式
			山东	对退役军人、工人、农民实行弹性学制、分类培养模式，鼓励、支持高职院校与行业企业联合开展学徒制培养、订单培养、定向培养模式
			河南	分类编制专业人才培养方案，单独编班、分类教学、分类管理，采取全日制学习形式或者工学交替、集中教学和分散教学相结合，在校学习和社区（企业）学习、"送教上门"、"送教下乡"、"送教入企"相结合，线上教学和线下教学相结合等培养方式
6	学制年限	实行弹性学制，最短2年，最长可放宽至6年	山东	采取弹性学制、弹性学期、弹性学时的形式，学生的学业年限既可是2—3年，也可放宽至3—6年
			江西	录取的普通高中和中等职业学校毕业生基本学制为3年，录取的初中毕业3年以上考生基本学制为5年，但每取得一项1+X职业技能等级证书，可以缩短1年学制，最长可缩短2年学制
			湖北	学生最长学习年限可以是3年，也可放宽到4—6年
7	奖助学金	资助政策好，补偿力度大，退役军人可免学费	四川	退役士兵免学费，由盛腾教育中心给予学生学杂费、技能培训、专项助学金等支持
			山东	具有山东户籍的2011年之后入伍的自主就业退役军人不仅学费、住宿费全免，每人每月还可以领取400元补助，补助3年
			安徽	报考幼儿园教师学历提升计划的公办和民办幼儿园在职教师，毕业后，符合相关条件和要求的，可申请享受高校毕业生到农村从教上岗退费政策。退费标准为每人每年最高8000元，退费年限为3年

序号	具体工作	普遍做法	特色亮点	
			省份	举措
7	奖助学金	资助政策好，补偿力度大，退役军人可免学费	广东	户籍建档立卡学生，就读公办院校的免学费，就读民办院校的，享有5000元/学年补助，无论就读公办院校还是民办院校，都可获得7000元/学年的生活费补助

（二）社会影响

通过专家、校长对高职扩招政策的解读，网友在知乎、贴吧等网站对于高职扩招政策的提问、评价，以及与部分扩招生源交谈来看，整体来说社会对高职扩招政策持肯定意见。

1. 职教连续扩招，被国家寄予厚望

"这是党中央、国务院立足当前、着眼长远，统筹推进疫情防控和经济社会发展作出的一项利国利民的重大举措，无论从经济社会发展对高素质技能人才的大量需求，还是从当前如何稳就业、促就业来看，十分必要，意义重大。高职扩招的政策效应将持续释放，对经济、社会以及教育会带来重大影响。"时任全国政协常委、安徽省政协副主席、安徽省教育厅厅长的李和平表示。

"职教扩招再加码，代表党中央、国务院对职业教育尤其是高等职业教育是非常看好的、寄予厚望的，高职对于民生的意义，无论从'以人民为中心'、经济转型升级还是从年轻人发展本身来说，其作用都是非常凸显的。"时任中国职业技术教育学会副会长的马树超表示，2019年实现了扩招百万的任务，是高职院校执行力的体现，是教育部执行力的体现，是各级政府对于国家大政方针落地执行力的体现。

"在脱贫攻坚的收官之年，高职院校服务贫困地区的能力值得更大的期待和肯定。"马树超连续九年主持调研发布中国高职教育质量年度报告，据此，他列出3组数据以证明。第一组数据是，高职2017年、2018年、2019年连续三年，每年毕业的300多万学生中，来自贫困地区的农村生源占比为9.9%，划到每个国贫县就是300多人。第二组数据是，高职的贫困地区农村生源的63%分布在农林类、医药卫生类、民族类、师范类等院校中，他们毕业后对于加强乡村卫生院、幼儿园等农村基层组织建设，解决基层民生问题等具有不可替代的作用。第三组数据是，这些贫困地区农村生源的高职毕业生就业率连续5届稳定在90%以上，其中近1/4留在贫困地区，有力支撑了当地的脱贫攻坚工作。

2. 职教连续扩招，备受群众广泛关注

网友通过网络平台对高职扩招政策有评价、有提问，其中知乎网站的"大家对于高

职扩招是怎么看的?""高职扩招到底好不好?"等相关主题从个人学历提升、技能提升、个人兴趣爱好、个人职业发展等多个角度对于高职扩招政策予以肯定和支持,网友对"2022年还会有扩招吗?""扩招学历的认可度"以及扩招政策的相关细节问题较为关心。

五、改进建议

国家教育行政学院职业教育研究中心对全国30个省份的教育行政部门开展了调研,进行了2次共32所院校的集体座谈以及45所院校的书面访谈,范围基本覆盖全国各省,政策落实过程中存在的困难、问题及改进建议如下:

(一)高职扩招政策落实过程中的困难、问题

高职扩招政策落实过程中暴露出各部门在不同程度上的准备不充分、保障不充足、管理不到位等一系列问题。

1. 个别省份的统筹力度不足

高职扩招政策涉及教育、财政、人社、退役军人事务等多个部门,但政策落实过程中总是教育部门"单兵作战",个别部门参与度不够;教育部门组织不到位问题,造成报名、考试时间仓促;各部门配合不到位,部分省份存在教育部门与退役军人事务部门在学费资助上政策口径不一,影响报考积极性。

2. 扩招生源不均衡,出现报考乱象

基于扩招生源的家庭、经济等因素造成学生学习的主动性不高,职业教育的吸引力不强、社会认可度不高等因素造成退役军人、下岗失业人员、进城务工人员和新型职业农民的报考数量少,很多职业院校的社招生录取比例不足1%,甚至为零。不仅如此,还出现了中介机构等社会组织贩卖生源,成人继续教育生源要求清退学籍、重新享受学费减免的优惠政策等问题,严重影响、扰乱了招生秩序。

3. 财政、设施、师资等保障不足

按照高职院校学生均拨款额定标准每生每年12000元,仅2019年扩招100万人至少给全国各省(自治区、直辖市)带来120亿元的公共财政支出增量。多数省份出现地方财政吃紧、将无力支付的问题。而且各扩招院校的教室、宿舍、澡堂、操场等教学生活设施的承受压力已超出承受范围。在原本的师资缺口上,教师短缺问题更加突出,新招教师编制无法短期解决,在岗教师在收入不变的情况下工作负荷较高,严重影响各个扩招院校的教师的积极性和工作质量。

4. 教学组织管理、学生管理难度加大

由于扩招生源与应届生生源在种类和结构上均存在较大差异，各个专业的人才培养方案面对不同生源在落实过程中存在不同程度的课程体系设置不合理、课程考核方式不适用、教材选用难度大等问题，造成学校的教学组织管理问题频出。而且扩招生源在校时间的不确定性，造成在意识形态工作、安全管理等方面，学校的管理难度和管理风险较大。同时，学校原有的学分认定与转换制度、学籍管理制度、学生管理与评价制度、教师绩效考核制度、后勤保障制度等均不符合当前生源的管理现状。

5. 教育公平、教学质量遭到质疑

高考统考、继续教育、成人教育等不同类型的生源，在录取方式、资助政策等方面有所不同，增加了质疑教育公平的隐患。扩招后师生比、生均教学科研仪器设备值、生均实验实习场所面积等办学指标有所下降，部分高职院校的办学指标本来就处于刚达标状态，扩招后就降到了合格标准以下，教学质量遭到质疑。

（二）应对困难、问题的改进建议

根据扩招的完成情况、出现的问题和困难、可能引发的潜在性风险，提出以下改进建议：

1. 在主体责任上予以明确强化

坚持地方主责的原则，地方政府要切实履行主体责任，从省级的宏观层面根据区域产业发展布局和行业企业发展需求，对本地情况进行分析研究，对于省域内各高职院校的教育教学设备、生活设施、师资情况、可承担扩招人数等做到底数清、情况明、数据准，提升扩招工作的合理性和科学性。同时建立高职扩招专项工作的联动机制，增强多部门、多主体统筹力度，形成工作合力，切实推进高职扩招政策落地见效。

2. 在工作方法上予以指导简化

一是以出口定入口，注重技能匹配。高职院校要针对不同专业、不同群体采取分类招考，将岗位胜任力测评作为评价考核的重要依据，以招生环节的"技能匹配"避免毕业后的结构性失业，如面向幼儿园保育员、医院护理员等社会紧缺职业开展专项扩招。二是整合招生资源，规范招生程序，如可将高职招生（含扩招）规范为两次，上下半年各一次。

3. 在政策制度上予以支持保障

一是提供基础保障，解决家庭经济问题。鼓励企业与在职生源建立定向协议并发放基本生活工资；设置针对扩招生源的奖助学金政策制度；鼓励银行推出专项助学贷款，以多

种方式增强高职扩招的吸引力。二是合理整合多方资源，解决设施、师资短缺问题。有机整合省（自治区、直辖市）内高职院校、中职学校、企业的教学资源、教学设备、生活设施，在教学质量达标的基础上，通过集团化办学共享食宿、教学场所等硬件资源，高质量完成扩招任务。三是调整绩效分配方案，解决教师因工作负荷而产生的问题，按照扩招任务的比例重新核算承担扩招任务学校的教师的绩效工资总量，核增职业院校的绩效工资总额。

4. 在管理机制上予以健全完善

高职院校要针对应届与非应届、就业与未就业、不同年龄段等生源的多样化特点，分类编制专业人才培养方案，采取弹性学制和灵活多元教学模式，提高人才培养的针对性、适应性和实效性；严把教学标准和毕业学生质量标准两个关口，强化日常教学管理和学生管理，保证稳定有序的教学秩序，形成良好的运行机制；建立职业教育个人学习账号，结合"学分银行"推动学习成果的认定、积累和转换；完善学校内部治理结构，健全与高职扩招相配套的内部治理制度。

（撰稿人：陈梦婷）

◎ 参考文献

[1] 董超，孙薇薇．教育公平理念下大学生学业指导体系的建构策略［J］．高教学刊，2021（35）：43-46.

[2] 卫建国，秦一帆，崔园园．高职扩招政策的多源流理论阐释［J］．黑龙江高教研究，2020（12）：95-99.

[3] 傅丽娟．高职院校"百万扩招"政策落实中的问题及对策［J］．机械职业教育，2020（12）：5-8.

[4] 邢晖，郭静．高职院校百万扩招政策落实中的问题与对策建议［J］．江苏高职教育，2019，19（04）：1-5.

[5] 姜大源．论高职扩招给职业教育带来的大变局与新占位［J］．中国职业技术教育，2019（10）：5-11.

[6] 匡瑛，石伟平．论高职百万扩招的政策意图、内涵实质与实现路径［J］．中国高教研究，2019（05）：88-91.

[7] 鞠鹏．全面贯彻落实党的教育方针，努力把我国基础教育越办越好［N］．人民日报，2016-09-10（02）.

[8] 人民日报评论员．做好"六稳"工作 落实"六保"任务［N］人民日报，2020-04-24（02）.

[9] 中华人民共和国人力资源和社会保障部．2019年度人力资源和社会保障事业发展统

计 公 报 ［EB/OL］．（2021-06-23）［2021-12-18］．http：//www. mohrss. gov. cn/xxgk 2020/fdzdgknr/ghtj/tj/ndtj/202106/t20210604_415837. html.

［10］ 中华人民共和国人力资源和社会保障部 . 2020 年第一季度部分城市公共就业服务机 构市场供求状况分析［EB/OL］．（2021-04-21）［2021-12-18］．http：//www. mohrss. gov. cn/xxgk2020/fdzdgknr/jy_4208/jyscgqfx/202004/t20200421_366028. html.

［11］ 中华人民共和国人力资源和社会保障部 . 2020 年第四季度部分城市公共就业服务机 构市场供求状况分析［EB/OL］．（2021-01-14）［2021-12-18］．http：//www. mohrss. gov. cn/xxgk2020/fdzdgknr/jy_4208/jyscgqfx/ 202108/t20210806_420211. html.

［12］ 中国残疾人联合会 . 中国代表呼吁重视消除残疾人贫困［EB/OL］．（2019-06-14）［2021-12-18］．https：//www. cdpf. org. cn//xwzx/ywdt1/d439fe5947ec4283b51506fe20689e7e. htm.

省部合力推进职业教育综合改革

——《教育部 江西省人民政府关于整省推进 职业教育综合改革提质创优的意见》解读①

《教育部 江西省人民政府关于整省推进职业教育综合改革提质创优的意见》（以下简称《意见》）是由教育部、江西省人民政府于 2020 年 7 月 30 日颁布的。这是在国家高度重视职业教育的思想方针指导下，对于江西省职业教育改革所发布的政策性文件。本文拟从政策的出台背景、政策的基本框架、政策的核心要点、政策的主要特色、政策的实施效果、政策的改进意见和建议六个方面对此政策进行分析。

一、政策的出台背景：国家背景和地方省情

任何政策都是一定的政策主体，为达成一定的目标，在国家和社会的宏观背景下，结合地方实际情况而制定的。《意见》的出台背景主要包括以下方面：

（一）国家背景

1. 国家的政策背景

《中国教育现代化 2035》《国家职业教育改革实施方案》是《意见》的政策背景。2019 年国家制定了《中国教育现代化 2035》，为全国范围内各级各类教育事业的发展提供了思想指导。党的十八大以来，党中央把职业教育定位为与普通教育处于同等重要地位的类型教育，这就把职业教育摆在了前所未有的突出位置。习近平总书记多次对职业教育作出重要指示并主持审议通过了《国家职业教育改革实施方案》，制定了职业教育顶层设计和施工蓝图。这为职业教育的发展指明了方向。

2. 国家的时代背景

国家高度重视江西革命老区的振兴发展。《国务院关于新时代支持革命老区振兴发展

---

① 文件名称：《教育部 江西省人民政府关于整省推进职业教育综合改革提质创优的意见》
发文日期：2020 年 7 月 30 日
发文机关：教育部 江西省人民政府
发文字号：赣府发〔2020〕16 号

的意见》明确提出要巩固拓展革命老区的脱贫攻坚成果，激发内生动力，发挥比较优势，努力走出一条新时代振兴发展新路。为落实这一目标，该文件指出要推进高职学校、技工院校建设，实施省部共建职业教育试点项目。这体现了国家对于江西革命老区发展的重视，以及对职业教育发展之于革命老区发展价值的重视。

（二）江西省情

1. 江西省近年来职业教育的发展成绩斐然

近年来，江西省职业教育围绕贯彻落实党中央决策部署，通过夯实办学基础、扩大办学规模、完善办学体系、优化体制机制，实现了特色化跨越式发展，成为江西省教育改革和经济社会发展浪潮中的一大亮点。江西省作为全国中部地区代表，入围"校企合作推进力度大、职业教育发展环境好、推进职业教育改革成效明显的地方"而受到国务院办公厅通报表扬。

不仅如此，江西省职业教育培养的学生屡屡在国际大赛中获奖。2019年8月，来自江西职业院校的三名学生参加世界技能大赛，获得了两金一银的好成绩。这项比赛每两年举办一届，被誉为"世界技能奥林匹克"。肖星星不仅荣获第45届世界技能大赛电气装置项目冠军，而且还实现了这个项目上中国金牌"零"的突破。正是鉴于江西省职业教育发展的成效等原因，2020年，继东部的山东省、西部的甘肃省之后，江西省被批准成为第三个部省共建职业教育发展高地。

2. 江西省有着国家批准的两个试验区和一个改革试验点

江西省是骨架生态文明试验区、内陆开放型经济试验区和职业教育改革试验点。"两区一点"的建设为江西省职业教育提供了良好的发展契机，同时也带来了一定的挑战。

第一，江西省是首批国家生态文明试验区。2016年6月，江西省与福建省、贵州省一同被列为首批国家生态文明试验区。2017年9月，中共中央办公厅、国务院办公厅正式印发《国家生态文明试验区（江西）实施方案》，将江西省生态文明建设纳入中央部署。建设国家生态文明试验区，可进一步挖掘江西省的绿色生态资源潜力，有利于江西省将"生态+"理念融入产业发展全过程、全领域，构建绿色产业体系，促进生产、消费、流通各环节绿色化。这也给江西省职业教育带来一些发展契机，如旅游业的发展带动导游等职业人才培养，绿色农业产品的生产、销售等又会带动商贸、物流等职业院校的专业发展。

第二，江西省是内陆开放型经济试验区。2020年4月6日，国务院正式批准设立江西内陆开放型经济试验区，这是全国第三个、中部首个国家级内陆开放型经济试验区，也是江西省第二个覆盖全省范围的具有里程碑意义的重大国家战略。建设内陆开放型经济试验区，可进一步挖掘江西省与周边省份合作的潜力，推动承接沿海产业集群式转移，吸引更多先进技术、人才等生产要素在江西省集聚，增强发展动能，加快转型升级，实现高质量跨越式发展。内陆开放型经济试验区的建设不仅为江西省的职业教育发展提供外在资源保障，而且还倒逼江西省的职业院校与企业深度合作，培养大批高质量先进制造业和服务业人才。

第三，江西省是职业教育改革试验点。2019年12月，江西省向教育部报送《关于商请在江西省设立国家职业教育和培训改革先行示范区的函》，得到教育部的大力支持，其同意江西省成为职业教育改革试验点。职业教育改革试验点为江西省职业教育发展提供了发展契机，并为其示范性作用的发挥提供了可能。

3. 江西省作为革命老区，红色文化资源尤为丰富

一方面，江西省是革命老区，国家对革命老区建设尤为重视。2021年1月，国务院制定了《关于新时代支持革命老区振兴发展的意见》，指出要加大对革命老区建设的支持力度，助力革命老区如期打赢脱贫攻坚战，让革命老区人民逐步过上更加富裕幸福的生活。国家对于革命老区的支持和关注为江西省职业教育发展提供了良好的政治条件。

另一方面，江西省作为革命老区，有着井冈山等红色文化基地，有着浓厚的红色革命传统与红色精神，这些都成为红色旅游和中小学研学旅行的重要资源。这些资源都将为江西省职业教育提供发展契机。尤其是在我国当前重视党史学习、红色记忆传承的背景下，当地红色文化资源将为导游、红色产品设计等相关专业提供发展契机。

4. 江西省传统工艺文化资源丰富

江西省有多种传统工艺，传统工艺在新时代如能实现产业升级，将焕发出新的生机与活力。江西省的景德镇瓷器工艺、中药炮制、夏布等代表性传统工艺，为江西省职业教育发展提供了文化资源。同时，传统工艺的传承也需要从职业教育发展中借力，以实现必要的传承性人才培养及自身发展的产业升级。两者融合可以实现传统工艺与职业教育的双赢发展局面。

5. 江西省有着自身经济发展劣势

江西省是革命老区，经济欠发达的省情决定了不能走单纯依靠大规模投入来推动职业教育发展的路子。因此，江西省明确了以体制机制改革为主要驱动力，充分释放职业院校的办学活力和内生动力，紧密结合省内社会和产业发展需要，扩大优质职业教育资源覆盖面，创新人才培养模式，提高职业教育服务能力的改革基本思路。

6. 江西省职业教育发展具有较强的示范性

江西省是发展中的省份，财政状况不太好，如能通过改革创新的办法促进职业教育发展，以此来激发经济活力，将对全国职业教育发展产生很强的示范性。

正是在国家高度重视职业教育发展和江西省革命老区发展的背景下，在审视江西省自身优势和不足的省情基础上，教育部和江西省人民政府联合制定了《意见》。

二、起草历程：借鉴经验与多元协商

首先，借鉴经验。基于国情和省情的思考，江西省明确了职业教育发展的基本思路。在此基础上，江西省进行了充分的调研，吸收、借鉴了天津、山东、江苏、广东、浙江等兄弟省（市）的先进经验，开始了文件的起草。

其次，多元协商。在该文件的制定过程中，广泛征集了多方意见。教育部职成司对文件起草给予了直接指导；《意见》文稿先后征求了江西省职业教育工作联席会议各成员单位、部分职业院校负责人、教育部专家组、教育部各司局的意见；经过了江西省委教育工作领导小组第三次全体成员会议、江西省政府第 48 次常务会议和教育部第 18 次党组会审议。

2021 年 7 月 30 日，江西省人民政府印发了《意见》。《意见》从酝酿到正式印发，历时半年多。在《意见》印发的同时，江西省也启动了相关政策研究，拟陆续推出一系列配套政策，打造江西省职业教育综合改革的新局面。

三、政策的基本框架

《意见》共分为 9 个部分、31 条内容，并附教育部 9 项支持政策清单、江西省 50 项工作任务清单。具体标题和条款数统计见表 1，框架的思维导图见图 1。

表 1 　　　　　　　　　　　　《意见》标题和条款数统计表

序号	标　　　题	条款数	字数
1	一、指导思想和建设目标	2	869
2	二、以落实同等重要地位为目标，优化职业教育发展环境	4	1304
3	三、以经济社会发展需求为导向，提升职业院校服务能力	4	1244
4	四、以体制机制改革为重点，释放职业院校办学活力	4	1109
5	五、以职教高考改革为抓手，健全现代职业教育体系	5	1729
6	六、以负面清单制度为突破，促进院校企业深度合作	4	989
7	七、以选聘制度改革为关键，打造"双师型"教师队伍	3	1117
8	八、以红色基因传承为特色，强化职业院校思政教育	3	875
9	九、以人才队伍培养为支撑，推动传统工艺传承创新	2	575

（一）对基本框架形式的分析

基本框架共分为 9 个部分，每个部分又分为不同数量的条款，这些条款的数量之间基

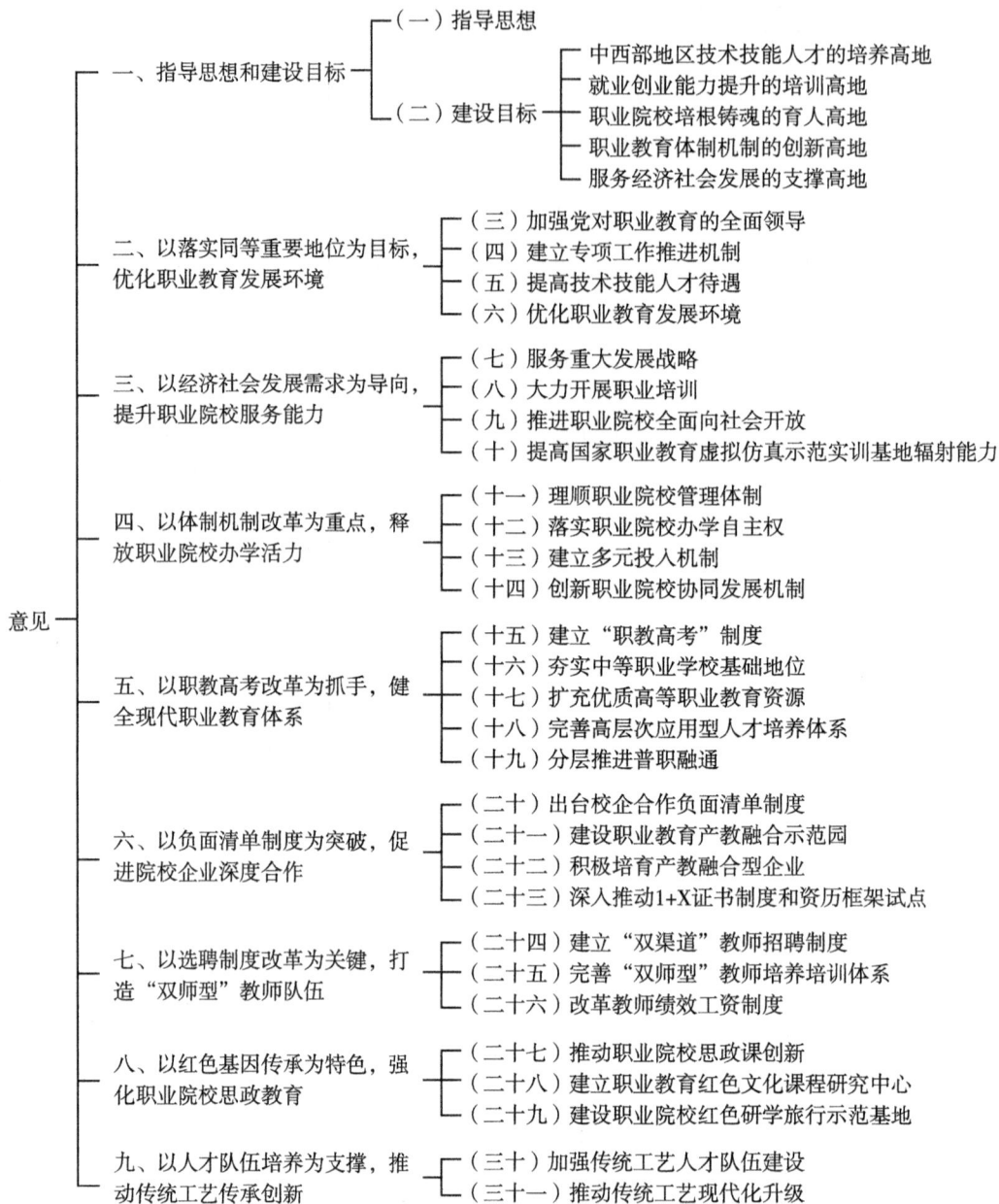

图 1　《意见》框架的思维导图

本均衡。其中条款数最多的是"以职教高考改革为抓手，健全现代职业教育体系"（共有5条），其字数是在所有部分中最多的（共1729字）。这说明了该《意见》的每一部分工作在职业教育发展中地位相对均衡，而以职教高考改革为抓手、健全现代职业教育体系最为重要。

（二）对基本框架内容的分析

《意见》中强调"通过提质创优、协作共享，打造新时代中部地区和革命老区职业教育高质量发展的样板和标杆"，其中，成为"新时代中部地区和革命老区职业教育高质量发展的样板和标杆"是政策最核心的目标，"提质创优、协作共享"可以视为目标的实现途径。

围绕"提质创优、协作共享"，我们可以对框架做分解。

"提质创优"主要是指提高职业教育的质量。职业教育的服务能力、职业教育自身的办学活力、现代职业教育体系、传统工艺的继承创新是"质"的几个维度。"提质"的保障措施，主要体现为六个方面：指导思想和目标保障，发展环境保障，校企合作保障，"双师型"教师队伍建设保障，"思政教育"保障，传统工艺融入的内容建设保障。

协作共享，主要涉及五个方面之间的合作共享：职业教育资源与社会发展资源的合作共享，普通教育和职业教育的协作共享，校企之间在产教融合、师资队伍建设等方面的协作共享，职业教育与当地红色文化资源建设的协作共享，传统工艺与职业教育的协作共享。

四、政策的核心要点

《意见》可谓是我国职业教育综合改革过程中，创建新时代中国特色职业教育制度的"江西方案"，其政策核心要点主要包括以下几点：

（一）建设目标

《意见》提出具体建成五大"高地"：一是建成中西部地区技术技能人才的培养高地，二是建成就业创业能力提升的培训高地，三是建成职业院校培根铸魂的育人高地，四是建成职业教育体制机制的创新高地，五是建成服务经济社会发展的支撑高地。

（二）政策要求

为达成五大"高地"的建设目标，《意见》着重从以下方面提出了实施要求：

1. 优化职教环境

《意见》对于职业教育发展外部环境的塑造主要体现为管理干部、工作机制、评价机制、社会支持四种途径：通过建立公办高等职业院校领导干部科学的选用、培养、交流、退出机制，建设一支适应新时代职业教育改革发展的干部队伍和人才队伍；通过"一把手负责制"构建教育部部长和中共江西省委书记、江西省人民政府省长任组长，高位推动、层层落实的专项工作推进机制；清理对技术技能人才的歧视政策，在创业支持、荣誉表彰中予以倾斜，在就业待遇和专业发展机会上对职业院校毕业生和普通高校毕业生给予同等待遇，构建技术技能人才的评价机制环境，让技术技能人才成为"香馍馍"；通过满足用地、项目建设等多种需求以及构建全方位、多视点、广渠道的立体化大宣传格局，提高职业教育的社会吸引力。

2. 开放职教服务

职业教育服务社会既是职业教育对外社会功能的体现，也是职业教育提升自我质量的重要途径。《意见》主要通过"五业联动"、面向农村的"造血式"扶贫、职业院校面向社会的全面开放、虚拟仿真示范实训基地辐射等，提升职业教育服务能力，促进江西省经济社会发展：建立就业、职业、产业、行业和企业"五业联动"的职业教育发展新机制，使职业教育全面融入江西发展大局；面向农村贫困地区扎实推进职业技能提升培训，发挥职业院校"造血式"扶贫的重要主体作用；采用线上预约、登记，线下一码通行的方式，使职业学校面向社会有序全面开放，提供技能培训、职业体验等服务；高标准建成全国首个国家职业教育虚拟仿真实训基地，构建职业教育虚拟仿真实训教育资源共建、共管、共享机制，以虚拟仿真实训的高水平专家团队、课程、教材的推广性服务，以基地的实训实习、培训、科普以及社区教育等面向省内外广泛开展服务活动。

3. 赋权院校管理

《意见》主要通过理顺职业院校管理体制、落实职业院校办学自主权、建立多元投入机制、创新职业院校协同发展机制等，促进职业院校管理更自主：充分发挥行业主管部门的优势，巩固教育部门统筹规划、综合协调、宏观管理，人力资源社会保障行政部门和其他有关部门在职责范围内分别负责有关职业教育工作的良好格局；以"放管服"改革的深化为契机，在内部管理、教师招聘、教师待遇、职称评聘、校企合作、专业设置等方面，赋予院校更多自主权；政府资金和社会资本有机融合，保障职教经费投入；院校联合促进资源共建共享，形成高等职业院校 G10 联盟，推进院校在招生考试、教材建设和教学改革研究、学分互认、"双师型"教师培养培训、互派学生、专业书籍馆际互借等方面的协同。

4. 打通职教体系

《意见》主要通过建立"职教高考"制度、夯实中等职业学校基础地位、扩充优质高等职业教育资源、完善高层次应用型人才培养体系、分层推进普职融通等，让职业教育体系实现纵向和横向畅通：以"职教高考"方案，为中等职业学校毕业生接受高等教育提供多种入学方式和录取办法；以中等职业教育培基固本行动计划，推动中等职业学校提质扩容，使之成为服务当地经济社会发展、面向当地各类学习群体的办学实体和学习中心；对标国际国内一流职业院校，重点建设 10 所省级高水平高等职业院校，实现优质高等职业教育资源的扩容；完善高等职业院校与普通本科高校联合培养四年制应用型本科人才培养模式；打破普通高中和中等职业学校学籍限制，促进普通高中教育和中等职业教育相互融通，互认学习成果，允许符合条件的中等职业学校学生学籍转入普通高中。

5. 推进校企合作

《意见》主要通过出台负面清单为校企合作保驾护航、建设职业教育产教融合示范园、积极培育产教融合型企业、深入推动 1+X 证书制度和资历框架试点等，促使校企合作更深入：负面清单清晰界定校企合作中双方在收益分配、产权、模式等方面的界限，建立校企合作容错机制，鼓励校企双方依据清单禁止行为的界限，探索界限之外的合作模式；充分发挥集聚效应，对接产业发展需求，集聚优势资源建成"校企命运共同体"；分批认定省级产教融合型企业 100 家左右，支持和激励有较强代表性、影响力和改革意愿的城市、行业、企业与认定企业开展产教融合建设试点，建立省内各高等职业院校优势特色专业与领域龙头企业之间的深入合作关系；遴选并组织具有行业影响力、社会公信力的品牌企业与职业院校联合开发面向江西地方特色产业岗位群的职业技能等级证书及其标准，通过行业专业标准融合让人才培养更接地气。

6. 优化教师队伍

《意见》主要通过建立"双渠道"教师招聘制度、完善"双师型"教师培养培训体系、改革教师绩效工资制度等，让职业教育的教师选聘更科学：从持有相关领域职业技能等级证书毕业生、职业技术师范专业毕业生和具备 3 年以上企业工作经历并具有高职以上学历的人员两个渠道招聘专业课教师；对企业实践经历不足和缺乏必要的教师教育训练的新教师，分别安排企业挂职和师范教育学习，从源头上培养"双师型"教师，并开通出国进修培训渠道让更多职教教师具备国际视野；通过改革分配机制，向参与校企合作项目的人员倾斜，允许专业教师按规定在校企合作企业兼职取酬，提高教师主动参与社会服务的热情。

7. 构建红色职教

《意见》主要通过推动职业院校思政课创新、建立职业教育红色文化课程研究中心、建设职业院校红色研学旅行示范基地等，让红色文化基因更好地融入职业教育体系：构建"实体课堂、移动课堂、空中课堂"融为一体的"立体课堂"；建立职业教育红色文化课程研究中心，整合国内优质红色教育资源，深入发掘红色文化基因的时代价值和教育意义，探索红色文化融入职业教育的实现形式；建设一批在全国具有较大影响的职业教育红色文化研学旅行示范基地、职业院校思政教育基地和社会实践基地，通过搭建研学基地使红色资源易于融入学生生活。

8. 融入传统工艺

《意见》主要通过加强传统工艺人才队伍建设、推动传统工艺现代化升级等，推动江西传统工艺传承与创新：将传统师徒模式与现代职业院校教学模式相结合，鼓励代表性传承人在学校内设立工作室，传授绝活、绝技、绝艺；同时，支持景德镇市加强陶瓷类职业院校建设，加强手工制瓷非物质文化遗产代表性传承人队伍建设；在国家职业教育虚拟仿真示范实训基地内，通过虚拟现实技术展示中国特色传统工艺，提供虚拟职业体验，支持江西传统工艺的现代化升级改造以及与文化旅游有机结合，实现"一地一产一品"。

五、政策的主要特色

《意见》从政策的发文和抄送单位、政策工具使用、政策适用范围、政策追求目标等方面体现了明显的江西特色。

（一）所涉单位：发文单位高端，抄送单位广泛

1. 发布单位：部省联合

江西省是继西部的甘肃省、东部的山东省之后，被批准建立的第三个部省共建职业教育发展高地，也是中部地区第一个部省共建职业教育改革创新发展高地。教育部和江西省两个单位联合发布该《意见》，充分体现了国家政策意图。高地的建设不仅是为促进江西省的职业教育发展，而且还要为中西部地区，乃至全国职业教育发展提供制度探索与体系构建的经验，这充分体现了国家对江西省职业教育发展的重视以及对其示范性作用发挥的期望。

2. 抄送单位：范围广泛

《意见》的抄送单位为：教育部各司局、各有关直属单位，各市、县（区）人民政府，省政府各部门，各相关高校。从抄送单位的纵向组成上来看，既有教育部各司局，又有各级政府，这体现了从上至下的教育行政体制对江西省部省共建职业教育发展高地的合力支持；从抄送单位的横向构成来说，涉及横向组织系统中各个有关单位，如教育部各有关直属单位、省政府各部门，这就为各单位之间相互协同，共同支持江西省部省共建职业教育发展高地提供了可能；从抄送单位的组成上来说，既有政府部门，也有各相关高校，为理顺政府和高校之间的关系，形成科学的教育管理体制、机制提供了可能。

（二）政策工具：多种政策工具并用

根据麦克唐奈和艾莫尔的相关理论，教育政策工具可分为命令、激励、能力建设和系统变革四种类型。根据这一理论，我们认为《意见》中使用了多种政策工具。

命令性政策工具一般是指政策制定者许可、禁止或要求政策客体在特定环境中的行动，所期待的结果是服从。《意见》中这种类型的政策工具使用较多。从政策文本的语言表达形式上来看，《意见》更多使用的是祈使句，如理顺职业院校管理体制、建立多元投入机制、建立"职教高考"制度、夯实中等职业学校基础地位等，这些都是对江西省职

业教育应该怎么做的规范性表述，体现了政府命令性政策工具的使用。

能力建设性政策工具是指政策制定者为政策客体提供相应的信息、信息、培训、资源等条件，促使政策客体提升达成某种政策行为要求的能力。《意见》较多使用这种类型的政策工具，如支持、鼓励职业院校教学创新团队、优秀专业教师赴国外进修培训，培养500名左右省级教学名师和技能大师。在《意见》的附则《教育部支持政策清单》中，教育部主要是对江西省职业院校类型转型、层次升格、基地建设提供政策支持，对职教高考改革方案的探索提供指导。这些都是为促进江西省职业教育综合能力提升，政府采用的机会资源等重要的政策扶持，充分体现了《意见》能力建设政策工具的使用。

激励性政策工具是指政策制定者依靠切实的回报诱导人们遵从政策或鼓励人们表现出政策所期望的行为。主要有激励、收费、制裁等子类。《意见》在部分地方使用了激励性政策工具中的激励子类，如《意见》提出要支持高技能领军人才创新创业；在省劳动模范、政府特殊津贴、五一劳动奖章、青年五四奖章、三八红旗手等评选时，对高技能人才给予一定倾斜；职业院校毕业生与普通高校毕业生在公务员招考、事业单位和国有企业招聘时被同等对待；探索在基层大学生村官选聘时，面向职业院校毕业生单列计划；落实职业院校毕业生在职称评聘和职务职级晋升方面与普通高校毕业生被同等对待。

（三）政策适用范围：整省推进，系统协调

《意见》指出整省推进职业教育和培训综合改革，这体现出政策适用范围指向的是全省范围；同时，"整省"与"全省"在表述上有着细微的差异性。"全省"只涉及地域范围的省域特点，而"整省"在此基础上更进一步，强调一种系统性思维，蕴含着以省政府为主导，整合全省各方面的资源条件，形成资源支持合力，共同促进江西省职业教育发展之意。这也是在我国职业教育改革进入深水区之后，职业教育发展必须作出的思维和行为模式转化。改革的深水区意味着职业教育发展过程中呈现出来的较为容易解决的问题，已经通过改革举措得以解决。深水区中呈现的矛盾、问题的解决可能会涉及职业教育赖以发展的多种资源、多个因素，依靠单一型改革举措或者彼此缺乏关联的多项改革举措都无法实现资源的充分整合。《意见》中提出的"整省"推进，实际上就是以系统性思维，全面整合全省各种资源条件，协调各个单位、部门之间的关系，以一种整体改革的思路审视当前职业教育中存在的问题，以资源的协调、整合之力破解当前职业教育发展难题。通过整省推进，理顺职业教育发展的机制、体制，以此形成"江西方案"，这也是江西省作为职业教育改革的试验区的应有职责。

（四）政策追求目标：达成质优，凸显特色

《意见》中强调，要在江西省职业教育发展过程中，通过提质创优、协作共享，打造新时代中部地区和革命老区职业教育高质量发展的样板和标杆。"提质创优"有着"质优"和"创新"两层含义。"人无我有，人有我优，人优我精，人精我特"，这是商业领域中提升产品竞争力的质量策略。职业教育发展也同样有着质量优异的标准与境界。《意

见》追求的江西省职业教育发展从质量层面上，可以概括为这样一种思路：在其他地域职业教育发展中普遍达到的基本质量标准基础上追求卓越，并尽量体现出江西省职业教育发展的特色。

例如在提升职业院校服务能力方面，在职业教育应以经济社会发展需求为导向的统一标准下，江西省职业教育服务能力力求卓越，并形成特色。这种职业教育发展的思路在《意见》中随处可见。例如在人才培养质量方面，《意见》强调"质优"标准，指出要完善高层次应用型人才培养体系，系统构建中等职业教育、专科层次职业教育、本科层次职业教育、专业学位研究生教育相衔接的人才培养体系。在职业教育发展的具体举措上，出台校企合作负面清单制度、深入推动 1+X 证书制度和资历框架试点、推动职业院校思政课创新、建立职业教育红色文化课程研究中心、推动职业教育与传统工艺的深度融合等都体现了江西省职业教育发展依据江西省特色文化资源而遵循的地域特色目标追求，依托江西省职业教育试验区而展现出来的创新特色目标追求。

尤其值得注意的是，《意见》无论是指导思想还是具体建设内容都充分体现了江西省情，从而体现出鲜明的地方特色。

在指导思想方面，《意见》明确提出，要把职业教育摆在更加突出的位置，支持江西以体制机制改革为重点，以红色文化传承为特色，以服务经济社会发展为导向，通过整省推进职业教育和培训综合改革，探索适应新时代中部地区和革命老区需求的职业教育发展新路，为建设江西内陆开放型经济试验区提供技术技能人才支撑，为中西部地区探索可复制的经验与模式，为建立新时代中国特色职业教育制度提供"江西方案"。政策的指导思想充分体现了江西作为革命老区红色文化资源丰富，作为内陆开放型经济试验区要求职业教育为经济社会发展提供服务两个特色。

在具体建设内容方面，《意见》强调以红色基因传承为特色，强化职业院校中的思政教育；以人才队伍培养为支撑，推动传统工艺传承创新。《意见》要求深入发掘井冈山精神、苏区精神、长征精神等革命精神的时代价值和教育意义，探索红色文化融入职业教育的实现形式，并打造服务全国的红色文化课程，深入挖掘安源路矿工人补习学校等红色教育资源，利用现代技术手段开发与职业教育紧密相连的红色研学旅行产品。这是对江西红色文化资源的充分挖掘。《意见》鼓励代表性传承人在院校内设立工作室，传授绝活、绝技、绝艺，支持职业院校围绕陶瓷、中药炮制等传统工艺进行现代化升级、研究、开发，这一要求体现了对江西传统工艺文化资源的充分利用。

六、政策的实施效果

（一）环境更优化

1. 领导体制环境优化

一把手主抓，教育厅、财政厅、人事厅等多部门联动，共同推动来实施。强化地方主责，建立推进机制。

2. 社会认可度显著提升

由于职业教育的良好成绩，职业教育在社会中的吸引力显著提升。例如，江西省商务学校赣菜学院在 2021 年招生中，其烹饪专业群因实用性强、就业前景好而受到学生及家长的热捧，报名人数同比增长 15.08%，创历年来新高，招生分数线较往年提高了 40 余分。

3. 实训基地环境建设良好

江西省打造了全国职业教育虚拟仿真（VR）示范实训基地。这是国内唯一一家采用虚拟仿真技术结合真实生产设备开展职业院校学生专业实践教学的国家级实训基地，由教育部和江西省共同建设。实训基地位于南昌市九龙湖 VR 科创城，一期工程占地约 300 亩，投资概算 25 亿元，计划开设 8 大类 26 个专业的实践教学课程，可以同时容纳 6000 人学习和住宿。根据建设方案，2021 年 9 月，实训基地将进入试运营阶段。这不仅能助推江西省千亿 VR 产业腾飞，还为江西省职业教育提供了发展契机，也为全国的职业教育改革提供了示范引领。

4. 院校合作环境良好

江西全省 14 所优质高职院校牵头，会同 37 所职业院校、职教集团开展江西省产教融合型企业建设试点工作，共同组建全省十大产教融合育人基地。

江西省教育厅开通了"江西省校企合作信息服务平台"，搭建了面向高等院校、地方政府、工业园区、行业企业的"产学研用"综合性服务平台，促进了高校、企业的无缝对接与合作双赢。通过组建职业教育集团、专设校企合作管理办、出台合作育人管理制度等，不断创新管理体制和运行机制。2021 年 7 月，江西省组建成立家政服务职业教育集团，该职教集团是在江西省教育厅、发改委、商务厅、人社厅及江西省国资委的监督指导下成立的，由江西工业职业技术学院牵头，联合高等院校、职业院校、江西省家庭服务业协会和家政服务行业等相关企事业单位组成。

（二）校企合作更深入

1. 产教融合育人基地和职业教育集团形成

江西省统筹 3.5 亿元，重点打造 10 所区域高水平高职院校和 50 个特色优势专业（群），成立江西省高等职业院校 G10 联盟（10 所省级高水平高职学校）。

2. 校企订单式合作的人才培养模式形成

江西省持续加大引企入校力度，拓展校企合作内涵，抓住产教融合的对接点，以合作订单班为重点，全面深化校企合作育人，形成了国、省、校三级全面共推"现代学徒制"的局面。江西省部分职业院校与江中药业、江铜集团、海尔集团、阿里巴巴等企业签订校企合作协议，形成了现代学徒班、订单班和企业冠名班等多种类型的校企合作班，为企业输送了一大批优秀毕业生，同时还为企业在职员工定制了各种类型的技能、学历提升培训。例如，江西省商务学校成立赣菜学院之后，积极推动餐饮业产教融合，与江西省赣菜产业促进会、云镜生态园酒店、嘉莱特和平国际酒店、喜来登酒店等建立合作关系，构建起政校协企四方联动、协同育人的机制。该校以职业能力培养为核心，为赣菜产业发展培养具有较强动手能力和服务能力的专业人才，毕业生广受用人单位好评，许多餐饮企业纷纷上门，希望签订合作协议。

3. 基于科研项目合作的产教融合创新高地形成

江西省的职业教育院校与企业联合开展项目研究，推动产教融合创新高地的建设。例如，九江职业大学开展"利用餐厨垃圾养殖黑水虻"项目研究，基本解决了学校食堂的餐厨垃圾问题，在振兴乡村、秀美乡村建设和垃圾分类等政策背景下，项目推广前景可观。该校还与九江市农业局共同成立了"九江市茶文化研究中心"，扩大庐山云雾和宁红茶品牌宣传。江西省通过开展科研项目，打造了产教融合的创新高地，实现了以科研促创新、以创新促就业和创业的局面。

(三)"红色文化"充分融入

1. 红色文化融入教材

江西省教育厅组织编撰的《红色文化》系列教材、江西师范大学编撰出版的《旗帜引领方向》《我们的红色基因·苏区精神篇》等读本，为全省职业学校红色文化进教材、进课堂、进头脑提供了有效载体。

2. 红色文化融入教学

江西省的职业教育院校积极探索课堂教学模式，采取翻转课堂、"脱口秀"式访谈节目等形式，激发学生参与课堂的积极性。同时，将红色文化融入音乐、舞蹈、戏剧、戏曲、美术等各专业教学的理论阐释和专业实践中，提升红色文化融入教学的程度。例如，江西艺术职业学院结合专业特点将红色文化融入，在学生的毕业大戏中创排了赣剧《江姐》，让参演师生和观众共同接受荡涤灵魂的爱国主义教育。吉安职业技术学院定期组织"青马工程"学员、学生骨干班、红色励志班前往井冈山参加现场教学，通过瞻仰革命烈士陵园、参观井冈山革命历史博物馆、聆听红军后代讲述红色故事、真实体验红军生活，使其能真切地感受英雄先烈投身革命的那段历史，增强了红色文化的感染力和对红色文化的认知程度。该校还广泛开展红歌会、红色故事会、红色诗词吟诵比赛、红色文化知识竞赛、红色题材情景剧表演等类型的活动，将红色文化深深融入校园文化，将"井冈山精神"与"工匠精神"融入学生的人生观和价值观中。

3. 红色文化融入生活实践

江西省的职业教育院校积极开展丰富多彩的课外实践活动，设计"思政教育"研学旅行教学模式，让红色文化融入学生的生活实践之中。江西现代职业技术学院长期坚持探索，创设了"三三三一一"工程，即："三进"，进教材、进课堂、进头脑；"三走"，走社区、走农村、走企业；"三研"，研教材、研课题、研红色体验活动；"一一"，十一个活动载体，包括红色文化教育专题课、红色舞台剧演出、红色电影展播、红色文化宣讲报告团、红色书库、红色文化长廊、红色文化体验活动、红色文化广场、红色志愿服务队、红色文化育人公众号、红色画册。红色文化育人新模式，就是要让红色文化看得见、说得清、感受得到。

（四）"双师型"教师队伍更优化

江西省商务学校依托山西省商务厅行业优势，成立赣菜学院。学院积极打造大师名师工作室，聘请 10 名中国烹饪大师、赣菜烹饪大师为客座教授，设立 1 个国家级技能大师工作室、3 个省级技能大师工作室，充分发挥大师、名师在专业教学实践和赣菜研究中的指导、示范与引领作用，为学校教师后备力量的培养、优秀骨干教师的成长搭建平台。

（五）人才培养数量和质量显著提升

1. 生源数量显著提升

江西省全部高职院校、半数以上中职学校参与国家职业教育提质培优行动计划，撬动职业教育投入过亿元，中职招生数量增加，职教本科体量增大。

2. 人才培养质量显著提升

2021 年全国职业院校技能大赛中职组"电梯维修保养"赛项在山东省顺利举行。江西省商务学校学生汪小超、朱小凯代表江西省一路过关斩将，夺得一等奖，实现了学校在全国职业院校技能大赛中的历史性突破。

综上，江西省职业教育成效明显，特色鲜明，受到国家和社会的广泛关注，如《职教中国》第 23 集《传承红色基因 打造中部名片——构建现代职教体系的江西方案》专门采访了江西省教育厅以及部分江西省职业教育学校的相关负责人，对江西省职业教育发展的经验作交流探讨。

七、政策的改进意见和建议

（一）继续强化江西省职业教育特色

《意见》强调提质创优、特色创建是江西省职业教育创优的必然要求。江西省的红色革命文化资源、绿色生态文化资源、古色传统工艺资源是江西省职业教育特色发展的重要资源条件。为此，江西省充分利用这些资源，形成职业教育特色发展之路，不仅在一定程度上促进江西省职业教育的可持续发展，也可以更好地对中西部地区其他省份依托自身资源优势，走出职业教育特色发展道路产生示范作用。江西省应继续强化职业教育与特色资源的对接，探索特色发展路径。

（二）完善下位配套政策

为贯彻落实《意见》，江西省人民政府从 2021 年 1 月开始发布了若干套配套政策。这些政策主要集中于校企合作管理、"双师型"队伍建设、职业教育学制管理、学校分类管理及学校具体工作的规范管理（见表 2）。

表 2　　　　　　　　江西省 2021 年 1 月起职业教育政策的发布情况

配套政策	发文单位	时间	主要内容	拟解决问题
《关于印发〈江西省中等职业学校有偿招生违规行为处理办法（试行）〉的通知》（赣教规字〔2020〕8 号）	江西省教育厅	2021-01-08	有偿违规招生的行为界定及不同的处理方式	保证中职学校招生工作公开、公平、公正
《江西省职业院校高水平教师教学创新团队出国（境）研修实施办法》（赣教外字〔2021〕1 号）	江西省教育厅	2021-01-25	从接收单位、研修内容、选派要求和程序、工作要求、保障措施等方面进行规定	推动职业教育创新发展，加强高素质"双师型"教师队伍建设，提升职业院校教师国际化教育教学能力
《关于印发〈江西省职业院校教师素质提高计划项目管理办法〉的通知》（赣教规字〔2021〕8 号）	江西省教育厅	2021-07-07	从职责分工、组织实施、学员管理、教学管理、结业考核、绩效评价、经费管理等方面规范职业院校教师的培训工作	规范和加强江西省职业院校教师素质提高计划项目管理工作

配套政策	发文单位	时间	主要内容	拟解决问题
《关于印发〈江西省职业院校教师素质提高计划基地管理办法（试行）〉的通知》（赣教规字〔2021〕10号）	江西省教育厅	2021-07-07	从基地资质与备案、基地建设与管理、基地考核与评价等方面对其进行规范	规范和加强江西省职业院校教师素质提高计划培训基地的管理工作
《关于印发〈关于推进职业院校混合所有制办学的指导意见（试行）〉的通知》（赣教规字〔2021〕15号）	江西省教育厅、中共江西省委组织部、中共江西省委机构编制委员会办公室、江西省发展和改革委员会、江西省工业和信息化厅、江西省民政厅、江西省司法厅、江西省财政厅、江西省人力资源和社会保障厅、江西省自然资源厅等15个部门	2021-08-26	从总体要求、办学形式、设立要求、办学管理、支持政策、试行要求等方面提供指导和规范	充分调动企业等社会力量参与职业教育的积极性、主动性，支持政府、学校和企业等社会力量实施多种形式的混合私有制办学，创新治理体制机制
《关于印发〈江西省中等职业学校分级标准（试行）〉的通知》（赣教规字〔2020〕5号	江西省教育厅	2020-09-28	中等职业学校的分级分类标准及动态管理办法	指导中等职业学校建设、管理和教育教学改革
《关于深入推进中高职一体化长学制培养技术技能人才工作的指导意见》（赣教规字〔2021〕19号）	江西省教育厅	2021-10-21	从指导思想、培养要求、项目设计、工作机制、申报办法等方面提出指导意见	进一步完善中高职一体化长学制人才培养体系，提高人才培养质量

从下位配套政策的数量来看，这些配套政策为《意见》的落实提供了必要支持，但是远远不能满足《意见》中多项政策条款的落实需要。为此，江西省应加大政策供给力度，制定和完善配套措施。

从下位配套政策针对的领域来说，更多是针对校企合作、教师队伍建设问题以及现代职业教育体系构建的部分问题（如学制管理），还需要针对更多领域制定配套措施。

从下位配套政策的发布单位来看，发布单位多是江西省教育厅，只有一套政策的发布单位集合了多个相关部门。《意见》是为解决职业教育深水区改革困境而制定的,它强调整省力量的合力推进。为此,江西省教育厅应根据政策所涉及单位,横向联合更多相关单位,共同出台政策。

(三) 加大政策和实践探索力度

江西省承担着为中西部地区职业教育发展提供可复制方案的重要职责。《意见》也多处强调了江西省应有的探索性实践,如"探索区域间职业院校协同发展""探索组建若干所综合性、区域性、行业性联合职业技术学院""为全省普职融通探索新模式"。这就需要江西省从职业教育发展实践以及政策制定两个层面,加大探索力度,探索实践方案,总结探索经验。

(撰稿人:赵永勤)

◎ 参考文献

[1]《教育部 江西省人民政府关于整省推进职业教育综合改革提质创优的意见》解读[J]. 江西教育,2020(09):17-21.

[2] 江西省商务学校打造专业特色 服务餐饮业发展 [EB/OL]. (2021-07-26) [2021-11-15]. http://jyt. jiangxi. gov. cn/art/2021/7/26/art_30363_3493343. html.

[3] 叶仁荪到国家虚拟仿真示范实训基地建设现场调研 [EB/OL]. (2021-08-09) [2021-11-15]. http://jyt. jiangxi. gov. cn/art/2021/8/9/art_30363_3526852. html.

[4] 曾宪瑛. 江西:打造职业教育产教融合重点创新新高地 [J]. 江西教育,2020(09):22-23.

[5] 江西组建成立家政服务职业教育集团 [EB/OL]. (2021-07-07) [2021-11-16]. http://jyt. jiangxi. gov. cn/art/2021/8/9/art_30363_3526852. html.

[6] 江西省高等职业院校 G10 联盟成立仪式在九江职业技术学院举行 [EB/OL]. (2020-11-11) [2021-11-16]. http://jyt. jiangxi. gov. cn/art/2020/11/11/art_25491_2892011. html.

[7] 廖肇银. 红色文化引领新时代江西职业教育淬火铸魂 [J]. 江西教育,2020(09):24-25.

[8] 中国教育电视台. 传承红色基因 打造中部名片——构建现代职教体系的江西方案 [EB/OL]. (2021-06-15) [2021-11-16]. http://jyt. jiangxi. gov. cn/art/2021/6/15/art_33262_3404672. html.

[9] 江西省商务学校荣获国赛"电梯维修保养"赛项一等奖 [EB/OL]. (2020-11-11) [2021-11-16]. http://jyt. jiangxi. gov. cn/art/2021/7/5/art_30363_3471446. html.

新时代职业教育发展的"中国方案"

——《职业教育提质培优行动计划（2020—2023 年）》解读①

一、出台背景

（一）现实问题

党的十九大报告指出，要努力实现更高质量、更有效率、更加公平、更可持续的发展。随着工业化、信息化、市场化、城镇化、国际化进程加速，职业教育高质量发展面临着生源多样化、教育信息化、办学国际化等诸多现实挑战。

第一，从国内看，新技术、新产业、新业态、新模式对技术技能人才提出了新要求，并且随着我国高等教育由大众化阶段进入普及化阶段，特别是 2019 年高职百万扩招实施以来，职业学校生源类型进一步呈现出多样化态势，如何为不同层次、不同类型、不同诉求的学生提供个性化、定制化、多样化教育服务，成为现阶段职业教育高质量发展面临的内部挑战。

第二，从国际看，经济全球化和全球治理格局的转变正促使我国优质产能加速"走出去"，伴随产业变迁与转移进程，职业教育必须要培养具有国际视野、通晓国际规则的技术技能人才，为中国企业海外生产经营培养符合其用人标准的本土化人才。职业教育如何融入世界职教话语体系，梳理"中国经验"，制定职业教育国际化人才培养标准，形成"中国方案"，打造走向世界的中国职教品牌，是全球化发展对职业教育高质量发展带来的外部挑战。

（二）目的意义

第一，有利于落实党中央国务院决策部署。职业教育是人力资源开发的重要组成部

---

① 文件名称：《教育部等九部门关于印发〈职业教育提质培优行动计划（2020—2023 年）〉的通知》

发文日期：2020 年 9 月 16 日

发文机关：教育部 国家发展改革委 工业和信息化部 财政部 人力资源社会保障部 农业农村部 国务院国资委 国家税务总局 国务院扶贫办

发文字号：教职成〔2020〕7 号

分，与经济社会联系最紧密，既是教育，也是经济，更是民生。在我国加快形成国内大循环为主体、国内国际双循环相互促进的新发展格局下，加快推进职业教育提质培优，构建与经济社会相适应的中国特色现代职业教育体系，对振兴实体经济、提高全要素生产率、打造我国未来发展新优势意义重大。《职业教育提质培优行动计划（2020—2023年）》（以下简称《行动计划》）聚焦重点、疏通堵点、破解难点，将《国家职业教育改革实施方案》（以下简称"职教20条"）部署的改革任务转化为举措和行动，推动中央、地方和学校同向同行，形成因地制宜、比学赶超的工作格局，整体推进职业教育提质培优。

第二，有利于落细落小"职教20条"任务。党中央、国务院高度重视职业教育发展，出台"职教20条"，明确了办好新时代职业教育的施工图，职业教育大改革大发展的格局基本形成，进入爬坡过坎、提质培优的历史关键期。如何在"十三五"收官和"十四五"开局阶段定好总目标、踢好"头三脚"、谋好新长效，成为职业教育战线面临的首要问题。在这个关键节点，国家启动实施《行动计划》，将其作为落实"职教20条"和谋划"十四五"发展的桥梁和载体，对各项改革任务进行再分解、再部署，引导职业教育战线从"怎么看"转向"怎么干"，向改革的"最后一公里"要效益。

二、总体描述

（一）制定过程

2019年1月，国务院发布"职教20条"，系统深入推进职业教育改革，以适应我国经济社会转型发展新需求。"职教20条"中要求，完善国务院职业教育工作部际联席会议制度，由教育、人力资源社会保障、发展改革、工业和信息化、财政、农业农村、国资、税务、扶贫等单位组织国务院职业教育工作部际联席会议，统筹协调全国职业教育工作，研究协调解决工作中重大问题，部署实施职业教育改革创新重大事项。在这一制度要求下，教育部、国家发展改革委等九个单位共同组织国务院职业教育工作部际联席会议。

2019年9月，教育部发布《关于报送"职教20条"实施以来相关工作推进落实情况的通知》，要求地方教育行政部门根据该通知等文件精神及有关要求，结合本地工作实际，报送"职教20条"相关任务落实情况一览表。一览表内容主要为"职教20条"中的7个方面20条内容提出的各项具体任务，以全面了解各地"职教20条"落实情况，及时研判职业教育改革态势及其过程中出现的问题。

基于职业教育整体发展，在作出"职业教育大改革大发展的格局基本形成，进入爬坡过坎、提质培优的历史关键期"这一判断的基础上，2020年9月，九个国务院职业教育工作部际联席会议成员单位联合印发《行动计划》，以提质培优、增值赋能、以质图强，加快推进职业教育现代化，更好地支撑我国经济社会持续健康发展。

（二）整体概括

《行动计划》作为"职教 20 条"的重要配套政策，由教育部、国家发展改革委、工业和信息化部、财政部、人力资源社会保障部、农业农村部、国务院国资委、国家税务总局、国务院扶贫办这九个国务院职业教育工作部际联席会议成员单位联合印发，围绕办好公平有质量、类型特色突出的职业教育，以提质培优、增值赋能为主线，坚持问题导向、需求导向、目标导向，着力补短板、激活力、提质量。

图 1　《行动计划》高频词云图

《行动计划》包括总体要求、重点任务、组织实施三部分，其中，重点任务是核心内容，共 10 项任务、27 条举措。根据图 1 可知，在政策目标上，《行动计划》始终紧紧围绕职业教育的"发展"与"改革"进行任务安排，以"质量""水平""体系""机制"等为目的；在政策内容上，"专业""教师""教学""教材""标准""技术""技能""培训""招生""思政""特色"等是《行动计划》的关注重点，在遵循"职教 20 条"重点改革内容的基础上作出了更进一步的探索；在实施途径上，"统筹""健全""鼓励""促进""提升""推动""引导"等带有服务意向、积极性强的具体方法的综合运用，体现出《行动计划》本质上是一项指导性政策。同时，文件附表细化了 56 个重点项目，国务院职业教育工作部际联席会议各成员单位分头推进，各地自愿承接，建立绩效管理平台，建设期满后国家根据建设成效进行认定。

（三）基本框架

《行动计划》的基本框架从三个方面出发，分别就总体要求、重点任务、组织实施提出要求。具体如下：

第一部分为"总体要求",包括指导思想、主要目标、基本原则,为《行动计划》作出总体规划,为其实施奠定思想认识基础。其中,指导思想指明我国职业教育发展应遵循习近平新时代中国特色社会主义思想,树立新发展理念,坚持职业教育类型定位;主要目标指明我国职业教育应朝着体系更加完备、制度更加健全、标准更加完善、条件更加充足、评价更加科学的方向发展;基本原则主要包括育人为本、质量为先,固本强基、综合改革,标准先行、试点突破,地方主责、协同推进。

第二部分为"重点任务",包括10方面27条。10个方面分别为落实立德树人根本任务,推进职业教育协调发展,完善服务全民终身学习的制度体系,深化职业教育产教融合、校企合作,健全职业教育考试招生制度,实施职业教育治理能力提升行动,实施职业教育"三教"改革攻坚行动,实施职业教育信息化2.0建设行动,实施职业教育服务国际产能合作行动,实施职业教育创新发展高地建设行动。这10个方面从思想到行动、从宏观到具体、从现实到发展,将职业教育改革当前面临的困境与适应未来的特性勾勒出来,既立足职业教育现实实际,又体现职业教育发展趋势。

第三部分为"组织实施",包括加强党的全面领导、完善职业教育财政支持机制、完善协同推进机制、营造良好发展氛围,为《行动计划》的实施与落实提供思想领导、财政经费、工作机制、宽松环境等各方面支持条件。其中,专门就《行动计划》实施的职责分工作出规定,主体涉及国务院职业教育工作部际联席会议、教育部、国务院相关部门、各地有关部门等;要求建立《行动计划》执行情况检查通报制度,并将执行情况作为省级政府履行教育职责的重要内容,实施成效作为国家新一轮重大改革试点项目遴选的重要依据。

三、重点阐释

(一) 核心要点

1. 落实立德树人根本任务

《行动计划》提出,进一步创新思想政治教育模式,将社会主义核心价值观融入人才培养全过程。一是推动习近平新时代中国特色社会主义思想进教材进课堂进头脑,推进理想信念教育常态化、制度化,加快构建中国特色职业教育的思想体系、话语体系、政策体系和实践体系。二是落实全员全过程全方位育人,教育引导青年学生增强爱党爱国意识,听党话、跟党走,在职业学校遴选中认定一批"三全育人"典型学校、名班主任工作室和德育特色案例。三是加强中职学校思想政治、语文、历史和高职学校思想政治理论课课程建设,开足开齐开好思政必修课程;加大专职思政课教师配备力度,建设一批思政课教师研修基地,开展德育骨干管理人员、思政课专任教师培训,通过遴选一批思政课教学创新团队、示范课堂和课程思政教育案例,推动职业学校思想政治教育模式创新。立德树人是各阶段、各层次、各类型教育都应完成的根本任务，职业教育尤其如此，要通过立德树人根本任务的实现，培养有责任担当、有家国情怀的技术技能人才。

2. 健全职业教育学校体系

《行动计划》提出，进一步明确各层次职业教育办学定位和发展重点，系统设计、整体推进中国特色现代职业教育体系建设。一是强化中职教育的基础性作用，保持高中阶段教育职普比大体相当，优化中职学校布局，使绝大多数城乡新增劳动力接受高中阶段教育。二是巩固专科高职教育的主体地位，优化高等教育结构，培养大国工匠、能工巧匠，输送区域发展急需的高素质技术技能人才。三是稳步发展高层次职业教育，把发展本科职业教育作为完善现代职业教育体系的关键一环，培养高素质创新型技术技能人才；根据产业需要和行业特点，发展专业学位研究生培养模式，适度扩大专业学位硕士、博士培养规模。作为与普通教育同等地位、同样重要的一种教育类型，职业教育应具备自身独立且完善的学校体系，包含从中等职业教育到高等职业教育各阶段与从专科到本科各层次。

3. 服务全民终身学习

《行动计划》提出，充分发挥职业教育服务全民终身学习的重要作用，推进国家资历框架建设，建立各级各类教育培训学习成果认定、积累和转换机制，重点开展三项工作：一是健全服务全民终身学习的职业教育制度，加快建设职业教育国家"学分银行"。二是落实职业学校并举实施学历教育与培训的法定职责，支持职业学校承担更多培训任务，推动更多职业学校参与1+X证书制度实施，引导职业学校和龙头企业联合建设一批示范性职工培训基地。三是强化职业学校的继续教育功能，实施"职业教育服务终身学习质量提升行动"，遴选并认定一批示范性继续教育基地、优质继续教育网络课程、社区教育示范基地和老年大学示范校。职业教育的职业性决定其与我国全体人民的发展紧密相关，与普通教育相比，更能凸显其全民性这一特征。因此，职业教育应服务于终身教育体系的建构和学习型社会、技能型社会的构建。

4. 深化产教融合、校企合作

《行动计划》提出，巩固职业教育产教融合、校企合作的办学模式。一是建立产业人才数据平台，发布产业人才需求报告，研制职业教育产教对接谱系图，指导优化职业学校和专业布局，促进人才培养和产业需求精准对接。二是建好用好行业职业教育教学指导委员会，全面推行现代学徒制和企业新型学徒制，建立覆盖主要专业领域的教师企业实践流动站、实体化运行的示范性职教集团（联盟）和技工教育集团（联盟），建设一批具有辐射引领作用的高水平专业化产教融合实训基地，深化校企合作协同育人。三是支持行业组织积极参与产教融合建设试点项目，鼓励地方开展混合所有制、股份制办学改革试点，推动各地建立健全省级产教融合型企业认证制度，健全以企业为重要主导、职业学校为重要支撑、产业关键核心技术攻关为中心任务的产教融合创新机制。

5. 深化职业教育考试招生改革

《行动计划》提出，深化职业教育考试招生改革，引导不同阶段教育协调发展、合理分流，为学生接受高等职业教育提供多种入学方式。与普通教育的人才培养目标不同，职业教育不仅要求学生有一定的文化知识素养，更要求学生掌握较高的职业技能，这就需要建立适合职业教育发展的考试招生制度，同时也要兼顾普职融通和教育公平。因此，《行动计划》中提出了具体举措：一是健全省级统筹的高职分类考试招生制度，完善高职教育招生计划分配和考试招生办法，保留高职学校通过普通高考招生的渠道，保持分类考试招生为高职学校招生的主渠道。二是规范职业教育考试招生形式，推动各地将技工学校纳入职业教育统一招生平台，逐步取消现行的注册入学招生和中职本科贯通，适度扩大中职专科贯通，严格执行技能拔尖人才免试入学条件。三是完善"文化素质+职业技能"评价方式，职业技能测试分值不低于总分值的 50%，考试形式以操作考试为主，须充分体现岗位技能、通用技术等内容；支持有条件的省份建立中职学生学业水平测试制度，鼓励高职学校与产教融合型企业联合招生。

6. 提升职业教育治理能力

《行动计划》提出，加快推进职业教育治理体系和治理能力现代化，重点应开展三项工作：一是健全职业教育标准体系，分层分类、系统衔接地构建职业教育学校标准和专业标准，结合职业教育特点完善学位制度，完善各类标准的动态更新和执行情况检查机制。二是完善办学质量监管评价机制，制定职业学校办学质量考核办法，建立技能抽查、实习报告、毕业设计抽检等随机性检查制度；深入推进职业学校教学工作诊断与改进制度建设，切实发挥学校质量保证主体作用。三是打造高素质专业化管理队伍，落实和扩大职业学校办学自主权，健全完善职称评聘、分配制度等办法，加强职业学校校长和管理干部培训，造就一支政治过硬、品德高尚、业务精湛、治校有方的管理队伍。《行动计划》对职业教育治理能力提出的要求，是明显区别于其他政策的亮点和特色之一，通过对标准体系的健全、评价机制的完善、管理队伍的打造，系统提升职业教育治理能力，为职业教育改革增添驱动力。

7. 深化职业教育"三教"改革

《行动计划》提出，要系统推进职业教育"三教"改革。一是提升教师"双师"素质，实施新一周期"全国职业院校教师素质提高计划"，落实 5 年一轮的教师全员培训制度；改革职业学校专业教师晋升和评价机制，破除"五唯"倾向，完善职业学校自主聘任兼职教师的办法，改革完善职业学校绩效工资政策，允许专业教师按国家规定在校企合作企业兼职取酬。二是加强职业教育教材建设，实行教材分层规划制度，健全教材分类审核、抽查和退出制度，促进教材质量整体提升。三是提升职业教育专业和课程教学质量，合理规划引导专业设置，建立退出机制；建立职业学校人才培养方案公开制度，将课程教学改革推向纵深；完善以学习者为中心的专业和课程教学评价体系，强化实习实训考核评价，鼓励教师团队探索分工协作的模块化教学组织方式，有效提升职业教育课程教学质量。"三教"改革是有效提升人才培养质量、提高职业教育办学水平的关键举措，《行动计划》以教师、教材、教学为主要抓手，推进落实职业教育改革。

8. 增强职业教育的适应性

《行动计划》提出，职业教育与经济社会发展需求对接更加紧密、同人民群众期待更加契合、同我国综合国力和国际地位更加匹配。因此，职业教育必须具备适应时代发展趋势的一系列特征，以充分适应未来社会对职业教育提出的要求。一是职业教育要体现信息化，要落实《职业院校数字校园规范》，整体提升职业教育信息化建设水平；以"信息技术+"升级传统专业，推动信息技术与职业教育教学深入融合。二是职业教育要体现国际化，通过加强职业学校与境外中资企业合作，加快培养国际产能合作急需人才；推进"中文+职业技能"项目助力职业教育走出去，提升我国职业教育国际影响力。三是职业教育要体现发展性，通过布局国家职业教育改革省域试点，整省推进职业教育提质培优；通过国家、省、市三级推动，建设国家职业教育改革市域试点，合理打造职业教育样板城市。

（二）主要特色

1. 目标明确：提质培优，增值赋能

《行动计划》一开始就提出"提质培优、增值赋能"八个字作为政策的主要目标，显示出目标的明确性。"提质"即提高职业教育发展质量，提高纵向贯通、横向融通的结构质量，提高以学生收益和获得感为标的的培养质量，提高主体多元、机制完善的治理质量。"培优"即培育职业教育特色品牌，以高地为载体，打造职业教育区域品牌；以学校为载体，打造职业教育学校品牌；以国际化办学为平台，打造中国职教国际品牌。"增值"即夯实人人出彩的发展基础，以"三全育人"为抓手，落实立德树人根本任务；以职教考试招生制度为纽带，畅通技术技能人才成长渠道。"赋能"即提升职业教育服务贡献率，以服务为重点，支撑经济高质量发展；以育训并举为抓手，服务全民终身学习。

2. 主体多元：多方联动，协同发力

多方联动、协同发力是《行动计划》的鲜明特点之一，体现在政策制定主体多元、

责任主体多元等方面。在制定主体上，《行动计划》由教育部、国家发展改革委、工业和信息化部、财政部、人力资源和社会保障部、农业农村部、国务院国资委、国家税务总局、国务院扶贫办九部门联合制定并印发，充分说明党中央发展职业教育的决心，也说明职业教育是一项系统工程，需多部门联动、共同推进。在责任主体上，从横向来看，国家层面上述九部门联合行动，省市层面各地有关部门之间协调配合；从纵向来看，重点任务（项目）一览表中对工作任务的落实作出详细说明，每一项具体任务的开展与落实，均由教育部等国家机关领导与各地有关部门共同联合，既能提供各种保障条件，又能促进政策落细落实。同时，《行动计划》将"地方主责"的落实程度作为职业教育治理的重要内容和核心指标，将有力推动职业教育领域分权治理落到实处。

3. 内容深入：重点突出，治理创新

《行动计划》规划设计了 10 项任务、27 条举措，重点十分突出。一方面，加强顶层设计，对落实立德树人根本任务、推进职业教育协调发展、完善服务全民终身学习的制度体系、深化职业教育产教融合校企合作、健全职业教育考试招生制度等进行部署。另一方面，聚焦关键改革，实施职业教育治理能力提升行动、"三教"改革攻坚行动、信息化 2.0 建设行动、服务国际产能合作行动、创新发展高地建设行动 5 项行动。同时，治理创新是《行动计划》凸显的主要特点。文件通过加快体系建设、深化体制机制改革、加强内涵建设，系统解决职业教育吸引力不强、质量不高的问题；通过构建"国家宏观管理、省级统筹保障、学校自主实施"管理机制，引导地方学校从"怎么看"转向"怎么干"，转职能、提效能，激发地方和学校改革活力。

4. 落实有效：自动承接，压实责任

《行动计划》发布后，结合重点任务（项目）一览表，2020 年 10 月，教育部发布《关于承接〈职业教育提质培优行动计划（2020—2023 年）〉任务（项目）的通知》，要求各地有关部门积极承接任务项目、制订工作方案、协调支持经费、加大政策供给，教育部根据各地承接意向汇总备案，并向社会公布。2021 年 1 月，教育部公布《行动计划》任务（项目）承接情况，在分省承接任务（项目）数量汇总表和分任务（项目）承接省份一览表中详细展示了各省市和各项目的具体承接情况。通过各省市自动承接，在尊重各省市发展意愿的前提下，分任务制定发展目标，既保留中央政府对地方政府必要的监督和约束，防止片面强调地方主责而失去了中央的调控；也引导地方牢固树立收官意识，对实施期的改革任务定性、定量，对各项工作进行具体分工，通过自主承接、任务驱动、契约管理，激发地方和学校改革活力，促成不同地区之间比学赶超，形成省际竞争机制。

（三）核心素质

针对职业院校学生核心素质，《行动计划》各部分相关表述见表 1：

表1 《行动计划》中职业院校学生核心素质有关表述

所在部分	相关表述
主要目标	高质量技术技能人才
落实立德树人根本任务	加强职业道德、职业素养、职业行为习惯培养 职业精神、工匠精神、劳模精神等专题教育 促进学生全面发展 增强爱党爱国意识，听党话、跟党走
推进职业教育协调发展	培养大国工匠、能工巧匠 高素质技术技能人才 培养高素质创新型技术技能人才 以实践能力培养为重点
健全职业教育考试招生制度	文化素质+职业技能
实施职业教育治理能力提升行动	把职业道德、职业素养、技术技能水平、就业质量和创业能力作为衡量人才培养质量的重要内容
实施职业教育信息化2.0建设行动	提升学生利用网络信息技术和优质在线资源进行自主学习的能力

通过表1可以看出，《行动计划》中对职业院校学生核心素质的有关规定，包括总体培养目标和具体素质两部分。在总体培养目标方面，强调"大国工匠、能工巧匠"的高层次目标，提出"高质量技术技能人才""高素质创新型技术技能人才"等不同要求的人才培养目标，但总体而言，均以"高质量""高素质"及"技术技能"为根本要求。在具体素质方面，可分为职业意识、职业精神、职业技能三部分，职业意识涉及职业道德、职业素养、爱党爱国意识等，职业精神包括工匠精神、劳模精神，职业技能包括职业行为习惯、技术技能水平、就业创业能力、信息技术利用能力、自主学习能力等。

四、政策效果

（一）国家层面

2020年10月，教育部发布《关于承接〈职业教育提质培优行动计划（2020—2023年）〉任务（项目）的通知》，各省级教育行政部门积极组织学校申报，确定了本地拟承接的任务（项目）数量、实施单位和支持经费。31个省份和新疆生产建设兵团均承接了任务（项目），省均43个。2021年1月，教育部职业教育与成人教育司公布《行动计划》任务（项目）承接情况，确定了各省市承接的任务（项目）数量、承接单位和支持经费。2021年4月，教育部职业教育与成人教育司发布《关于公布职业院校校长治理能力提升专题研讨班2021年广东基地培训安排的通知》，围绕新时期职业院校发展建设的关键任务和当前职业院校治理热点、难点问题，对全国高等职业院校书记和校长开展治理能力提升专题培训。2021年9月，教育部职业教育与成人教育司发布《关于做好2022年职业教育质量年度报告编制、发布和报送工作的通知》，要求各地高度重视2022年职业教育年报编制、发布和报送工作，强化对年报编写质量、应用宣传及公开情况的监督检查，严把年报质量关，充分发挥年报对职业教育高质量发展的推动作用。同时，教育部开展职业教育示范性虚拟仿真实训基地建设、职业教育2020年国家精品在线开放课程认定、举办2020年全国职业院校技能大赛教学能力比赛等一系列工作，贯彻落实"职教20条"，稳步推进《行动计划》。

（二）省市层面

在省市层面，《行动计划》发布前后，各省市都积极响应，制订本区域职业教育在未来几年内的发展规划与行动计划，如《江苏省职业教育质量提升行动计划（2020—2022年）》（2020年7月）、《山西省推进职业教育改革发展行动计划》（2020年10月）、《河南省职业教育产教融合发展行动计划》（2020年12月）等。

具体而言，一是以职教高地省份为样本试点突破。山东、江西、甘肃、江苏等高地省份用好部省政策任务清单，积极推进各项改革举措落地见效，为落实《行动计划》提供先行先试的区域样本。二是以"双高计划"为引领示范带动。河南召开"双高工程"启动会，部署提质培优任务；浙江召开"提质培优行动计划背景下浙江省高职教育率先高质量发展研讨会"，发布《浙江省深化产教融合推进职业教育高质量发展实施方案》。三是与学校"十四五"事业发展融合协调。各职业院校纷纷召开《行动计划》承接工作专题会，把重点任务（项目）承接作为研制"十四五"事业发展规划的主要着眼点，协同设计学校高质量发展的"路线图"和"项目表"，如金华职业技术学院立足"主动承担""主线聚焦""主体创新"基本站位，谋划制订提质培优实施方案；石家庄职业技术学院要求《行动计划》申报承接与"十四五规划"、日常工作、优质校建设等相结合，合理做好项目规划；陕西交通职业技术学院要求学校申报承接的任务（项目）全面落实到"十四五"规划发展中。

五、改进建议

（一）调整内部结构，优化学校布局

从宏观层面来看，我国的职业教育发展整体面临着区域不均衡的难题。学校布局的失衡不仅体现在中西部等地理空间的分布上，还存在于公办民办等学校类型的分布上。因此，要想保证职业教育的优质供给，职业教育未来发展必须着重关注学校布局的优化，调整职业教育的内部结构。第一，加强对中西部职业教育学校的扶持力度。中西部地区的职业教育是我国教育发展的薄弱环节，面临着无法为区域内受教育者提供优质职业教育的难

题。国家应引导职业教育学校空间布局朝着均衡、合理的方向发展，关注中西部职业教育相对欠发达的地区。第二，聚焦高等职业教育公办校与民办校的比例协调。民办高职院校能够有效促进我国高等职业教育发展，应重视高等职业教育学校中公办与民办的合理比例，为受教育者提供多样化的高等职业教育机会。

（二）拓展学位层次，健全学历体系

当前，普通高等教育已经形成了包括学士、硕士、博士在内的较为完善的学位层次，和包括本科教育、研究生教育在内的学历教育体系，既能够满足受教育者基本的求职需求，也能够满足受教育者继续深造、实现自我发展的愿望。反观高等职业教育，仍以专科院校为主，本科层次院校较少，职业教育硕士、博士等学位层次也尚未建立。这在根本上无法为受教育者提供多样化的选择，也限制了受教育者向上发展的可能性。类型定位下的高等职业教育，其学位层次和学历教育体系也应朝着不断拓展与完善的方向发展。第一，加快本科层次高等职业教育院校建设。在类型定位下，高等职业教育的人才培养不能止步于、也不能局限于专科职业院校，应进一步谋求本科层次职业院校的建设，不断完善高等职业教育学校体系，同时也要提升高等职业教育的地位。第二，大力加强职业教育研究生培养。职业教育研究生的培养有利于"高质量技术技能型人才"这一教育目标的实现，更为重要的是能够较好地满足职业院校受教育者进一步升学的愿望，为其发展提供更多的可能性。

（三）打造优质师资，加强队伍建设

"双师型"教师队伍建设是我国促进职业教育发展、构建现代职业教育体系的重要举措。当前，职业教育学校的"双师型"教师队伍建设中，存在诸如对实践教学的重要性认识不足、教师培养和引进渠道比较单一、教师考核和评价制度不够健全、教师数量不足等问题。提升职业教育优质供给，要通过政策手段加强教师队伍建设。一方面，拓宽"双师型"教师培养和引进渠道。合理设立职业技术师范院校，进一步完善职业教育教师资格认定制度，吸纳企业优秀技术骨干到高等职业院校从教，充实职业教育"双师型"教师数量。另一方面，加快制定"双师型"教师标准。标准应对教师的师德师风、招聘考评、业务能力、职业素养、绩效考核等内容作出详细且全面的规定，保证"双师型"教师队伍的质量水平。同时，建立职业教育教师培训制度、研习制度，继续实施教师素质提高计划，不断推进"双师型"教师的专业成长。

（四）保障教育公平，推动优质发展

职业教育与经济社会发展联系最紧密、最直接。一方面，要紧扣时代经济社会发展脉搏，着眼于顺应新的发展阶段、完善新的发展理念、形成新的发展格局、增强新的发展动能，坚持把高质量供给作为发展重心，助力中国速度向中国质量转变、制造大国向制造强国跨越，使职业教育成为促进经济高质量发展所需要的教育。另一方面，要把"办好公平而有质量的教育"作为教育发展始终不渝的奋斗目标，千方百计为全社会提供个性化、多元化、终身化的高质量职业教育与培训，确保让人民群众在成长和职业生涯发展的不同阶段都有机会获得必要的技术技能，整体提升技术技能人才的获得感、幸福感和荣誉感。

（撰稿人：彭学琴）

◎ 参考文献

［1］霍丽娟，唐振华，任锁平．职业教育提质培优：全面施工与未来展望——全面启动实施提质培优行动计划综述［J］．中国职业技术教育，2021（18）：5-14.

［2］陈群．提质培优背景下增强职业教育适应性的出发点、难点与突破点［J］．教育与职业，2021（11）：5-12.

［3］任占营．《职业教育提质培优行动计划（2020—2023年）》的治理意蕴探析［J］．2021（01）：10-16.

［4］张晨，马树超，郭扬．完善体系 重点突破 压实责任——《职业教育提质培优行动计划（2020—2023年）》的三大特征［J］．中国职业技术教育，2020（33）：10-15，23.

［5］任占营．职业教育提质培优的现实意义、实践方略和效验表征［J］．中国职业技术教育，2020（33）：5-9.

［6］中华人民共和国教育部政府门户网站．关于做好2022年职业教育质量年度报告编制、发布和报送工作的通知［EB/OL］．（2021-09-14）［2021-12-18］．http：//www.moe.gov.cn/s78/A07/A07_sjhj/202109/t20210918_564367.html.

［7］中华人民共和国教育部政府门户网站．关于公布职业教育示范性虚拟仿真实训基地培育项目名单的通知［EB/OL］．（2021-08-03）［2021-12-18］．http：//www.moe.gov.cn/s78/A07/A07_sjhj/202108/t20210804_548809.html.

［8］中华人民共和国教育部政府门户网站．关于公布职业院校校长治理能力提升专题研讨班2021年广东基地培训安排的通知［EB/OL］．（2021-04-08）［2021-12-18］．http：//www.moe.gov.cn/s78/A07/A07_sjhj/202104/t20210415_526530.html.

［9］中华人民共和国教育部政府门户网站．职业教育提质培优进入"施工"阶段［EB/OL］．（2021-01-18）［2021-12-18］．http：//www.moe.gov.cn/jyb_xwfb/s5147/202101/t20210118_510193.html.

［10］中华人民共和国教育部政府门户网站．关于公布《职业教育提质培优行动计划（2020—2023年）》任务（项目）承接情况的通知［EB/OL］．（2021-01-05）［2021-10-31］．http：//www.moe.gov.cn/s78/A07/A07_sjhj/202101/t20210114_509824.html.

［11］中华人民共和国教育部政府门户网站．教育部办公厅关于举办2020年全国职业院

校技能大赛教学能力比赛现场决赛有关事项的通知［EB/OL］．（2020-11-26）［2021-12-18］．http：//www．moe．gov．cn/srcsite/A07/zcs ＿ yxds/s3069/202012/t20201202_502968．html．

［12］中华人民共和国教育部政府门户网站．教育部办公厅关于公布 2020 年国家精品在线开放课程（高职）认定结果的通知［EB/OL］．（2020-11-25）［2021-12-18］．http：//www．moe．gov．cn/srcsite/A07/moe ＿ 737/s3876 ＿ qt/202012/t20201209 ＿ 504385．html．

［13］中华人民共和国教育部政府门户网站．努力办好公平有质量的职业教育［EB/OL］．（2020-10-21）［2021-10-31］．http：//www．moe．gov．cn/s78/A07/zcs_ztzl/tzpyjh/zjjd/202011/t20201104_498153．html．

［14］中华人民共和国教育部政府门户网站．关于承接《职业教育提质培优行动计划（2020—2023 年）》任务（项目）的通知［EB/OL］．（2020-10-13）［2021-10-31］．http：//www．moe．gov．cn/s78/A07/A07_sjhj/202010/t20201013_494341．html．

［15］中华人民共和国教育部政府门户网站．职业教育从"大有可为"到"大有作为"［EB/OL］．（2020-10-13）［2021-10-31］．http：//www．moe．gov．cn/s78/A07/zcs_ztzl/tzpyjh/zjjd/202011/t20201104_498151．html．

［16］中华人民共和国教育部政府门户网站．职业教育进入提质培优新阶段［EB/OL］．（2020-10-04）［2021-10-31］．http：//www．moe．gov．cn/jyb ＿ xwfb/xw ＿ zt/moe ＿ 357/2021/2021_zt04/zcfb/pyxd/baodao3/202010/t20201009_493550．html．

［17］中华人民共和国教育部政府门户网站．部门联动 推进职业教育提质培优增值赋能——教育部职业教育与成人教育司负责人就《职业教育提质培优行动计划（2020—2023 年）》答记者问［EB/OL］．（2020-09-29）［2021-10-31］．http：//www．moe．gov．cn/jyb_xwfb/s271/202009/t20200929_492324．html．

［18］中华人民共和国教育部政府门户网站．教育部等九部门关于印发《职业教育提质培优行动计划（2020—2023 年）》的通知［EB/OL］．（2020-09-23）［2021-10-31］．http：//www．moe．gov．cn/srcsite/A07/zcs_zhgg/202009/t20200929_492299．html．

探索职业教育混合所有制办学新路径

—— 《教育部办公厅转发山东省〈关于推进职业院校
混合所有制办学的指导意见（试行）〉的通知》解读①

一、出台背景

21 世纪以来，中国的职业教育迎来了新的发展契机，国家及地方相继出台一系列政策促进职业教育进入快车道发展。产教融合理念得到初步落实，校企合作呈现良好态势。为了促进我国职业教育内涵式发展，丰富校企合作模式，国家出台了一系列促进职业教育发展改革的相关政策，其中提出要推进产权制度改革，积极探索将企业混合所有制模式引入职业教育，盘活职业院校发展动力。从政策背景来看，2014 年出台的《国务院关于加快发展现代职业教育的决定》、2016 年出台的《国务院关于鼓励社会力量兴办教育促进民办教育健康发展的若干意见》、2019 年出台的《国家职业教育改革实施方案》以及 2020 年出台的《教育部 山东省人民政府关于整省推进提质培优建设职业教育创新发展高地的意见》等，都主张探索混合所有制的职业院校发展。基于此，山东省结合本省域职业教育特色，及时做出政策反应，广泛开展实地调研和文献梳理，为制定《关于推进职业院校混合所有制办学的指导意见（试行）》（以下简称《意见》）的文本，落实本省职业教育混合所有制模式的发展积累了丰富的实践经验和理论基础。

（一）现实问题

办学主体更加多元是现阶段职业教育发展的现实特征，伴随多元办学主体情境而来的是产权界定不清晰、权责分配不明确以及利益分配不公平等问题日渐突出，多元主体间的关系摩擦矛盾逐渐凸显，从而导致职业教育校企合作全面深入的价值导向难以实现。究其主要原因是由于制度层面的相对匮乏，因此需要从制度着手，在规范产权制度方面做足功

---

① 文件名称：《教育部办公厅转发山东省〈关于推进职业院校混合所有制办学的指导意见（试行）〉的通知》

发文日期：2020 年 9 月 23 日

发文机关：教育部办公厅

发文字号：教职成厅函〔2020〕13 号

课，以混合所有制的形式赋权企业，使其成为真正的办学主体，合法合理参与职业教育办学建设和教学管理，以推动产教融合走向深度实践。

从山东省职业教育办学实践来看，山东省职业院校数量庞大，校企合作程度较深，在探索职业教育发展路径方面做出过诸多新尝试，同时形成了许多著名的山东经验。但由于缺乏更加具体和明确的政策支持，校企双方都呈现犹豫观望的状态，不利于调动办学主体各方的积极性，也不利于持续吸引社会力量参与和举办职业教育。因此，自 2015 年起，山东省率先以省为单位开展混合所有制办学改革试点，在试点经验的基础上开展试点方案实施工作，规范完善混合所有制改革制度。

(二) 目的意义

1. 制定目的

从文本制定来看，教育部转发山东省《意见》的通知是为了贯彻落实《国家职业教育改革实施方案》（以下简称"职教 20 条"）中"支持和规范社会力量兴办职业教育培训，鼓励发展股份制、混合所有制等职业院校和各类职业培训机构"的具体要求。山东省基于"职教 20 条"以及《教育部 山东省人民政府关于整省推进提质培优 建设职业教育创新发展高地的意见》等政策规定，为深入推进职业教育混合所有制改革而制定了本《意见》。由此可见，《意见》是国家意志在职业教育中的具体体现，是混合所有制在全国范围内广泛推行的政策基点。

从内容要求来看，自公布了"职教 20 条"后，职业教育被提到了前所未有的重要位置，提出了"没有职业教育现代化就没有教育现代化"的重要论断。为了实现职业教育现代化，必须从制度着手，打开多元办学格局，推动企业和社会力量举办高质量职业教育。《意见》中也指出，应始终坚持习近平新时代中国特色社会主义思想为指导，遵循职业教育规律和市场规律，充分调动企业等社会力量参与职业教育的积极性、主动性，支持政府、学校与企业等社会力量实施多种形式的混合所有制办学，创新治理体制机制，优化职业教育资源供给，推动形成多元办学格局，为全省新旧动能转换和产业优化升级提供高质量技能人才支撑。

2. 制定意义

第一，将职业教育混合所有制办学模式以政策样态加以确定。以制度形式对职业院校开展混合所有制办学加以明确，通过打包各项扶持"政策"以充分发挥职业院校和社会企业的主观能动性，激发社会企业的教育意识，使其成为"产教融合型"企业。明晰混合所有制改革过程中多元主体的法律地位和权责利益，将职业院校事业发展与当地企业需求紧密结合，真正赋予其法律层面的政策援助和制度框架。

第二，总结山东经验，为全国职业教育混合所有制改革提供范本。在《教育部 山东省人民政府关于整省推进提质培优 建设职业教育创新发展高地的意见》中就指出山东省在贯彻党的教育方针过程中始终坚持把职业教育放在优先发展的战略地位上，能够立足地方发展实际情况，系统谋划推进职业教育发展和改革路径，并从中取得了显著成效。在此基础上，山东省优先提出职业教育混合所有制改革实施方案，指明了混改过程中办学方式和登记类型的实施办法，并出台了诸多配套政策，如财政拨款、融资政策等，为本省的职业教育混合所有制发展提供了政策保障。同时，在职业教育混合所有制办学过程中也提出了具体的操作层面的制度框架，如在治理结构中要制定章程、依章办学，在用人管理过程中要灵活用人等，不仅为本省的职业教育混合所有制改革内容提供了法律依据，也为全国职业教育发展改革提供了模式范本。

二、总体描述

（一）制定过程

办学体制改革具有鲜明的历史延续特征和生命特征，混合所有制改革一直以来都蕴含在教育改革洪流之中。《意见》的颁布正是建立在历时 16 年的山东省案例实践和经验总结之上。

2005 年山东省教育厅等 7 部门联合出台《关于促进高等学校校办企业改革与发展的若干意见》，提出"高校校办企业要积极引进社会资金、产业发展所需的各类人才和先进管理方法，逐步建立健全'归属清晰、权责清晰、保护严格、流转顺畅'的现代产权制度"。

2011 年山东省潍坊市率先组建混合所有制形式的山东海事职业学院，随后潍坊市成立国家级职业教育创新发展试验区。2016 年，山东省在既有典型案例的基础上，在全国率先启动职业院校混合所有制改革试点。9 个试点项目分别从不同改革层级开展实践，有院校整体改革、二级学院改革和实训实践基地改革。潍坊市将"开展职业教育混合所有制试点，支持各类企业和境外机构兴办、参股、合办职业教育"，写入 2016 年潍坊市政府工作报告；将"推进职业教育创新发展示范区建设，探索混合所有制办学模式"，列入中共潍坊市委《关于进一步深化改革开放加快制度创新的实施意见》中。

由于在实践过程中没有明确的、统一的政策支撑，职业院校混合所有制改革仍处在探索阶段，缺乏相对系统可操作的规章制度，不易推广。基于此，山东省在《教育部 山东省人民政府关于整省推进提质培优 建设职业教育创新发展高地的意见》政策的支撑下，剖析本省改革案例，总结实践经验，探究办学规律，经过 20 余次专家论证调研，2020 年 9 月 8 日由省教育厅等 14 部门出台《意见》。教育部肯定了山东省在推进职业院校混合所有制改革方面做出的成果，总结认为山东省在贯彻落实"职教 20 条"的一系列举措中充分调动了企业等社会力量参与职业教育的积极性，推动形成职业教育多元办学格局，因此转发《意见》，推广优秀办学经验，以供各地区教育部门结合本地实际进行学习借鉴。

（二）整体概括

《意见》包括总体要求、办学形式、设立要求、办学管理、支持政策 5 部分，共 19 个条款。按照政策类型划分，本文件最初属于地方性程序政策，为山东的职业教育混合所有制改革实践提供制度框架。后被教育部办公厅转发，成为国家层面的指导性政策，提供给全国职业院校结合本省本校实际办学情况进行学习借鉴。该《意见》明确了职业院校混合所有制办学的基本原则，即坚持坚持党的领导、坚持育人为本、激发办学活力、包容审慎监管，鼓励各地各校积极开展试点，按照中央"三个区分开来"精神建立容错纠错机制，支持新生事物健康成长；明确了混合所有制改革发展中不同的举办方式以及办学模式，提出分类管理混改办学模式；同时设定了办学的具体要求和管理办法，并打包一系列配套政策以协同推进职业教育混合所有制的发展。

（三）基本框架

《意见》的基本框架按照混合所有制办学的原则、过程和配套政策三个部分进行政策行文。

首先，就办学原则而言，《意见》提出了总体要求，包含指导思想和基本原则两部分。职业院校在进行混合所有制办学时必须以习近平新时代中国特色社会主义思想为指导，遵循职业教育规律和市场规律。在充分调动企业等社会力量的基础上来创新职业教育的体制机制，实现多元办学的格局。就混合所有制办学的基本原则而言，仍需要坚守教育的本质，坚持以人为本，始终把立德树人作为办学的根本任务。要充分激发多元主体的办学活力，发挥企业等社会力量重要办学主体的作用，畅通主体间的对话机制，推进面向市场开放办学。另外，还要坚持包容审慎监管，针对新产生的混合所有制办学模式，应该鼓励各职业院校大胆尝试，并建立容错纠错机制，尊重基层首创，为后续职业院校混改实践提供经验借鉴。

其次，《意见》为职业院校混合所有制办学提供了具体的办学过程指导。通过办学形式的划分，明确了混合所有制办学主体和主要举办方式，区分不同的办学机构确定是否登记为法人机构。同时，制定分类登记政策，由职业院校的举办者自行选择登记为营利性法人或非营利性法人，对办学收益和结余给出了不同的处置方式。在设立要求层面，《意见》指出各职业院校办学机构要以平等协商的机制签订合作协议，以法律的约束力保障混合所有制办学顺利进行。并且对各办学主体在资源投入方式、内容等方面作了具体论述，指出不同的办学主体可以依据自身的资源优势进行投入。为了保证混合所有制办学的程序性规范，《意见》在设立程序上作了相应的规定，对不同层级的混改方式作了区别性论述，如学校校级混改的需"一校一案"进行报备，二级学院等层级混改的由校党委会研究决定，并在教育主管部门备案。在退出清算机制上，《意见》也指出需要进行相关报批和备案。在办学管理过程上，《意见》明确了不同资产类型参与办学后其产权治理结构的区别及管理办法，并针对不同办学机构的治理结构、用人管理、薪酬管理、专业设置及招生、收费标准、财务管理 6 个方面提供了路径指引。

最后，为了切实推进职业院校混合所有制办学，《意见》还打包了配套的支持政策促进改革实践。在财政拨款、融资政策、税收政策、土地政策、产教融合政策等方面对参与混合所有制办学改革的职业院校进行配套支持，部分政策需要区分营利性和非营利性的办学模式。

三、重点阐释

（一）核心要点

1. 坚持按规律办事的根本遵循

职业院校混合所有制改革问题是一个复合型问题，其问题域涉及多个研究领域。首先，可以认为职业教育的产权制度改革是一个教育问题，需要遵循职业教育的基本规律开展办学改革。其次，基于办学主体的多元化特征以及行业企业等社会力量参与办学的现状，产权制度改革也属于经济领域的问题，因此需要遵循经济发展规律和市场规律。最后，职业教育的发展改革，其目的是为了促进职业人才的高质量培养，因此需要遵循职业人才成长发展规律。《意见》在总体要求中第一点就指出，开展职业院校混合所有制改革必须以习近平新时代中国特色社会主义思想为指导，遵循职业教育规律和市场规律，在充分调动社会力量参与办学的同时进行体制机制创新，共同致力于技术技能人才资源的培养与供给。

2. 坚持以"混"促"改"的发展模式

山东省以本省职业教育混合所有制改革实践的痛点出发，认为产权制度单一是困扰职业教育发展改革的最大绊脚石。因此提出需要优先解决产权制度困境，给予企业等社会力量更多的信心和更大的吸引力，才能激发参与职业教育办学的热情和积极性，吸引形式多元、质量优质的资源投入，真正推动职业教育高质量发展。在此基础之上，《意见》提出多种混合所有制办学的举办方式，政府和职业院校可以同区域、行业内具有办学实力的实体企业和社会力量合作办学，针对办学形式可以根据相关主体协商讨论进行整体性混合所有制改革或者二级学院、实训基地式混合所有制改革。为激发区域内优质企业的合作办学热情，《意见》也提出分类登记的混合所有制管理办法，职业院校的举办者可以自由选择是否登记为营利性法人，拓宽职业院校同企业及其他社会力量校企合作的渠道。

3. 坚持全方位协同发力的治理模式

只有形成多元治理格局才能使职业院校混合所有制改革落到实处，《意见》在办学管理层面提出了具体的治理结构安排，指出需要制定办学章程，依章办事。在坚持学校党委的领导下对办学机构赋予充分的办学自主权，职业院校进行混和所有制改革时可以通过建立健全理（董）事会决策、行政负责人组织执行、监事会监督、专家治学的管理运行机制进行学校治理，在学校人员管理和薪资管理过程中依据市场机制进行考核选聘和绩效奖励。同时，为了深度落实职业教育混合所有制改革，山东省各部门通力合作、出谋划策，制定配套的财政政策、融资政策、税收政策、土地政策及相关产教融合政策，积极配合职业院校混改实践，为参与办学的企业等主体减轻成本压力，为职业院校进行产教融合与校企合作扫清障碍。

（二）主要特色

1. 产权结构多样化

《意见》自始至终都倡导要建立多方参与的多元治理体系和现代化学校制度。鼓励职业院校积极与区域不同层级、性质的社会力量合作举办混合所有制办学机构，并根据合作主体的差异提供分类登记制度，举办者可以依据自身的发展需求合理选择营利或非营利模式。依据参与资本的性质不同，区分混合所有制办学的产权属性，并在此基础上依据混合所有制改革的层级不同而有所区别。针对院校的混改按照资产是否属于公有资产来进行区分，非公资产参与混改按照《民办教育促进法》及有关规定管理，国有企业参与混改则按照公办院校管理。若是二级学院进行混合所有制改革则根据治理结构、用人管理等环节安排来实现产权结构的优化。在收益分配方面按照分类管理的政策进行区分，《意见》提出举办者可以自主选择依法登记为营利性或非营利性法人，在此基础上产生不同的收益分配方式：非营利性的不得取得办学收益，办学结余全部用于办学；营利性的可以取得办学收益，办学结余依照公司法等有关法律法规进行分配。

2. 治理方式现代化

混合所有制学院在建设过程中要以平等协商的方式进行对话沟通，签订合作协议，以法治形式确立多元主体的权利义务及责任关系。《意见》还提出，混合所有制二级学院等办学机构要制定办学章程，在学校党委领导下，建立基层党组织，全面加强党的建设，保证正确办学方向；对办学机构赋予充分的办学自主权，建立健全理（董）事会决策、行政负责人组织执行、监事会监督、专家治学的管理运行机制。对具有法人资格的，以产权为基础确立和落实办学机构运营主体地位。在资源投入方面，《意见》本着互补共赢原则，发挥不同主体的办学优势。一方面，支持和鼓励公办职业院校通过提供校舍场地等办学空间，利用实训设施、非财政资金、师资、校名校誉、知识产权等资源开展各种形式的合作办学；另一方面，鼓励支持企业等社会力量以资金，先进的生产服务设施及场所、技术体系、经营体系，能工巧匠以及其他产业资源参与合作办学。

3. 运行机制市场化

在用人管理上双管齐下，既从学校选聘教师和管理人员，同时可通过社会招聘，选聘有技术、有能力、有方法的教师参与学校教学。在薪酬管理上面向市场建立灵活的薪酬分配机制，优化薪酬结构，充分调动教职工和管理队伍的积极性。区分教师的项目工资、协议工资等不同工资形式，兼职收入不纳入学校绩效工资总量等，实行多劳多得的绩效收入机制。在学院收费标准政策上也按照市场调节价来调整混合所有制二级学院办学的收费指导价格。在退出机制方面按照学院的章程对资产和权益进行清算，实行退出清算机制。

4. 配套政策充实化

《意见》不仅在混合所有制办学的教育层面作了方向性的指导，为了配合职业院校的混改实践，《意见》还明确了招生、收费、拨款、融资、税收、土地和产教融合等一系列配套政策，为职业院校混合所有制改革进一步保驾护航。例如，在专业设置及招生方面，根据市场需求自主设置专业。在收费方面，混合所有制二级学院执行校企合作办学等差别化收费政策，生产性实训基地、技能培训基地等办学机构实行市场调节价。在拨款方面，混改后仍为公办性质的学校和混合所有制二级学院享受公办院校生均拨款；整体混改后登记为非营利法人的，可给予财政支持，与公办院校享有同等权利申报财政专项。在税收方面，非营利性混合所有制办学机构与公办学校享有同等待遇，具备非营利组织免税优惠资格的混合所有制办学机构，符合规定条件的收入可享受企业所得税免税收入优惠；混合所有制办学机构适用国家鼓励发展相关产业政策的，可按规定享受相应的税收优惠政策。在土地供应方面，非营利性办学机构与公办学校享受同等政策，经批准可以划拨等方式供应土地，营利性机构以有偿使用方式供给土地。在产教融合型企业等项目遴选中，对参与混合所有制办学的企业予以倾斜。

（三）核心素质

"立德树人"，坚持德育为先。职业院校大学生在成为技术技能型人才前需以德为基，德才并训。通过德育课程、德育实践等一系列教学方法，将"德"性根植于学生精神内核，并外化于其学习生活乃至未来工作之中，使其成为德才兼备的技术型人才。

四、政策效果

（一）实施情况

在政策的引导下，山东省职业教育的各个院校争先申报改革试点，如山东警安职业中等专业学校混合所有制试点项目、德州信息工程中等专业学校混合所有制试点项目等。

另外，全国多个省市的职业院校为了学习山东省职业院校混合所有制改革发展经验，纷纷前往山东省混改试点高职院校进行交流研讨。例如，郑州航空工业管理学院、山东交通学院航运学院、新安县职业高级中学等学校前往山东海事职业学院交流混合所有制办学经验，山东海事职业学院就混合所有制办学过程中的组织架构、人才培养模式等方面的经验进行宣传和推广。

(二) 社会影响

《意见》出台后，山东省新增了 40 余个混合所有制改革试点项目，共拉动了近百亿元社会投入。在经济资源供给方面，山东省委、省政府推动落实首批地方债，推动 16 个设区的市按照多元化投入、企业化运营方式，建设大型智能实习实训基地。一批职业院校承担起实训基地任务，成为区域产业转型升级的技术高地，面向中小微企业开展技术服务工作，培训、培养紧缺型技能人才。同时，建立校企合作对话制度，出台相关税收优惠政策，激发校企合作热情。认定首批省级产教融合型企业，支持职业院校与华为、商汤、科大讯飞、腾讯、京东、西门子等知名大企业建立长期战略合作关系，将企业先进的生产体系、服务体系、运营体系、技术体系转化为教学和人才培养体系，有力支撑了新旧动能转换。

在全国范围内，诸多省市及高职院校以山东省出台的《意见》为蓝本，制定了省域内职业教育混合所有制改革发展文件，如江西省于 2021 年 8 月 24 日联合 15 部门印发了《关于推进职业院校混合所有制办学的指导意见（试行）》，其中大部分内容以山东省的文本为参考，具体细节上有少许改动，在整体架构上补充了试行要求。该要求提出高职院校混合所有制改革由省教育厅在部分院校、设区市中先行启动试点项目。中职学校混合所有制改革由所在地设区市部署进行，并及时将试行过程中发现的问题和建议报送至省教育厅。

就学术研究领域来看，对"职业院校混合所有制"的研究自 2004 年年初开始有提及，其间由于缺少实践和理论层面的支撑而出现长达 10 年的研究空白。随后于 2014 年再度引起学者们的研究热情，究其原因，在于 2014 年 5 月国务院印发了《关于加快发展现代职业教育的决定》，提出"探索发展股份制、混合所有制职业院校"。对于本话题的研究热情持续上升至 2017 年后再度回落，至 2020 年研究终于回暖，从政策导向来看，主要是"职教 20 条"的出台以及教育部对该《意见》提出广泛学习的通知，由此使学者们重新重视起职业教育的混合所有制的改革探索（见图 1）。

五、改进建议

在政策改进方面，许多学者提出了自己的看法和建议，如雷世平、乐乐等人（2021）认为，《意见》在政策制定过程中多以就近原则借用其他相近的政策条款拼凑而成。山东省的《意见》虽然开创了我国职教混改具体政策制定的先河，但其"政策借用"的痕迹依稀可见，缺少政策创新。例如，在混合所有制院校法人登记、法人治理、产权确权、人事管理、经费支持等问题的处理上，不论公办民办，或是教育领域、经济领域的政策法规，哪条接近用哪条，政策运用的应急性特点十分明显。另外，《意见》的可操作性偏低，从文本来看，宏观方向上的指导内容偏多，但实质性的操作层面的内容偏少。例如在

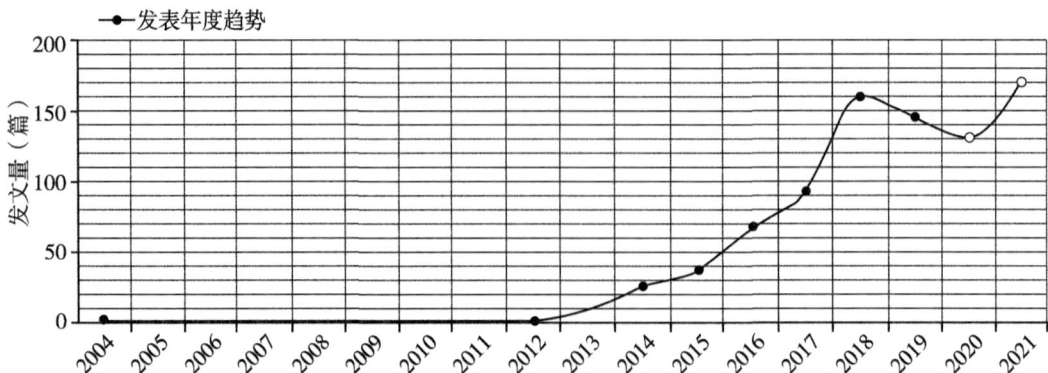

图1 《意见》相关研究发文统计图

办学管理、设立要求等环节提出的多是原则性条款，缺少实践层面的指导意见。在改进方面，首先，需要彻底解放思想桎梏，为政策创新释放动力，坚持问题导向，以头脑风暴的形式联合政府、职业院校、企业及其他社会力量彻底解放思想，大刀阔斧改革。其次，积极推动混改试点，为政策创新开辟道路，切实发挥政府的"助力"作用，激发试点改革热情，推广成功经验。最后，聚焦混改关键领域，为政策创新突破找准锚点，坚持以区域特色为导向，以各环节中的梗阻为焦点，提升制度设计的精准性。

（撰稿人：白雪）

◎ **参考文献**

［1］雷世平，谢盈盈，滕谦谦，等．地方政府职业教育混合所有制改革具体政策文本的比较研究［J］．中国职业技术教育，2021（34）：14-20，37．

［2］郭素森，丁竹青，侯国强，等．职业院校混合所有制办学改革实践的现状、关键问题及推进策略研究［J］．中国职业技术教育，2021（34）：5-13．

［3］段明．混合所有制改革背景下高职校企合作办学的产权困境与破解对策［J］．教育与职业，2021（22）：27-34．

［4］雷世平，乐乐，郭素森，等．职业教育混合所有制办学政策的现状、问题与对策［J］．职业技术教育，2021（19）：34-39．

［5］中国教育新闻网．山东职教"混改"16年［EB/OL］．（2021-12-21）［2022-04-01］．https：//baijiahao.baidu.com/s? id=1719716301698876797&wfr=spider&for=pc．

［6］职业教育与成人教育处．江西省15部门联合印发《关于推进职业院校混合所有制办学的指导意见（试行）》［EB/OL］．（2021-08-26）［2021-10-30］．https：//app.gaokaozhitongche.com/news/h/9OXJ68e2．

［7］ 山东省教育厅.《山东省教育厅等14部门关于推进职业院校混合所有制办学的指导意见（试行）》解读［EB/OL］.（2020-09-17）［2021-10-30］. http：//edu. shandong. gov. cn/art/2020/9/17/art_11992_9801058. html.

［8］ 中华人民共和国教育部政府门户网站. 教育部 山东省人民政府关于整省推进提质培优 建设职业教育创新发展高地的意见［EB/OL］.（2020-01-10）［2021-10-30］. http：//www. moe. gov. cn/s78/A07/zcs _ ztzl/bsgjfzgd/zcfb/202011/t20201104 _ 498157. html.

［9］ 中国教育在线解读.《国家职业教育改革实施方案》要点［EB/OL］.（2019-02-15）［2021-10-30］. https：//baijiahao. baidu. com/s？ id ＝ 1625539946634125853&wfr ＝ spider&for＝pc.

［10］ 国家政府网. 国务院关于印发《国家职业教育改革实施方案》的通知［EB/OL］.（2019-02-13）［2021-10-30］. http：//www. gov. cn/zhengce/content/2019—02/13/content_5365341. htm.

"职教 20" 条颁布后的地方探索

——《四川省职业教育改革实施方案》解读①

2020 年 9 月 23 日，四川省人民政府印发了《四川省职业教育改革实施方案》（川府发〔2020〕14 号）《方案》（以下简称《方案》），《方案》以《中华人民共和国职业教育法》和《国家职业教育改革实施方案》为政策依据而制定。《方案》紧密结合四川实际，体现时代特征，是促进新时代四川职业教育改革的方向指引和施工蓝图。《方案》分为总体要求、重点任务和组织保障三部分，6 个实施方面 17 项政策举措，明确 31 个责任单位，共 8260 字。政策宗旨是贯彻落实全国、全省教育大会精神，加快推进新时代四川职业教育高质量发展，切实提高职业教育办学水平、培养质量和服务能力，更好地满足经济社会发展需求。

一、政策过程分析——基于多源流理论

（一）问题源流

1. 四川省职业教育大而不强

四川是职业教育大省，2019 年共有职业院校 537 所，在校生 154.2 万人，其中高职院校有 80 所（居全国第五、西部第一），在校生有 61.55 万人。虽然整体数量不少，但整体校均规模偏小，如全省有 486 所中职学校，3000 人以上的学校只有 57 所，1200—3000 人的有 124 所，小于 1200 人的有 196 所，有 40% 左右的学校未达到国家规定的设置标准。② 此外，常态化周期性的教学工作诊断与改进制度还未完全形成，职业教育办学质量整体还有待提高。

---

① 文件名称：《四川省人民政府关于印发〈四川省职业教育改革实施方案〉的通知》
发文日期：2020 年 9 月 23 日
发文机关：四川省人民政府
发文字号：川府发〔2020〕14 号
② 数据来源于 2019 年四川省中等职业教育质量年度报告。

2. 办学条件薄弱

四川省人口多、基数大,贫困地区、民族地区历史欠账多,公共财政支撑能力有限,既有存量欠账,也有职业教育规模增长带来的增量不足,导致办学基础条件薄弱。尤其是中职生均占地面积、建筑面积、纸质图书数量均未达到国家设定标准;高职院校生师比、双师素质教师和高级职称教师比例等各项指标有所下降,部分优质学校已超负荷运转。具体如表1所示:

表1 **四川省2018—2019年办学基本指标对比**

序号	办学基本指标	2018	2019	设置标准
1	生均占地面积(平方米)	25.2	25.3	33
2	生均建筑面积(平方米)	14.1	14.3	20
3	生均教学仪器设备值(元)	4748	5133	3000/2500
4	生均纸质图书(册)	21.0	20.8	30
5	教学用计算机(台/百生)	17.3	17.7	15

注:表中统计数据源自四川教育统计年鉴,不含技工学校

3. 产教深度融合的局面尚待深化

由于产教融合政策落实不到位、经费投入不足等问题,导致产教融合不够深入,校企合作普遍存在"学校热、企业冷"现象,人才培养供给侧和产业需求侧在结构、质量、水平上不能完全适应,"两张皮"现象仍然严重,如"产教融合型企业"激励政策尚未细化。

4. 职业教育发展环境仍需改善

由于历史文化、社会观念等原因,导致职业教育社会认可度不高,技能强国理念尚未深入人心。重学历、轻能力的传统教育观念仍然较为普遍,社会对技术技能人才的尊重不够、认可度不足,技术技能人才的收入水平和地位普遍偏低。职业院校毕业生与普通高校毕业生享受同等待遇等权益尚未得到切实保障,对技术技能人才的偏见仍然不同程度地存在。

(二)政策源流

1. 政府促进职业教育的探索与实施

2014年8月14日,四川省人民政府印发《关于加快发展现代职业教育的实施意见》

（川府发〔2014〕48 号），提出"到 2020 年，建立适应市场需求，为我省经济升级促进就业服务，产教深度融合，中职高职到专业学位研究生培养体系衔接，职业教育与普通教育相互沟通，体现终身教育理念的四川现代职业教育体系"。政府、企业、社会多元办学格局打开，院校办学自主权提升等改革效果显著。随后，《四川省现代职业教育体系建设规划（2014—2020 年）》（川教〔2014〕98 号）、《四川省高等职业教育创新发展行动计划总体实施方案》（川教函〔2016〕429 号）、《推进职普协调发展全面提高职业教育办学水平和质量的实施意见》（川教〔2017〕87 号）等一系列规划方案、政策文件的陆续出台，在推动省内职业院校产教深度融合、中高职人才培养衔接、职教本科发展方面发挥了重要作用。

2. 研究人员提供的政策议程和建议方案

学术界对四川省职业教育发展中出现的问题进行了探索和分析，围绕职业院校专业设置、中高职衔接现状、民族地区职业教育发展、现代学徒制等方面分析了存在的问题与困境，并提出了推动四川省职业教育走向深入的政策建议。

（三）政治源流

1. 民众情绪

一方面，火爆的职业教育院校录取分数线年年攀升，学生们成了用人单位争相抢夺的"香饽饽"，此类型院校如四川建筑职业技术学院、四川交通职业技术学院、成都职业技术学院等；另一方面，冷清的职校就连招生都成了问题，2019 年四川省教育考试院公布的专科批未完成计划院校征集志愿的通知中，不少学校未完成招生计划。职校"冰火两重天"的趋势日益明显，民众呼唤提高高质量职业教育资源的供给。

2. 执政党的意志表现

中央部署推动成渝双城经济圈建设为四川省职业教育带来了新的发展机会和提出了新的挑战。2011 年，国务院批复、国家发展改革委印发《成渝经济区区域规划》；2016 年，国家发展改革委、住房和城乡建设部联合印发的《成渝城市群发展规划》明确：到 2020 年，成渝城市群要基本建成经济充满活力、生活品质优良、生态环境优美的国家级城市群；到 2030 年，成渝城市群完成由国家级城市群向世界级城市群的历史性跨越。这一规划的提出为四川省职业教育发展搭建了桥梁。作为与经济密切相关的职业教育，将借助川渝两地在重大基础设施、重大产业、重大公共服务项目方面的战略合作，迎来新的发展机会。围绕产业体系的变革势必将促进四川省职业教育改革，为专业群建构、人才培养模式改革等提供契机。

（四）政策之窗开启

2019 年 1 月，国务院出台《国家职业教育改革实施方案》，可视为四川省职业教育改革政策中"政策之窗"开启的标志，该文件指出"职业教育与普通教育是两种不同的教育类型，具有同等重要的地位"，将职业教育摆在更加突出位置，充分体现了党中央、国务院深化职业教育改革的坚定意志和狠抓工作落实的坚强决心。

政策的颁发以外部行政权力为政策工具，以期使中国特色现代职业教育体系更加完备。作为国家职业教育发展的组成部分，四川省职业教育发展理应在顶层设计政策的指引下，顺应时代和经济结构的变化，迈入新的发展阶段。

四川省人民政府通过开展调查、研究、座谈，积极借鉴外省经验做法，多方征求意见，形成改革实施方案，经省委全面深化改革委员会第八次会议和省政府第 54 次常务会议审议通过。2020 年 9 月 23 日，四川省人民政府正式印发《四川省职业教育改革实施方案》。

二、总体要求

(一) 指导思想

坚持以习近平新时代中国特色社会主义思想为指导，全面贯彻落实中央和省委省政府的决策部署，坚持正确的办学方向，落实立德树人的根本任务，推动职业教育改革发展。按照"扩容、提质、贯通、融合"思路，以整体推进、提质培优、增值赋能为主线，以大改革推动职业教育大发展。

(二) 总体目标

经过 5—10 年的时间，四川省职业教育基本完成由政府举办为主向政府统筹管理、社会多元办学的格局转变；职业教育的类型特征、产业特征、技术属性更加鲜明，职业院校的优势特色、专业特点、服务能力更加凸显，纵向贯通、横向融通的职业教育培养体系基本建成，校企协同、工学结合的育人机制改革取得明显成效，技术技能人才培养质量全面提高，职业教育现代化水平大幅提升，为促进经济社会发展、推动治蜀兴川再上新台阶提供强有力人才支撑和智力支持。

三、重要阐释

(一) 完善现代职业教育体系

1. 健全职业教育办学体制机制

推动职业教育由政府举办为主向政府统筹管理、社会多元办学的格局转变。加大职业教育统筹规划和投入力度，确保职业教育与普通教育同等地位、同等重视、同等支持。明确高等职业教育和中等职业教育的办学主体，鼓励企业参与办学。

2. 健全职业教育管理机制

推进各地各部门职能转变，由注重"办"职业教育向"管理与服务"转变；赋予学校更多自主权，提升职业院校依法治理能力。

3. 健全职业教育人才培养体系

推行中高职教育衔接推进计划。提升普通高校招收职业院校毕业生的比例，到 2022 年，高职院校招收中职院校毕业生的比例达到 50% 左右，高职院校毕业生升入本科的比例达到 20% 左右。建立"职教高考"制度，完善"文化素质+职业技能"考试招生办法。

（二）推进职业教育高质量发展

1. 优化职业教育布局结构

根据四川省发展战略和成渝双城经济圈建设发展需要，优化职业院校布局调整，整合 1200 人以下的"小、散、弱"中职学校。新建职业院校向产业和人口聚集区集中，鼓励将职业教育办到产业园区。2022 年，中职学校全日制在校生规模达到 3000 人以上。支持民族地区、贫困地区发展职业教育。

2. 提高中等职业教育发展水平

打破学校类型界限，推进技工学校和中等职业学校融合发展。完善招生制度，建立全省高中阶段统一招生平台，鼓励初中毕业生自愿跨区域选择中等职业学校和专业。支持市（州）依据发展需要，引导学校科学定位、错位发展。打破普通高中和中职学校的学籍限制，鼓励实施学籍互转、学分互认。实施中职教育质量提升工程和标准化建设工程，重点支持建设 50 所示范中等职业学校和 100 个示范（特色）专业，推动全省中职学校达到国家基本办学条件标准。完善民族地区 9+3 免费教育计划。

3. 推进高等职业教育内涵发展

实施省级"双高计划"，重点建设 15 所左右高水平高等职业学校和 50 个左右高水平专业群。支持"双高计划"建设学校举办本科层次职业教育。实施"高职院校质量提升工程"。推动职业教育服务军事人才的力度。

4. 完善高层次应用型人才培养体系

开展本科层次职业教育试点，推动具备条件的普通本科高校向应用型转变，鼓励有条件的普通高校开办应用技术类型专业或课程，重点建设 15 所左右应用型本科转型发展示范校、200 个应用型示范专业。深化专业学位研究生综合改革。

（三）提高技术技能人才培养质量

1. 健全德技并修的育人机制

推进职业教育领域"三全育人"综合改革试点工作。

2. 优化专业、课程和教材体系

大力发展现代工业、现代农业、现代服务业相关专业，重点支持紧缺专业建设。建立专业动态调整和预警机制，支持每所职业院校重点建设2—3个骨干专业群。推动职业院校共享共建教育资源。运用现代信息技术改进教学方式方法。到2022年，认定300门职业教育精品在线开放课程、200种校企合作开发的"双元"特色教材和100个虚拟仿真实训项目。

3. 开展1+X证书制度试点工作

积极开展1+X证书制度试点，鼓励企业参与试点工作。

（四）深化产教融合校企合作

1. 推动产教融合发展

实施产教融合行动计划，在电子信息、智能制造等领域培育和打造15个左右在全国具有知名度和影响力的示范性职业教育集团（联盟），建设15个左右高水平专业化产教融合实训基地。推进国家产教融合建设试点，建设国家级产教融合示范区和示范性项目，实施省级"产教融合示范项目"。培育和认证一批产教融合型试点企业，对进入目录的企业给予"金融+财政+土地+信用"的组合式激励。

2. 促进校企"双元"育人

全面推广"双元"育人的现代学徒制，加大"订单式"、定制式、企业新型学徒制等人才培养力度。搭建产教融合信息平台，定期发布相关信息。

3. 健全激励政策

建立有利于调动学校积极性、促进职业教育改革发展的职业院校绩效工资制度。

（五）建设高水平教师队伍

1. 完善职业院校教师管理

把好技能关口，职业院校、应用型本科高校相关专业教师原则上从具有3年以上企业工作经历并具有高职以上学历的人员中公开招聘。深化教师职称制度改革，破除"五唯"，将师德师风、工匠精神、技术技能和教育教学实绩作为职称评聘的主要依据。

2. 提升职业教育教师能力素质

探索以"三年职业教育+两年师范教育"形式，培养一批职教师资。建设"双师型"教师培养培训基地。树立先进典型，评选、表彰一批职业教育"双师型"名师、技能大师、优秀校长、专业（学科）带头人、优秀班主任等。

（六）提升服务能力和开放水平

1. 开展高质量职业培训

落实职业院校实施学历教育与职业培训并举的法定职责。推行终身职业技能培训制度。建设一批省级职业技能的培训示范基地，创新"互联网+培训"模式。

2. 扩大职业教育对外开放

支持职业院校引进国（境）外优质职业教育资源开展合作办学，鼓励招收留学生。开展多种形式的职业教育资格资历互认，定期组织赴国外研修访学。支持应用型本科和职业院校到境外办学。

四、政策效果

（一）1+N政策体系不断完善

为贯彻落实《方案》精神，四川省教育厅等部门陆续印发《关于开展四川省产教融合示范项目建设工作的通知》《关于开展本科层次职业教育人才培养改革试点工作的通知》《关于推进中高职衔接五年贯通培养工作的通知》《关于推进1+X证书制度试点工作的通知》等8个配套文件，促使1+N政策体系不断完善，推动职业教育大改革。

（二）职教人才培养体系逐渐健全

"中职—专科高职—职教本科或应用型本科"人才培养"立交桥"正在构建。2020年，改革单招政策，高职单招学校从59所扩大到90所，13所本科高校首次开展单招考试，高职招收中职毕业生比例提升，面向中职招生专科计划占比超过57%。扩大中高职五年贯通培养规模，招生计划从2019年的4万人增加到8.27万人。增加高职扩招对象，由2019年招收"四类人员"扩大到了"八类人员"。"专升本"比例扩大，专升本率由以往的5%增长到2020年的15%，从2020年到2021年，大部分院校的专升本率都呈现出上升的趋势，最高涨幅达到了 10% 左右，个别学校超过 20%。①

（三）职业教育高质量发展有保障

1. 学校布局有所优化

2021 年 3 月 17 日，四川省教育厅印发《关于对"空小散弱"中等职业学校进行清理整改的通知》，要求各地、各有关部门按照"市统筹、进园区、扩规模、强专业、并学校"的工作思路，严格对照教育部《中等职业学校设置标准》，全面清查中职学校办学资质，核查基本办学条件，调整优化中职学校规划布局，对在校生 1200 人以下的中等职业学校，一校一策制订整改方案，重点对在校生 600 人以下，特别是在校生为零的学校予以调整或撤销。

2. 专业布点更加合理

2020 年，四川省有中职专业布点 3569 个，覆盖全部 19 个专业大类、223 种专业；增设重点产业和新兴产业紧缺的中职专业 207 个，撤销淘汰与产业匹配度不高、过时过剩的中职专业 96 个。2021 年，四川省增设重点产业、新兴产业紧缺和社会民生急需的高职专业点 529 个；淘汰与产业匹配度不高、过时过剩的陈旧落后高职专业点 161 个。②

通过更合理的专业布点服务四川省"10+3"现代农业、"5+1"现代工业、"4+6"现代服务业体系，专业与经济社会需求的匹配度不断提高。

3. "双高"建设初见成效

为贯彻落实《方案》精神，根据四川省教育厅、四川省财政厅《关于实施四川省高水平高等职业学校和高水平专业群建设计划的意见》（川教〔2021〕24 号）和《关于开展四川省高水平高等职业学校和高水平专业群建设计划项目申报的通知》（川教函〔2021〕86 号）要求，按照公平公正、扶优扶强、质量为先、改革导向、合理布局的原则，2021 年四川省立项建设 22 所高水平高等职业学校（含 8 所"国家双高"建设学校）、50 个高水平专业群和 15 所高水平高等职业培育学校，发挥示范引领作用带动职业教育发展。

（四）社会贡献

1. 技术技能人才为产业发展提供有力支撑

四川省中职学校和高职院校向社会输送了大量毕业生，其中，从事第三产业的毕业生

---

① 数据来源于 2020 年四川省中等职业教育质量年度报告。
② 数据来源于 2020 年四川省中等职业教育质量年度报告。

占绝大多数,为四川省的第三产业发展提供了有力支撑。

2. 多形式开展培训服务,发挥服务社会职能

发挥职教师资、技术、设备优势,多形式开展培训服务,为企业在职职工、退役军人、进城务工人员和新型职业农民提供技能培训和就业创业培训。

3. 助力脱贫攻坚,帮扶民族地区职业教育

对口帮扶凉山彝族自治州的中职学校越西县职业技术学校。深入实施"9+3"计划,面向藏区、大小凉山彝区招生。

五、方案对比

(一) 与《国家职业教育改革实施方案》相比

(1)《四川省职业教育改革实施方案》中未将职业教育标准、职业教育办学质量督导评价、技术技能人才保障纳入实施范围,更注重职业教育纵向衔接的人才培养体系的完善、职业教育质量的提升、产教融合的深入推进、教师队伍的建设以及职业教育服务和影响力的扩大。

(2)《四川省职业教育改革实施方案》中的六大实施任务方面有重复交叉的内容,如职业教育的高质量发展与提高人才培养质量中,方案整体的整合性和表述的精准性还需提升。

(二) 与他省方案相比

(1)《四川省职业教育改革实施方案》颁布时间较晚,无具体目标的表述,但体现于各具体措施中。

(2)《四川省职业教育改革实施方案》的具体措施无编号。

(3)在《四川省职业教育改革实施方案》的具体措施中,对指标和做法的描述不够具体、指导性不强,与地方特色结合不够。

六、改进建议

(一) 对政策文本的改进建议

1. 提高《方案》内容的完备性

《方案》聚焦于四川省职业教育改革的重点、难点、热点问题,作出有针对性的部署,以推动四川省职业教育的整体发展。因此,《方案》应囊括保障职业教育全方位、整体性的发展的各方面内容。《方案》应将职业教育办学质量督导评价、技术技能人才保障纳入其中，并加强措施之间的整合性，避免重复交叉。

2. 增强《方案》措施的可操作性

落实政策的关键是从小处着手、层层推进，并逐步提出细化的操作方案。比如，开展1+X 证书制度，应考虑 X 证书如何去开发，开发过程中哪些群体需要参与，如何来保证证书开发的质量等。又如，职业院校通过校企合作、技术服务、社会培训、自办企业等所得收入，可按一定比例作为绩效工资来源，比例具体是多少也需要相关部门去细化。

（二）着力提升质量，加快发展步伐

1. 加速出台配套政策

四川省职业教育整体发展步伐偏慢，在《方案》制订阶段，2020 年 7 月 30 日教育部与江西省共同颁发《关于整省推进职业教育综合改革提质创优的意见》（赣府发〔2020〕16 号），同年 9 月 16 日，教育部等九部门颁布《职业教育提质培优行动计划（2020—2023 年）》（教职成〔2020〕7 号），两个文件均以职业教育的提质创优为目标，推进职业教育的深化改革。以"提高职业教育办学水平、培养质量和服务能力，更好满足经济社会发展需求"为目的的四川省职业教育改革稍显滞后。

应加快速度出台《职业教育提质培优行动计划（2020—2023 年）》的四川配套政策文件，积极推动《四川省职业教育条例》修订工作。

2. 提升改革效率

四川省还存在不少"小、散、弱"中等职业学校，与《方案》中提出的目标相去甚远，需提升改革效率。

（三）重视民族职业教育，强化特色发展

四川省境内分布有彝、藏、羌等 14 个少数民族，据《四川省第七次全国人口普查公报》数据，截至 2020 年 11 月 1 日，四川省少数民族人口为 568.8 万人，占 6.8%。少数民族人口稳步增长，藏区和大小凉山彝区"9+3"免费教育计划应在少数民族地区全面实施，并探索其他路径，同时注重职业教育质量的提升。

应结合本土优势，发展特色产业，突出职业教育与特色行业、产业的连贯性，职业教育为行业、产业培养人才，职业教育人才为做大做强四川产业发挥效力，可以在桑蚕、蜀锦、白酒、茶叶、能源化工等特色产业中做出成绩，以产业发展带动全省经济的快速发展，建设西部经济发展高地。

（撰稿人：牛雪梅）

◎ **参考文献**

[1] 四川统计局.四川省第七次全国人口普查［EB/OL］.（2021-05-26）［2021-11-20］. http：//tjj. sc. gov. cn/scstjj/tjgb/2021/5/26/91f211253f0548b6975c68d233fa6e39. shtml.

[2] 四川省教育厅.2020 年四川省中等职业教育年度质量报告［EB/OL］.（2021-04-14）［2021-11-13］. http：//edu. sc. gov. cn/scedu/c100564/2021/4/14/28cffcc7d4ce49a984bad2e053a06bbe. shtml.

[3] 四川省教育科学研究院.2019 年四川省中等职业教育质量年度报告［EB/OL］.（2020-05-11）［2021-11-01］. http：//www. scjks. net/Item/4923. aspx.

[4] 国家发展改革委、住房城乡建设部.国家发展改革委、住房城乡建设部关于印发成渝城市群发展规划的通知［EB/OL］.（2016-04-15）［2021-11-10］. https：//www. ndrc. gov. cn/fzggw/jgsj/ghs/sjdt/201605/t20160504_1170022. html？code＝&state＝123.

[5] 四川省人民政府.四川省人民政府关于加快发展现代职业教育的实施意见［EB/OL］.（2014-08-19）［2021-11-1］. http：//www. sc. gov. cn/10462/10883/11066/2014/8/19/10310276. shtml.

以加强绩效管理助推"双高计划"有效落实

——《中国特色高水平高职学校和专业 建设计划绩效管理暂行办法》解读①

2020 年 12 月，教育部、财政部印发《中国特色高水平高职学校和专业建设计划绩效管理暂行办法》（教职成〔2020〕8 号）（以下简称《绩效管理暂行办法》），作为教育部、财政部《关于实施中国特色高水平高职学校和专业建设计划的意见》（教职成〔2019〕5 号）（以下简称"双高计划"）的配套文件，《绩效管理暂行办法》是继《中国特色高水平高职学校和专业建设计划项目遴选管理办法（试行）》（以下简称《遴选办法》）之后又一个规范性文件，从而完成了最初政策设计时构想的"一个意见""两个办法""三个通知"的规范体系，对于提高"双高计划"建设成效，确保"双高计划"建设目标如期实现具有重要意义。

一、出台背景

（一）战略导向下高职教育高质量发展的现实需要

党的十八大以来，国家对职业教育的重视程度不断加强，改革力度不断加大，我国职业教育迎来了重大发展机遇。战略导向主要体现为国家层面的政策支持，国家相继出台一系列职业教育政策文本。2019 年 1 月国务院发布的《国家职业教育改革实施方案》（以下简称《实施方案》），2019 年 2 月中共中央、国务院发布的《中国教育现代化 2035》均将"集中力量建成一批中国特色高水平职业院校和专业"作为重大战略任务，2019 年 3 月，教育部、财政部开始实施"双高计划"，引领新时代职业教育高质量发展。从责任使命上看，"双高计划"第一轮建设的 56 所高水平建设立项学校和 253 个高水平专业群，

---

① 文件名称：《教育部 财政部关于印发〈中国特色高水平高职学校和专业建设计划绩效管理暂行办法〉的通知》

发文日期：2020 年 12 月 21 日

发文机关：教育部 财政部

发文字号：教职成〔2020〕8 号

需要在类型特色和内涵深化上下功夫，通过开展"一加强、四打造、五提升"十大任务，对建设效果进行全方位的审视，对建设成效进行绩效管理和评价是推进"双高计划"建设过程中必须考虑的重要事项。

(二) 双高学校建设实际中的现实困境

"双高计划"是对高等职业教育新一轮发展的总体设计，明确了职业教育建设目标。《遴选办法》明确了哪些学校符合要求，该如何建设，也体现出"干和不干不一样、干多干少不一样、干好干坏不一样"。

从"双高计划"建设实际来看，在省级统筹层面，各地方政府对建设学校经费的支持、经费到位情况都存在较大差异。有些地方的教育行政部门未建立协调管理机制，对于建设学校缺乏监督指导，总体看，需要省级统筹协调的问题悬而未决。在学校层面，一些学校在多渠道筹钱以及资金使用效率上还存在很多困难。有些学校局限于"点"建设思维的影响，对于"双高计划"的认识存在偏差，没有从全面、全局的方面去考虑学校的内涵建设，学校没有建立有效的双高建设推进机制，缺乏对任务落实的指导和督查。因此，建设学校是否跟上职业教育改革的大方向，是否有突出重要贡献、可资借鉴的经验，这些建设效果均亟须通过建立绩效管理机制进行验证，从而更明确各个主体的责任，提高资金配置效益和使用效率，确保绩效目标如期实现。

(三) 目的意义

1. 规范"双高计划"绩效管理，实施动态调整

《绩效管理暂行办法》是落实"双高计划"的一个重要举措，主要目的是规范和加强"双高计划"的绩效管理、明确责任，提高资金配置效益和使用效率，确保"双高计划"建设目标如期实现。《绩效管理暂行办法》颁布和实施后，根据评估结果的反馈，国家、地方将对高职教育进行投入的动态调整，调动高职学校改革动力，提升一批高职学校的办学水平，提高高职教育的社会影响力。

2. 明确"双高计划"绩效管理目标，提高职业教育整体水平

"双高计划"绩效管理目标明确了在实施期内应达到的预期产出和效果，同时强调"双高计划"在建设过程中应对接国家战略，响应改革任务，紧盯"引领"、强化"支撑"，凸显"高"、彰显"强"、体现"特"，并通过"双高计划"有关系统进行填报与备案，进而推动国家形成"一批有效的职业教育高质量发展政策、制度、标准"，"双高计划"项目建设以绩效管理为本，通过公平竞争推动我国职业教育总体水平提升。

二、总体描述

(一) 制定过程

党的十八大以来，以习近平同志为核心的党中央高度重视职业教育改革发展，习近平总书记对职业教育多次作出重要指示批示，多次视察职业学校。党的十九大以后，为加快发展现代职业教育，中国特色高水平高职学校建设的理念逐步形成。2019年1月，国务院发布的《实施方案》明确提出启动实施中国特色高水平高职学校和专业建设计划。2019年3月，教育部、财政部正式发布"双高计划"，提出建设一批"引领改革、支撑发展、中国特色、世界水平"的高职学校和专业。为推进"双高计划"朝着正确的方向前进，推动形成高质量的建设成果，2020年12月，教育部、财政部印发《绩效管理暂行办法》，对"双高计划"的绩效目标管理提出了明确方向性要求和具体考核办法。

(二) 整体概括

1. 文件的发文单位

教育部和财政部。

2. 文件名称

文件名称中显示是"暂行办法"，表明该文件具有暂时性、临时性特点，是为规范和加强"双高计划"而提出的临时性、过渡性的行为规范，可根据实际情况随时调整或废止，也可能修正上升为规定。

3. 内容概括

本办法共包括12条内容条款，6张附件表，附件具体内容为：附件1《双高学校建设数据采集表》、附件2《高水平专业（群）建设数据采集表》、附件3《双高学校绩效自评报告（参考提纲）》、附件4《基于"双高绩效目标实现贡献度"信息采集表》、附件5《基于"高水平学校和专业群社会认可度"信息采集表》、附件6《基于"地方政府（含举办方）重视程度"信息采集表》。

4. 政策工具的选择

霍莱特和拉梅什根据政策工具的强制性程度将其分为三类：自愿型工具、强制性工具、混合性工具。对《绩效管理暂行办法》的政策目的和执行程序进行分析，概括出该政策文本具有明显的强制性工具特点。

强制性工具，也叫指导性工具，是指借助政府的权威和强制力，对目标群体的行动进行控制与指导。在《绩效管理暂行办法》第一条的"为规范和加强中国特色高水平高职学校和专业建设计划绩效管理"中，提到了"规范、加强"；在第二条的"依据设定的绩效目标实施过程监控，开展绩效评价并加强评价结果应用的管理过程"中提到了"依据目标、过程监控、评价、结果应用"，第六条规定省级教育行政部门会同同级财政部门，负责本地学校绩效管理工作，指导学校科学设定项目（含年度）绩效目标；第七条规定教育部和财政部结合国家职业教育改革阶段任务，确定"双高计划"总体目标，均体现出在政策执行过程中政府的强制控制和指导作用。在第八条、第九条中提到了"出现以下情形的，停止'双高计划'建设，退出计划""出现以下情形的，限期整改，并在绩效评价结果中予以反映"，这两条显示出政府依据其统治权威，会指导"双高计划"绩效评价结果运用，而作为目标群体的"双高计划"高校必须遵守和服从。

（三）基本框架

第一条明确指出制定本办法的主要目的：实施绩效管理，明确责任，提高效益，确保目标如期实现。

第二条明确"双高计划"绩效管理主体、管理对象、管理程序。

第三条和第四条是对第二条管理程序中提出的绩效目标和绩效评价的详细说明。

第五条至第七条是对"双高计划"高校自评过程中各管理主体具体执行程序的说明。

第六条规定在绩效管理过程中省级教育行政部门和同级财政部门的职责。

第七条规定在绩效管理过程中教育部、财政部的职责。

第八条和第九条分别列出了停止"双高计划"建设、限期整改的主要情形。

第十条明确了结果评价运用的重要性。

第十一条明确了学校在建设过程中需要主动接受相关部门的监督和检查，及时发现问题及时整改落实。

本办法在第十二条中说明了开始施行时间，解释和修订工作由教育部、财政部负责。

三、重点阐释

（一）核心要点

《绩效管理暂行办法》中的核心要点是明确了"双高计划"绩效管理的五个重要建设内容。

一是明确绩效管理的主体。《绩效管理暂行办法》规定"双高计划"绩效管理是由"双高计划"建设学校、中央及省级教育部门和财政部门等主体组织实施。

二是明确绩效管理的目标。《绩效管理暂行办法》提出绩效目标要对标党的十九届五中全会的部署要求，对接国家战略需要，响应改革任务部署，紧盯"引领"、强化"支撑"、凸显"高"、彰显"强"、体现"特"，通过绩效评价体现示范引领作用，力争以项目建设带动职业教育发展大有作为。

三是明确绩效管理的数据采集方式。《绩效管理暂行办法》设计了双高学校建设数据采集表，由学校按照年度、中期及实施期结束后三个阶段进行填报。通过分阶段填报，督促学校落实建设主体责任，持续提高建设水平。

四是明确绩效管理的评价程序。绩效评价分为学校自评、省级评价和中央评价三级。具体评价程序为，首先，自评主体学校结合各自实际，设定绩效目标，对绩效目标情况进行全方位、全过程的自我评价，充分发挥职业院校的主动性和创造性。其次，地方教育行政部门具体负责本地学校绩效管理工作，指导学校科学设定项目（含年度）绩效目标；加强审核、批复下达绩效目标，并报教育部备案。重点任务是审核学校自评结果。最终，教育部、财政部结合国家职业教育改革阶段任务，确定"双高计划"建设的总体目标，并且还需要组织专家或者委托第三方机构在学校自评的基础上，开展中期及实施期结束后的绩效评价。

五是明确绩效管理的结果运用。《绩效管理暂行办法》明确了教育部、财政部的评价结果是完善相关政策、调整中央财政奖补资金、本周期验收以及下一周期"双高计划"遴选的重要依据。同时规定若发生"学校在思想政治工作上出现重大问题的""在实施期出现重大问题，经整改仍无改善的"等情形时，"双高计划"学校将退出计划，并且不得再次申请"双高计划"。

（二）主要特色

《绩效管理暂行办法》的主要绩效管理评价的方式是基于填报表格的形式开展，同时学校自评工作贯穿于年度、中期及实施期结束后三个阶段。以下两个方面是该政策文本的主要特点。

1. 以"治理表"形式开启"双高计划"绩效管理新模式

《绩效管理暂行办法》明确绩效目标应做到科学合理、细化量化、可衡量可评价，体现项目核心成果，这符合现代项目管理的要求。当今社会已进入数字化时代，基于大数据、云计算和人工智能等手段，将报表与数据信息处理工具和平台相融合，通过分析，体现出组织运行的客观状态，能为提升组织绩效提供决策支持。《绩效管理暂行办法》中提出"双高计划"学校要结合各自实际，设定绩效目标，以表格填报、审核的形式来开展绩效管理事务。"数据表"治理形式成为本阶段"双高计划"推进过程的绩效管理新模式。

《绩效管理暂行办法》附件中前三项《双高学校建设数据采集表》《高水平专业（群）建设数据采集表》《双高学校绩效自评报告（参考提纲）》为必填写表格；后三项《基于"双高绩效目标实现贡献度"信息采集表》《基于"高水平学校和专业群社会认可度"信息采集表》《基于"地方政府（含举办方）重视程度"信息采集表》为可选填表格，选择性填报的信息主要是供教育部门和财政部门了解各校建设成效的。其中的五张数据、信息采集表是绩效自评报告的数据支撑，也可以称为"数据版"的自评报告。《双高学校绩效自评报告》从八个方面列出了填报参考提纲：①双高学校绩效目标实现程度及效果；②建设任务进度及绩效指标的完成情况；③项目预算执行情况；④实现双高学校绩效目标采取措施（含改进措施）的有效性；⑤对双高绩效目标实现的贡献度和社会认可度有关情况的说明；⑥经验与做法、未完成或偏离绩效目标的原因以及发现的问题（可选项）；⑦改进措施及有关工作建议（可选项）；⑧其他需要特别说明的有关事宜与有关建议（可选项）。其中⑥、⑦、⑧标注了为可选项。从整体附件表格和绩效自评报告中反映出该政策的客观性、可衡量性，同时还反映出各校要结合各自实际情况办出特色的灵活性。

对于政策制定者而言，双高建设是一个相对较长的政策执行过程，其中包含了政策"渐进调适"的过程，而数据"治理表"形式因其所具有的数据统计、模型建构、比较分析、评价反馈等方面的天然优势，在与其他治理模式的竞争中取得了一定的优势。《绩效管理暂行办法》提供的这种数据"治理表"模式，为双高建设明确了"建设路线图"，具有指导性的意义。

2. 以"五个突出"实现贯穿全程式的绩效过程管理

五个突出即突出目标要求的达成、突出阶段过程管理、突出分级评价、突出服务贡献、突出动态调整。一是突出目标要求的达成，根据"双高计划"的建设方案来确定绩效评价任务。二是突出阶段过程管理，依据数据采集表，由学校按照年度、中期和实施期结束后三个阶段分别进行自评填报。三是突出分级评价，包括学校自评、省级评价和中央评价，这些评价都必须严格按照规则规程进行，学校设定绩效目标开展测评。第一层级是学校在总体指标的框架下，根据本校的建设方案自行设置指标，充分发挥职业学校的创造性。第二层级是省级教育行政部门会同同级的财政部门分层负责本地学校的绩效管理工作。第三层级是教育部、财政部和部分"双高计划"院校总体开展周期以及实施结束后的绩效评价。四是突出服务贡献，即绩效评价紧盯建设成效，使学校在引领改革发展、支撑国家战略经济发展、形成一批首创性的制度标准等方面发挥更大作用，提升学校在业内的影响。五是突出动态调整，坚持有进有出的动态调整机制，教育部、财政部将绩效评价结果作为完善后续相关政策、调整中央财政资金、本周期验收以及下一周期遴选的重要依据。

四、政策效果

（一）实施情况

"双高计划"、《绩效管理暂行办法》实施以来建设机制进一步明确，通过教育部、财政部两部门联合行文，组建双高建设咨询委员会，建立绩效管理监测平台等对"双高计划"顶层设计作出全面部署;资金投入进一步加大,中央财政每年用于"双高计划"的转移支付相当于示范校、骨干校建设周期的总投入;建设成效进一步显现,双高建设任务指标的总体完成度较高;引领作用进一步发挥,全国已有多个省份启动省级"双高计划",带动了大批地方性高水平高职学校和高水平专业群建设。

具体实施情况主要来源于网站新闻报道信息,由于搜集渠道有限,本文呈现的仅是部分实施情况,对于整体实施情况的分析,还需要下一阶段进行深入探索。

2020年12月《绩效管理暂行办法》出台以后,北京电子科技职业学院、江苏食品药品职业技术学院、南通职业大学等相关双高建设学校在2021年1月初就开始积极行动,分别召开部署会和推进会对绩效管理及自评工作进行安排。江西应用职业技术学院举行了"绩效管理专题讲座",浙江金融职业学院在中国高职高专教育网发布了《2019—2020年"双高计划"建设绩效报告》,岳阳职业技术学院在学校网站上发布了《岳阳职业技术学院2019—2020年度"双高计划"建设项目绩效自评报告》

2021年2月,其他双高学校也开始陆续动员,长沙民政职业技术学院、岳阳职业技术学院、重庆工商职业学院、贵州轻工职业技术学院等分别对2019—2020年度的绩效考评数据填报工作发布了通知并进行了第一轮的年度自评工作。

2021年4—5月,河南省召开国家"双高计划"建设学校年度绩效自评工作研讨会,听取本省双高学校汇报自评情况,并给出意见。山东省教育厅委托专家组成"绩效评估组"先后前往本省双高学校开展绩效评价工作。湖南省在湖南汽车工程职业学院召开了"湖南省'双高计划'建设学校绩效评估反馈会"。

2021年11—12月,宁夏职业技术学院、杨凌职业技术学院、江苏农牧科技职业学院等为了迎接国家"双高计划"中期绩效工作,开始启动校级的中期自评工作。很多省份和双高学校对于"双高计划"绩效管理评价工作十分重视,多数学校由校领导亲自挂帅进行督战,"双高计划"办公室牵头,大多以建设组和项目组的形式展开。

(二)社会影响

在中央和地方一系列政策和资金的支持下,双高建设院校对标建设目标和任务,以多种方式进行了改革探索。例如,长春汽车高等专科学校紧密对接中国一汽红旗工厂五大紧缺岗位,校企双元开发"红旗工匠"培养标准体系,实施中国特色学徒制"红旗工匠"培养。滨州职业学院大力改革办学自主权,实现了自主设置内设机构和岗位、自主招聘人才、自主开展职称评聘、自主推进薪酬分配制度改革、落实科研经费管理自主权,激活学校发展的内生动力。深圳职业技术学院重点打造高端技术技能创新服务平台,建立了8个应用技术研究院、9个高端智库和创意中心,全面形成与行业企业共同推进技术技能积累及创新的机制。"双高计划"是国家推动职业教育高质量发展的重要举措,建设院校以极大的热情和动力投入改革发展,高职院校的社会声誉和对本地经济社会发展的贡献度明显提高。

五、改进建议

(一) 加强过程管理，增加实践考察环节的设置

在项目建设过程中，健全督导管理机制，在《绩效管理暂行办法》中显示各级相关部门主要通过数据填报系统了解建设成效、审核及批复下达指标。由于千校千面，建议《绩效管理暂行办法》中增加实践考察环节，对建设目标、建设内容、建设任务、产出指标及建设进度进行定期督查、指导。在《绩效管理暂行办法》的第七条中可以增加"组织专家或者委托第三方机构在学校自评的基础上，结合定期实践考察、督查，开展中期及实施期结束后的绩效评价"的内容。

(二) 政府提供政策辅助，助力学校实施重点攻坚

针对高水平专业群建设中对接地方经济社会发展、与区域产业联系密切、对标国家紧缺行业的特色专业，要实施重点攻坚。按照"双高计划"建设任务要求，省级政府统筹编制"双高计划"建设重大项目清单、项目建设难点清单，教育部、财政部等可以出台相应的重难点建设方案政策协调机制，帮助建设学校解决建设过程中重点、难点问题。

(三) 强化科学激励，加强"双高计划"正向激励政策引导

加强"双高计划"绩效评估管理结果的应用，强化科学激励，坚持正向激励为主、负向激励为辅，积极营造建设氛围。《绩效管理暂行办法》指出，出现以下情形的，停止"双高计划"建设，退出计划：①违背立德树人根本任务，学校在思想政治工作上出现重大问题的；②偏离国家"双高计划"总体目标、社会贡献度显现较弱或学校建设任务没有如期完成、目标实现未达预期。出现以下情形的，限期整改，并在绩效评价结果中予以反映：①擅自调整批复的建设方案和任务书内容，降低学校建设目标，减少建设任务；②项目经费使用不符合国家财务制度规定；③其他违反国家法律法规和本办法规定的行为。在现行的《绩效管理暂行办法》中主要是以负面激励为主，建议加强各级绩效管理主体的正向激励政策引导。例如，在学校层面可因时制宜设立"双高计划"建设执行人和管理岗位津贴，将一些任务换算成科研成果、教学课时等；在绩效工资管理中体现教师智力投入，坚持"多劳者多得"的原则，激发教师建设的积极性；根据考核结果，对有标志性成果产出的团队及个人执行及时绩效奖励；将"双高计划"建设绩效管理结果用于学校年度考核、教师职称评定。在省级层面，可以依据绩效自评报告中双高绩效目标实现的贡献度和社会认可度建立激励机制。贡献度包括引领职业教育改革发展和人才培养，支撑国家战略和地方经济社会发展；社会认可度则包括学生家长认可度、行业企业认可度、业内影响力、国际影响力等方面。在《绩效管理暂行办法》中提到"教育部、财政部评价结果是完善相关政策、调整中央财政奖补资金、本周期验收及下一周期遴选的重要依

据"。可以适当对于在人才培养质量、产业贡献度、地方服务能力、技术技能传承等方面作出突出贡献的学校给予单项激励，激励双高学校为实现"当地离不开、业内都认同、国际可交流"双高建设目标做更进一步的努力。

（撰稿人：张淼）

◎ 参考文献

[1] 陈庆云. 公共政策分析 [M]. 北京大学出版社，2011：82.

[2] 陈振明. 公共政策分析 [M]. 中国人民大学出版社，2003：15.

[3] 李昱，郭广军，刘亚琴. "双高计划"建设绩效评估：体系层次与推进机制 [J]. 职业技术教育，2021，42（26）：72-76.

[4] 臧志军. 适应性战略绩效管理：面向高质量发展的"双高"建设管理创新研究 [J]. 职业技术教育，2021，42（21）：12-16.

[5] 周建松. 从"双高计划"绩效管理办法看我国高职教育高质量发展的重心 [J]. 职业技术教育，2021，42（21）：7-11.

[6] 陈正江. 基于"治理表"的"双高"建设绩效管理研究 [J]. 职教论坛，2021，37（11）：146-151.

[7] 周建松，陈正江. 基于"双高"绩效管理的高职教育高质量发展研究 [J]. 江苏高教，2021（11）：28-33.

[8] 葛晓波. "双高"院校建设绩效评价指标体系构建研究 [J]. 教育与职业，2021（05）：60-66.

[9] 刘斌，邹吉权. "双高计划"绩效评价指标体系内涵分析与权重确定 [J]. 中国高教研究，2021（04）：96-102.

[10] 韩旭，张俊竹. 中国特色现代学徒制的成效、困境与方向 [J]. 教育与职业，2020（24）：41-46.

[11] 欧媚. 绩效评价结果或涉及项目经费支持额度调整——首批"双高计划"校迎来期中大考 [N]. 中国教育报，2021-10-21.

[12] 陈正江. 治理表，"双高计划"绩效管理新模式 [N]. 中国教育报，2020-12-29.

[13] 黄达人. "双高计划"的现在与未来 [N]. 光明日报，2019-10-26.

[14] 中国教育报. 首批"双高计划"校迎来期中大考 [EB/OL].（2021-10-22）[2021-11-16]. http：//education. news. cn/2021-10/22/c_1211414996_2. htm.

[15] 教育部，财政部. 加强"双高计划"职业院校绩效管理 [EB/OL].（2021-02-21）[2021-11-19]. http：//www. moe. gov. cn/jyb_xwfb/xw_zt/moe_357/2021/2021_zt10/dt/dtzy/ 202104/t20210415_526511. html.

[16] 滨州职业学院. 省教育厅到我院开展"双高计划"绩效评价工作 [EB/OL].（2021-

05-17）［2021-11-17］. https：//www. bzpt. edu. cn/2021/0517/c73a34208/page. htm.

［17］河南省人民政府. 我省国家"双高计划"建设学校年度绩效自评工作研讨会召开［EB/OL］.（2021-04-13）［2021-11-17］. http：//www. henan. gov. cn/2021/04-13/2125421. html.

［18］长沙民政职业技术学院. 我校召开 2021 年"双高校"建设推进和绩效管理工作会议［EB/OL］.（2021-03-31）［2021-11-19］. http：//www. csmzxy. edu. cn/info/1014/66511. htm.

［19］宁夏职业技术学院. 我校召开"双高计划"建设年度绩效自评工作部署会［EB/OL］.（2021-02-04）［2021-11-19］. https：//www. nxtc. edu. cn/info/1056/13055. htm.

［20］江西应用技术职业学院. 我校召开"双高计划"项目建设绩效评价管理专题讲座［EB/OL］.（2021-01-19）［2021-11-16］. http：//www. jxyyxy. com/info/1071/16527. htm.

［21］中国高职高专教育网. 浙江金融职业学院 2019—2020 年"双高计划"建设绩效报告［EB/OL］.（2021-01-13）［2021-11-18］. https：//www. tech. net. cn/news/show-92924. html.

［22］岳阳职业技术学院. 岳阳职业技术学院 2019—2020 年度"双高计划"建设项目绩效自评报告［EB/OL］.（2021-1-12）［2021-11-16］. http：//cwc. yvtc. edu. cn/news/show-147. html.

［23］人民网. 总结经验、聚焦绩效"双高计划"建设推进会在京召开［EB/OL］.（2021-01-03）［2021-11-18］. https：//edu. cctv. com/2021/10/03/ARTI5D1qiC9tc7zsas9dTB0V211003. shtml.

地方层面对职业院校人才薪酬待遇的新探索

——甘肃省《关于进一步完善职业院校人才薪酬待遇的通知》解读①

一、出台背景

（一）现实问题

甘肃是一个历史源远流长、历史文化遗产和旅游资源丰富的省份，但是从经济上看，甘肃省属于我国经济较为落后的欠发达地区。

2020年8月4日，甘肃省人民政府新闻办召开新闻发布会，介绍教育部和甘肃省共同开展甘肃整省推进职业教育发展、打造"技能甘肃"情况。当日，也是教育部和甘肃省委省政府联合举行整省推进职业教育发展、打造"技能甘肃"的启动大会，这标志着甘肃省成为继山东省之后的第二个部省共建国家职业教育创新发展高地。此次部省合作、整省推进职业教育发展，打造"技能甘肃"，是落实习近平总书记视察甘肃重要讲话和指示精神的"甘肃行动"，也是实施好《国家职业教育改革实施方案》的"甘肃方案"。同时，也是"一带一路"背景下推进新时代西部职业教育深化改革、高质量发展的先行试验，符合扩大高素质技术技能人才供给、助推甘肃实体经济跨越发展的迫切需要。

根据《教育部、甘肃省人民政府关于整省推进职业教育发展 打造"技能甘肃"的意见》（甘政发〔2020〕38号），甘肃将构建纵向贯通、横向融通的中国特色现代职业教育体系，学历与培训并重的职业教育培训体系，灵活开放的全民终身学习体系。通过"技能甘肃"的打造，甘肃将成为"一带一路"沿线国家产业急需技能人才供给高地、契合西部产业薄弱地区职业教育发展的机制体制创新高地、职业教育助推经济改善民生服务高地、国家向西开放的职教高地。在"技能甘肃"的建设过程中，甘肃省将完善职业教育体系，加快发展高层次职业教育，做强专科层次职业教育，夯实中职教育基础地位；构建

① 文件名称：《关于进一步完善职业院校人才薪酬待遇的通知》
发文日期：2020年12月29日
发文机关：甘肃省教育厅 甘肃省人力资源和社会保障厅 甘肃省财政厅
发文字号：甘教人〔2020〕13号

多元评价体系，重点建立职业教育高考制度，推进1+X证书制度试点，推进资历框架建设。甘肃省将全面推进"三教"改革，打造"双师型"教师队伍，推动职业院校课堂变革，改革评价考核机制。此外，还将通过产教融合发展新局面、打造高水平职教园区、打造国际产业人才供给高地等途径，助力"技能甘肃"建设。

教育部提出："力争'技能甘肃'建设'起步成势、一年成式、两年成是、三年成事'。"

2020年12月29日，为更好地贯彻《教育部、甘肃省人民政府关于整省推进职业教育发展 打造"技能甘肃"的意见》（甘政发〔2020〕38号）和甘肃省委组织部、省人社厅、省财政厅《关于优化省属事业单位绩效工资管理有关问题的通知》（甘人社通〔2020〕323号）精神，发挥薪酬待遇对人才的吸引激励作用，进一步提高职业院校教师队伍创新创业创造的积极性，为打造"技能甘肃"提供有力人才支撑，甘肃省教育厅、省人社厅、省财政厅于2020年12月29日印发了《关于进一步完善职业院校人才薪酬待遇的通知》（甘教人〔2020〕13号）（以下简称《通知》）。

（二）目的意义

2006年6月，国家人事部出台了《关于事业单位工作人员收入分配制度改革方案》（国人部发〔2006〕56号），要求包括高等院校在内的事业单位实行岗位绩效工资制度。岗位绩效工资由岗位工资、薪级工资、绩效工资和津补贴四部分组成，其中岗位工资和薪级工资为基本工资。

通过搜索网络资源，发现各省份关于事业单位岗位绩效工资制度的管理办法仍执行2011年、2012年左右出台的相关文件。

也正因如此，甘肃省教育厅、省人社厅、省财政厅出台《通知》对于探索新形势下，职业院校切实运用薪酬待遇等利好政策，推动职业院校人才队伍建设，整体推进职业教育发展，探索职业教育与区域产业互动发展、融合发展、高质量发展的路径，打造职业教育高地，为地方发展和建设提供技术技能人才支撑具有十分重要的现实意义和借鉴作用。

二、总体描述

（一）制定过程

职业教育作为培养技术技能型人才的教育培训活动，是推动地方经济发展、促进就业和改善民生的重要途径。从甘肃省职业教育发展过程来看，近年来，虽然初步形成了具有甘肃特色的现代职业教育体系，职业院校的软件、硬件实力有明显的提升，但是和我国其他省份的职业教育比较起来，还处于较为落后的位置，尤其是甘肃省职业教育师资队伍结构不合理、"双师型"教师比例严重偏低、骨干教师和专业带头人严重缺乏，都严重影响了甘肃省职业教育教学质量，也成为制约甘肃省职业教育事业发展的关键瓶颈之一。

2019 年 8 月 19 日至 22 日，习近平总书记在甘肃省酒泉、嘉峪关、张掖、武威、兰州等地进行考察调研。其中，8 月 20 日，习近平总书记抵达张掖市山丹县山丹培黎学校考察调研，了解当地职业教育培训情况。习近平总书记在山丹培黎学校调研时指出，要解决西北地区发展相对落后的问题，关键是要发展教育，特别是职业教育。习近平总书记还对甘肃省构建职业教育新型人才培养体系、提升服务地方经济社会发展能力提出了更高要求。8 月 23 日，甘肃省委召开全省领导干部大会，传达学习习近平总书记在甘肃考察的重要讲话精神，安排部署贯彻落实工作。9 月 9 日，甘肃省人民政府办公厅下发《关于印发〈甘肃省职业教育改革实施方案〉的通知》（甘政办发〔2019〕989 号），聚焦"七个构建"，全面深化职业教育改革，力争经过 5—10 年努力，将甘肃打造成为西部地区职业教育改革发展高地，人民群众对职业教育发展的获得感显著增强。《甘肃省职业教育改革实施方案》还提出要健全教师激励机制，完善适应职业院校教学岗位特点的内部激励机制，并将甘肃省人社厅、教育厅、各市州政府作为该项工作的责任单位。

人才匮乏是制约甘肃省经济发展的关键因素之一。2020 年，甘肃省委组织部会同省人社厅、省科技厅等研究确定事业单位绩效工资改革、事业单位岗位设置改革、科技成果转移转化改革、人才服务保障制度改革"四项改革"：一是印发《关于优化省属事业单位绩效工资管理有关问题的通知》（甘人社通〔2020〕323 号），下放绩效工资分配、审核和管理等 4 项权限，赋予事业单位更大的收入分配自主权。二是印发《关于进一步优化事业单位岗位管理和公开招聘工作的通知》（甘人社通〔2020〕208 号）、《甘肃省事业单位特设岗位设置管理办法》（甘人社通〔2020〕207 号），为符合条件的高层次人才、乡村教师和艰苦边远地区专业技术人才单列岗位，为符合条件的高层次和急需紧缺人才设置特设岗位。三是印发《关于进一步激发创新活力强化科技引领的意见》（甘政发〔2020〕46 号）。四是中共甘肃省委人才工作领导小组发布《关于印发〈"陇原人才服务卡"制度实施办法〉的通知》（省委人才小组发〔2020〕5 号），为符合条件的 7765 名高层次人才颁发"陇原人才服务卡"，从户籍办理、出入境和居留服务、社保办理、税收减免、安家补贴、子女入学、配偶安置、就医保障、免费旅游 9 个方面提供服务保障、开辟"绿色通道"。

2020 年 12 月 29 日，为进一步贯彻落实《教育部、甘肃省人民政府关于整省推进职业教育 发展打造"技能甘肃"的意见》和甘肃省委组织部、省人社厅、省财政厅《关于优化省属事业单位绩效工资管理有关问题的通知》精神，发挥薪酬待遇对人才的吸引激励作用，进一步提高职业院校教师队伍创新创业创造的积极性，为打造"技能甘肃"提供有力人才支撑，甘肃省教育厅、省人社厅、省财政厅印发了《通知》。《通知》对甘肃省属职业院校具体实施 2020 年甘肃省委组织部会同省人社厅、省科技厅等研究确定的事业单位绩效工资改革、事业单位岗位设置改革、科技成果转移转化改革、人才服务保障制度改革这"四项改革"进行了详细规定。

（二）整体概括

《通知》全文 2049 字,以条目方式,从调整绩效工资管理权限、拓宽收入渠道、单列引进高层次人才绩效工资、允许兼职取酬、支持"双师型"教师队伍建设并落实待遇这五个方面对甘肃省属职业院校进一步完善职业院校人才薪酬待遇具体工作进行了详细规定。

三、重点阐释

（一）核心要点

1. 调整职业院校绩效工资管理权限

（1）首次提出职业院校奖励性绩效工资可占绩效工资总量的 60% 及以上。

这是全国范围内第一个明确提出职业院校"奖励性绩效可占绩效工资总量的 60% 及以上"的文件。

通过网络搜索各省份关于事业单位绩效工资的相关文件可知,在《通知》印发前,全国其他省份的职业院校基本执行 2006 年 6 月国家人事部出台的《关于事业单位工作人员收入分配制度改革方案》的规定:包括职业院校在内的事业单位绩效工资分为基础性绩效工资和奖励性绩效工资两部分。其中基础性绩效工资占绩效工资总量的 50%—70%,奖励性绩效工资占绩效工资总量的 30%—50%。

例如,《甘肃省人民政府办公厅转发省人社厅省财政厅关于甘肃省其他事业单位绩效工资实施意见的通知》规定,基础性绩效工资占绩效工资总量的 50%—70%,具体比例由主管部门根据所属事业单位实际情况分别确定。奖励性绩效工资主要体现工作量和实际贡献等因素,占绩效工资总量的 30%—50%。

上海市人社局和上海市财政局发布的《关于印发上海市其他事业单位实施绩效工资的指导意见和若干问题具体处理办法的通知》规定,绩效工资分为基础性绩效工资和奖励性绩效工资,基础性绩效工资占绩效工资的 60%。

（2）首次提出绩效工资总量审核权限下放至各职业院校,2021 年起实行绩效工资总量年度备案制度。

这是全国范围内第一个明确提出"绩效工资总量审核权限下放至各职业院校""绩效工资总量年度备案制度"的文件。

例如,《甘肃省人民政府办公厅转发省人社厅省财政厅关于甘肃省其他事业单位绩效工资实施意见的通知》规定,包括职业院校在内的事业单位绩效工资总量,在人社、财政部门核定的绩效工资总量内,主管部门核定所属其他事业单位的绩效工资总量。

上海市人社局和上海市财政局发布的《关于印发上海市其他事业单位实施绩效工资

的指导意见和若干问题具体处理办法的通知》规定，其他事业单位绩效工资总量由市人力资源和社会保障局、市财政局核定。

《湖北省人民政府办公厅关于印发湖北省其他事业单位实施绩效工资指导意见的通知》规定，各级人力资源和社会保障部门在各单位及主管部门上报总量的基础上，综合考虑单位类别、人员结构、岗位设置、事业发展、经费来源等因素，核定和调整本级政府直属或各部门所属其他事业单位的绩效工资总量。

（3）首次提出绩效工资高出部分由省教育厅审核。

这是全国范围内第一个明确提出职业院校"绩效工资高出部分由省教育厅审核"的文件。以往，通常是由职业院校所在的县级以上人社、财政部门进行审核。

例如，《甘肃省人民政府办公厅转发省人社厅省财政厅关于甘肃省其他事业单位绩效工资实施意见的通知》规定，县级以上人社、财政部门以 2009 年 12 月 31 日清理规范后的津贴补贴水平为基础，按照"限标准、限增量"的原则，对本级其他事业单位的绩效工资总量分类进行核定。

2. 允许职业院校拓宽收入渠道

将职业院校对外开展服务、继续教育培训、技术开发、技术转让、技术咨询、技术服务取得的收入全额纳入单位预算，并按一定比例作为绩效工资来源。教学科研人员获得的职务科技成果转化现金奖励不受总量限制，不纳入总量基数。在兰州白银国家自主创新示范区等重点区域创办企业或以技术入股，科技成果完成人最高可享受持有基数股权 90% 的奖励；自行转化或与其他合作转化的，在实施转化成功投产连续 3 至 5 年内，每年从实施该科技成果的营业利润中提取不低于 10% 的比例用于奖励和报酬。具体的奖励实施办法由实施院校自主制定。

这是全国范围内第一次明确提出职业院校教学科研人员获得的职务科技成果转化现金奖励不受总量限制，不纳入总量基数的文件。并且教学科研人员最高可享受持有基数股权 90% 的奖励，或每年从实施该科技成果的营业利润中提取不低于 10% 的比例用于奖励和报酬。

其他省份相关文件未涉及此内容。

3. 允许职业院校引进高层次人才单列绩效工资

职业院校以年薪制、协议工资制、项目工资制等方式引进高层次人才所需的绩效工资予以单列，由职业院校根据国家和省有关政策规定，自主确定。对于持有"陇原人才服务卡"A 卡和 B 卡的人才，涉及引才经费予以单列，不占本单位绩效工资。

这是全国范围内第一个明确提出职业院校引进高层次人才绩效工资予以单列，不占本单位绩效工资的文件。

其他省份相关文件未涉及引进高层次人才绩效工资相关内容。

4. 允许职业院校专业技术人员兼职取酬

专业技术人员经所在职业院校同意，在保证履行好岗位职责，完成本职工作的前提下，允许在业务相近的国有企业、校企合作企业兼职；兼职取得的合法报酬归个人所有，不计入单位绩效工资。鼓励职业院校引进国有企业、校企合作企业的专业技术人员来校兼职。

这是全国范围内，第一个明确提出职业院校专业技术人员允许兼职的文件。

其他省份相关文件未涉及允许兼职相关内容。

5. 支持"双师型"教师队伍建设并落实待遇

工匠、非物质文化遗产传承人等特殊人才评审教师系列职称，由职业院校自行出台标准，按规定的程序组织评审；评审其他专业技术系列职称的，报省人社厅进行评审。

这是全国范围内，第一个明确提出工匠、非物质文化遗产传承人等特殊人才可以评审教师系列职称，由职业院校自行出台标准的文件。

其他省份相关文件未涉及工匠、非物质文化遗产传承人等特殊人才相关内容。

（二）主要特色

1. 指向性明确

《通知》就是为了解决甘肃省职业院校教师队伍目前出现的教师总量不足、结构不合理、高水平学术创新团队和教学科研队伍建设滞后、"双师型"教师人才匮乏的现状而出台的，力争"吸引人才、留住人才"，让甘肃省职业院校切实运用薪酬待遇等利好政策，推动甘肃省职业院校人才队伍建设，整体推进职业教育发展，打造"技能甘肃"。

2. 操作性强

《通知》的内容，既有指导意见，又有实施细则，对于奖励性绩效工资占绩效工资总量的比例、专业技术人员创办企业或以技术入股的持股比例、工匠及非物质文化遗产传承人职称评定都有明确规定，这和以往出台的其他政策性文件多采取模糊性语言、实际可操作性弱有很大的不同，可以直接用于指导职业院校人事管理工作。

3. 激励作用显著

近几年，我国职业院校发展态势良好，招生规模不断扩大，职业院校教职工承担的人才培养、科学研究和社会服务工作也越来越繁重。但职业院校教职工的薪酬福利却未能适时进行调整，不能满足教职工的诉求与个人发展需求，抑制了教职工的工作积极性和创造力。当前大部分地区事业单位的薪酬激励效果不是太好，其薪酬制度设计本身就缺乏激励价值是原因之一。在基础性绩效工资占绩效工资总量的比例超过 50% 的情况下，必然存在"重职务职称，轻实际能力和工作绩效"的情况，从而也必然导致包括职业院校在内的事业单位的一些老员工、职称较高的员工获得更高的报酬，而贡献较大但工作年限短、职称较低的年轻员工不能获得相应薪酬的情况。

构建体现薪酬激励功能的绩效考核内部分配机制，是职业院校内涵式发展的基础保障。《通知》在全国范围内首次明确提出奖励性绩效工资可占绩效工资总量的60%及以上、科技成果完成人最高可享受持有基数股权90%的奖励、高层次技术人才的绩效工资不占本单位绩效工资等多项内容，这一系列举措打破了以往"重工作年限、重职称"的局面，强化了薪酬的有效激励，促进了教职工自我价值的实现，对于甘肃省职业院校发挥薪酬待遇对人才的吸引激励作用打了一剂"强心针"，因此，这个文件的出台对于其他省份推进事业单位薪酬管理改革意义重大，影响深远。

四、政策效果

（一）实施情况

《通知》印发后，甘肃省属高校、科研院所和医疗卫生机构就大量引进了高层次和急需紧缺人才。《甘肃省2021年政府工作报告》指出，甘肃省综合实力大幅提升。全省地区生产总值由"十二五"末的6557亿元增加到9017亿元，年均增长5.5%。战略性新兴产业、高新技术产业工业增加值占规模以上工业比重分别达到10.9%和5.7%。专利申请量从5.11万件增加到13.25万件，高新技术企业由319户增加到1229户，科技进步对经济增长贡献率达到55.1%。社会事业全面进步。基础教育普及均衡程度大幅提升，现代职业教育体系基本建立，高等教育创新服务能力明显增强。

教育部办公厅在2021年1月26日全文转发了《通知》时，充分肯定了甘肃省进一步完善职业院校人才薪酬待遇、调整绩效工资管理权限、单列引进高层次人才绩效工资、拓宽收入渠道并允许兼职取酬、支持"双师型"教师队伍建设并落实待遇的做法，认为甘肃省出台的政策，贯彻落实了教育部、国家发展改革委、财政部、人力资源社会保障部印发的《深化新时代职业教育"双师型"教师队伍建设改革实施方案》（教师〔2019〕6号），有助于提高职业院校教师队伍创新创业创造的积极性，有力推动了职业教育各项改革措施的落地。

（二）社会影响

2020年，人事部组织实施人才服务专项行动。其中，人才活力激发行动提出，要推进高校、科研院所薪酬制度改革。落实高层次人才工资分配激励政策，鼓励事业单位对高层次人才实行年薪制、协议工资制、项目工资等灵活多样的分配形式。制定事业单位科研人员职务科技成果转化现金奖励计入当年本单位绩效工资总量，但不受总量限制、不纳入总量基数的具体操作办法。

但是，除《通知》外，国内其他省份的职业院校还是按照 2011 年或 2012 年各省出台的《关于其他事业单位绩效工资实施意见的通知》标准执行。因此，教育部办公厅转发甘肃省《通知》后，中国高职高专教育网就全文转载，新浪、搜狐等多家媒体也以《这类高校薪酬调整！奖励性绩效可占绩效工资总量 60% 及以上》《职校薪酬调整！奖励性绩效可占绩效工资总量 60% 及以上》等标题进行报道。

五、改进建议

我国传统的人才政策容易出现"有政策制定发布，无政策反馈评估"的情况，政策实施的具体规划、政策实施过程和政策效果评估等相关程序性内容相对较少。因此，《通知》中还应该增加"反馈和评估"部分内容，要求甘肃省职业院校每年在一定范围内对执行《通知》的情况进行公示，组织具有权威性、公正性、独立性的第三方机构对甘肃省职业院校进行评估和检查，并将评估和检查的情况如实反馈给甘肃省教育厅、甘肃省人力资源和社会保障厅、甘肃省财政厅，既避免政策没有发挥实际作用而成为"一纸空文"，甚至出现配套细则与政策不匹配的情况，也有助于政府相关部门掌握真实情况并有针对性地对政策进行进一步修改和完善，确保做到推动甘肃省职业院校人才队伍建设，整体推进甘肃省职业教育发展，助推甘肃全省经济跨越发展。

（撰稿人：姜兰）

◎ **参考文献**

[1] 朱雪君 . 职业院校薪酬管理的优化分析 [J]. 投资与合作，2022（01）：131-132.
[2] 徐云 . 高职院校薪酬管理现存问题及解决方法探析 [J]. 经济管理文摘，2021（08）：100-102.
[3] 刘华荣 . 职业教育助推甘肃脱贫攻坚的价值分析 [J]. 甘肃农业，2020（12）：109-111.
[4] 吴建新，许军 . 实施三级"双高计划"　打造甘肃职教高地 [J]. 社科纵横，2020，35（07）：131-136.
[5] 黄桦 . 职业院校薪酬制度研究 [J]. 现代职业教育，2020（06）：18-19.
[6] 王湘蓉，王楠 . 着力打造西部教育高地——专访中共甘肃省委教育工委书记，省教育厅党组书记、厅长王海燕 [J]. 教育家，2019（40）：10-13.
[7] 余鑫 . 以知识价值为导向的高职院校薪酬制度改革研究 [J]. 现代营销（信息版），2019（08）：220-221.
[8] 马君 . 欠发达地区职业教育发展面临的现实困境与路径选择——以甘肃省为例 [J]. 中国职业技术教育，2018（28）：23-29.

［9］谢军．职业院校教师薪酬激励机制存在的问题与对策研究［J］．职教论坛，2015（35）：10-13.

［10］缪成秀．甘肃高等职业院校现状与发展对策研究［D］．兰州：西北师范大学，2014.

［11］中国新闻网门户网站．习近平在甘肃考察时强调 坚定信心开拓创新真抓实干 团结一心开创富民兴陇新局面［EB/OL］．（2019-08-22）［2021-12-28］．https：//www.chinanews.com.cn/gn/2019/08-22/8934900.shtml.

［12］甘肃组工网门户网站．深耕厚植人才沃土 着力夯实发展基础——甘肃省扎实推进人才工作为加快构建新发展格局汇聚力量［EB/OL］．（2021-03-30）［2021-12-28］．http：//www.gszg.gov.cn/2021-03/30/c_1127272312.htm.

［13］甘肃省人民政府门户网站．2021年政府工作报告［EB/OL］．（2021-02-01）［2021-12-28］．http：//www.gansu.gov.cn/gsszf/c100190/202102/1366099.shtml.

［14］中国甘肃网门户网站．甘肃省成为部省共建国家职业教育创新发展高地［EB/OL］．（2020-08-06）［2021-12-28］．http：//gov.gscn.com.cn/system/2020/08/06/012435483.shtml.

大力促进完善本科层次职业教育发展

——《本科层次职业教育专业设置管理办法（试行）》解读①

一、出台背景

（一）现实问题

1. 贯彻落实习近平总书记对职业教育发展的一系列批示

党中央、国务院高度重视职业教育。习近平总书记就职业教育作出一系列重要指示批示，为职业教育改革提供了根本遵循。党的十九届四中全会明确提出，完善职业技术教育、高等教育、继续教育统筹协调发展机制。党的十九届五中全会明确提出，加大人力资本投入，增强职业技术教育适应性。国务院印发《国家职业教育改革实施方案》，教育部等九部门印发《职业教育提质培优行动计划（2020—2023 年）》，将开展本科层次职业教育试点作为体现职业教育类型特点的重要任务，健全纵向贯通、横向融通的中国特色现代职业教育体系的重要环节。

2. 进一步推动本科层次职业教育专业设置管理的制度化

2019 年以来，教育部先后公布 23 所本科层次职业教育试点学校和 4 所独立学院转设的本科层次职业学校，组织论证形成涉及 16 个专业大类的 80 个试点专业，2020 年，加强对职业教育专业目录的一体化修（制）订。同时，又对本科层次职业教育专业设置、教学实施加强指导，试点工作稳步推进，但也面临专业设置管理有待进一步程序化、制度化等问题。研制本科层次职业教育专业设置办法，是完善职业教育国家教学标准体系、系统加强专业建设、科学有效引导预期、保证本科层次职业教育试点行稳致远的基础性工作。

---

① 文件名称：《教育部办公厅关于印发〈本科层次职业教育专业设置管理办法（试行）〉通知》
发文日期：2021 年 1 月 22 日
发文机关：教育部办公厅
发文字号：教职成厅〔2021〕1 号

（二）目的意义

为贯彻落实《国家职业教育改革实施方案》，进一步规范和完善本科层次职业教育专业设置管理，引导高校依法依规设置专业，教育部制定了《本科层次职业教育专业设置管理办法（试行）》（以下简称《办法》）。《办法》是贯彻党的十九届五中全会"增强职业技术教育适应性"精神、落实《国家职业教育改革实施方案》和《职业教育提质培优行动计划（2020—2023 年）》内容的重要举措。同时，《办法》也是推动本科层次职业教育发展的第一个专项文件，是本科层次职业教育探索发展的重要阶段性成果。它将本科层次职业教育实质性地往前推进了一大步，将有力保证本科层次职业教育试点行稳致远。

二、总体描述

（一）制定过程

2019 年 1 月，国务院发布《国家职业教育改革实施方案》，正式提出开展本科层次职业教育试点，2020 年 9 月，教育部等九部门发布《职业教育提质培优行动计划（2020—2023 年）》，提出稳步推进本科层次职业教育试点，支持符合条件的中国特色高水平高职学校建设单位试办职业教育本科专业。《办法》于 2021 年 1 月 22 日印发，从酝酿到广泛征求各界意见再到最后公布耗时将近两年。《办法》的研制工作是在总结试点经验做法的基础上，广泛征求了省级教育行政部门、研究机构和院校意见之后进行的，凝聚了现阶段的最大共识，既着眼于满足阶段性工作需求，又兼顾长远。

（二）整体概括

发展本科层次职业教育是完善现代职业教育体系的关键一环，系统、全面加强专业设置管理是引导和推动本科职教优质发展的前提。《办法》作为落实《国家职业教育改革实施方案》和《职业教育提质培优行动计划（2020—2023 年）》的重要文件，在研制过程中，坚持"三个高、两个衔接、三个不变"的总体思路，是国家层面对本科层次职业教育试点工作的又一重要举措。《办法》对本科层次职业教育专业设置的条件、要求、程序、指导与监督这几个方面作了具体规定。

（三）基本框架

《办法》共分为总则、专业设置条件与要求、专业设置程序、专业设置指导与监督、附则共 5 章 21 条，具体如下：

（1）"总则"提出出台《办法》的目的和依据，明确了基本原则、专业目录管理以及各级教育行政部门和高校的职责。

（2）"专业设置条件与要求"提出专业设置依据、论证要求，以及包括师资队伍水平、专业人才培养方案、基本办学条件、技术研发与社会服务、社会声誉等在内的设置条件。

（3）"专业设置程序"规定专业设置的基本程序，明确了相关备案要求和备案所提交的论证材料。

（4）"专业设置指导与监督"明确建立健全专业设置、预警和调整机制，落实相应主体责任，加强阶段性评价与周期性评估监测等。

（5）"附则"明确了《办法》的解释权和施行时间。

三、重点阐释

（一）核心要点

1. 在产教融合上，更强调企业参与人才培养的重要性

要求专业人才培养方案"校企共同"制订，职业院校要与"相关领域产教融合型企业等优质企业建立稳定合作关系"，充分发挥企业在人才培养过程中的主体作用。要求职业院校与行业企业密切合作，积极探索现代学徒制等培养模式，促进学历证书与职业技能等级证书互通衔接。专业设置的必要性和可行性论证要充分考虑区域产业发展需求，论证报告要求对行业企业和就业市场进行调查研究，把握生产服务管理一线的实际状况，做好人才需求分析和预测。同时，要通过培训等社会服务深化产教融合校企合作，面向行业企业和社会开展职业培训人次每年不少于本专业在校生人数的 2 倍，将培训作为深化产教融合的有效手段和重要途径。

2. 在教育教学上，更强调实践教学的重要性

实践教学是职业教育区别于普通教育的重要指标之一。2012 年发布的《关于进一步加强高校实践育人工作的若干意见》明确要求各高校要结合专业特点和人才培养要求，分类制订实践教学标准，"确保人文社会科学类本科专业不少于总学分（学时）的 15%、理工农医类本科专业不少于 25%、高职高专类专业不少于 50%"。《办法》没有按照对普通本科院校实践教学的要求，而采用了"高职高专"的标准，要求"实践教学课时占总课时的比例不低于 50%"，并强调"实验实训项目开出率达到 100%"，体现出对实践教学的高度重视，以此作为对类型教育特征的坚守。《办法》对实践教学的重视，还体现在要求举办本科层次职业教育的专业要有"稳定的、数量够用的实训基地"，以满足师生实习实训和培训的需求。生均教学科研仪器设备值是学校实践教学投入的重要标志，在这方面对开设本科职业教育专业，也提出了高于普通本科院校的标准。

3. 在教师素质上，更强调教师实践能力和"双师型"教师培养

"双师型"教师和兼职教师是职业教育类型特征在教师队伍建设上的独特反映。本科层次职业教育在这一要求上，沿袭了中等职业教育和专科高等职业教育对"双师型"教师数量和比例的要求，要求"双师型"教师占专任教师的比例不低于50%，也要求兼职教师占一定比例并承担不少于专业课总课时20%的教学任务。相较而言，在教师的学历要求上，则没有普通本科高校的要求那么高，显示出职业教育对实践知识的重视。

4. 在凸显本科教育的层次属性上，更注重科学研究

科学研究，是高等教育的三大功能之一。在高等教育各层次中，本科教育是科研要求的分水岭。科学研究由此也成为高等教育各层次划分和现代职业教育体系内部纵向区隔的重要标志。所以，《办法》对申请举办本科层次职业教育专业的高校作出了科研能力的要求：学校要具有省级及以上技术研发推广平台，能够面向区域、行业企业开展科研、技术研发等项目，并产生明显的经济和社会效益。在具体认定上，工程研究中心、协同创新中心、重点实验室或技术技能大师工作室、实验实训基地等都可算作技术研发推广平台。简言之，学校须有此类相关平台，才可申报举办相应的本科层次职业教育专业，这既是对举办学校实力的考察，也是本科职业教育层次属性的体现。

（二）主要特色

1. 制定依据为职业教育和高等教育的相关法律法规

作为高等教育和职业教育交叉领域的政策文件，《办法》的颁布具有重要历史意义。它既为规范本科层次职业教育探索发展提供依据，又为调整优化高等教育结构提供助力。

本科层次职业教育处于高等教育和职业教育的交叉地带，为两个领域共同的集合圈。为此，《办法》制定的法律依据主要有《中华人民共和国职业教育法》和《中华人民共和国高等教育法》。本科层次职业教育还涉及学士学位授予，所以《办法》制定的法规依据有《中华人民共和国学位条例》和《中华人民共和国学位条例暂行实施办法》。此外，《办法》的制定还直接参考了《普通高等学校高等职业教育（专科）专业设置管理办法》《普通高等学校本科专业设置管理规定》《学位授予和人才培养学科目录设置与管理办法》《中等职业学校专业设置管理办法（试行）》等。

2. 本科层次职业教育专业设置条件更为科学、具体

与此前的政策文件相比，《办法》对专业设置条件进行了细化，定性定量相结合设置了具体指标，充分体现类型教育特点。在师资队伍方面，强化教师"双师"素质，对"双师型"教师占比、行业企业一线的兼职教师承担专业课教学任务授课课时比例都明确提出要求，如全校师生比不低于1：18，本专业专任教师中，"双师型"教师占比不低于

50%；来自行业企业一线的兼职教师占一定比例并有实质性专业教学任务，其所承担的专业课教学任务授课课时一般不少于专业课总课时的 20%。在校企合作方面，强化与现行相关政策协同，围绕产教融合型企业、现代学徒制等明确提出要求。在教学管理方面，强化实践性教学，对实践教学比例、实训基地等明确提出要求，如实践教学课时占总课时的比例不低于 50%，实验实训项目（任务）开出率达到 100%；还要求有稳定的、可持续使用的专业建设经费并逐年增长，有稳定、数量够用的实训基地等。

3. 进一步突出高水平"双师型"教师队伍的建设要求

2019 年教育部等四部门发布《深化新时代职业教育"双师型"教师队伍建设改革实施方案》（以下简称《实施方案》），指出教师队伍是发展职业教育的第一资源，是支撑新时代国家职业教育改革的关键力量。但是，目前职业教育教师队伍还存在着数量不足、来源单一、校企双向流动不畅、专业化水平偏低等问题，尤其是同时具备理论教学和实践教学能力的"双师型"教师与教学团队短缺，已成为制约职业教育改革发展的瓶颈。2021 年《办法》的实施既是对《实施方案》的落实，也对设置本科层次职业教育专业的教师队伍建设提出了更高要求。

《办法》在教师队伍建设上，更注重对"双师型"教师和高水平教师的培养，要求"双师型"教师占专任教师的比例不低于 50%，还要求兼职教师占一定比例并承担不少于专业课总课时 20% 的教学任务。其中，对教师的学历占比提出了更高要求，如具有研究生学位专任教师比例不低于 50%，具有博士研究生学位专任教师比例不低于 15%。此外，《办法》还规定要有省级及以上教育行政部门等认定的高水平教师教学（科研）创新团队，或省级及以上教学名师、高层次人才担任专业带头人，作为创建教师队伍的条件。

四、政策效果

（一）实施情况

从国家层面来看，《办法》颁布后，相应配套政策陆续出台，如《职业教育专业目录》（2021 年 3 月）、《关于推动现代职业教育高质量发展的意见》（2021 年 10 月）等文件给予了《办法》落实以强有力的支撑，促使本科层次职业教育专业设置管理工作进度加快，确保相关工作积极推进。

从各省市层面来看，《办法》颁布后，华东师范大学职业教育与成人教育研究所所长就"如何发展职业本科教育的问题"给予了建议（2021 年 2 月），中国教育科学研究院职业与继续教育研究所所长就"本科层次职业教育专业设置的有关问题"给出见解（2021 年 2 月）。《办法》颁布后，部分省市本科层次的试点高等职业学校结合辖区内本科层次职业教育发展的特点与实际情况，积极对《办法》的颁布作出了回应，例如，南京工业职业技术大学矢志坚守发展职业教育的初心使命，模范贯彻《办法》，持续强化专业建设在试点开展中的核心地位，瞄准建设"支撑制造、全国领军、世界水平"的职业技术大学的远景目标，扎根职业教育、扎根江苏大地、扎根中国大地，传承创新先进职教文化，对接装备制造产业链，组建以通用装备技术、专业装备技术、工业信息技术为主干，以制造装备设计、管理服务、贸易流通为支撑的专业集群架构，以专业率先发展带动学校事业发展全面提档升级（2021 年 2 月）。广东工商职业技术大学将以《办法》出台为契机，密切结合地方产业发展布局，加大专业建设力度，构建与地方产业深度融合的专业体系（2021 年 2 月）。江西软件职业技术大学是全国首批 15 所本科层次职业教育试点院校之一，形成了以电子信息大类专业为主干，财经商贸和文化艺术等专业大类与之协调发展的专业体系（2021 年 2 月）。河南科技职业大学根据试点改革需要，积极推进本科层次职业教育试点改革，探索专业设置以及形成专业特色的有效方法（2021 年 2 月）。

此外，《广东省人民政府关于印发广东省教育发展"十四五"规划的通知》中提出要稳步发展本科层次职业学院，积极推动国家"双高计划"高职院校办成本科层次职业学校，根据高等学校设置制度规定，推动符合条件的技师学院纳入高等学校序列（2021 年 11 月），以有效推进省内本科层次职业教育的高质量发展。

（二）社会影响

1. 整体评价

政府工作报告和《办法》的颁布，充分体现了党中央、国务院对职业教育的重视一以贯之，对办好新时代职业教育的决心坚定不移，对突出类型教育特点的要求更加明确，是职业教育高质量发展的顶层设计和施工蓝图。发展本科层次职业教育对全面建设现代职业教育体系意义重大，是实现职业教育"不同类型、同等重要"的重大举措，也是职业教育由参照普通教育办学模式向企业社会参与、专业特色鲜明的类型教育转变的重要路径，有利于使教育选择更多样、成长道路更宽广，使学业提升通道、职业晋升通道、社会上升通道更加畅通。

2. 研究情况

自《办法》颁布实施以来，以"本科层次职业教育"为主题的学术研究再次形成热潮，由图 1 可看出，关于本科层次的职业教育相关文献主要在 2019 年发文量突然增长，至 2020 年达到高峰，这主要是因为 2019 年国务院印发了《国家职业教育改革实施方案》，正式提出要开展本科层次职业教育试点，得到了研究者的积极回应。此外，在知网上检索"本科层次职业教育"主题，可知发文量最高的主题为"本科层次职业教育""本科层次"，可见，《办法》颁布后，极大提升了职业教育领域及关注中国职业教育发展的专家学者对"本科层次职业教育"关注和研究的热情，增强了本科层次职业教育的相关理论成果的丰富程度。

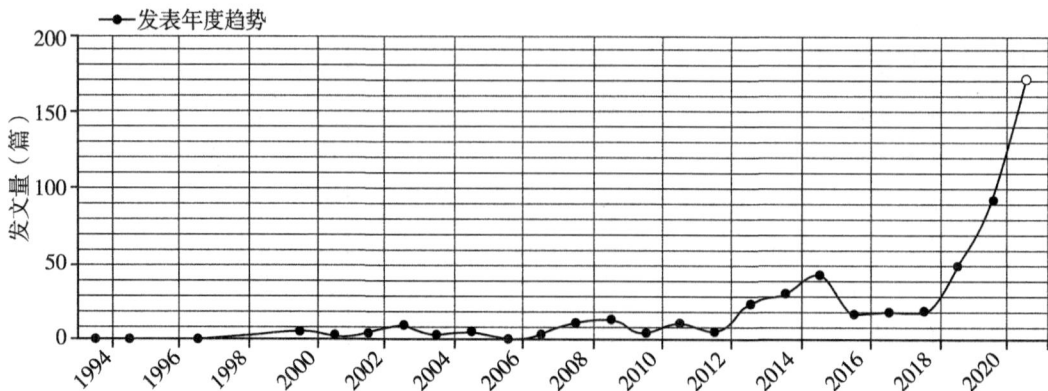

图1 1994年至2020年"本科层次职业教育"发文量趋势图

五、改进建议

(一)明确专业建设目标,找准专业发展方向

本科层次职业教育专业建设是一项系统工程,采用现代目标管理模式和方法,有利于明确专业建设方向,规范专业建设过程,落实专业建设责任制,提高专业建设效益和质量。一方面,要科学制定专业建设目标。科学性、合理性与可行性是专业建设目标的三个维度。因此,本科层次职业院校要牢牢立足院校办学实际,结合区域产业发展需求,设定专业建设目标。另一方面,要寻求差异化专业发展方向。以往我国高等职业教育在不断壮大规模的过程中,存在专业重复建设的问题,不仅造成了教育资源的浪费,也在一定程度上导致技术技能人才队伍结构的失衡。新时期,我国在本科层次职业教育专业建设上要吸取以往教训,走差异化的专业发展道路,避免出现专业重复建设的问题。因此,各本科职业院校应深刻认识到特色化是专业发展的核心竞争力,要紧密依托地方特色产业建设特色专业,围绕特色专业带动关联产业发展。并且,随着行业产业的变化发展,本科职业院校的特色专业目录和建设管理方法也应进行动态调整优化,满足市场对高素质技术技能人才的需求变化。

(二)建构本科职业院校层面的专业调节机制,因校制宜自主设置专业

当前,社会和经济的发展进步使得劳动力市场供求形势发生巨大改变,就业市场对学校教育的类型和人才培养的质量也提出了较高的要求,很多要求需要通过本科职业院校专业的适配设置与调整来实现。然而,每所本科职业院校都有其自身的办学逻辑和规律,每所学校的专业设置也会因学校自身所处的区域地理环境、所具有的资源状况的不同而呈现

不同的设置方案，不可能完全顺应社会的需求和上级教育行政部门的规划。因此，本科职业院校层面也应具备自主设置专业的权利，主要关注在设置专业时如何保持学校自身办学逻辑与经济社会发展需求的适切性，同时建立健全相应的管理制度或机构加以保障。

具体而言，其一，建立以学校自身为主体的就业预测机制，对毕业生就业情况和就业市场形势进行调研，在国家对社会整体人才供需情况描述与预测的基础上分析市场机会，寻找目标市场，对标市场需求开设目标专业。其二，设立学校自己的专业设置顾问委员会，主要负责对学校专业的设置进行论证与评议，判断该专业是否有必要在学校里开设，委员会成员除了学校主要领导和研究人员外，还应包括行业专家、企业专家、经济专家、教育专家、社会工作者等，多元渠道的专家可根据社会发展情况、学校办学定位和资源条件等定期审议专业设置情况。其三，学校发挥自身专业设置的主动性，在国家本科职业教育专业目录的指导下，根据市场和自身需求规划学校专业，及时调整专业的结构和布局，保持学校办学的适应性。

（三）深化校企协作机制，践行社会需求驱动的专业设置取向

社会经济发展的需求制约着本科层次职业教育人才的供给，劳动力流向与市场需求影响着本科层次职业教育的专业结构与专业设置。学校能否根据社会发展优化专业设置，提供适销对路的"教育产品"是本科层次职业教育面临的首要问题。提高专业设置与企业岗位群的对接程度，一方面体现在提高专业设置符合社会需求与产业转型升级的程度，另一方面体现在提高本专业学生的就业率。因此，本科职业院校要注重践行需求导向的专业设置理念，坚持校企合作的专业设置取向，推进产学研结合的人才培养方式。

具体来看，一是要做到宏观与微观并举，调整专业布局。从宏观来看，国家应依据宏观经济发展的战略布局调整本科层次职业教育的专业布局，以各区域经济发展情况为依据，构建区域间、城乡间、校际良性互动的区域专业布局，避免区域间人才培养的结构性失衡。从微观来看，通过本科职业院校对本校专业布局的理性分析，结合自身办学优势，合理进行本场域内专业布局与建设，避免短期实用主义人才培养倾向，打破本科职业院校专业设置同质化的局面。二是要对接市场需要，深化校企合作。社会需求对本科层次职业教育专业设置起着导向作用。一方面，深刻把握不同地区劳动力需求的差异；另一方面，践行校企合作的专业设置方式。本科层次职业教育专业设置应兼顾专业设置的稳定性与职业岗位的灵活性，深化校企合作的专业设置机制，让行业、企业全程参与专业设置，实现行业、企业、学校在专业设置中的多元参与，促进行业健康有序发展。

（四）加大师资建设力度，打造"双师双能型"教师教学创新团队

师资不仅是本科层次职业教育人才培养质量的根本保障，也是本科层次职业教育专业建设的基础支撑。本科职业院校要加大师资建设力度，通过构建"双师双能型"教师教学创新团队，推动本科层次职业教育专业的高水平、高质量建设。第一，健全专业教师队伍建设机制。本科职业院校要建设优质师资队伍，应按照本科层次技术技能人才培养的要

求，完善教师职称评聘管理办法。第二，完善"双师双能型"教师标准。各本科职业院校应立足自身办学实际，基于专业建设需求和人才培养需要，进行深入分析研究和调研论证，制定科学的"双师双能型"教师认定标准，明确"双师双能型"教师的认定条件，相关标准和条件应尽量细化和量化，具备可操作性。第三，创新教师培养和发展机制。本科职业院校要在建立健全传统性、常规化的教师培养制度的基础上，改革创新教师培养和发展机制，持续做好教师教学团队的培养提升工作。

（撰稿人：杨海霞）

◎ 参考文献

[1] 彭爱辉，徐佳. 本科层次职业教育专业设置的价值意蕴、逻辑机理与实践路径 [J]. 职业技术教育，2021，42（31）：6-12.

[2] 高羽. 本科层次职业教育专业建设的指向、机制及路径 [J]. 教育与职业，2021，995（19）：19-26.

[3] 井文，匡瑛. 我国本科职业教育专业设置的逻辑机理与管理机制——基于类型教育的视角 [J]. 中国职业技术教育，2021（15）：13-20.

[4] 梁克东. 职业本科教育的实践探索、发展瓶颈与推进策略 [J]. 中国高教研究，2021（09）：98-102.

[5] 张志强. 校企合作存在的问题与对策研究 [J]. 中国职业技术教育，2012（04）：62-66.

[6] 广东省人民政府. 广东省人民政府关于印发广东省教育发展"十四五"规划的通知 [EB/OL]. （2021-11-01）[2021-12-31]. http：//www. gd. gov. cn/zwgk/wjk/qbwj/yf/content/post_3602375. html.

[7] 中华人民共和国教育部政府门户网站. 中共中央办公厅 国务院办公厅印发《关于推动现代职业教育高质量发展的意见》[EB/OL]. （2021-10-12）[2021-11-30]. http：//www. moe. gov. cn/jyb_xxgk/moe_1777/moe_1778/202110/t20211012_571737. html.

[8] 中华人民共和国教育部政府门户网站. 教育部等四部门关于印发《深化新时代职业教育"双师型"教师队伍建设改革实施方案》的通知 [EB/OL]. （2021-09-23）[2021-12-31]. http：//www. moe. gov. cn/srcsite/A10/s7034/201910/t20191016_403867. html.

[9] 中华人民共和国教育部政府门户网站. 教育部关于印发《职业教育专业目录（2021年）》的通知 [EB/OL]. （2021-03-17）[2021-12-31]. http：//www. moe. gov. cn/srcsite/A07/moe_953/202103/t20210319_521135. html.

[10] 中华人民共和国教育部政府门户网站. 产教融合对接区域需求 育训结合打造特色专

业［EB/OL］.（2021-02-23）［2021-12-31］. http：//www. moe. gov. cn/jyb_xwfb/moe
_2082/2021/2021_zl11/202102/t20210223_514437. html.

［11］ 中华人民共和国教育部政府门户网站. 专业设置管理办法将本科层次职业教育往前
推进了一大步［EB/OL］.（2021-02-23）［2021-12-31］. http：//www. moe. gov. cn/
jyb_xwfb/moe_2082/2021/2021_zl11/202102/t20210223_514451. html.

［12］ 中华人民共和国教育部政府门户网站. 本科层次职业教育专业设置需要把握好三个
关键问题［EB/OL］.（2021-02-23）［2021-12-31］. http：//www. moe. gov. cn/jyb_
xwfb/moe_2082/2021/2021_zl11/202102/t20210223_514456. html.

［13］ 中华人民共和国教育部政府门户网站. 对接产业需求，依法依规设置职教本科专业
［EB/OL］.（2021-02-23）［2021-12-31］. http：//www. moe. gov. cn/jyb_xwfb/moe_
2082/2021/2021_zl11/202102/t20210223_514440. html.

［14］ 中华人民共和国教育部政府门户网站. 办好本科层次职业教育专业需坚持三大定位
［EB/OL］.（2021-02-23）［2022-01-01］. http：//www. moe. gov. cn/jyb_xwfb/moe_
2082/2021/2021_zl11/202102/t20210223_514443. html.

［15］ 中华人民共和国教育部政府门户网站. 以实施《办法》为契机 夯实职教本科专业
基础［EB/OL］.（2021-02-23）［2022-01-01］. http：//www. moe. gov. cn/jyb_xwfb/
moe_2082/2021/2021_zl11/202102/t20210223_514447. html.

［16］ 中华人民共和国教育部政府门户网站. 筑牢本科层次职业教育专业发展根基 推进高
质量职业教育体系建设［EB/OL］.（2021-02-23）［2022-01-06］. http：//www. moe.
gov. cn/jyb_xwfb/moe_2082/2021/2021_zl11/202102/t20210223_514448. html.

［17］ 中华人民共和国教育部政府门户网站. 坚持本科层次职业教育类型定位 高标准高起
点推进专业建设——教育部职业教育与成人教育司负责人就《本科层次职业教育专
业设置管理办法（试行）》答记者问［EB/OL］.（2021-01-29）［2022-01-06］.
http：//www. moe. gov. cn/jyb_xwfb/s271/202101/t20210129_511661. html.

［18］ 中华人民共和国教育部政府门户网站. 教育部办公厅关于印发《本科层次职业教育
专业设置管理办法（试行）》的通知［EB/OL］.（2021-01-26）［2022-01-06］.
http：//www. moe. gov. cn/srcsite/A07/zcs_zhgg/202101/t20210129_511682. html.

［19］ 中华人民共和国教育部政府门户网站. 教育部等九部门关于印发《职业教育提质培
优行动计划（2020—2023 年）》的通知［EB/OL］.（2020-09-16）［2022-01-06］.
http：//www. gov. cn/zhengce/zhengceku/2020—09/29/content_5548106. htm.

［20］ 中国政府网. 国务院关于印发《国家职业教育改革实施方案》的通知［EB/OL］.
（2019-02-13）［2022-01-09］. http：//www. gov. cn/zhengce/content/2019-02/13/content_
5365341. htm.

［21］ 中华人民共和国教育部政府门户网站. 教育部关于印发《普通高等学校高等职业教
育（专科）专业设置管理办法》和《普通高等学校高等职业教育（专科）专业目
录（2015 年）》的通知［EB/OL］.（2015-10-28）［2022-01-09］. http：//www. moe.

gov. cn/srcsite/A07/moe_953/201511/t20151105_217877. html.

［22］中华人民共和国教育部政府门户网站 . 教育部等部门关于进一步加强高校实践育人
工作的若干意见［EB/OL］. （2012-01-10）［2022-01-28］. http：//www. moe. gov.
cn/srcsite/A12/moe_1407/s6870/201201/t20120110_142870. html.

职业教育专业目录的修订与完善

——《职业教育专业目录（2021 年）》解读①

一、出台背景

（一）现实需要

1. 旧目录的专业缺乏层次连贯性

此前的职业教育专业目录是分别编制的，其中中等职业教育专业目录是 2010 年修订的，高等职业教育专科专业目录是 2015 年修订的，高等职业教育本科试点专业是根据试点需要于 2019 年、2020 年分别设置。为构建服务全民终身学习的教育体系，新版目录迫切需要一体化设计中职、高职专科、高职本科专业目录，以解决职业教育各层次不融通、不连贯的问题。

2. 旧目录与新的经济社会发展不相适应

此前的目录在引导院校专业设置和人才培养方面发挥了重要基础性作用，同时随着形势发展也存在与经济社会发展不相适应的地方，因此为了提高职业教育适应性，教育部对职业教育专业目录进行了全面修（制）订，形成了《职业教育专业目录（2021 年）》（以下简称新版《目录》）。

（二）目的意义

《职业教育专业目录》是为贯彻《国家职业教育改革实施方案》（以下简称"职教 20 条"），加强职业教育国家教学标准体系建设，落实职业教育专业动态更新要求，推动专业升级和数字化改造而发布的。随着我国进入新发展阶段，欲实现职业教育高质量发展，

---

① 文件名称：《教育部关于印发〈职业教育专业目录（2021 年）〉的通知》

发文日期：2021 年 3 月 12 日

发文机关：教育部

发文字号：教职成〔2021〕2 号

就要对优化专业设置、推动专业升级和数字化改造提出更新更高的要求。一是"职教 20 条"要求专业目录五年一大修、每年动态更新，2020 年是对目录进行大修的时间节点。二是构建服务全民终身学习的教育体系，迫切需要一体化设计中职、高职专科、高职本科专业目录，推动各层次技术技能人才培养目标更加明晰，教学内容、评价等相互衔接。三是提高职业教育适应性，迫切需要主动对接"十四五"规划并面向 2035 年进行前瞻性布局，以系统思维推进专业升级与数字化改造。

二、总体描述

（一）制定过程

1. 凝聚高端智库、两院院士及知名专家的智慧

2020 年，正式启动新版《目录》研制工作，历时 10 个月，在教育部党组领导下，充分发挥中国职业技术教育学会的智库作用，首次聚集两院院士、知名专家解读产业趋势、前沿技术，提供咨询指导。

2. 制定系统化工作架构，鼓励各行业代表深度参与

自 2020 年新版《目录》研制工作启动以来，教育部牵头成立顾问组、工作组、综合组、研制组，鼓励行业企业代表等 800 余人深度参与。

3. 在充分调研基础上，积极征求各部门代表意见

前期调研收到各方面专业设置建议 1604 条，其间分 12 个研制组分头工作，累计开展 76 次讲座、55 场大组会议、360 余次小组会议，调研企业 2000 余家，总结职业院校专业建设成果。集中统稿后，两轮征求行业部门、地方教育行政部门、研究机构、社会团体等意见，共收到 800 多条反馈意见，认真梳理后逐条研究、多轮沟通，并组织有关院士、专家审读。①

（二）整体概括

新版《目录》全面落实《国民经济和社会发展第十四个五年规划和 2035 年远景目标纲要》对职业教育的要求，在科学分析产业、职业、岗位、专业关系基础上，对接现代产业体系，统一采用专业大类、专业类、专业三级分类，一体化设计中等职业教育、高等职业教育专科、高等职业教育本科不同层次专业，共设置 19 个专业大类、97 个专业类、

① 数据来源于教育部职业教育与成人教育司负责人就《职业教育专业目录（2021 年）》答记者问。

1349 个专业，中职专业 358 个、高职专科专业 744 个、高职本科专业 247 个。

（三）基本框架

新版《目录》的基本框架共由四部分组成，具体为：

1. 新版《目录》出台的背景

贯彻"职教 20 条"，加强职业教育国家教学标准体系建设，落实职业教育专业动态更新要求，推动专业升级和数字化改造。

2. 新版《目录》的修订情况

按照"十四五"国家经济社会发展和 2035 年远景目标对职业教育的要求，在科学分析产业、职业、岗位、专业关系基础上，对接现代产业体系，服务产业基础高级化、产业链现代化，统一采用专业大类、专业类、专业三级分类，一体化设计中等职业教育、高等职业教育专科、高等职业教育本科不同层次专业，共设置 19 个专业大类、97 个专业类、1349 个专业，其中中职专业 358 个、高职专科专业 744 个、高职本科专业 247 个。

3. 执行新版《目录》的要求

优化专业布局结构、落实专业建设要求、做好新旧目录衔接。

4. 新版《目录》的功能定位

新版《目录》是职业教育教学的基础性指导文件，是职业院校专业设置、招生、统计以及用人单位选用毕业生的基本依据，是职业教育类型特征的重要体现，也是职业教育支撑服务经济社会发展的重要观测点。

三、重点阐释

（一）核心要点

1. 统一目录体例框架

依据国民经济行业分类、职业分类，兼顾学科分类，确定新版《目录》包括农林牧渔大类、能源动力与材料大类、装备制造大类等 19 个专业大类以及农业类、机械设计制造类、临床医学类等 97 个专业类。新版《目录》以原高职专科专业目录框架为基础，将原中职专业目录由 2 级调整为 3 级，统筹高职本科专业，形成新版《目录》框架。新版《目录》中 19 个专业大类数量不变，专业大类划分和排序保持基本稳定，名称略有调整。原 99 个专业类调整为 97 个，进行了小幅更名、新增、合并、撤销和归属调整，如顺应国家重点产业发展需要增设了"集成电路类""安全防范类"等专业类,根据形势变化及部门职能调整撤销了"人口与计划生育类"等专业类。

2. 统筹调整设置专业

新版中职目录与老版目录相比保留 171 个,调整(含新增、更名、合并、撤销、归属调整、拆分,下同)225 个,调整幅度为 61.1%。其中,保留最多的专业大类为医药卫生大类 18 个,新增最多的专业大类为装备制造大类 5 个;新版高职专科目录较老版保留 414 个,调整 439 个,调整幅度为 56.4%。其中,保留最多的专业大类为文化艺术大类 44 个,如技术设计、民族传统技艺等专业。保留的专业主要是符合产业人才需求实际、职业成熟稳定、专业布点较广、就业面向明确、名称科学合理以及特种行业领域的专业。新增最多的为装备制造大类 14 个,撤销最多的则是公安与司法大类 15 个,如防火管理和社会福利事业管理等专业。撤销的情形主要是相对应产业为淘汰类限制类产业、专业布点少、招生规模小、不符合市场需求的专业。新版高职本科目录较试点专业清单保留 39 个,调整 208 个,调整幅度为 260%。其中,新增最多的专业大类为装备制造大类和医药卫生大类 17 个,如智能制造装备技术、海洋工程装备技术等专业。新增的情形主要是面向"十四五"时期重点布局产业、新业态、新技术、新职业等需要的专业。

3. 主动对接"十四五"高质量发展,提高职业教育适应性

在新版《目录》中,中等职业教育、高等职业教育专科、高等职业教育本科新增专业类别最靠前的为装备制造大类,其设置的背景主要是为了对接"十四五"高质量发展,服务国家战略性新兴产业发展,面向九大重点领域,设置对应专业,如智能制造装备技术等专业。其次是医药卫生大类,为服务现代服务业重点领域设置对应专业,如设置婴幼儿托育服务与管理等专业以回应社会对民生的关切,充分体现了在卫生、健康服务等领域,加大了对专业人才的培养力度。此外,保留最多的专业类别是文化艺术大类,其目的主要是为服务现代服务业重点领域,回应社会民生关切,加强紧缺领域人才培养,如石窟寺保护技术等专业。

(二)主要特色

1. 强化类型教育特征,服务技能型社会建设

新版《目录》全面覆盖联合国产业分类中所列全部 41 个工业大类以及国家发布的新职业,对接岗位群需求,兼顾学科分类,在厘清产业、职业、岗位、专业间关系的基础上,科学确定不同层次的专业定位。

2. 赋予高职院校自主权,提升专业设置灵活度

"'职教 20 条'对专业设置管理提出明确要求,学校依据目录灵活自主设置专业,每年调整 1 次专业。"《目录》指出，高等职业学校依照相关规定要求自主设置和调整高职专业，可自主论证设置专业方向，凸显国家在专业设置的类型、范围、规模等方面赋予高等职业学校很大的自由"裁量权"及"自主权"。在专业设置上，既要保持专业目录的规范性和稳定性，又鼓励支持学校根据经济社会发展需求及自身发展定位探索设置新专业，充分体现管理的弹性和灵活性。

3. 中高本一体化设计，体现融通贯通理念

职业教育中职、高职、本科各层次之间，同类专业之间纵向贯通、横向融通。面向职业岗位群逐层提升，培养目标和规格逐层递进，人才定位有机衔接。

4. 对接现代产业体系，提升人才供给质量

服务制造强国、质量强国、网络强国、数字中国的发展需求，推进产业基础高级化、产业链现代化。破解"卡脖子"关键技术，面向战略性新兴产业重点领域，面向生产性服务业向专业化和价值链高端延伸，面向生活性服务业向高品质和多样化升级。

5. 遵循职业教育规律，服务终身学习需要

统筹处理传统专业和现代专业、一体化设计与特色设计、分段培养与系统培养、教育主导设计与行业指导设计、新兴产业发展与传统产业升级之间的关系；全面兼顾不同职业院校、不同工作岗位对专业口径宽窄的不同需求，系统培养学生和学生终身学习、全面发展的需要；充分考虑中高职贯通培养、高职扩招、职业技能培训与军民融合发展的需求。

四、政策效果

(一) 实施情况

新版《目录》颁布后，部分省市结合辖区内职业教育发展特点与实际情况，积极对新版《目录》的颁布作出了回应，如湖南省长沙民政职业技术学院对照新版《目录》，计划申办智慧社区管理、现代家政管理、健康管理、康复治疗等 14 个职教本科专业；湖南汽车工程职业学院将加大投入，进行新增专业的课程、实训室和师资建设，对专业进行优化升级和数字化改造，将通过更为精准的产教融合，向社会提供更多高素质人才，打造"智造湘军"品牌，提升学校服务产业链供应链现代化水平；湖南工程职业技术学院同永兴县职业中专学校等开展"3+2"模式中高职衔接，联合招收酒店管理专业等五年制大专班，共同进行人才培养。

(二) 社会影响

新版《目录》以习近平新时代中国特色社会主义思想为指导，准确把握了我国进入

新发展阶段的时代方位，全面贯彻了党和国家对职业教育高质量发展的决策部署，契合了"十四五"规划和 2035 年远景目标的战略部署，充分体现了专业升级和数字化改造理念，专业名称等体现了政治性、科学性和规范性的有机统一，研制程序严谨、科学规范，形成了定位清晰、纵向贯通、横向融通的一体化专业目录体系，具有里程碑意义，为提高职业教育适应性、服务技能型社会建设和终身学习需求奠定了新基础、树立了新坐标。

新版《目录》自实施以来，在统筹规划职业教育专业布局、支撑职业教育人才培养新供给、奠定职业教育国家教学标准体系建设基础、引领职业教育教学改革与创新以及作为选择职业的重要参考几个方面发挥了重要作用。

通过综合社会民众对新版《目录》的反响，可以得出以下几个结论：第一，新版《目录》充分体现了专业目录设置的灵活度；第二，新版《目录》凸显了职业教育的类型定位特征；第三，新版《目录》全面和准确地反映了我国产业发展中的人才需求结构的变化；第四，新版《目录》紧跟时代发展，与产业、科技密切结合。

五、改进建议

（一）明确专业建设方向

根据职业教育与产业优化升级互动互适的发展规律，强基础，覆盖主要行业领域，确保专业设置稳定性；抓重点，加强区域专业设置统筹规划，优化职业院校重点专业设置和布局结构调整；促优化，服务产业转型升级，适应生产方式转变、新技术变革、新业态发展要求，不断优化升级专业设置，及时开设新专业及动态调整专业内涵；补缺口，为突破我国基础性、全局性产业发展人才有效供给的瓶颈，补齐人才结构和类型短板，加强相关产业领域急需专业的优先设置和紧缺人才的优先培养。

（二）健全目录实施机制

在提升职业教育适应性的过程中，既要保持专业目录的规范性和稳定性，又要鼓励支持职业院校根据经济社会发展需求探索设置新专业，体现管理弹性和灵活性。"职教 20 条"明确指出"健全专业设置定期评估机制，强化地方引导本区域职业院校优化专业设置的职责"。地方和职业院校应依照新版《目录》和相应专业设置管理办法，结合区域经济社会高质量发展需要，对接区域产业规划，优化专业布局结构。

（三）完善机制，助力教育治理现代化

以加快推进教育治理体系和治理能力现代化为目标，落实"职教 20 条"中"巩固和发展国务院教育行政部门联合行业制定国家教学标准、职业院校依据标准自主制订人才培养方案的工作格局"的要求，推动政府职能由注重"办"向"管理与服务"转变。

一是完善政府主导，行业指导，企业、院校、研究机构专家共同参与研制的目录修订

机制，配套修改完善专业目录设置管理办法，引导职业院校科学合理地进行专业设置和建设。二是健全专业跟随产业发展动态调整机制，完善各级专业设置管理机构组织建设，实现教育行政部门对人才培养规模、结构和布局的动态监测和管理，推动职业教育专业设置与产业建设同步实施，课程建设与技术进步同步升级。加强职业院校专业设置管理公共信息服务平台建设，充分发挥行业企业和专业机构等第三方机构的作用，建立健全专业监测体系和专业设置预警机制，进一步推动职业院校专业设置与调整的科学化、制度化、规范化和常态化。三是突出学校主体责任，进一步落实和扩大高职院校专业设置和调整自主权，继续用好非国控专业备案管理、国控专业审批管理的办法，为学校合理、灵活地调整专业设置提供制度保障，整体提升职业院校的专业治理水平。

（撰稿人：杨海霞）

◎ **参考文献**

［1］郭燕，等.职业教育专业适应性发展的内在逻辑与应然选择［J］.成人教育，2021，41（12）：65-72.

［2］陈子季.编好用好新版职业教育专业目录服务"十四五"高质量发展［J］.中国职业技术教育，2021（07）：5-8.

［3］孟凡华.新目录，新价值［J］.职业技术教育，2021，42（27）：1.

［4］中华人民共和国教育部政府门户网站.图解：《职业教育专业目录（2021年）》［EB/OL］.（2021-03-24）［2022-01-02］.http：//www.moe.gov.cn/jyb_xwfb/s7600/202103/t20210324_522265.html.

［5］中华人民共和国教育部政府门户网站.教育部印发《职业教育专业目录（2021年）》［EB/OL］.（2021-03-22）［2022-01-02］.http：//www.moe.gov.cn/jyb_xwfb/gzdt_gzdt/s5987/202103/t20210322_521664.html.

［6］中国教育在线.《职业教育专业目录（2021年）》专家解读［EB/OL］.（2021-03-22）［2021-01-02］.https：//www.eol.cn/news/yaowen/202103/t20210322_2087236.shtml.

［7］中华人民共和国教育部政府门户网站.教育部职业教育与成人教育司负责人就《职业教育专业目录（2021年）》答记者问［EB/OL］.（2021-03-22）［2022-01-06］.http：//www.moe.gov.cn/jyb_xwfb/s271/202103/t20210322_521662.html.

［8］中华人民共和国教育部政府门户网站.国务院关于印发《国家职业教育改革实施方案》的通知［EB/OL］.（2021-03-20）［2022-01-06］.http：//www.gov.cn/zhengce/content/2019-02/13/content_5365341.htm.

［9］中华人民共和国教育部政府门户网站.教育部关于印发《职业教育专业目录（2021年）》的通知［EB/OL］.（2021-03-17）［2022-01-06］.http：//www.moe.gov.cn/

srcsite/A07/moe_953/202103/t20210319_521135. html.

[10] 中华人民共和国中央人民政府 . 中共中央关于制定国民经济和社会发展第十四个五年规划和二○三五年远景目标的建议］［EB/OL］.（2020-11-03）［2022-01-06］. http：//www. gov. cn/zhengce/2020-11/03/content_5556991. htm.

深化改革背景下的地方职业教育年度工作规划

——《2021 年上海市职业教育工作要点》解读①

一、出台背景

上海是中国现代工业的发祥地，其职业教育具有深厚的历史积淀和优良的发展传统。

从历史发展角度来讲，《2021 年上海市职业教育工作要点》的出台是对上海市以往职业教育工作的接续发展。在可查范围内，早在 2002 年上海市教育委员会就曾针对职业教育单独出台相应的工作要点，并延续至今。尤其近年来，上海市职业教育始终以"学生能发展、就业有优势、办学高水平"为发展取向，以积极服务上海市本地及其所在长三角地区的经济社会发展为目标，紧密结合国家层面职业教育的相关政策，有针对性地制定并出台上海市职业教育工作要点。同时，2021 年也是上海市教育委员会推动《上海职业教育高质量发展行动计划（2019—2022 年）》落地落实的关键年。

从现实需求角度来讲，《2021 年上海市职业教育工作要点》的出台符合上海市职业教育为上海建成社会主义现代化国际大都市培养技术技能人才和高素质劳动者的现实需要，职业教育应主动对接上海经济社会发展、产业发展战略，进而增强职业教育对城市建设的支持力和贡献度，打造与上海城市地位相适应的高质量职业教育。上海市正处在加快落实习近平总书记交给上海三项新的重大任务的进程中，加快建设"五个中心"，全力打响"四大品牌"，产业升级和经济结构调整，以及城市发展对高素质技术技能人才的需求愈加紧迫，上海市职业教育的重要地位和作用更为凸显。

从政策导向角度来讲，《2021 年上海市职业教育工作要点》的出台是对党中央、国务院及上海市出台政策的贯彻落实。一方面，就国家职业教育发展政策而言，党中央和国务院重视职业教育改革发展，强调职业教育整体规划，出台《国家职业教育改革实施方案》《职业教育提质培优行动计划（2020—2023 年）》，为国家职业教育进行顶层设计；另一方面，就上海市职业教育发展政策而言，上海市为推动建设社会主义现代化国际大都市，

---

① 文件名称：《上海市教育委员会关于印发〈2021 年上海市职业教育工作要点〉的通知》

发文日期：2021 年 3 月 23 日

发文机关：上海市教育委员会

发文字号：沪教委职〔2021〕1 号

推进地方职业教育高质量发展和满足上海市人才需求，在贯彻落实党中央、国务院相关政策的基础上，继续促进《上海职业教育高质量发展行动计划（2019—2022 年）》落地落实，进行具有上海特色的宏观设计。

基于历史发展、现实需求与政策导向，上海市于 2021 年 3 月 23 日出台并印发了《2021 年上海市职业教育工作要点》，为 2021 年上海市职业教育全局发展作整体规划。

二、总体描述

《2021 年上海市职业教育工作要点》由单一部门发文，是上海市教育委员会权威发布的、对当年职业教育工作进行部署安排的政策文本。通过分析"上海市职业教育工作要点"，既可以清晰地看到上海市职业教育的改革重点与发展走向，还能全面了解上海市职业教育工作的方方面面，具有重要的研究价值。

（一）政策内容

就内容而言，《2021 年上海市职业教育工作要点》共分为 6 个部分，即"落实立德树人根本任务""完善现代职业教育体系""深化产教融合校企合作""提升职业教育治理能力""深化教师教材教法改革"和"提高职业教育整体能级"，共计 28 条要求。

由图 1 可以看出 2021 年上海市职业教育工作的倾向：2021 年上海市职业教育工作的重心向"深化教师教材教法改革"（25%）和"提高职业教育整体能级"（25%）方面倾斜，其后按照占比依次为"深化产教融合校企合作"（18%）、"完善现代职业教育体系"（14%）、"提升职业教育治理能力"（11%）和"落实立德树人根本任务"（7%）。

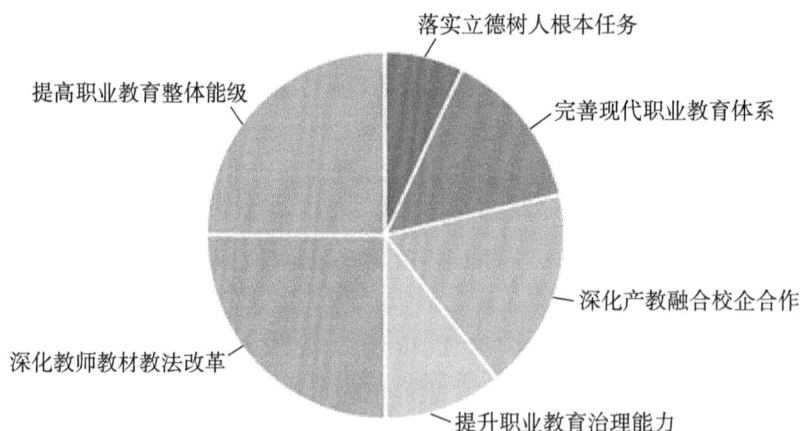

图 1 《2021 年上海市职业教育工作要点》的各部分占比

（二）制定依据

就整体制定依据而言，《2021 年上海市职业教育工作要点》以习近平新时代中国特色社会主义思想为指导思想，以贯彻落实《职业教育提质培优行动计划（2020—2023年）》和《上海职业教育高质量发展行动计划（2019—2022 年）》为政策依据。此外，就各部分制定依据而言，又各有不同。例如，在"落实立德树人根本任务"部分，以习近平新时代中国特色社会主义思想特别是习近平总书记关于职业教育的重要论述为指导思想，以贯彻落实《新时代爱国主义教育实施纲要》《新时代公民道德建设纲要》和《上海市中等职业学校课程德育指导意见》为依据；在"完善现代职业教育体系"部分，以贯彻落实《关于实施中国特色高水平高职学校和专业建设计划的意见》为依据等。这些指导思想和政策文件为《2021 年上海市职业教育工作要点》提供了充分的上位法依据。

（三）政策目标

就政策总目标而言，《2021 年上海市职业教育工作要点》将总目标定位在"大幅提升新时代上海职业教育现代化水平和服务能级，为促进经济社会持续发展和提高城市竞争力提供多层次高质量的技术技能人才支撑"。

（四）政策工具

就政策工具而言，从政策工具的作用对象来看，《2021 年上海市职业教育工作要点》主要涉及政府机构（包括市教委）、学校（包括中等职业学校和高等职业学校）和学生，以学校为主。

由表 1 可以看出，《2021 年上海市职业教育工作要点》所使用的政策工具类型主要以强制型工具和混合型工具为主。

表1　　《**2021 年上海市职业教育工作要点**》的下位政策及其所属政策工具类型

下位政策文本名称	所属政策工具类型
《上海市中等职业学校劳动教育专题必修课程建设指导意见》	混合型
《关于做好新型职业院校建设与管理的指导意见》	混合型
《关于加强贯通培养教学管理的指导意见》	混合型
《上海市中职专业结构布局调整的指导意见》	混合型
《上海市职业院校教材管理实施细则》	强制型
《上海市中等职业学校教学管理规程》	强制型
《中等职业学校优质课堂建设实践探索》	混合型

三、重点阐释

工作要点是针对未来一个时期工作的简明、扼要的安排，多用于领导机关对下属单位布置工作和交代任务，聚焦于干什么事情、达到什么目标、作怎样的时间安排部署，是对将要进行的工作的安排，具有指导性、预见性、可见性、约束性的特点。对《2021年上海市职业教育工作要点》进行重点阐释，分为对核心内容和主要特色的分析，具体如下：

（一）核心内容

从核心内容上看，《2021年上海市职业教育工作要点》的六个部分可以归纳为价值取向、教育体系、培养模式、管理体制、办学质量和整体建设方面。

1. 价值取向转变：落实立德树人根本任务

"落实立德树人根本任务"是《2021年上海市职业教育工作要点》的第一部分，体现了上海市职业教育在价值取向上的转变。具体而言：其一，推动习近平新时代中国特色社会主义思想进教材进课堂进头脑，提出将劳动教育纳入职业教育人才培养方案，设立劳动教育必修课程；其二，落实《上海市中等职业学校课程德育指导意见》，加强课程思政建设，积极构建职业教育"三全育人"的新格局。

2. 教育体系建设：完善现代职业教育体系

"完善现代职业教育体系"是《2021年上海市职业教育工作要点》的第二部分，体现了上海市职业教育在教育体系上的建设。具体而言：其一，推动上海市职业教育协调发展，在中职方面，强调"做精"，在高职方面，强调"做强"，重点贯彻落实国家"双高计划"建设的具体方案，持续稳步推进职业本科层次的工作试点，建设以技术培养为主线的、明确的上海职业本科教育体系；其二，推进新型职业院校规划建设，聚焦现代产业的快速发展和上海及长三角区域的现实需求，探索开展职业教育混合所有制、股份制办学改革试点工作；其三，完善中高、中本、高本贯通的人才培养体系的构建和教学工作规范，出台专业指导目录规范性文件，建成首批30个左右贯通高水平专业，并为未来上海市职业教育工作遴选第二批贯通高水平专业；其四，深化职普融通、育训结合，推进上海特色"双元制"职工继续教育。

3. 培养模式改革：深化产教融合校企合作

"深化产教融合校企合作"是《2021年上海市职业教育工作要点》的第三部分，体现了上海市职业教育在培养模式上的改革。具体而言：其一，优化专业布局结构，出台《上海市中职专业结构布局调整的指导意见》，依据国家战略思想、上下游产业链发展需求、专业建设水平、就业质量等合理规划引导上海市职业教育专业范围设置；其二，完善

1+X 证书制度，总结双证融通经验，推进国家"学分银行"政策的落地落实；其三，推广现代学徒制的试点经验，开展其质量评价研究，建立健全质量评价体系构建，探索开展现代学徒制和订单班；其四，加强职教集团工作，围绕集成电路、人工智能和生物医药等国家高新产业以及六大产业集群，推动职教集团转型发展；其五，探索校企合作激励约束机制，围绕关键核心技术优势，推动校企、产教资源的共建共享。

4. 管理体制变革：提升职业教育治理能力

"提升职业教育治理能力"是《2021 年上海市职业教育工作要点》的第四部分，体现了上海市职业教育在管理体制上的变革。具体而言：其一，健全职业教育标准体系，发挥标准的基础性作用，出台上海市"双师型"职业教育教师标准；其二，完善办学质量监管评价机制，强化上海高等职业院校适应社会多样化的需求能力评估、中等职业学校办学能力评估的结果使用；其三，推进质量年度报告和教学诊断及改进工作，将质量年度报告数据纳入上海教育大数据中心，及时开展相关职业院校抽样检查复核工作。

5. 办学质量提升：深化教师教材教法改革

"深化教师教材教法改革"是《2021 年上海市职业教育工作要点》的第五部分，体现了上海市职业教育在办学质量上的提升。具体而言：其一，打造一批高素质职业教育教师队伍，引进并培育上海市职业教育高峰人才，命名首批职业教育名师工作室，推进职业教育技能大师工作室；其二，不断深化职业教育人事制度改革，完善以"双师"为导向的职业准入标准，修订教师评聘条件，出台兼职教师管理办法，推动"固定岗+流动岗"制度体系建设，深化教师绩效工资改革；其三，强化职业教育教材建设，出台《上海市职业院校教材管理实施细则》，明确各部门管理职责要求，强化教材三年整体建设规划工作，支持校企合作开发相关配套教材，完成首批 20 本左右市级规划教材和移动机器人等世赛项目转化教材编写；其四，评选优秀教学成果，形成一批具有显著创新性和推广效果的上海市级及以上层级的优秀教学成果；其五，健全职业教育学校教学管理规范，制定《上海市中等职业学校教学管理规程》；其六，提高课程教学质量，深入开展"匠心匠艺"优质课堂建设，出版《中等职业学校优质课堂建设实践探索》；其七，丰富数字化课程资源，在继续开发现有网络课程的基础上，探索基于虚拟现实、增强现实等技术的体验式实训教学。

6. 整体建设发展：提高职业教育整体能级

"提高职业教育整体能级"是《2021 年上海市职业教育工作要点》的第六部分，体现了上海市职业教育在高地建设上的发展。具体而言：其一，加强学校基础能力建设，包括建设示范性虚拟仿真实训室及其运行指导意见；其二，推进职业教育数字化建设，加强市级综合信息管理平台建设及应用，将上海市信息化应用标杆校与市级信息化应用特色校的创建工作融合，推进信息化、标准化工作；其三，以赛促学，组织开展或参加各类学生大赛，如第九届"星光计划"职业院校技能大赛、2021 年全国职业院校技能大赛、第七届中国"互联网+"大学生创新创业大赛等，积极备战 2022 年中国上海第 46 届世界技能大赛；其四，以赛促教，组织开展或参加各类教师大赛，如 2021 年上海职业院校教师教学能力比赛、全国职业院校技能大赛教学能力比赛和中职班主任能力比赛等；其五，加强学生综合素养提升，推进德智体美劳协同育人，研制上海市中等职业学校学生综合素质评价工作指导意见；其六，加强长三角区域职业教育高质量协同发展和省级交流合作，探索推动学生跨地区实习及建立长三角区域网络课程开放共享运行机制；其七，健全学校风险防控体系，按照"学校主体、行业（企业）主管、属地监管"的原则理顺管理体制，提升安全防范水平。

（二）主要特色

从主要特色上看，《2021 年上海市职业教育工作要点》的六个部分体现出以发挥政府作用支持职业教育为保障，以引领长三角区域一体化发展为示范、以建成现代职业教育体系和高地为目标、以改进人才培养模式和提高办学质量为抓手的四大特色。

1. 以发挥政府作用支持职业教育为保障

《2021 年上海市职业教育工作要点》是由上海市教育委员会单一部门发文的政策文本，上海市政府在其中发挥重要的作用。具体表现为该政策文本发文后被抄送至各单位部门，主要有三类：一是教育部及下属司局，包括职业教育与成人教育司，二是省市级政府部门，包括市人大办公厅、市委办公厅、市教委教研室、市教育考试院、市教科院、市教育评估院、市学生事务中心、市教育基建管理中心等，三是市属学校，包括各中等职业学校等。从《2021 年上海市职业教育工作要点》文本抄送的单位来看，一方面体现出国家层面注重整体规划职业教育体系建设并关注地方职业教育发展，另一方面体现出地方政府对职业教育建设的投入与保障力度。

2. 以引领长三角区域一体化发展为示范

上海是长江三角洲区域一体化的龙头城市，长江三角洲区域的高质量、一体化发展就要以一体化的思路和举措打破区域壁垒，提高各方协同性，让各要素在更大范围内畅通流动。《2021 年上海市职业教育工作要点》明确提出加强长三角职业教育高质量协同发展和省级交流合作。推动长江三角洲示范区职业教育协同发展，探索建立人才需求发布、专业设置与统一招生协作机制。促进长三角区域职教资源统筹协调布局，探索推动学生跨地区实习。探索建立长三角区域网络课程开放共享运行机制。继续推进职业教育对口帮扶，依托职业教育联盟，助力乡村振兴工程。加强省际职业教育交流合作，在教育教学、科研创新、人才培养、联合办学等方面资源共享。

3. 以建成现代职业教育体系和高地为目标

作为现代国民教育体系的重要组成部分，职业教育是面向人人、面向全社会的教育，对促进就业、保障公平和社会和谐具有重要意义。上海市在加快发展现代职业教育和建设现代职业教育体系方面发挥了重要作用。具体而言，《2021 年上海市职业教育工作要点》提出要实现职业教育现代化，包括物质、精神和制度层面的现代化，健全现代化职业教育体系，完善现代化职业教育制度，实现职业教育思想、办学理念、人才培养目标和模式、教育内容、师资队伍、软硬件设施等的现代化，以信息化、智能化带动上海市职业教育现代化，提升长三角区域职业教育现代化体系建设水平，提升国家现代化水平。

4. 以改进人才培养模式和提高办学质量为抓手

改进人才培养模式和提高办学质量是上海职业教育工作的重中之重，其中推进产教深度融合、加强校企合作是关键。上海市职业教育的人才培养需要紧密契合上海市及长三角区域的人才需求，聚焦于"培养什么样的人"和"怎么培养人"的关键问题。近年来，上海市职业教育努力改进人才培养模式和提高办学质量，在一定程度上契合上海市及长三角区域的劳动力市场需求，同时也契合上海市及长三角区域人民对"办人民满意的教育"的需求。总体而言，《2021 年上海市职业教育工作要点》呈现出 2021 年上海市职业教育工作以改进人才培养模式和提高办学质量为重点的特色。

四、政策效果

对《2021 年上海市职业教育工作要点》政策效果的评述，从政策计划与制定角度来讲，首先应明确为保障政策实施而制定的配套政策文本，进而在此基础上检验工作要点中政策文本的实施情况。

（一）配套政策文本

《2021 年上海市职业教育工作要点》在内容中规定了在 2021 年需要出台的配套政策文本（见表 2）。

表 2　　《2021 年上海市职业教育工作要点》中提出的配套政策文本及其制定目的

工作要点	配套政策文本		制 定 目 的
	要求	名　　称	
落实立德树人根本任务	研制	《上海市中等职业学校劳动教育专题必修课程建设指导意见》	推动习近平新时代中国特色社会主义思想进教材、进课堂、进头脑

续表

工作要点	配套政策文本		制定目的
	要求	名　称	
完善现代职业教育体系	出台	《关于做好新型职业院校建设与管理的指导意见》	推进新型职业院校建设
		《关于加强贯通培养教学管理的指导意见》	完善贯通人才培养体系
深化产教融合校企合作	出台	《上海市中职专业结构布局调整的指导意见》	优化专业布局结构
深化教师教材教法改革	出台	《上海市职业院校教材管理实施细则》	强化职业教育教材建设
	制定	《上海市中等职业学校教学管理规程》	健全教学管理规范
	出版	《中等职业学校优质课堂建设实践探索》	提高课程教学质量

相应配套政策文本的出台，是 2021 年上海市职业教育工作效果保障的重要方式之一，其完成落实情况也是检验上海市职业教育工作实施效果的检验标准之一。

（二）政策实施情况

梳理《2021 年上海市职业教育工作要点》中要求的配套政策文本出台情况，发现截至 2021 年 12 月，在计划的 7 份政策文本中只出台了 1 份相关政策文本，即"深化教师教材教法改革"方面的《上海市职业院校教材管理实施细则》。

除此之外，上海市贯彻落实职业教育工作，还出台了《2021 年上海市职业教育工作要点》规定之外的政策文本（见表 3）。这一现象在一定程度上说明了 2021 年上海市职业教育工作进程中的灵活机动性。

表 3　　　《2021 年上海市职业教育工作要点》规定之外的政策文本

时间	政策文本名称
3.23	《上海市教育委员会关于公布"专科高等职业教育—应用型本科教育"人才贯通培养第五批试点专业名单的通知》
3.23	《上海市教育委员会关于 2021 年增设 6 个专业点开展职业教育五年一贯制人才培养模式的批复》
3.26	《2021 年上海市中等职业学校提前批招生工作实施意见》
3.30	《上海市教育委员会关于公布 2021 年本市全日制中等职业学校专业奖励专业目录的通知》
4.1	《上海市教育委员会关于举办第二届上海市中职学生创新创业大赛的通知》
4.12	《上海市教育委员会关于开展 2021 年上海市学生职业体验日活动的通知》

时间	政策文本名称
4.13	《上海市教育委员会关于做好 2021 年本市全日制普通中等职业学校上海市奖学金评审工作的通知》
4.16	《上海市优质中职学校培育项目专项经费管理办法》
4.30	《上海市教育委员会关于开展上海市中等职业学校"少年工匠心向党 青春奋进新时代"主题教育活动暨 2021 年上海市文明风采活动的通知》
5.7	《上海市教育委员会关于公布 2021 年上海市中等职业学校特聘兼职教师资助名单的通知》
5.11	《上海市教育委员会关于公布上海市中等职业学校第八届教师教学法改革交流评优活动获奖名单的通知》
5.11	《上海市教育委员会关于公布 2020 年上海市中等职业学校教师教学能力大赛获奖名单的通知》
5.12	《上海市教育委员会关于公布上海市职业院校 1+X 证书制度试点专家委员会人员名单的通知》
6.9	《上海市教育委员会关于公布 2021 年上海市高等职业院校示范性虚拟仿真实训基地立项名单的通知》
8.16	《上海市教育委员会关于做好 2021 年高职扩招专项考试招生工作的通知》
9.22	《上海市教育委员会关于公布首批上海职业教育与继续教育类精品教材名单的通知》
10.9	《上海市教育委员会关于做好 2022 年职业教育质量年度报告编制、发布和报送工作的通知》
10.18	《上海市教育委员会关于做好 2021 年上海市中等职业学校学生学业水平评价公共基础课程考试的通知》
10.21	《上海市教育委员会关于做好 2021 年中等职业教育国家奖学金评审发放和材料报送工作的通知》
11.2	《上海市教育委员会关于做好全日制普通中等职业学校电子学生证应用的通知》
11.11	《上海市教育委员会关于转发〈上海市教育考试院关于 2021 年上海市中等职业学校学生学业水平评价公共基础课程考试的实施意见〉的通知》
11.17	《上海市教育委员会关于印发上海市园林技术等 22 个中高职贯通教育专业教学标准的通知》
11.18	《上海市教育委员会关于公布 2021 年全国职业院校技能大赛教学能力比赛上海市选拔赛暨上海市高职高专院校教师教学能力大赛获奖团队的通知》

五、改进建议

尽管 2021 年上海市职业教育工作在《2021 年上海市职业教育工作要点》的指导下，取得了丰硕成果，但该政策在政策价值取向、政策目标与手段的统一性以及政策工具等方面仍有进一步改进的需要。

（一）秉持以人为中心的上海市职业教育政策价值取向

在职业教育政策的制定上，长期以来偏重于职业教育在社会发展中的经济作用，注重职业教育的经济效益，在一定程度上忽视了职业教育对人的发展的影响。换言之，职业教育政策中存在着"以就业为导向"和"以人为中心"的政策价值冲突。在"以就业为导向"的政策理念牵引下，职业教育的经济功能被不断放大，育人功能则相对被忽视。"以就业为导向"的政策价值导致职业教育的目的限于就业，甚至将就业作为职业教育课程开发的唯一依据，缺失教育理论的介入和融合，一味地迎合企业对劳动力的要求，忽视了职业教育作为学校教育的整体追求。

《2021年上海市职业教育工作要点》开篇明确提出"落实立德树人根本任务"，正体现了上海市职业教育政策价值取向朝着"以人为中心"的方向发展。因此，未来继续秉持"以人为中心"的上海市职业教育政策价值取向，对职业教育发挥育人功能具有重要作用。

（二）强化上海市职业教育政策制定的目标与手段统一

政策目标和手段的不一致，使得职业教育的发展规划和现实进展之间出现了巨大的差距。在《2021年上海市职业教育工作要点》的制定过程中，出现了目标与手段不一致的情况。例如，在该文件中提及要制定出台的保障性政策文本并未出台，未提及的政策文本为了实现政策目标而出台。以政策手段难以实现目标的根本原因在于职业教育资源投入相对不足，实现政策目标的能力被弱化。因此，强化上海市职业教育政策制定的目标与手段统一，在职业教育政策目标达成上具有重要作用。

（三）丰富上海市职业教育政策工具类型

《2021年上海市职业教育工作要点》中关于职业教育的政策工具较为单一，以强制型和混合型为主，自愿型工具缺失，这在一定程度上造成了上海市政策实施、执行的不完善问题。具体而言，强制型工具虽然操作性强、效率高，但过多地使用会限制上海市职业教育工作的灵活性和参与主体的能动性，也会导致对各区域差异考虑不充分的情况发生。致使政策工具较为单一的主要原因在于没有主动发挥企业、行业的作用，尤其在推进校企合作、产教融合和课程开发等方面，主体仍然是政府、学校，而未发挥企业、行业这两个极为关键的角色的作用。因此，丰富上海市职业教育政策工具类型，在职业教育政策高效执行上具有重要作用。

（撰稿人：贾超）

◎ **参考文献**

[1] 商丽浩，陈小云.我国教育财政政策的变迁——基于1987—2019年《教育部工作要

点》的分析 [J]. 现代教育论丛, 2021 (06): 53-61, 95.

[2] 陈宪. 区域协同治理须处理好市场与政府的关系 [J]. 探索与争鸣, 2020 (10): 17-19, 143.

[3] 席东梅. 职业教育新时代: 新目标引领新作为——全国职业教育与继续教育工作推进会综述 [J]. 中国职业技术教育, 2018 (01): 9-15.

[4] 俞陶然. 与"三大任务"联动, 做创新策源地 [N]. 解放日报, 2019-05-23 (002).

以高站位谋划职业教育发展新篇章

——《教育部关于学习宣传贯彻习近平总书记重要指示和全国职业教育大会精神的通知》解读①

一、出台背景

党的十八大以来，习近平总书记就职业教育发展问题多次作出重要指示，要求"必须高度重视、加快发展"。一系列重要文件和重大举措联合出台推动了职业教育迈上新台阶，如出台《国家职业教育改革实施方案》、启动省部共建职业教育创新发展高地试点等。诸多政策文本和相关举措都体现了党和国家对职业教育发展的重视，同时也反映出国家层面在职业教育发展理念上不断推陈出新。2021年4月12日至13日，全国职业教育大会在北京胜利召开，此次会议是在中国共产党成立100周年和"十四五"开局之年召开的一次重要会议，会议中习近平总书记就职业教育工作内容作出272字的重要指示，凝练出职业教育的精神内涵，总结了这一时期职业教育发展的总特征和总任务。为深入学习宣传贯彻习近平总书记重要指示和全国职业教育大会精神，切实做好各项工作，教育部印发《关于学习宣传贯彻习近平总书记重要指示和全国职业教育大会精神的通知》（以下简称《通知》），要求教育系统深入学习宣传贯彻习近平总书记重要指示和全国职业教育大会精神，加快构建现代职业教育体系，推动职业教育高质量发展，为全面建设社会主义现代化国家提供坚实的人才和技能支撑。

（一）现实问题

职业教育作为国民教育体系的重要组成部分，是广大青年实现人生价值、获取生存资源的主要途径之一，为国民经济发展和人力资源的开发提供了劳动力保障。我国已经建成了世界上最大规模的职业教育体系，职业教育已经为各行各业累积培养输送了大量高素质劳动人才。这些从侧面反映出我国职业教育当前的发展现状与良好前景。但从实际上来

---

① 文件名称：《教育部关于学习宣传贯彻习近平总书记重要指示和全国职业教育大会精神的通知》
发文日期：2021年4月26日
发文机关：教育部
发文字号：教职成〔2021〕3号

278

看，我国职业教育的发展仍存有较大的改进空间。

1. 市场经济层面

实体经济发挥支撑作用需要技术技能型人才的供给保障，职业院校应是人才与岗位之间最直接的桥梁，承担着技能型人才培养的主要任务。目前随着新技术的开发，一系列新职业、新岗位不断出现，职业院校专业设置难以快速跟上社会市场的岗位需求，人才的培养与输送在一定程度上存在较大的滞后性。由此看来，职业教育需要时刻保持高度的市场灵敏度和反应性，及时针对社会人才紧缺职业和行业调整人才培养模式和内容，加强产教融合，积极对接企业产业，保证高素质技能型人才资源的有效供给。

2. 职业教育层面

职业教育应是特色鲜明的类型教育，是不同于普通教育的技术技能人才培养的重要教育类型。但目前由于缺乏清晰合理的分类标准，使职业教育始终被认为是普通教育的"衍生品"和"附属品"，面临"低人一等"的尴尬局面。究其原因，可以认为是职业教育的"去职业"化所致，职业教育应着眼于学生的学业定位、岗业定位，针对社会职业人才需求进行适配的教育培养。而当前许多职业院校将目标定位于本科教学模式，为了追寻"升本"目标，广开专业、零散培养等现象非常突出，最终使职业院校的学生丧失了本应有的职业优势。

3. 社会文化层面

根深蒂固的学历偏见是阻碍职业教育发展最难解决的问题。长期以来社会上存在的"考不上高中去读中职，考不上本科去读高职"等思想偏见没能得到有效转变。为了改变社会认知偏差，需要将职业教育推上高质量发展的道路，厘清职业教育发展类型，打造纵向贯通、横向融通的现代职业教育体系，树立"不同类型、同等重要"的教育观念，通过国家设计、地方配合、学校执行等多层级联动打"组合拳"，将职业教育高质量发展理念植入广大人民群众观念之中，扭转社会认知，促进职业教育实现真正复兴。

(二) 目的意义

就全国职业教育大会而言，这次大会的召开，充分体现了以习近平同志为核心的党中央对职业教育工作的高度重视，凸显了职业教育在国家人才培养体系中的基础性作用，对于立足新发展阶段、贯彻新发展理念、构建新发展格局、推动高质量发展，具有重大而深远的意义，是我国职业教育发展史上的重要里程碑。就政策文本而言，其根本目的是准确把握习近平总书记对职业教育的重要批示，领会大会精神的丰富内涵，聚焦我国职业教育重点任务，确保大会精神落实落地，这对职业教育发展改革具有重要的历史意义。

首先，确立职业教育类型化发展的目标方向。习近平总书记就职业教育提出了"前途广阔、大有可为"的发展预期，要求职业教育必须坚持党的领导，坚持正确的办学方向，坚持立德树人。根据职业教育的类型定位实现职业教育的高质量发展，遵循职业教育发展规律和技术技能人才成长规律，推动各阶段职业教育高质量发展，为全面建设社会主义现代化国家提供坚实的人才和技能支撑。

其次，明确现代职业教育体系的重点发展方针。《通知》从职业教育发展的局限与困境出发，聚焦现代职业教育体系构建的重难点逐项安排任务，由粗到细、由简到繁为各地区部门和学校出谋划策，并提供多种实践路径和项目，促进各个阶段的职业学校进行自我发展和改革。

最后，汇聚力量保障职业教育发展改革落地。为了确保职业教育发展改革任务能够落到实处，《通知》指出各地区学校要紧抓历史性发展机遇，从体系构建、公平质量、差异均衡、特色标准等方面长远谋划，认真制订职业教育发展方案并组织实施。加大制度创新、政府供给和投入力度，将大会确定的任务目标分解到任、到岗，建立责任清单，确保党中央、国务院的决策部署能够得到充分落实。

二、总体描述

（一）制定过程

2021年4月12日至13日，全国职业教育大会在北京胜利召开。在全国职业教育大会上，习近平总书记对职业教育工作作出272字的重要指示，强调加快构建现代职业教育体系，培养更多高素质技术技能人才、能工巧匠、大国工匠。李克强总理作出批示，强调了职业教育的重要作用，明确要求建设高水平、高层次的技术技能人才培养体系，注重学生工匠精神和精益求精习惯的养成，努力培养数以亿计的高素质技术技能人才，为全面建设社会主义现代化国家提供坚实的支撑。孙春兰副总理出席并发表讲话，深入分析了职业教育面临的新形势新要求，全面部署了加快建设高质量职业教育体系的新任务新举措。为准确把握大会思想，使各省市深入落实会议要求，教育部认真总结了习近平总书记在大会上的重要指示以及全国职业教育大会的精神，于2021年4月印发了《通知》。

（二）整体概括

《通知》作为"十四五"开局之年对习近平总书记重要指示和全国职业教育大会精神的总结，具有纲领性指导的重要意义。该《通知》由教育部制定颁发，面向各省、自治区、直辖市教育厅、教育局等机构，全文共分为三个部分，可凝练为：国家精神意志—重点任务部署—安排落实机制。在国家精神意志层面，总结了习近平总书记的重要批示以及其他国家领导人对职业教育的重点分析和安排，提出了各地区部门学习理解全国职业教育大会时代背景和意义的要求。在重点任务部署层面，聚焦职业教育发展的重难点，分为五个重要任务框架，逐项落实安排，并提出了职业教育高质量发展的具体实践内容。在安排落实机制方面，为深刻领会和贯彻落实习近平总书记重要指示和全国职业教育大会精神，《通知》强调了三个落实要点，通过长远谋划、狠抓落实和扩大宣传来确保能够将党中央、国务院的工作部署落实到位。

（三）基本框架

《通知》的基本框架主要分为三个部分，每个版块基于不同的国家立意提出了相应的工作安排和要求，具体如下：

第一部分是对习近平总书记的重要指示和全国职业教育大会精神内涵的高度总结。具体可以分为三部分：首先对党的十八大以来我国职业教育取得的进展进行汇总和报告，提出了现阶段职业教育发展已经取得显著成效，国际影响力持续提升。其次，对习近平总书记的指示进行全面总结，强调职业教育前途广阔、大有可为，为职业教育改革发展指明了前进方向、提供了根本遵循。第三部分是对召开全国职业教育大会的历史意义进行归纳，指出我国职业教育正处于一个新的发展阶段，需要贯彻新发展理念，构建新发展格局以推动职业教育高质量发展，同时要求各地区各部门提高政治站位，学习理解本次全国职业教育大会的内涵与要求，在党的领导下深入贯彻党的教育方针，为全面推进职业教育发展做出努力。

第二部分是对各地区各部门各学校就职业教育发展的重点问题作出工作部署。主要可以分为五个"坚定不移"，其内容主要包括把握职业教育类型发展的基本定位、加快完善人才培养体系建设、始终坚持深化职业教育改革、着重推进技能型社会建设以及加强保障发展机制的构建。在每个重点任务之下提出了诸多实践路径和策略，并提供保障支持。

第三部分从组织领导层面要求各个地区部门和学校按照《通知》的要求进行制度规划并落实。主要从三个层面保障大会精神得以落实，首先要求抓住编制"十四五"规划的时机，进行长远谋划，做到有体系的构建、有质量的公平、有差异的均衡、有特色的标准、有重点的改革和有竞争的合作。同时要狠抓落实体制建设，做到六个到位，即指挥到位、责任到位、督导到位、行动到位、效果到位和研判到位。此外，还需加大学习宣传力度，创新方式方法向广大人民群众宣传国家重视职业教育的重要导向，形成"崇尚一技之长、不唯学历凭能力"的社会氛围，引导激励全社会共同关心、广泛支持、积极参与职业教育。

三、重点阐释

《通知》以学习领会习近平总书记的重要指示和全国职业教育大会的精神为主旨，就职业教育高质量发展改革事项作国家层面的全面部署安排，其核心要点着重体现在《通知》第二部分，即构建现代职业教育体系的重点任务。

（一）核心要点

1. 着力体现职业教育的类型属性

在《国家职业教育改革实施方案》中就指出，职业教育是与普通教育具有相同重要地位的不同类型的教育。职业教育在"质的规定性"上具有不可替代性，与普通教育在推动经济社会发展和人才供给上存在互补性关系。因此，在发展职业教育时需要树立科学的职业教育理念，把握不同阶段的职业教育在教育体系中的定位，其中要求强化中等职业教育的基础地位，推动高等职业教育提质培优，同时稳步发展职业本科教育，通过引入第三方评价监测，加大对职业教育质量统筹监管的力度。

2. 加快完善一体化人才培养体系

第一，重视德育的作用，坚持德技并修、育训结合，促进思政课程与课程思政的有机衔接以培养学生的劳模精神、劳动精神和工匠精神。第二，纵向打通各层次职业教育在专业设置、培养目标、课程体系等方面的渠道，保障人才培养不断层、不异化。第三，通过"岗课赛证"、1+X证书制度等项目，结合深度产教融合，增强与龙头行业企业的联系，提升职业院校人才培养的过程质量。第四，通过紧盯市场发展和风向，开设紧缺的、含金量高的专业，帮助更多青年实现高质量就业，同时针对退役军人、下岗失业人员和进城务工人员等群体生源开设相应课程并分类施教。第五，倡导终身学习的理念，建设"学分银行"，推动学习成果间的相互转化。

3. 深化多元办学格局的职业教育改革

《通知》指出，要实现职业教育的深化改革，必须坚持完善产教融合办学体制和创新校企合作办学机制，构建政府统筹管理、行业企业积极举办、社会力量深度参与的多元办学格局。新格局下需要树立企业也是办学主体的新观念，注重发挥企业办学的重要作用。在多元办学格局下要把产权制度改革放在首位，积极探索职业学校股份制、混合所有制改革，激发企业作为办学主体的活力和热情。在延伸职业教育办学空间方面，积极推动职业学校和企业建设培养培训基地，校企共建共管产业学院、企业学院等，通过一系列合作方式推动校企达成深度合作，发挥职业院校的专业优势，积极探索与企业行业的双边多边合作模式，促进产教融合理念深化落实。

4. 全力构建技能型社会

这是"技能型社会"首次出现在政策文本中的新提法，也是职业教育面临立足新发展阶段、贯彻新发展理念、构建新发展格局、推进高质量发展的新任务、新使命。《通知》提出要构建技能型社会必须从需求侧出发，提升技能的适应性，由此提出了六个"紧盯"策略以提高技能与经济社会发展的匹配度与适应性。同时提出要加快技能教育的公共基础设施和数字资源建设，提高全民技能素质，提升人民生活品质。在职业教育公平方面，提倡有质量的公平，坚持开放包容、便捷灵活、协调发展，完善技能人才的培养、使用、评价、考核机制，使所有社会成员公平地享有提升技能的教育机会。针对农村职业教育发展提出要提升农村基本公共服务水平的重要作用，加大涉农职业学校建设，发展面向农民就业创业的职业教育与技能培训，推进巩固拓展脱贫攻坚成果同乡村振兴有效衔接。

5. 加强保障发展机制保落实

为了切实保证职业教育改革落到实处，《通知》提出要从教育经费倾斜、师资队伍赋能、教师培养制度优化和信息化技术革新等方面加大力度。在教育经费方面要求财政投入必须与办学规模、培养成本、办学质量等相适应，并逐步提高生均拨款水平；在师资队伍建设方面打破学历和文凭条框限制；在教师培养方面通过建设优质的职业技术师范大学、落实教师进企业的实践制度等措施构建教师职前职后一体化培训体系；在信息化技术支撑方面结合现代化信息技术构建数字校园，推出职业教育精品课程和专业资源库，建设国家示范性虚拟仿真实训基地，提升现代化职业教育体系的数字化水平。

《通知》在最后从组织领导层面提出了保障性要求，指导各地区各部门各学校要抓住机遇，制订具有本地特色的职业教育发展方案，加强长远谋划，在立足现实的基础上放眼未来，提升方案制订的科学性，同时要求狠抓落实，采取六个"到位"标准，保证各项工作认真落实。此外，还要在各相关部门做好本职工作的基础上扩大宣传力度，做好广大群众的思想教育工作，扭转社会大众对职业教育的偏见观念，释放国家决心发展好职业教育的鲜明信号，引导并激励全社会共同关心、支持并参与到职业教育发展改革中来。

（二）主要特色

1. 目的明确、任务聚焦

《通知》的名称就阐述了本政策的主要目的，即面向各省、自治区、直辖市教育厅（教委），新疆生产建设兵团教育局，有关部门（单位）教育司（局）等部门单位，对习近平总书记重要指示和全国职业教育大会精神进行学习、宣传并贯彻落实。与以往学习贯彻领导指示和职业教育大会精神不同的是，《通知》增加了宣传的要求，各地区各部门各学校在学习贯彻的基础上要做好宣传工作。同时，该政策依据职业教育发展面临的新问题和新局面提出了重点任务，并给出具体的实践路径和对策，结合一定的保障性措施以确保各项工作能够顺利进行。

2. 突出类型、畅通渠道

《通知》在统筹职业教育发展的重点任务时将坚持职业教育的类型定位放在第一位。

奠定职业教育"同等重要"的主旋律,是党和国家把握教育发展规律和职业教育办学规律以及技术技能型人才发展规律的一个重大判断。在思想上破除了"重普轻职"的观念,在行动上推动各层次的职业教育衔接贯通,严格把职业教育与普通教育区分开来,尤其是把科学和技术、知识和技能区分开来,切实推进类型教育发展的新理念。

3. 技能社会、全员参与

全国职业教育大会创造性地提出了建设技能型社会的理念和战略,并在《通知》中进一步将其上升为国家政策,在国家意志层面体现出建设技能型社会的决心和使命。《通知》中也给出了建设技能型社会的主要路径和基本遵循,提升技能教育的专业灵敏性,紧盯各方需求和市场信号,增强技能发展的适配性和适应性。加快构建面向全体人民、贯穿全生命周期、服务全产业链的现代职业教育体系。快速建成国家重视技能、社会崇尚技能和人人拥有技能的技能型社会。让技术技能真正成为贯穿社会发展、融入全民生活、实现人才价值的重要元素。

(三)核心素质

《通知》主要聚焦于准确把握指示批示和大会精神内涵、重点改革任务的推进与相关工作的贯彻落实,是在更高层面上对我国职业教育发展的整体布局,对职业院校大学生核心素质提及得较少,只在第二部分"完善人才培养体系"中有所涉及。

《通知》指出:"坚持德技并修、育训结合,把德育融入课堂教学、技能培养、实习实训等环节,促进思政课程与课程思政有机衔接,提高思想政治教育的实效性,培养学生的劳模精神、劳动精神、工匠精神,引导学生刻苦学习、精进技艺、全面发展。"

四、政策效果

(一)实施情况

为响应《通知》要求,进一步贯彻落实习近平总书记重要指示和全国职业教育大会精神,教育部及相关部门相继出台配套政策,如2021年5月10日教育部颁布《关于在教育系统开展师德专题教育的通知》,2021年6月2日教育部办公厅颁布《关于推进习近平法治思想纳入高校法治理论教学体系的通知》,2021年10月12日中共中央办公厅、国务院办公厅印发《关于推动现代职业教育高质量发展的意见》等,这些政策都是在《通知》的基础上进行了延伸和发展,推动了现代职业教育体系的构建与完善。

各省市也根据《通知》召开了本地职业教育大会,学习贯彻《通知》精神,并对区域职业教育发展进行了合理布局,多地多所职业院校也针对习近平总书记重要指示和全国职业教育大会精神进行了进一步的宣传、学习与总结。山东省在济南市召开全国职业教育大会精神学习贯彻会，会上领导指出，要充分认识全国职业教育大会的重大成果和重要意义，从立足新发展阶段、贯彻新发展理念、构建新发展格局的高度，全面把握建设高质量职业教育体系的重点任务，要扎实推进大会精神落实落地，为全面建设社会主义现代化国家、实现中华民族伟大复兴提供强大的人才保障和技能支撑。四川省政府于2021年6月召开了全国职业教育大会精神学习座谈会，深入学习贯彻习近平总书记关于职业教育的重要指示和全国职业教育大会精神，研究分析本省职业教育改革发展存在的困难和问题，积极听取有关单位对职业教育工作的意见和建议，明确发展目标任务和工作措施。贵州省健康职业学院党委理论学习中心组也以《解放思想 开拓创新 深入落实全国职业教育大会精神 扎实推动学院高质量发展》为题召开专题研讨会，全面系统地学习习近平总书记对职业教育工作作出的重要指示，随后还举办了学习贯彻全国职业教育大会精神专题培训班。该专题培训班对全国职业教育大会精神作了深入的专题解读辅导，护理系、药学系、健管系、思政部、人文基础部、基础医学部分为六个小组分别进行了深入讨论。

（二）社会影响

《通知》自发布以来，引起了各省市对职业教育发展建设的广泛关注，并得到了高度评价，各地区各部门各学校在《通知》的鞭策下依据自身的发展情况与特点，展开相应的举措以贯彻落实《通知》精神。有省级教育部门的领导认为本次大会具有标志性意义，是我国职业教育发展的里程碑事件，明确了职业教育的类型地位，强调了职业教育的体系建设，突出立德树人，强化技能培养，提出建设技能型社会，着力提升人才培养质量，为未来职业教育发展擘画了宏伟蓝图。长沙民政职业技术学院提出习近平总书记对职业教育工作的重要指示，是对职业教育和职教人的激励、鞭策和指引，是未来办好职业教育的根本遵循。学校将立足"双高校"，锚定"十四五"，继续构建与经济社会发展、与行业区域产业链相匹配的"生老病养葬"全生命周期的专业链，不断增强职业教育适应性，培养更多高素质技术技能人才。湖南铁道职业技术学院在学习习近平总书记重要指示和全国职业教育大会精神后，提出他们深切感受到现在是职业教育发展的最好时期，承诺学校将抢抓机遇，积极作为，追踪轨道交通企业"智能制造、远程运维、无人驾驶"等复合型工作岗位、创新性工作能力、国际化工作环境的需求，为轨道交通高端产业和产业高端培养高素质技术技能人才。

在学术研究方面，以"习近平总书记重要指示"和"全国职业教育大会"分别为主题，同时以"职业教育"为关键词，时间以2021年4月30日为起点在知网搜索，检索文献数量为40篇，其中核心期刊10篇，剔除无效的会议简介型期刊，主要核心期刊文献数量为7篇。核心期刊主要以《职业技术教育》为主，占据5篇，位居第二的是《职教论坛》。学者们主要针对全国职业教育大会的精神进行深度阐释，同时对新提出的"技能型社会"展开了实践性的思考。

五、改进建议

《通知》属于纲领性文件，以全局性视角和顶层站位来谋划职业教育发展问题。内容上主要是对国家领导人的重要指示和会议的精神内涵作梳理和总结，同时为职业教育的发展提供方向性指导，指出重点任务部署情况。作为谋全局的政策文本，其具有非常鲜明的宏观色彩，在职业教育发展改革过程中只给出了方向性引导。因此，在改进建议环节认为，基于本政策的高度概括性，需要国家至地方省市及时响应，就全面贯彻全国职业教育大会精神，落实现代职业教育发展任务，从中观和微观层面着手，聚焦政策执行、保障、评价等过程性任务制定相应制度文本，为政策落地提供政策保障，推动现代职业教育体系的建构与完善。

（撰稿人：白雪）

◎ 参考文献

[1] 群众新闻. 陕西省职业教育工作会议召开［EB/OL］.（2021-11-13）［2021-12-30］. https：//baijiahao. baidu. com/s？id＝1716270250271537495&wfr＝spider&for＝pc.

[2] 天眼新闻. 把握实质内涵 锐意改革创新——贵州健康职业学院 学习贯彻全国职业教育大会精神纪实［EB/OL］.（2021-07-13）［2021-12-30］. https：//baijiahao. baidu. com/s？id＝1705139890862704049&wfr＝spider&for＝pc.

[3] 安徽省教育厅职业与成人教育处. 学习宣传贯彻全国职业教育大会精神 加快构建现代职业教育体系——专访教育部职业教育与成人教育司司长陈子季［EB/OL］.（2021-07-12）［2021-12-30］. http：//jyt. ah. gov. cn/tsdw/zyycrjyc/zcfg/40448499. html.

[4] 教育部门户网站. 教育部印发通知 学习宣传贯彻习近平总书记重要指示和全国职业教育大会精神［EB/OL］.（2021-04-29）［2021-12-30］. http：//www. moe. gov. cn/jyb_xwfb/xw_zt/moe_357/2021/2021_zt10/dt/dtzy/202104/t20210429_529236. html.

[5] 澎湃新闻. 省教育厅研究部署贯彻落实全国职教大会精神、稳妥推进新高考落地等工作［EB/OL］.（2021-04-25）［2021-12-30］. https：//m. thepaper. cn/baijiahao_12388392.

[6] 湖南省教育厅. 湖南省教育系统对全国职业教育大会召开反响热烈［EB/OL］.（2021-04-14）［2021-12-30］. http：//jyt. hunan. gov. cn/jyt/sjyt/xxgk/jykx/jykx_1/202104/t20210414_1036248. html.

[7] 中华人民共和国教育部政府门户网站. 新闻分析：全国职业教育大会释放了哪些信号？［EB/OL］.（2021-04-14）［2021-12-30］. http：//www. moe. gov. cn/jyb_xwfb/s5147/202104/t20210414_526233. html.

［8］中华人民共和国教育部政府门户网站．习近平对职业教育工作作出重要指示　强调加快构建现代职业教育体系　培养更多高素质技术技能人才能工巧匠大国工匠　李克强作出批示［EB/OL］．（2021-04-13）［2021-12-30］.http：//www.moe.gov.cn/jyb_xwfb/s6052/moe_838/202104/t20210413_526123.html.

加强我国现代职业教育体系构建

——《关于推动现代职业教育高质量发展的意见》解读①

一、出台背景

（一）现实问题

"推进高等职业教育高质量发展"是 2019 年《国家职业教育改革实施方案》明确提出的重要任务。一直以来，职业教育是国民教育体系和人力资源开发的重要组成部分，肩负着培养多样化人才、传承技术技能、促进就业创业的重要职责。当前，我国已建成世界规模最大的职业教育体系，职业教育实现历史性跨越。2021 年 4 月 12 日，全国职业教育大会召开，习近平总书记对职业教育工作作出重要指示，李克强总理作出批示，全国聚焦如何推进职业教育高质量发展。如何进一步推动职业教育高质量发展，更好满足我国产业升级和经济结构调整不断加快对技能人才的强烈需求，是当前我国职业教育发展面临的重要课题。同时，长期以来，重普通教育、轻职业教育的观念仍然存在，还有一些职业学校按照办普通教育的方式办职业教育，盲目追求大而全，淡化人才培养特色，偏离发展定位。具体问题有：

1. 职业教育类型定位不突出

2019 年《国家职业教育改革实施方案》的出台，明确了职业教育是教育中的一种类型而非一个层次，在国家政策上旗帜鲜明地确立了职业教育与普通教育具有同等重要地位的战略定位。从类型学的角度上看，一种教育类型的确立，至少应该具备理论体系、制度体系、治理体系三个基本要素。对于理论体系而言，长期以来，由于在理论建构认识论方面的局限，我国现代职业教育理论仍然比较混乱，甚至在探索过程中，出现了一系列有悖于职业教育基本规律的"理论丛林"。过分地追求理论探索，忽视了与职业教育的互动与

---

① 文件名称：《关于推动现代职业教育高质量发展的意见》
发文日期：2021 年 10 月 12 日左右 未搜到具体日期
发文机关：中共中央办公厅 国务院办公厅
发文字号：未搜到具体发文号

实践，产生了职业教育理论的虚假繁荣现象，使得我国职业教育理论依然不够完备。对于制度体系而言，我国职业教育制度体系存在着三个方面的问题：一是国家职业教育制度框架不够完善，中职高职贯通、中职本科贯通、职教本科、应用型本科、硕士、博士学位建设还有待加强；二是职业教育的内部和外部衔接通道不畅，职业教育学分互认、普职融通等还存在诸多问题；三是教育资格与职业资格的等值、积累与转换制度不完善，国家资历框架和国家职业资格目录清单尚不完备，职业人才的职业资格和职业技能等级认定困难。对于治理体系而言，由于职业教育长期参照普通教育的模式进行，在专业设置、课程体系、教学实施、师资建设、学校管理等方面与普通教育同质化严重，导致人才培养特色不显，优势不足。因此，现阶段我国职业教育类型定位还有待加强。

2. 职业教育多元办学机制不完善

按照职业教育逻辑起点理论的观点，职业教育是"从职业出发的教育"，"职业教育的逻辑起点是职业"，"没有职业需求就没有职业教育"。职业由社会分工产生，社会分工随经济社会发展而改变，所以职业会随着社会发展不断地演进。随着我国市场经济体制改革的深入，我国产业升级和经济结构调整不断加快，行业、企业等社会力量对市场职业的敏感性与职业院校人才培养的滞后性之间的矛盾进一步凸显，扎根于"职业"的职业教育，联合行业、企业力量形成多元化办学机制，已经是职业教育改革发展的迫切任务。但现阶段，多元办学各主体之间参与办学依然存在不平衡不充分现象，尤其是行业、企业积极性不高、动力不足，主要问题表现在产教融合制度设计不协同、行业组织作用发挥不充分、校企合作利益机制不健全、国企办学存在诸多问题与障碍等方面。

3. 职业教育吸引力不足

职业教育吸引力不足的原因有很多，一是对职业教育类型属性认识不足，长期以来职业教育被当作教育中的一个层次，地位低于普通教育，直至《国家职业教育改革实施方案》的出台才正式明确这一问题；二是职业教育投入不足，办学力量薄弱，基础设置较差；三是中职院校基础性地位不稳，生存空间不断被挤压；四是职业教育高考制度还不完善，现阶段高职院校生源大多来自高考中分数相对较低的考生；五是高等职业教育本科设置还在发力阶段，成效还未完全显现，职业教育硕士、博士的制度建设还需要进一步完善；六是职业教育培养的技术技能型人才就业受限，社会地位不高，岗位待遇较低，职业晋升路径不畅。

4. 职业教育供给与经济社会发展存在结构性矛盾

当前的就业市场上，一方面职业院校培养的学生找不到合适的岗位，另一方面企业无法招聘到所需的高技能实用型人才，造成就业上的结构性矛盾。主要原因是职业教育供给与经济社会发展存在一定程度的脱节。一方面职业院校专业设置还存在扎堆现象，同质化严重，对新兴专业不跟进，对紧缺专业不敏感，对落后专业难舍弃；另一方面，校企合作还不够深入，多元化办学格局尚不完善，对企业现实需求缺乏了解。

（二）目的意义

1. 目的

长远目的：为全面建设社会主义现代化国家提供有力人才和技能支撑。现实目的：针对当前职业教育所暴露出的主要不足和问题，有针对性地提出指导策略，解决当前我国职业教育大而不强的问题，大幅提升技术技能人才的社会地位，使得职业教育供给与经济社会发展需求高度匹配，职业教育在全面建设社会主义现代化国家中的作用显著增强。具体主要解决四个方面的问题：一是优化类型定位，实现职业教育纵向贯通与横向融通；二是推动政、校、企协同办学，进一步优化校企合作政策环境，进一步完善产教融合办学体制，进一步拓展合作办学内容形式；三是进一步深入"三教"改革，在教师、教材、教学上下功夫，保障职业教育育人质量；四是打造中国特色职教品牌，提升我国职业教育的世界影响力。

2. 意义

没有职业教育现代化，就没有教育现代化。《关于推动现代职业教育高质量发展的意见》（以下简称《意见》）的出台，定位于破除职业教育改革发展的深层次体制机制障碍，推动职业教育高质量发展。具体可以分为三个维度：一是面向教育领域，可以进一步巩固职业教育类型定位。《意见》把类型定位作为谋划职业教育工作的逻辑起点，予以巩固和优化，体现在：推进不同层次职业教育纵向贯通，在普通中小学实施职业启蒙教育，探索发展以专项技能培养为主的特色综合高中，强化职业中等教育的基础地位，完善职教高考体系，稳步发展职业本科教育，促进不同类型教育横向融通等，在教育领域构建出完整合理的职业教育体系。二是面向整个社会，可以进一步完善产教融合、校企合作办学体制，优化职业教育供给结构，健全多元办学格局，使得职业教育适应性大大增强，社会认可度不断提升。三是面向全世界，打造中国特色职教品牌，使其在国际上具有一定影响力。

二、总体描述

（一）制定过程

《意见》在起草过程中，开展了扎实的文献研究、专题研究、深度访谈、实地调研，听取了教育行政管理人员、职业院校负责人、师生和专家的意见建议，形成《意见》初稿后，征求了有关部门意见。2021 年 4 月，提交全国职业教育大会讨论。会上，习近平总书记对职业教育工作作出重要指示，强调加快构建现代职业教育体系，培养更多高素质技术技能人才、能工巧匠、大国工匠。李克强总理作出批示，孙春兰副总理出席并发表讲话。《意见》是贯彻落实全国职业教育大会精神的配套文件。会后，结合大会精神和会议分组讨论反馈意见建议，作了进一步修改完善。

（二）整体概括

《意见》包括三大板块：第一板块是总体要求，提出了《意见》的指导思想、工作要求、主要目标。第二板块是主要内容，聚焦于五个方面：一是强化职业教育类型特色，二是完善产教融合办学体制，三是创新校企合作办学机制，四是深化教育教学改革，五是打造中国特色职业教育品牌。第三板块是组织实施，包括组织保障、制度保障、环境保障。

（三）基本框架

《意见》全文约 5100 字，共 7 个部分 22 条。

第一部分是"总体要求"。以习近平新时代中国特色社会主义思想为指导，明确坚持立德树人、德技并修，坚持产教融合、校企合作，坚持面向市场、促进就业，坚持面向实践、强化能力，坚持面向人人、因材施教等工作要求以及主要目标。

第二部分是"强化职业教育类型特色"。通过推动不同层次职业教育纵向贯通，促进不同类型教育横向融通，健全职普并行、纵向贯通、横向融通的培养体系，强化职业教育的类型特色。

第三部分是"完善产教融合办学体制"。围绕加强职业教育供给与产业需求对接，以市场需求为导向，动态调整职业教育的层次结构和专业结构，健全多元办学格局，协同推进产教深度融合。

第四部分是"创新校企合作办学机制"。坚持校企合作基本办学模式，通过不断丰富职业学校办学形态、拓展校企合作形式内容、优化政策环境、创新组织形式和运行机制，形成校企命运共同体。

第五部分是"深化教育教学改革"。通过强化"双师型"教师队伍建设、创新教学模式与方法、改进教学内容与教材、完善质量保证体系，构建新型师生关系，强化德技并修、工学结合。

第六部分是"打造中国特色职业教育品牌"。坚持扎根中国、融通中外，通过提升中外合作办学水平、拓展中外合作交流平台、推动职业教育走出去，增强国际话语权，讲好中国故事、贡献中国智慧。

第七部分是"组织实施"。要求发挥各级党委总揽全局、协调各方的领导核心作用，强化制度和经费保障，营造良好氛围，确保工作实效。

三、重点阐释

（一）核心要点

教育事业发展与经济社会发展息息相关，随着我国经济由高速增长阶段转向高质量发展阶段，迫切要求我国教育事业提高供给体系质量。职业教育是教育中的一种重要类型，《意见》的出台，旨在推动现代职业教育实现高质量发展，针对当前职业教育存在的主要问题，重点聚焦于"现代化"和"高质量"两个方面。其中，"现代化"意在加快构建完善现代化职业教育体系，"高质量"表现为培养更多高素质技术技能人才，两者共同服务于我国社会主义现代化事业。

1. 构建完善中国特色现代化职业教育体系

当前，我国职业教育发展已进入攻坚克难阶段，迫切需要构建现代化特色职业教育体系，指导职业教育高质量发展。构建现代化特色职业教育体系需要以政府为主导，加快职业教育政策供给和制度保障。

（1）强化职业教育类型定位。

前文指出，我国职业教育"大而不强"，虽然已建成世界规模最大的职业教育体系，但是依然存在着诸多亟待解决的现实问题，其中最典型的就是职业教育类型特色不够显著。究其原因，一是因为《国家职业教育改革实施方案》正式出台距今不过几年，从理论到现实需要一段时间的过渡期；二是长期以来，由于对职业教育是类型教育的认识缺失，职业教育常被认为是附属于普通教育的一种教育层次，使职业教育社会认可度较低，吸引力不强，虽然办学规模较大，但是现实中办学环境、师资力量、人才培养质量等还相对不足，要达到与普通教育"具有同等重要地位"还存在较大困难。

《意见》强调要"巩固职业教育类型定位"，一方面强调加强职业教育理论研究，及时总结中国特色职业教育办学规律和制度模式；另一方面则布局于各个教育阶段，在现实中建立一套区别于普通教育、与普通教育相互补充的职业教育体系，包括在初等教育阶段实施职业启蒙教育，进一步做强做优中等职业教育，推进高等职业教育提质培优，增值赋能，在专业设置、培养目标、课程体系、培养方案等方面构建各阶段职业教育一体化人才培养体系，夯实职业教育类型定位。

（2）建立不同层次职业教育纵向贯通体系。

职业教育类型地位不够显著，吸引力不足，其最主要原因是不同层次职业教育贯通不足，是"断头路"，而职教本科的出现是打破职教"天花板"的关键之举，也是一直以来关注的重点。《意见》中明确指出，2025年职业本科教育招生规模不低于高等职业教育招生规模的10%，在《本科层次职业学校设置标准（试行）》《本科层次职业教育专业设置管理办法（试行）》等文件的基础上，进一步明确职业本科设置的规模，在纵向贯通职业教育上又迈出关键一步，也为探索职业教育硕士、博士设置标准打下基础。

职业本科的设置，为高职学生提供继续学习的机会，但该层次职业教育在我国尚处于发展阶段，需要解决一系列的问题，其中完善职教高考制度是较为迫切的任务。高考制度是我国促进教育公平的重要举措，多年来经过不断改革发展，还在不断优化中。高等职业教育生源中大部分学生的高考分数相对较低，这也是当前职业教育社会认可度不高的原因之一。若要构建现代职业教育体系，则必须提升职业教育社会地位，使其与普通教育"同等重要"，"职教高考"就是在此种环境下产生的。职教学生经过不同于"普通高考"的"职教高考"升学，不仅有利于职业教育一体化培养模式的设计，还可以避免因为提升职业教育地位而对"普通高考"的选拔性、公平性带来冲击，也有利于构建初等教育基于兴趣化培养、中等教育开始双轨培养、高等教育实行类型培养的现代化教育体系。因此，高等职业教育（包括职教本科）招生主体应以参加职教高考的中职学校毕业生和职业专科教育毕业生为主，以普通高中毕业生为辅。

（3）健全不同类型教育横向融通体系。

当前，不同类型教育"横向融通"的主要问题涉及"职普融通"、"学分银行"、国家职业资格目录等，《意见》中主要涉及前两者。"职普融通"制度让职业教育学生与普通教育学生课程共享、学分互认，其有助于促进职业教育与普通教育的资源共享和理念互鉴，也有助于学生在职业教育与普通教育之间相互流通，避免"一考定终身"的情况。职业教育国家"学分银行"是构建国家资历框架的重要举措，实现各类学习成果的认证、积累和转换，有助于打破职业间的隔阂，构建更客观的技术技能人才评价体系。健全不同类型教育"横向融通"的体系对于提升职业教育社会认可度具有重要意义。

2. 提升职业教育育人质量

职业教育高质量发展直接体现在职业教育人才培养质量的提升。《意见》从职业教育产教融合、校企合作、"三教"改革和国际交流四个方面对提升职业教育人才培养质量给出建议，从人才供给角度主要分为两点。

（1）提升职业教育人才供给精准性。

当前，我国就业结构性矛盾依然存在，"就业难"与"用工荒"问题并存。一些企业反映面临的最大问题是招工难，尤其是一线普通工人、高技能人才以及技术工人最紧缺。职业教育肩负为国家培养高素质技术技能型人才的重任，是供应"蓝领"型人才的主阵地。但是，当前我国职业教育，特别是高等职业教育适应性不强，人才培养与社会经济发展需求匹配度不高，正如前文所述，一方面热门专业扎堆开办，同质化严重，另一方面不了解紧缺专业，不能及时了解企业用工需求也是重要原因。

《意见》对这两方面也给出针对性的措施：一是围绕国家重大战略，紧密对接产业升级和技术变革趋势，对新兴专业、紧缺专业、传统专业、落后专业进行布局调整，在国家层面对专业设置进行引导。二是完善产教融合、加强校企合作，构建政府、学校、企业多方协同的多元化办学格局，拓展企业参与学校办学的内容和形式，加强校企共建、双元育人。

（2）提高职业教育人才供给质量

职业教育所培养人才的质量是职业教育的核心竞争力。《意见》针对当前职业教育发展特点，提出了几条建议：

一是提升中职学生质量。中等职业教育是我国教育体系的重要组成部分，在我国职业教育体系中处于基础地位，承担着重要的教育职能。然而，审视中等职业教育办学现状，其基础地位曾因职普比失衡导致发生动摇，其办学定位曾因高职教育"兜底"导致遭受侵蚀，受普通教育"惯性"影响致使其职业特征表现不佳，甚至"中等职业教育是否有存在必要"一度成为问题讨论的核心，可见中职教育处境尴尬。《国家职业教育　改革实施方案》出台后，正式确立职业教育类型定位，明确要求提高中等职业教育发展水平，坚守职普比例大致相当，巩固中职教育基础地位。但多年的尴尬处境使得中职学校普遍办学实力落后，办学条件较差，师资不足。为了进一步解决相关问题，《意见》提出将大力提升中等职业教育办学质量，实施中等职业学校办学条件达标工程，建设一批优秀中等职业学校和优质专业，注重为高等职业教育输送具有扎实技术技能基础和合格文化基础的生源。这些举措重在保障中职学生生源的质量，也进一步强调了中职教育为高职教育做准备的基础性地位，不再强调直接面向就业的导向。

二是推进高等职业教育提质培优。高等职业教育是职业教育的主体，《意见》提出以"双高计划"为抓手，建设一批高水平高等职业学校和专业。同时着重强调发展职业本科教育，高标准建设职业本科学校和专业。鼓励长学制的培养，鼓励应用型本科学校开展职业本科教育。同时，《意见》提出深化教育教学改革，制定"三教"改革各方面的标准，提升教师、课堂教学、教学内容与教材的质量，保障职业教育人才培养质量。

三是构建质量评估体系。通过质量评估体系可以持续有效地观测职业教育育人质量，为下一步政策制定提供有针对性的参考。《意见》提出加强对地方政府履行职业教育职责的督导，做好中等职业学校办学能力评估和高等职业学校适应社会需求能力评估，健全国家、省、学校质量年报制度，评价结果作为批复学校设置、核定招生计划、安排重大项目的重要参考。这一评估体系可以进一步促进职业教育提升育人质量，为职业教育高质量发展提供保障。

（二）主要特色

《意见》的出台具有鲜明的时代特色。党的十九大明确提出，我国经济已由高速增长阶段转向高质量发展阶段，产业结构由以低附加值的劳动密集型产业为主转变为以高附加值的技术密集型产业为主。党的十九届五中全会进一步指出，"十四五"时期经济社会发展要以推动高质量发展为主题，必须把发展质量问题摆在更为突出的位置，着力提升发展质量和效益。作为与经济社会发展结合最为紧密的教育类型，职业教育迎来了承担历史使命实现高质量发展的重要战略窗口期，为适应经济转型升级和劳动者就业创业的需要，迫切要求用新发展理念全面统领职业教育改革发展。《意见》的出台，有助于职业教育在强质量、上台阶、提档次等方面实现跨越升级，努力培养造就数以亿计德技并修的劳动者大军，深化人力资源供给侧结构性改革，促进更高质量和更充分就业，为全面建设社会主义现代化国家提供有力人才和技能支撑。

《意见》的出台紧扣职业教育发展脉搏。当前职业教育已经进入爬坡过坎、提质培优的新阶段。但是，我国技术技能人才供给存在总量不足、结构不合理、层次偏低的问题，技术技能人才培养体系与市场需求匹配度不高。职业院校多元化办学格局不够完善，校企合作中企业积极性不强，一系列存在的问题使得当前我国的职业教育大而不强。在遵循职业教育基本规律的前提下，《意见》把握住我国当前职业教育中最亟待解决的几个主要问题，提出"五个坚持"发展路径：坚持立德树人、德技并修；坚持产教融合、校企合作；坚持面向市场、促进就业，推动学校布局、专业设置、人才培养与市场需求相对接；坚持面向实践、强化能力；坚持面向人人、因材施教。为职业教育提升质量、走向世界指明前进方向。

（三）核心素质

《意见》总体上涉及的职业院校大学生核心素质不多，以下为提炼出的核心素质：

（1）思想道德素养（"坚持正确办学方向，坚持立德树人"）。

（2）工匠精神（"建设技能型社会，弘扬工匠精神"）。

（3）较高的职业素养（"培养更多高素质技术技能人才、能工巧匠、大国工匠"）。

（4）德技并修（"坚持立德树人、德技并修，推动思想政治教育与技术技能培养融合统一"）。

（5）文化素质（"加快建立'职教高考'制度，完善'文化素质+职业技能'考试招生办法"，"注重为高等职业教育输送具有扎实技术技能基础和合格文化基础的生源"）。

（6）正确的劳动观（"弘扬劳动光荣、技能宝贵、创造伟大的时代风尚"）。

四、政策效果

（一）实施情况

《意见》发布之后各地有强烈的社会反响，纷纷开始着手实施，但实施时间较短，实施情况可参考社会影响。

（二）社会影响

（1）《意见》发布之后在全国引起了强烈反响，新华社、央广网等各大权威媒体纷纷转载。同时，各大地方院校也积极响应。例如：2021年12月15日，安徽省财经商贸职业教育集团二届一次会议召开，会议主题为"深化产教融合，推动职业教育高质量发展"，芜湖市人民政府网进行介。2021 年 12 月 22 日，"2021 江苏职业教育高质量发展论坛"以线上线下相结合的方式在南京举行，聚焦江苏职教现代化，打造区域职业教育现代化"新样板"。2021 年 12 月 23 日，中国教育新闻网介绍了山东省淄博市周村区开展校企合作的案例，以"深化职教改革搭建多元成才立交桥——淄博市周村区校企协同推动职业教育高质量发展"为题进行了报道。

（2）为了达成《意见》中扩大职业本科教育招生规模、增强职业教育吸引力等目标，国务院学位委员会办公室在 2021 年 11 月 18 日出台了《关于做好本科层次职业学校学士学位授权与授予工作的意见》（学位办〔2021〕30 号），促进本科层次职业教育稳步发展。

（3）为深入学习贯彻习近平总书记关于职业教育工作的重要指示和全国职业教育大会精神，更好地发挥行业在职业教育教学和质量提升中的指导作用，教育部会同相关行业主管部门、行业组织等对行指委、教指委设置进行优化调整，在 2021 年 11 月 24 日公布新的全国行业职业教育教学指导委员会（2021—2025 年）和教育部职业院校教学（教育）指导委员会（2021—2025 年）。

（4）2021 年 12 月 13 日，教育部部署"十四五"职业教育规划教材建设，先后印发了《"十四五"职业教育规划教材建设实施方案》和《关于组织开展"十四五"首批职业教育国家规划教材遴选工作的通知》，加快构建中国特色高质量职业教育教材体系。

五、改进建议

《意见》旨在推动职业教育实现高质量发展，在强化职业教育类型特色、完善产教融合办学体制、创新校企合作办学机制、深化教育教学改革、打造中国特色职业教育品牌 5 个方面提出了 16 条建议，高屋建瓴地规划了职业教育中的 5 个重难点问题，对《意见》有如下建议：

（1）加强职业教育制度配套。

《意见》提出了相对宏观的目标，对解决职业教育的重点问题指明了方向。但限于篇幅，其对各方面的指导只能点到为止，只有宏观的规划，具体如何操作和落实，还需加紧出台更具体的配套性指导文件。《意见》中涉及的主要问题，一直都是困扰职业教育发展多年的故障顽疾，解决这些问题一方面需要职业教育自身努力，另一方面更需要更多的制度创新。从 2019 年《国家职业教育改革实施方案》出台开始，国家在职业教育方面出台政策的速度大大加快，表示出对职业教育前所未有的重视，但是相关的制度依然不够完善（如职教高考，职业教育到硕士、博士的纵向贯通，横向融通的资历框架、学分互认等），单靠《意见》短期内恐怕难以解决文中涉及的问题，实现职业教育高质量发展任重道远，应该做好持久战准备。

（2）提升职业教育吸引力

提升职业教育吸引力，吸引更多学生就读职业院校，一直是职业教育界的重大难题，是阻碍实现职业教育高质量发展的核心难题。究其原因，一是职业教育社会地位不高，家长和学生对职业教育认可度偏低。一方面因为当前职教高考制度尚在完善中，进入职校的大部分是中高考分数偏低的学生，属于"无学可上"的人，其被迫进入职校，天然造成普通院校优于职业院校的观念；另一方面，职业院校学生在就业上普遍只能胜任一线工人的岗位，当前一线作业往往较为艰苦，且收入水平和晋升前景都极为有限，这也是职业教育并不被认可的重要原因。二是职业教育的配套设施相较于普通院校还存在较大差距。长期以来，职业教育的经费投入和社会关注十分有限，导致职业院校在师资力量、教学设备、科研仪器、图书馆藏、教学用地等各方面与普通院校差距巨大，客观上使得职业院校显得"老破小"，硬件条件较差，学生自然不愿意就读职业院校。三是职业院校毕业生的社会成就普遍不如普通院校毕业生。毕业生的社会成就关乎学校发展的未来，知名校友是学校提升社会地位的重要力量。当前普通院校毕业生不管是接触的社会资源还是接受的各类培养要优于职业院校毕业生，导致职业院校毕业生的成就和普通院校毕业生差距悬殊，职业院校在社会上口碑不佳，声望较低，更难吸引学生就读。

（撰稿人：王祥）

◎ **参考文献**

[1] 邢彦明. 从教育类型学观中国特色职业教育"类型"定位 [J]. 中国职业技术教育，2021（33）：24-30.

[2] 崔志钰，陈鹏，倪娟，等. 中等职业教育办学定位：政策考查、现实审视与施政建议 [J]. 中国职业技术教育，2021（31）：5-11，39.

[3] 魏书印，孙诚，谭伟，等. 多元办学格局下的产教融合关键成功要素探析——以国有企业举办职业教育为例 [J]. 职教论坛，2021，37（08）：68-76.

[4] 邢顺峰. 建设高质量职业教育体系 增强职业教育适应性 [J]. 中国职业技术教育，2021（03）：12-18.

[5] 陈子季. 以大改革促进大发展 推动职业教育全面振兴 [J]. 中国职业技术教育，2020（01）：5-11.

[6] 刘晓，周明星. 现代职业教育理论体系：认识论、本体论与方法论构建 [J]. 大学教育科学，2016（05）：101-104，127.

[7] 孙善学. 从职业出发的教育 [J]. 教育与职业，2011（22）：45-47.

[8] 曾天山. 理论制度实践创新推动职业教育发展 [N]. 中国教育报，2022-01-13（05）.

[9] 薛二勇. 职业教育作为类型教育战略定位的新认识 [N]. 人民政协报，2021-12-08（10）.

[10] 中华人民共和国教育部政府门户网站. 深入贯彻全国职业教育大会精神 扎实推动职业教育高质量发展——教育部有关负责人就《关于推动现代职业教育高质量发展的

意见》答记者问［EB/OL］.（2021-10-12）［2022-01-20］. http：//www. moe. gov. cn/jyb_xwfb/s271/202110/t20211012_571650. html.

［11］中华人民共和国教育部政府门户网站 .2020 年全国教育事业发展统计公报［EB/ OL］.（2021-08-27）［2022-01-20］. http：//www. moe. gov. cn/jyb_sjzl/sjzl_fztjgb/ 202108/t20210827_555004. html.

［12］国家统计局 . 国家统计局新闻发言人就 2021 年一季度国民经济运行情况答记者问 ［EB/OL］.（2021-04-16）［2022-01-20］. http：//www. stats. gov. cn/xxgk/jd/sjjd2020/ 202104/t20210416_1816394. html.

后　记

　　职业教育是我国国民教育体系的重要类型和人力资源开发的重要组成部分，职业教育政策不仅是我国职业教育地位与作用得以进一步明确的关键依据，更是职业教育改革发展顺利推进的有效保障。2019 年 1 月，《国家职业教育改革实施方案》出台实施，规划出我国构建现代职业教育体系的战略蓝图，堪称我国职业教育发展史上浓墨重彩的一笔。2021 年 4 月，习近平总书记对职业教育工作作出重要指示强调，在全面建设社会主义现代化国家新征程中，职业教育前途广阔、大有可为。整体来看，2019—2021 年颁布的一系列政策，均以职业教育的类型定位为前提规划布局职业教育重点任务，显示出强有力的政策合力，开启了我国职业教育高质量发展的新阶段。

　　为认真贯彻习近平总书记指示精神、全面落实党和国家关于职业教育的一系列政策主张，在武汉大学教育科学研究院、武汉美和易思数字科技有限公司、武汉大学出版社等单位的大力支持下，由彭宇文牵头，基于职业教育政策出现的重要转向，以"职业院校大学生核心素质指标体系建设研究"项目实施为契机，收集、整理并分析 2019—2021 年期间颁布的职业教育政策，形成《职业教育政策研究年度报告（2019—2021 年）》一书。本书由彭宇文、彭学琴整体策划统稿并主笔总论篇，王祥、邓小磊、牛雪梅、白雪、寻依玲、张淼、杨海霞、陈梦婷、姜兰、洪爽、赵永勤、胡绮轩、贾超、臧威佳等（按姓氏笔画排序）为分论篇的撰稿贡献了智慧，李骏锋为本书的整理工作付出了辛勤劳动。在此，向为本书出版做出贡献的相关单位及人员表示衷心感谢。在本书形成过程中，借鉴了国内职业教育政策研究者的部分观点和材料，受篇幅所限，未能一一注明，特致谢意，敬请包涵。

　　在职业教育政策积极调整转变的现实情况下，职业教育如何实现实质性的跨越式发展，必须以各项政策规定与要求为基准，这就要求各方及时准确把握政策动向，研判职业教育发展形势。作为研究者，能借助项目实施的机会为职业教育工作者、研究者服务，深感荣幸、深觉欣慰。希望本书的出版，能够帮助各方提升对职业教育政策的把握能力、对职业教育发展的研判能力。同时，由于水平有限，书中难免存在疏漏与不当之处，期盼读者提出宝贵意见。谢谢！

编者谨识
2022 年 4 月 20 日